여성, 총 앞에 서다

———

전쟁과 폭력에 도전하는 여성반전평화운동

FROM WHERE WE STAND: War, Women's Activism and Feminist Analysis
by Cynthia Cockburn
Copyright ⓒ Cynthia Cockburn, 2007
Photography by Cynthia Cockburn All rights reserved.

This Korean edition was published by Samin Books in 2009 by arrangement with Zed Books,
London through KCC(Korea Copyright Center Inc.), Seoul.

여성, 총 앞에 서다

2009년 11월 12일 초판 1쇄 발행

펴낸곳 (주)도서출판 삼인

지은이 신시아 코번
옮긴이 김엘리
펴낸이 신길순
부사장 홍승권
책임편집 오주훈
편집 강주한 김종진 양경화
마케팅 이춘호 한광영
관리 심석택
총무 서장현

등록 1996.9.16. 제 10-1338호
주소 121-837 서울시 마포구 서교동 339-4 가나빌딩 4층
전화 (02) 322-1845
팩스 (02) 322-1846
E-MAIL saminbooks@naver.com

표지디자인 (주)끄레어소시에이츠
제판 문형사
인쇄 대정인쇄
제본 성문제책

ISBN 978-89-6436-001-9 03330

값 25,000원

여성, 총 앞에 서다

전쟁과 폭력에 도전하는 여성반전평화운동

신시아 코번 지음 | 김엘리 옮김

삼인

한국어판 서문

『여성, 총 앞에 서다』(원제: From where We stand)가 한국어로 출판이 돼 대단히 기쁘다. 이 책은 평화를 위해 세계 곳곳에서 활동하는 지역 여성들의 격려와 헌신적인 기여 덕분에 출판되었다. 나는 이 책을 한국어로 번역하는 데 많은 시간을 들이며 노고를 아끼지 않은 김엘리에게 형언할 수 없는 감사를 표한다. 이 책은 애정과 연대의 작품이다. 엘리의 열정으로 이 책의 한국어판이 탄생했다. 뿐만 아니라 이 책을 믿고 한국 독자들을 만나게 도와준 삼인 출판사에 감사의 인사를 보낸다.

이 책을 쓰고자 조사 연구를 다녔을 무렵, 난 유감스럽게도 한국을 방문하지 못했다. 그래서 군사화와 전쟁의 위협에 맞서 활동하는 한국 여성들의 매우 소중한 활동에 관해서는 충분히 서술하지 못했다. 그러나 한국 독자들은 이 책으로 세계 곳곳에서 펼쳐진 여성들의 활동과 이야기를 흥미롭게 접하며 뜻깊게 읽으리라 믿는다. 이로써 우리들 사이에 맺어진 연결이 성장하고 번성하리라 희망한다.

　나는 군사주의와 전쟁에 반대하는 여성들의 사유와 저항 활동에 관해 계속 이야기할 것이다. 이번에는 한국을 포함해 일본 등을 방문해 여성들이 전개한 평화운동을 조사 연구하고 있다. 내 관심은 여성들의 운동을 넘어서 탈군사화를 위한 투쟁 그리고 핵무기와 핵 산업, 무기 거래를 반대하는 여성과 남성의 더 넓은 '주류' 운동을 들여다보는 것이다. 특히 페미니스트 반군사주의가 말하는 주요한 메시지들을 다른 반군사주의 활동가들이 어떻게 잘 이해하는가, 더 일반적으로 묻는다면, 누가 누구에게 귀 기울이는가, 우리는 단지 일시적인 방법으로 다함께 일하는가 아니면 전략적인 목적으로 그렇게 하는가? 우리는 새로운 세상을 만들려는 수많은 사람들이 구상하는 진보적인 동맹을 함께 이루는가, 하는 물음을 따라 한국을 포함해 군사주의와 전쟁을 반대하는 국가들의 여성과 남성의 이야기를 경청하려 한다. 한국어판 출판이 내 연구가 새롭게 확장될 계기가 된 것 같아 참으로 기쁘다.

옮긴이 서문

내가 평화운동을 하면서 사람들로부터 가장 많이 듣는 얘기 가운데 하나가 '젠더 관점으로 평화 문제를 본다는 것이 도대체 뭐냐?'는 질문이다. 사람들은 그 내용이 궁금해 묻기도 하지만, 사실은 페미니즘이 국제정치를 실제로 바꿀 수 있을까 하는 의구심의 표현이다. 현실 정치는 그만큼 순진하거나 호락호락하지 않다는 뜻이다.

전쟁은 가장 오래된 제도 가운데 하나이다. 제1, 2차 세계대전을 거쳐, 긴 냉전 시대는 말할 것도 없고, '테러와의 전쟁'에서 보듯이, 전쟁이란 비정상적 상태이거나 딴 세상의 유물이 아니다. 그것은 우리 사회의 한 부분이자 내 삶을 구성하는 한 요소이다. 페미니스트들은 이 점을 밝히고자 애썼다. 전쟁은 일상과 연관되고, 젠더와 섹슈얼리티 체계와 맞물려 있다. 일상의 삶에서 남성이 된다는 것, 여성이 된다는 것은 군사 문제와 무관하지 않다. 수업 시간에 학생들에게 '언제 자신이 남자라고 느끼는가?'라고 물어보면 '군대 갈 때'라는 대답이 1, 2위를 차지한다. 남자라는 것, 군인이 된다는 것, 가정을 보호하고 나라를 지킨다는 것은 한통속으로 겹쳐 있다.

그래서, 세상은 많이 변했다고 하나, 예나 지금이나 군기를 잡고 버티는 성역은 군사 영역이다. 군대에 여성이 진출하는 비율이 증가하고, 여성도 이제 군함에 승선하는 세상이라고 하나, 남성과 여성의 역할과 역량을 거론할 때 변하지 않는 논쟁의 마지막 보루, 그것은 군대 문제이다. 과연 신자유주의 시대에 등장한 초식남이 이 거대한 체제에 흠집을 낼까? 말 근육의 훈남들은 되살아난 람보를 말끔히 밀어낼 수 있을까?

이 책은 바로 그 성역에 도전하는 세계 각 지역 여성들의 이야기이다. 사회적으로 거론하기 조심스러운 애국심, 안보, 민족주의, 순혈주의를 여성들은 꼬집고 놀리고 거스르면서 국제정치의 질서를 변화시키려 했다. 이 책은 그 과정과 성과들을 담았다. 그렇다고 해서 군더더기 없는 성공 사례를 늘어놓은 책은 아니다. 그 과정에서 여성들이 겪는 모순과 갈등, 혼란스러움과 아픔, 정치적 신념의 성취를 위해 분투하는 의지를 그대로 생생하게 보여 주는 것이 이 책의 매력이다.

이 책의 저자, 신시아 코번은 '여성은 왜 전쟁을 반대할까?'라고 묻지 않는다. 대신, '페미니즘은 군사주의를 반대한다.'라고 말한다. 곧, 여성과 남성을 생물학적으로 대립해 구분하지 않는다. 여성은 평화로운 심성을 가졌기에 평화를 추구한다는 말로 여성을 집단적으로 동질화하거나 생물학적으로 본질화하지도 않는다. 그래서 위치성이라는 개념은 중요하다. 여성이 어디에 서 있느냐에 따라 전쟁과 민족주의,

평화에 대한 사유가 다르고 활동이 다르다는 점을 이 책은 강조한다. 그래서 자신의 정체성을 구성하는 민족주의가 평화운동을 하는 데 자원이 된다고 말하는 여성이 있는가 하면, 어떤 여성은 민족주의가 전쟁을 자극하는 광기라며 혐오한다. 남성과 동등한 시민권을 획득하기 위해 군대에 가는 여성이 있는가 하면, 군대 없는 세상을 위해 운동을 하는 여성들도 있다.

따라서 이 책이, 여성들이 평화로운 본성을 가지고 전쟁을 반대하는 이야기겠지라고 단순히 짐작하면, 이 책이 말하려는 여성들의 다양한 사회적 위치와 복잡한 경험들을 놓치기 쉽다. 남성이냐 여성이냐를 떠나 페미니즘을 지향하는 정치적 사유와 행위가 군사적 폭력을 지양한다. 그래서 여성들의 평화운동은 지극히 정치적인 행위이다.

이와 더불어 이 책이 끈질기게 추적하는 물음은 페미니스트들이 지향하는 평화운동은 다른 평화운동과 무엇이 다른가 하는 점이다. 저자의 표현대로 하자면, 왜 여성들만 독자적으로 평화운동을 펼칠까이다. 이 대목에서 혹자는 '그러니까 이 책도 역시 남성과 여성을 나누어서 여성이 더 평화롭다는 우월성을 역설하는 글 아니냐?'고 말할지도 모른다. 그러나 미묘하게 아니다. 여성은 여성이기에 남성과 분리되는 것이 아니라, 자신들이 추구하는 평화운동의 방식과 목적을 이루기 위해 분리된다. 이때의 여성은 가부장적 담론 규범에 구속된 여성이 아닌, 스스로 '여성되기'를 선택하고 새로이 자신을 만들어 가는 여성이다. 그래서 여성들의 평화운동은 단순히 전쟁을 반대하는 것이 아니라, 전쟁 체제와 은밀히 내통하는 모든 차별적 구조와 권력 관계에 저항하는 일이다. 그러하기에 이 책은 이론서가 아니면서도,

이론적 통찰력으로 엮인, 가벼우나 가볍지 않은 내용의 책이다.

내가 신시아 코번을 만난 것은 2004년, 군사주의에반대하는여성평화네트워크의 필리핀 회의에서이다. 지금 생각하면, 신시아는 이 책을 위해 회의에 참석한 것이었다. 당시 한국여성평화네트워크(SAFE-Korea)의 연락 책임자였던 난, 신시아가 보낸 이 책의 초고를 볼 기회를 가졌다. 신시아를 통해서 세계 각 지역의 여성평화활동가를 만난 것도 이 책이 주는 또 하나의 재미였다. 난 그 여성들이 무엇을 생각하고, 갈등하며, 이루려고 했는지를 보면서, 어쩌면 이렇게 내가 고민하는 지점과 비슷할까 싶었다. 반가웠고, 힘이 났다. 그때 내가 겁도 없이 이 책을 번역하기로 작정한 것은 말 그대로 무조건적인 사명감 때문이었다. 여성들의 평화운동에 관해 접할 기회가 없었던 한국 독자들에게 이를 소개하고 싶은 그 마음 하나였다.

이 책은 이렇게 각 지역의 여성들을 초국가적으로 연결한다. 이 책을 번역하는 일도 그러한 일 가운데 하나이다. 이 책에 나오는 이탈리아어, 스페인어, 세르비아어, 인도어, 프랑스어 등을 자국 발음에 더 가깝게 옮기고자 여러 사람들의 초국가적인 손길을 거쳤다. 이탈리아에서 막 귀국한 최우혁 박사, 멕시코에서 목회하는 안은영 전도사, 유럽에서 박사 과정을 밟는 엘리자베스 소베르, 아레나 한국사무실에서 일하는 보노짓 후세인 연구 교수, 이 모든 분들께 감사하다. 그리고 정확한 번역을 위해 설명을 곁들여 준 신시아 코번과 내가 시간에 쫓겨 힘겨워할 때, 기꺼이 4장의 끝손질을 맡아서 하다 결국 자신의 작품으로 만든 장경선 박사, 일부 초역과 격려로 힘을 덜어준 오미영 여성평화연구원 연구 위원에게 고마움을 전한다. 오역이 될 수도 있는 문장들을 함께 논하며 번역의 매력을 느끼게 해 준 친구, 양혜원 전문 번역가에게도 깊은 고마움을 표한다. 무엇보다 생면부지인 날 믿고 출판을 한 삼인출판사 모든 직원들에게 감사의 인사를 드린다.

내가 살면서 이렇게 고마움을 느낄 수 있는 분들이 옆에 있다는 것은 삶의 기쁨이요 행복이다. 이 책이 독자들에게 그런 기쁨을 준다면, 더할 나위 없을 것이다.

감사의 글

이 책의 기초가 되는 조사 연구는 여섯 개 기금 단체의 지원금으로 이루어졌다. 이 연구 기금의 상당 부분을 지원한 곳은 조셉라운트리자선신탁기금(Josep Rowntree Charitable Trust)이다. 나는 지원금을 결정한 관계자 분들께 감사드리며, 내 프로젝트가 태동하도록 지원한 닉 퍼스(Nick Perks) 부사무관에게도 따스한 고마움을 전한다. 뜻밖에 패트릭레스큐(Patrick Lescure)사를 통해 프랑스 재단인 엉몽드뿌호뚜스(Un Monde pour Tous, 모두를 위한 세계)로부터 지원금을 받아서 나는 참으로 기뻤다. 또한 이안맥-타가르트신탁기금(Ian Mac-taggart Trust), 립만-밀리밴드신탁기금(Lipman-Miliband Trust), 메이폴기금(Maypole fund), 사회변혁을위한네트워크(Network for Social Change)가 여느 때처럼, 든든하게 나를 후원했다. 모든 분들에게 진심으로 감사를 드린다. 그리고 27년 동안 나에게 학문적인 터를 제공해 준 런던 시티 대학교에 깊은 감사의 인사를 드린다.

이 책은 전쟁의 역경을 딛고 살아남은 여성들, 전쟁을 비판적으로 목격하며 반전을 위해 저항하는 수많은 여성들의 삶과 경험을 기초로 한다. 이러한 경험은 나에게서 15개국의 250명이 넘는 여성들의 언어로 다시 살아나고, 분석되고, 이론화됐다. 여러분들은 인터뷰를 수락했고, 대화에 초대했으며, 이메일을 보냈다. 여러분이 없었다면 한마디도 쓰일 수 없었다. 이 책이 가치가 있다면, 이는 전적으로 여러분의 사랑과 노고로 이루어진 것이다. 부족함은 내 몫이다. 더욱이 여러분 모두 나를 반갑게 맞았고, 내 긴 여정을 편안하게 했다. 여기에 여러분의 이름을 쓰면서 진심으로 감사의 마음을 표한다. 여러분 모두는 서로에게, 그리고 우리의 다양한 네트워크 안에서 상호 연결된 많은 여성들에게, 너무나 소중한 친구들이다. 그리고 특별히 당신은 내게 사랑스럽고 귀한 동무이다. 고맙다.

고마운 친구들의 이름을 부르기 전에, 특별한 감사를 표할 사람들의 이름을 먼저 언급하려 한다. 자신의 집으로 날 따스하게 맞이해 아침과 저녁을 함께 먹고, 차를 마시면서 여러 이야기를 들려준 분들이다. 마리-프랑수와즈 스튜워트-에벨(Marie-Françoise Stewart-Ebel), 인디라 카요세비치(Indira Kajosević), 디안 카르딘-캄라이터(Diane Cardin-Kamleiter), 조안 액커(Joan Acker), 앤 젠크스-구이(Ann Jencks-Guy), 까르메 알레마니 고메스(Carme Alemany Gomez), 까르멘 마갈론 뽀르또레스(Carmen Magallón Portolés), 마리아 베르체르(María Vercher), 마르따 브란까스(Marta Brancas), 바이다 나이나르(Vahida Nainar), 아바 바이야(Abha Bhaiya), 엘리자베따 도니니(Elisabetta Donini), 샬로테 브라운(Charlotte Browne), 마리아로사 관달리니(Mariarosa Guandalini), 안나 졸리(Anna Zoli), 파트리시아 투우(Patricia Tough), 릴리 트라우브만(Lily Traubmann)과 길라 스비르스키(Gila Svirsky)에게 엄청난 고마움을 전한다. 이 분들은 모든 것을 다르게 만들었다. 나는 여행 일정에 따라 감사한 분들의 이름을 쓴다.

벨기에

이 여정에서 첫 인터뷰를 가진 곳은 2004년 초 벨기에였다. 나는 브뤼셀과 리에주에 있는 팜므앙누아르(Femmes en Noir)에서 활동하는 에딧 러빈스타인(Edith Rubinstien), 포우토우라 이오안니디스(Foutoula Ioannidis), 도미니크 다우비(Dominique Dauby), 루벵에 있는 브루벵인 트즈바르트(Vrouwen in 'T Zwart)의 여성들 가운데 리베 스넬링스(Lieve Snellings)와 리아 컨벤츠(Ria Convents), 그리고 꼴레티프팜므앙누아르(Collectif Femmes en Noir)의 파니 필로소프(Fanny Filosof)와 플로렌스(Flornece)에게서 정보를 얻었다. 에딧 러빈스타인은 또한 영불 통역으로 나를 도왔다.

터키

그다음에 터키로 갔다. 사반치 대학교의 초청으로 갔고, 내가 머무는 동안 그 이전에도 또 계속 안내를 해 준 활동가이자 사상가이자 작가이며 교사인 아이쉐 귈 알티나이(Ayşe Gül Altinay)에게 특별히 신세를 졌다. 그녀는 나디레 마터(Nadire Mater)와 자신의 영감 어린 작품, 그리고 이스탄불에 있는 자신의 동료들을 소개했다. 이레티쉼 (İletişim) 출판사는 내가 쓴 두 권의 책을 터키어로 출판했다. 나는 이 작업에서도 도움 어린 대화를 나눈 탄셀 데비렐(Tansel Demirel) 과 아세나 귀날(Asena Günal) 두 편집자에게 특별한 감사를 보낸다. 나는 괴뉠 딘체르(Gönül Dinçer), 누르 베카타 마르딘(Nur Bekata Mardin), 쥐랄 크르츠(Zülal Kiliç)에게서 윈피스(Winpeace)에 관해 들었고, 바누 아츠크데니즈(Banu Açikdeniz), 제이네프 쿠투아타 (Zeynep Kutuata), 뷔카크(BÜKAK)에서 일하는 여성들, 그리고 이스탄불에 있는 여성주의여성모임(Feminist Women's Circle)과도 흥미로운 대화를 나누었다. 피나르 셀레크(Pinar Selek)와 예쉼 바샤란(Yeşim Başaran), 이스탄불에 있는 아마르기(Amargi)의 여성들에게 많은 것을 배웠다는 것을 이 책은 보여 줄 것이다. 쿠르드족이 있는 터키 남동 지역을 방문한 것이 기억에 남는다. 거기서 아이쉐(Ayşe)는 네바하트악코츠(Nebahat Akkoç)와 디야르바키르에 터를 둔 여성들의 협회 카-메르(Ka-Mer)에서 활동하는 동료들, 마르딘과 크즐테페 (Kiziltepe)에 있는 관련 여성센터들을 소개해 주었다. 나는 이즈미르에서 활동하는 반군사주의자들인, 힐랄 데미르(Hilal Demir)와 우르 요루르마즈(Uğr Yorulmaz)와 이메일로 계속 연락을 주고받으며 그들의 대담한 활동에 대해서 들었다.

미국

2004년 초여름, 미국에서 몇 주를 보내는 동안 초국가적 네트워크인 위민인블랙(Women in Black)에 주로 관심을 두었다. 이 내용은 2장에 기술했다. 먼저 나는 뉴욕 공립도서관 앞에서 시위를 하는 위민인블랙의 회원들 가운데 인디라 카요세비치(Indira Kajosević), 줄리 핀치(Julie Finch), 팻 드 안젤리스(Pat de Angelis)를 만났고, 유니온 광장에서 시위를 하는 참여자 가운데 앤 완(Anne Wangh), 주디 솔로몬(Judy Solomon), 릴라 브레인(Lila Braine), 멜리사 제임슨(Melissa Jameson), 나오미 브레인(Naomi Braine), 쉐리 고레리크(Sherry Gorelick)를 만나 인터뷰를 가졌다. 그런 후, 걸프해 위민인블랙 단체가 있는 남부로 내려와, 탁월한 여성들 여섯 명과 인터뷰하는 기회를 가졌다. 그 여성들은 바바라 존슨(Barbara Johnson), 카딘-캄라이터(Cardin-Kamleiter), 에디 댈리(Edie Daly), 잭키 밀킨(Jackie Mirkin), 줄리아 아이레스(Julia Aires), 캐스 매든 목손(Kath Madden Moxon)이다. 오레곤에서 팻 홀링스워스(Pat Hollingsworth)와 이본느 시몬스(Yvonne Simmons)를 만나 그들이 활동하는, 위민인블랙과 유진에 있는 윌프 단체들에 관해 이야기를 나누었다. 그리고 CALC(Community Alliance Lane County)의 캐롤 반 호우턴(Carol van Houten)은 청소년 학교에 가서 반군사주의 활동을 어떻게 하는지 들려주었다. 오레곤 대학교에서 나를 환대한 조안 액커(Joan Acker)와 샌디 모겐(Sandy Morgen)과는 비공식적인 만남을 가졌다. 서해안의 여행을 정리하면서 나는 제인 웰포드(Jane Welford)와 버클리 위민인블랙의 일곱 명의 친구들과 처음으로 모임을 가졌다. 샌프란시스코 위민인블랙의 제니퍼 비치(Jennifer Beach)와 유익한 시간을 가졌고, 베이 지역 위민인블랙에서 활동하는 제인 아리엘(Jane Ariel), 프란시스 리드(Frances Reid),

페니 로젠와저(Penny Rosenwasser), 샌디 버틀러(Sandy Butler)와 만남을 가졌는데 매우 고무적이었다. 덧붙여, 나는 샌프란시스코에 머무는 동안, 브릿 트제덱(Brit Tzedek)의 현 회장인 마르시아 프리드만(Marcia Freedman), 버클리의 캘리포니아 대학교에서 군사 거부에 관한 연구를 한 대학원생인 사라 앤 민킨(Sarah Anne Minkin), 글로벌여성재단(Global Fund for Women)의 주거 담당 활동가이자 밧샬롬의 전 대표이며, 무엇보다 내게 팔레스타인/이스라엘 국제여성연맹에 관한 정보를 준(5장) 테리 그린블라트(Terry Greenblatt)와 값진 인터뷰를 가졌다. 2장에 등장하는 코드핑크(Code Pink)의 메데아 벤쟈민(Medea Benjamin), 군사주의에반대하는동아시아-미국-푸에르토리코여성네트워크(East Asia-US-Puerto Rico Women's Network against Militarism)의 마고 오카자와-레이(Margo Okazawa-Rey)와 귄 커크(Gwyn Kirk)도 만났다.

콜롬비아

콜롬비아로의 여행은(1장) 2004년 8월 9일~11일 동안 여성들의평화로운길(La Ruta Pacifica de las Mujeres, 이하 라루따), 평화를위한콜롬비아여성연합행동(Alianza Inciativa de Mujeres Colombianas por la Paz)과 여타 단체들이 함께 조직한 '전쟁에 반대하는 여성에 관한 국제회의'에 참여하는 것으로 시작됐다. 회의가 끝난 후, 나는 라루따의 코디네이터인 마리아나 가예고 싸빠따스(Marina Gallego Zapatas)와 회원인 끌라라 엘레나 까르도나 따마요(Clara Elena Cardona

Tamayo), 마리아 에우헤니아 산체스(María Eugenia Sánchez), 올가 암 빠로 산체스(Olga Amparo Sánchez)와 귀중한 인터뷰를 가졌다. 또한 5장에서 묘사한 흥미로운 조직인 '콜롬비아여성연합행동'의 로씨오 삐네다(Rocío Pineda)와는 따로 만남을 가졌다. 또한 레데빠스(Rede-paz)에서 일하는 아나 테레사 버날(Ana Teresa Bernal), 창조적인여성(Mujeres que Crean)의 레오노르 에스게라(Leonor Esguerra), 여성과 무력분쟁실무단(La Mesa Mujer y Conflicto Armado)에서 일하는 마리 아 이사벨 까사스(María Isabel Casas), 여성과사회그룹(the Grupo Mujer y Sociedad roup)의 빠뜨리시아 쁘리에또(Patricia Prieto)와 인터 뷰하면서 유익한 정보들을 얻었다. 나는 메델린(Medellín) 지역의 여성 이여전진하자(Vamos Mujer)의 끌라라 마조(Clara Mázo), 엘리자베스 세뿔베다(Elizabeth Sepúlveda), 올가 라미레스(Olga Ramírez)와 저녁 식사를 하며 생기 넘친 친목 시간을 가졌다. 까르멘 엘리사 알바레스(Carmen Elisa Alvarez)와 클라라 엘레나 까르도나 따마요(Clara Elena Cardona Tamayo)가 친절하게도 언어 통역을, 이사벨 라모스(Isabel Ramos)와 도로 마르덴(Doro Marden)은 영어를 스페인어로 문서 번역 하는 일을 도와주었다. 1장에는 이 방문에서 맺은 결실들이 담겼다.

스페인

가을에 나는 콜롬비아의 여성주의 반군사주의자들과 강한 연대의 끈을 가진 스페인으로 향했다. 나는 먼저 바르셀로나로 가서 도네스 뻬르도네스(Dones per Dones)에서 활동하는 까롤리나 꼬스따

(Carolina Costa), 글로리아 로이흐(Gloria Roig), 마리아 에우헤니아 블랑돈(María Eugenia Blandon), 몬세 께르베라(Montse Cervera)와 좌담을 했다. 그리고 끌라라 바스따르데스 또르뜨(Clara Bastardes Tort), 마리아 빨로마레스 아레나스 까브랄(María Palomares Arenas Cabral)과 인터뷰를 가졌다. 까르메 알레마니(Carme Alemany)를 통해서는 까딸란(Catalan) 페미니스트 운동에 관해 알게 됐다. 바르셀로나와 사라고사에서 나는 『엔 삐에 데 빠쓰(En Pie de Paz)』를 출간했던 팀원, 까르멘 마가욘 뽀르똘레스(Carmen Magallón Portolés, 지금은 평화연구소에 있다), 엘레나 그라우(Elena Grau), 이사벨 리베라(Isabel Ribera), 몬세 레끌루사(Montse Reclusa)와 인터뷰를 가졌다. 마드리드에서 나는 마드리드 위민인블랙인 무헤레스데네그로의 회원들을 개별적으로나 집단적으로 인터뷰했다. 알무데나 이스끼에르도(Almudena Izquierdo), 안또니에따 루쏘(Antonietta Russo), 꼰차 마르띤 산체스(Concha Martin Sánchez), 마리아 호세 삼쓰 무니시오(María Jose Samz Municio), 욜란다 로우일이예르(Yolanda Rouiller), 그리고 무헤르 빨라브라(Mujer Palabra)의 미셸(Michelle)과 다 함께 만났다. 나는 발렌치아에 있는 꼰차 모레노(Concha Moreno), 팔마 데 마요르카에 있는 레오노르 따보아다(Leonor Taboada), 세비야에 있는 소피아 세구라(Sofía Segura), 카스테욘에 있는 비따 아루팟 가엔(Vita Arrufat Gallén), 그리고 다른 여성들과 각 도시에 있는 무헤레스데네그로 단체에 관한 유익한 정보를 받으며 이메일로 소통했다. 마지막으로 바스크 지역, 곧 에우스까디(Euskadi)에서 인터뷰를 한 마르따 브랑까스(Marta Brancas), 도미니께 사야드르(Dominique

Sallard), 이도이아 로마노 구리(Idoia Romano Guri)에게 감사를 드린다. 그들은 그 후 나와 연락을 하며, 7장에서 보듯이 민족주의에 관한 사유를 구성하는 데 도움을 주었다. 언어 번역을 해 준 미셸(Michelle)과 글로리아 로이흐(Gloria Roig), 그리고 스페인어로 통역해 준 로제마리 뻬레스(Rosemary Perez)에게 고마움을 전한다.

세르비아와 몬테네그로

베오그라드의 위민인블랙인 제네우스르놈(Žene u Crnom)에서 일하는 활동가 가운데, 나는 이 조직의 심장이자 영혼이며 코디네이터인 스타샤 자요비치(Staša Zajović)와 인터뷰했는데, 스타샤가 쓴 글은 내게 매우 요긴했다. 또한 인터뷰에 응해 준 보반 스토야노비치(Boban Stojanović), 키차 요시포비치(Cica(Nevzeta) Josifović), 다나 존슨(Dana Johnson), 크세니야 포르차(Ksenija Forca), 타마라 벨렌자다(Tamara Belenzada)와 지비야 샤렌카피치(Zibija Šarenkapić)에게도 고마움을 전한다. 만나서 함께 수다를 떨었던 사람들도 있는데, 키차(Cica), 피카(Fika), 가가(Gaga), 릴야(Lilja), 멜리타(Melita), 밀로스(Miloš), 네나(Nena), 셴카(Senka), 스베트라나(Svetlana)로 기억한다. 다샤 두하츠(Daša Duhač), 슬라비차 스토야노비치(Slavica Stojanović)와 야스미나 테샤노비치(Jasmina Tešanović)는 위민인블랙의 역사만이 아니라 전쟁 시기 베오그라드에서 페미니스트 파트너로서 함께 연대했던 여성학센터(Centar ženske studije), 자율여성센터(Autonomi ženski centar), 94여성주의출판사(feministička 94)를 둘러싼 매우 감동적인 역사를 들려주었다. 또한 제우스(ŽuC)와 크레비차의 여성협의회 마야(Maja), 여성들의 협의회인 포드리나(Podrina), 브라투나츠의 포럼제나(Forum Zena), 스레브레니차의 어머니협의회, 제파(Žepa), 그리고 제파의 시민들과 투즈라에 거주하는 스레브레니차인들이 조직한 세미나 모임에서 나는 많은 것을 배웠다. 나는 몇 년 동안 레파 므랏예노비치(Lepa Mladjenović)와 대화를 나누고 서신을 교환하면서 그리고 레파가 쓴 문자화된 말들 속에 담긴 기막힌 방식에서 참으로 많은 것들을 얻었다. 베오그라드에서 얻었던 많은 내용은 3장에 담겼다.

태평양 지역

군사주의에 반대하는 동아시아-미국-푸에르토리코 여성 네트워크(East Asia-US-Puerto Rico Women's Network against Militarism)와의 만남에 관해서는 2장에 서술했다. 이 네트워크와 만날 수 있는 기회는 두 번 있었다. 첫 번째는 이미 언급한 대로, 2004년 5월 캘리포니아에서 마고 오카자와-레이(Margo Okazawa-Rey)와 귄 커크(Gwyn Kirk), 그리고 이 네트워크를 처음으로 소개해 준 미국 회원들과 활동가들과 가진 인터뷰 때였다. 두 번째는 그 후, 마닐라에서 6일 동안 개최된 다섯 번째 네트워크 국제 모임에 운 좋게도 연구자 옵서버로서 참여하면서 가졌다. 네트워크의 필리핀실무단(PWG)은 이 국제 모임을 주최했고 회원들도 참여했다. 특히 나는 케손시에 있는 여성들의교육·개발·생산력과조사연구회(WEDPRO)의 아이다 산토스(Aida Santos)와 만날 기회를 가졌고, WEDPRO의 말레아 무녜스(Marlea Muñez)로부터 실질적인 도움과 지원을 참으로 많이 받았다. 안젤레스에 있는 낙카카이상카바바이한낭앙헬레스(Nagkakaisang Kababaihan ng Angeles)(안젤레스의 여성연합—옮긴이)의 린다 램페러(Linda Lamperer)와 그 동료들은 센터를 방문한 내게 옛 미국 클락 공군기지에 서비스를 제공한 성 산업 지역에서 그들이 벌인 활동에 관해 들려주었다. 나는 필리핀 민다나오 섬에 있는 빡카카이사낭카바바이한, 가이사까(Pagkakaisa ng Kababaihan, Kaisa Ka)(여성의 일치단결, 당신과 함께—옮긴이)의 아다 불트라 에스테파(Ada Bultra Estepa), 서부 민다나오 국립대학교의 파티마 필 틸라 알리안(Fatima Pir Tillah Allian)과도 인터뷰를 했다. 그리고 푸에르토리코의 알리안자 데 후헤레스(Alianza de Jujeres)와 비에케스의 자이다 또레스 로드리게스(Zaida Torres Rodriguez)와 까르멘 발렌시아 뻬레스(Carmen Valencia Perez), DMZ하와이/알로하아이나(Hawai'i/Aloha Aina)에서 일하는 테리 케코올란 레이먼드(Terri Keko'olan Raymond)와도 인터뷰를 가졌다. 네트워크 회의에는 두레방, 한소리, 평화를만드는여성회, 평화인권연대, 미군범죄근절운동본부로 구성된 한국여성평화네트워크(SAFE Korea)의 여성들도 참여했다. 그중 유영님, 고유경, 그리고 장희원 활동가들과 인터뷰할 기회를 가져서 대단히 감사하고, 도움을 준 김엘리에게도 고마움을 전한다. 나는 수주요 다카자토(Suzuyo Takazato)와 편지를 주고받으며 오키나와의 군사폭력에반대하는여성들의행동(Women Act against Military Violence)이 전개한 활동에 대해 알게 됐다. 인터뷰에서 통역을 맡아 준, 최돈미, 장희원, 베아트리즈 헤레라(Beatriz Herrera)에게도 따스한 고마움을 보낸다.

26

인도

2004년 12월에 시작된 인도 여행은 뭄바이에서 시작했는데, 그때 브뤼셀의 젠더정의를위한여성활동(Women's Initiative for Gender Justice)의 이사장인 바히다 나이나르(Vahida Nainar)가 반가이 날 맞았고, 뭄바이에 있는 자신의 집에 머물도록 편의를 봐주었다. 나는 바히다와 몇 가지 뜻깊은 대화를 길게 나눌 기회도 가졌다. 그 후, 산드야 곡카레(Sandhya Gokhale)를 통해 여성억압에반대하는포럼(Forum against the Oppression of Women)의 회원들을 소개받았다. 사바 칸(Sabah Khan)을 통해서 아와아즈-에-니스와안(Aawaaz-e-Niswaan, 여성들의 목소리)의 회원들을, 소우미야 우마(Saumya Uma)를 통해 여성연구행동회(Women's Research and Action Group)의 회원들을 알게 됐다. 이 세 조직은 지역사회의 폭력과 구자라트정의를위한국제활동(International Initiative for Justice in Gujarat)과 관련해 뛰어난 활동을 벌였는데, 이 활동에 관여한 여성들과 유익한 토론을 길게 가질 수 있었다. 나는 이어서 방갈로르로 갔다. 마두 부산(Madhu Bhushan)과 셀린 수가나(Celine Sugana)를 통해 비모차나(Vimochana)와 앙갈라(Angala)의 활동을 소개받았고, 인도, 아시아, 그리고 여타 지역, 특히 남반구 지역에서 위민인블랙을 주도했던 아시아여성인권협의회(AWHRC)의 활동에 관해서도 들었다. 나는 프로젝트를 함께 하는 샤쿤(Shakun), 락쉬미(Lakshmi)와 다른 여성활동가들과 즐거운 한 때를 보내었다. 그들은 도시 한 가운데서 벌인 위민인블랙 시위에 나를 데리고 가기도 했다. 국제엘따예(El Taller International), 비모차나 그리고 AWHRC에서 활동하는 코린 쿠마르(Corinne Kumar)는 세계로 위민인블랙의 구상을 전파한 주요한 인물인데, 이야기할 때 영감을 많이 주었으리라 짐작된다. 코린은 내가 방문했던 기간에는 방갈로르에 부재해 이메일을 주고받는 것에 그쳤다. 이어서 뉴델리로 갔다. 거기서 나는 카슈미르 지역 내 분쟁과 북동 국가들 내 분쟁 가운데 있는 여성들에 관해 안보분쟁관리평화안에있는여성(WISCOMP)에서 활동하는 미낙쉬 고삐나트(Meenakshi Gopinath)와 만즈리 세웍(Manjri Sewak)을 통해 많은 것을 들을 수 있었다. 그리고 인도의 북동 지역에서 소형 무기 운동을 전개한 활동가이자 작가이며, 『경계선들(Borderlines)』의 편집자인 비나 라크쉬미 네프람(Binalakshmi Nepram), 북동네트워크의 로쉬미 고스와미(Roshmi Goswami), 정의롭고정많은사회행동(Initiative for a Just and Compassionate Society)의 사바 후사인(Sahbah Husain), 작가 소니아 잡바르(Sonia Jabbar), 남아시아여성평화행동(WIPSA)의 서이다 하미드(Syeda Hameed), 델리 대학교에서 근무하는 역사가인 움마 차크라바르띠(Uma Chakravarty)와 인터뷰를 가졌다. 또한 내게 공개 강연할 기회를 마련해 주고, 자고리(Jagori)의 활동을 소개해 준 아바 바이야(Abha Bhaiya), 그리고 주반(Zubaan)여성출판하우스의 우르바쉬 부딸리아(Urvashi Butalia)와 비공식 대화도 가졌다. 또한 캄라 바신(Kamla Bhasin), 리따 만찬다(Rita Manchanda), 세바 싸치(Sheba Cchacchi)와는 간단한 만남을 가졌다. 덧붙여, 나는 지금 런던에서 함께 사는 연구자 시마 카지(Seema Kazi)와 스리나가르에서 와 열변을 토했던 아싸바 칸(Assabah Khan)과 대화하면서 카슈미르 분쟁에 관한 통찰력을 많이 얻었다. 인도에서 마지막 방문지는 캘커타였다. 마나이르반캘커타연구단(Manahirban Clacutta Reserch Group)의 대표인 라나비르 사마다르(Ranabir Samaddar)의 초청으로 캘커타에 갔다. 나는 강요된 이주라는 수업을 수강하는 학생들에게 연설하는 기쁨을 누렸고, 뽈라 배너르지(Paula Banerjee)와의 대화에서 뽈라가 관여한 북동 지역의 갈등에 관한 조사 연구에 대해 많은 것을 얻었다. 또한 유익한 대화를 나눈 아디띠 바두리(Aditi Bhaduri), 아샤 한스(Asha Hans), 라자쉬리 다스굽따(Rajashri Dasgupta), 크리쉬나 반됴빠댜(Krishna Bandyopadhyay)에게도 감사의 인사를 보낸다.

시에라리온

내가 1장에 기술한, 마노강여성평화네트워크(Mano River Women's Peace Network)에 관해 처음으로 알게 된 것은 보고타에서 로살린(Rosaline M'Carthy)을 우연히 만났을 때였다. 로살린은 네트워크를 대표해서 프리타운으로 온 날 환영해 주었고, 네트워크에서 활동하는 회원들과 다른 여성활동가들을 소개해 주었다. 거기에 있는 동안 마노강여성평화네트워크의 지회 회의에 참여할 특별한 기회를 가졌고, 좀 지나 로살린뿐 아니라 마노강여성평화네트워크의 시에라리온 지회 책임자인 나나 프라트(Nana Pratt), 글라디스 하스팅스 스파인(Gladys Hastings Spaine), 마벨 므바요(Mabel M'Bayo), 마벨 이야툰드 콕스(Mabell Iyatunde Cox), 프린세스 카와(Princess Kawa)와 인터뷰를 했다. 아그네스 테일러-루이스(Agnes Taylor-Lewis)는 마노강여성네트워크에 관해 얘기해 주었고, 자신이 회원으로 참여하는 여성

장관들과국회의원들의네트워크(MEWMAP)에 관해 들려주었다. 운 좋게도 아프리카 여성교육전문가들의 포럼에서 활동하는 크리스티아 나 도르페(Christiana Thorpe)와 인터뷰할 수 있었고, 그녀의 동료인 플로리 데이비스(Florie Davies)는 포럼이 관여하는 글라프톤의 소녀 학교를 방문할 때, 나를 동반하기도 했다. 또한 시에라리온교회협의 회의 '소형 무기 운동'을 전개한 플로렐라 하즐리(Florella Hazeley), 가족안전보장부의 균등한빈곤해결에서 일하는 마우린 풀(Maureen Poole), 시에라리온 대학교에서 평화와 갈등학 프로그램을 진행하는 메무나타 프라트(Memunata Pratt), 시에라리온의 전쟁 종식을 위해 여성과 시민사회를 조직하는 데 주요한 역할을 담당한 자이나브 반구 라(Zainab Bangura)와도 인터뷰를 가졌다. 또한 변호사이자 마노강여 성평화네트워크의 1대 부회장인 야스민 주수-쉐리프(Yasmin Jusu-Sheriff)와의 만남에서 유익한 이야기를 들었고, 프리타운에 터를 둔 영국협의회(British Council)의 대표인 라지브 벤드리(Rajiv Bendre)와 도 뜻깊은 만남을 가졌다. 라지브는 시에라리온에서 여성운동의 소식 에 정통한 관찰자이자 지지자이다. 이 모든 여성들은 내 일에 협력했 고, 추억이 어린 우정을 남겨 주었다.

이탈리아

나는 2005년 5월, 이탈리아 북부 지역 네 개 도시에 터를 둔 위민인 블랙 단체들을 방문했다. 또리노에서 돈네인네로델라까사델레돈네 (Donne in Nero della Casa delle Donne, 여성의 집의 위민인블랙)의 아홉 명의 여성들이 날 반겨 주었고, 그들은 나와 함께 시간을 보내며 자신들의 생각을 들려주었다. 아다 치나토(Ada Cinato), 안나 발렌떼(Anna Valente), 디아나 까르미나띠(Diana Carminati), 엘리자베따 도니니(Elisabetta Donini), 끼아라 가뚤로(Chiara Gattullo), 마르게리따 그라네로(Margherita Granero), 파뜨리지아 첼로또(Patrizia Celotto), 필로메나 필리삐(Filomena Filippis), 발레리아 산죠르지(Valeria Sangiorgi)가 바로 그 여인들이다. 베로나에서, 돈네인네로 지역단체의 몇몇 여성들과 저녁 식사를 함께 했는데 그때 함께했던 여성들은 안나 치프리아니(Anna Cipriani), 안나마리아 로미또 빠치니(Annamaria Romito Pacini), 마리아로사 관달리니(Mariarosa Guandalini), 로산나 레스티보-알레씨(Rosanna Restivo-Alessi), 반나 자무너(Vanna Zamuner), 빌마 마르티니(Vilma Martini), 위파 (타피) 레바브(Uifat (Taffy) Levav)이다. 타피는 날 배려하며 통역으로 도와주었다. 다음날 아침, 나는 소아베 근처 포도밭 사이에 있는 타피의 집에서 마리아로사(Mariarosa)와 타피와 함께 긴 인터뷰를 가졌다. 파도바에서는 여성의집(Casa delle Donne)의 돈네인네로(DiN) 모임에 가서 이 단체에서 활동하는 거의 모든 여성들을 만났다. 그들은 까를롯떼 브로너(Charlotte Browne), 가브리엘라 로씨(Gabriella Rossi), 줄리아나 오르똘란(Giuliana Ortolan), 루치아 토마소니(Lucia Tomasoni), 마누엘라 까를론(Manuela Carlon), 마리아니타 데 암브로지오(Marianita De Ambrogio), 마리엘라 제노베제(Mariella Genovese), 마리우치아 줄리아니(Mariuccia Giuliani), 메이 쥰니(May Giugni)이다. 시간이 좀 지나 까를롯떼(Charlotte), 줄리아나(Giuliana), 마리아니타(Marianita)와 개인적 인터뷰도 가졌다. 마지막으로 볼료냐에서 나는 여섯 명의 DiN 회원들과 따로 그리고 다 함께 흥미로운 대화를 나누었다. 그때 함께한 여성들이 안나 졸리(Anna Zoli), 끼아라 가뚤로(Chiara Gattullo), 가브리엘라 까뻴레띠(Gabriella Cappelletti), 로렌찌나 빠겔라(Lorenzina Pagella), 파트리치아 투우(Patricia Tough), 피에라 스테파니니(Piera Stefanini)이다. 아쏘시아찌오네델라빠체(Associazione della Pace, 평화협의회)에서 활동하고 유럽의회의 위원인 루이사 모르간띠니(Luisa Morgantini)는 국내외적으로 위민인블랙에서 중요한 인물이다. 루이사는 1990년대 초부터 나와 우리의 위브 단체에 영감을 주었고, 특히 이탈리아 활동가들과의 관계를 발전시키는 데 도움을 주었다.

팔레스타인과 이스라엘

4장의 주제가 되는 팔레스타인/이스라엘은 2005년 11월에 방문했다. 기꺼이 시간을 내서 인터뷰를 해 준 분들은 다음과 같다. 동예루살렘에서 예루살렘여성센터(Jerusalem Center for Women), 여성센터와 파트너를 이루며 일하는 예루살렘링크(Jerusalem Link), 주로 많은 이야기를 나눈 여성센터의 대표인 나타샤 칼리디(Natasha Khalidi), 여성센터의 이사 위원이자 팔레스타인여성노동자개발회(Palestive Women Workers' Society for Development)의 대표인 아말 크라이쉐 바르구티(Amal Kreishe Barghouti)이다. 또한 여성센터의 이사 위원이자 여성상담과법률조언센터(Women's counseling and Legal Advice Centre)의 대표인 마하 아부-다이예 샤마스(Maha Abu-Dayyeh Shamas)에게서 많이 배웠으며, 마하가 주로 움직이는 국제여성위원회(International Women's Commission)의 발전 과정(5장 참조)에 대해서도 들을 수 있었다. 나는 라말라에 가서 세 명의 여성들, 비르자이트 대학교의 교육과 심리학과 부교수인 나디아 나저-나자브(Nadia Naser-Najjab), 언어와 번역학과 부교수인 라자 란티시(Raja Rantisi), 그리고 동예루살렘 팔레스타인상담센터(the Palestinian Counselling Center)의 라나 나샤쉬비(Rana Nashashibi)와 매우 알찬 인터뷰를 했다. 4장에서 서술한 밧샬롬(Bat Shalom)은 그린라인에서 이스라엘 쪽에 있는데, 전국적이면서도 서예루살렘에서 펼쳐지는 그 단체의 활동에 관한 내용은 밧샬롬과 예루살렘링크의 대표인 몰리 말레카(Molly Malekar), 밧샬롬의 정치 담당 코디네이터 릴리 트라우브만(Lily Traubmann), 밧샬롬의 이사 위원인 아이다 쉬블리(Aida Shibli)와 쿨루드 바다위(Khulood Badawi)와의 값진 인터뷰 내용을 근거로 했다. 또한 이사 위원들인 주디 블랑(Judy Blanc)으로부터는 위민인블랙의 일부 역사를 들었고, 이사 위원인 데비 레만(Debby Lerman)과 밧샬롬의 전 상근자였던 마날 마쌀라(Manal Massalha)와는 런던에서 인터뷰를 가졌다. 북밧샬롬의 활동에 관해서는 메깃도와 아풀라, 나사렛을 방문하는 동안 만났던, 프로그램 코디네이터인 예후딧 자이덴버그(Yehudit Zaidenberg), 적극적 회원인 마리암 유서프 아부 후세인(Mariam Yusuf Abu Husein)과 사마리아 코우리(Samaria Khoury)와의 인터뷰가 주 자료가 됐고, 아이쉐 세다위(Aisheh Sedawi), 베라 조단(Vera Jordan), 야엘 모론(Yael Moron)과의 비공식적인 좌담과 릴리 트라우만(Lily Traubmann)과의 긴 대화도 요긴한 자료가 됐다. 나는 예루살렘링크의 두 조직에 주로 초점을 두었으나, 여성들의 반점령운동을 더 전체적으로 그리고자 평화를위한여성연맹(Coalition of Women for Peace)의 공동 창립자이자 당시 국제 담당 코디네이터였던 길라 스비르스키(Gila Svirsky)와도 인터뷰를 가졌다. 뿐만 아니라 작가이자 연구자이며 뉴프로파일(New Profile)의 창립자인 렐라 마잘리(Rela Mazali), 현재 뉴프로파일의 젊은이 프로그램을 개발하는 탈리 러너(Tali Lerner), 여성학습공동체(Community of Learning Women)의 공동 창립자이자 역사가이고, 통신대학교의 정치과학과에서 일하는 아미라 겔붐(Amira Gelbum), 작가이자 통신원이며, 『평화의 자매들(Siters in Peace: Feminist Voices of the Left)』을 저술한 헤드바 이샤차르(Hedva Isachar), 밧샬롬만이 아니라 이스라엘민주여성운동(Movement of Democratic Women for Israel)에서 일하는 사마리아 코우리(Samaria Khoury), 정당인 하다쉬(Hadash)에서 활동하며 제네바협정운동의 전 상근자였던 샤론 돌레브(Sharon Dolev), 검문소감시(Machsom Watch)의 공동 창립자인 예후딧 케셋(Yehudit Keshet), 그리고 (감사할 사람 가운데 알파벳 순서에서 맨 마지막 이름을 가진) 서예루살렘의 여성센터인 콜하-이샤(Kol Ha-Isha)의 창립 이사인 이본느 도이치(Yvonne Deutsch)와 가진 인터뷰도 여성들의 반점령운동을 구성하는 데 큰 도움을 주었다.

영국

나는 영국을 거쳐 지나가는 펠리시티 힐(Felicity Hill)과 캐롤 콘(Carol Cohn)을 운 좋게도 쫓아가서 만났다. 펠리시티는 뉴욕의 유엔에 있는 평화와자유를위한여성국제연맹(Women's International League for Peace and Freedom)의 전 회장이며, 이어서 평화와 안보팀인 유엔여성발전기금(UNIFEM)의 정책과 관련한 평화와 안보 자문을 맡았고, 지금은 핵과 군축 이슈에 관한 그린피스 국제정치 자문 일을 한다. 캐롤 콘은 젠더, 안보, 인권에 관한 보스톤 컨설티움의 대표이고, 미국 플레쳐 법과외교학교의 상임 연구자이다. 그들은 5장에서 서술한 유엔 안보리 결의안 1325가 채택되기까지 애쓴 NGO실무단의 활동과 노고에 관해 많은 부분을 들려주었다. 또한 오랫동안 사무국장으로 일한 에딧 밸런틴(Edith Ballantyne)과 현재 영국여성연맹의 회장이자 런던 위민인블랙 단체에서 활동하는 샤일라 트릭그스(Sheila Triggs)의 자문 덕택으로, 윌프(WILPF)에 대한 내 설명은 더 신빙성을 갖추게 됐다. '캠프운동' 등 비폭력 직접행동에 관한 보고는 그린햄 커먼 여성들의 평화 캠프에 처음 관련을 맺고 요크셔의 맨위드 힐 캠프운동에도 계속 참여한 헬렌 존(Helen John), 그린햄 운동에 핵심적으로 참여했고 군축 외교를 위한 애크로님연구소 창립 대표로 계속해서 일한 레베카 존슨(Rebecca Johnson), 그린햄 운동에 참여한 후, 올더마스턴의 핵무기연구소에서 여성평화 캠프운동을 전개한 활동가 시안 존스(Sian Jones), 이 세 여성의 이야기를 기초로 했다.

런던에서 집필 작업을 하면서 나는 수많은 도움을 받았다. 이에 고마운 분들에게 다시금 감사의 인사를 보낸다. 첫 번째로, 프랑스 활동가이자 작가인 앙드레 미셸(Andrée Michel)은 두둑한 신뢰를 가지고 프랑스 여성반전활동에 관한 기록을 주었다. 두 번째는 수많은 타이피스트 가운데서도 가장 고숙련의 기술을 지닌 루시 에디비안(Lucy

Edyvean)인데, 그녀는 순발력과 높은 이해력을 가진 기록자이다. 또한 루카스 토발(Lucas Tobal)은 내 웹로그를 풍부한 상상력으로 만들었고, 내가 프로그램을 사용할 수 있도록 인내심을 갖고 지도해 주었다. 질 스몰(Jill Small)은 내 컴퓨터가 문제를 일으킬 때 놀라운 능력을 발휘해 해결했는데, 알고 보니 근무시간 후에 되풀이해서 봐 준 것이었다. 사라 마스터스(Sarah Masters)도 컴퓨터 재난이 발생할 때마다 여러 번 날 구해 주었다. 그동안 제드(Zed)출판사가 내 책을 발행하곤 했는데, 이 책이 세 번째이다. 제드출판사는 항상 흥미로운 책 목록에 내 책을 넣는 기회를 주었다. 그리고 위계질서를 거부하고 집단 작업의 방식을 선택한 출판사의 많은 이들이 편집과 출판, 마케팅, 판매 과정에서 유능하면서도 고무적인 도움을 준 점을 매우 높이 평가한다. 뉴욕에 있는 팻 데 안젤리스(Pat de Angelis)는 대서양을 횡단해 오가는 통화에서 정신적 지지를 아낌없이 주었다. 제대로 정돈도 하지 못한 채 한 집에서 함께 살아가는 시마 카지(Seema Kazi), 마리아 페트리데스(Maria Petrides), 마리안젤라 프레스티(Mariangela Presti), 그리고 격려와 지지를 듬뿍 선사해 왔던 내 딸들, 클라우디아 코번(Claudia Cockburn)과 제스 코번(Jess Cockburn)에게 고마움을 표한다. 또한 정치적 거리 합창단, 드높여찬양하라(Raised Voices)에서 활동하는 친구들에게도 고마움을 전한다. 그들은 내가 조사 연구에서 착안한 주제들을 가지고 노래를 부를 때, 때로 운을 맞추는 2행으로 형편없이 만들어도 너무나 명랑하게 노래를 부를 줄 아는 사람들이었다. 마지막으로, 런던에 있는 위민인블랙 지역단체는 이 긴 여정에 즐거움과 연대, 정치적 지혜가 마르지 않은 샘이 됐다. 동무들이여! 진심으로 고맙다.

서문

세계 어디서나 전쟁과 평화의 문제에 관한 여성들의 관심은 남성들과 달리 까다롭다. 전쟁에 관한 여론조사를 하면 공통적으로 나타나는 현상은 성별에 따른 차이다. 대체로 여성은 전쟁을 지지하는 비율이 남성보다 낮거나, 설령 지지해도 최소한 주저하거나 확고한 입장을 결정하지 못하는 경우가 많다. 또한 군사주의와 전쟁에 적극적으로 맞서 활동하려는 여성들은 종종 여성들만의 분리된 운동 조직을 선택한다. 이러한 차이들은 어디서 기인하는 것일까? 우리는 여성으로서 또는 페미니스트로서 우리가 하는 일들을 어떻게 생각하는가? 페미니즘이 전쟁에 관해 취하는 '입장'은 무엇인가? 이 책에서 나는 이러한 물음들에 대략적으로 답하고자, 무력 분쟁과 관련해 저마다 다른 나라에서 다른 시기에 다양한 방식으로 군사화와 전쟁을 접한 여성들의 다양한 경험을 그렸다. 어떤 여성들은 수십 년에 걸친 전쟁의 직접 피해자이면서 생존자인 반면, 어떤 여성들은 그러한

'무력' 전쟁을 멀리서 바라보며 간접경험을 한다. 그러나 어느 누구도 군사화와 '냉'전들과 무관하게 사는 사람은 없다. 이 책에 등장하는 여성들에게는 한 가지 공통점이 있다. 여성들은 단순히 '평화를 지향하는' 것에 머무는 것이 아니라, 어떤 방식으로든 군사주의와 전쟁에 반대하기 위해 집단적인 운동을 선택했다는 것이다.

나는 지금 '우리가 서 있는 곳에서(From where We stand)'라는 말을, 변화가 가능하고 고정되지 않은 느낌을 주는 동시에 여러 질문들을 향해 열려 있다는 뜻에서, 이 책의 제목으로 선택했다. 좀더 설명하자면, 첫째, 이는 어떤 입장을 가지고 여기에 우리가 서 있다고 말하는 것과는 완전히 다르다는 점에 주목하길 바란다. 곧 '우리'는 과연 누구일 수 있는지, 그리고 그 작고도 큰 말들 안에 얼마나 많은 '우리'의 모습이 들어 있는지 묻는 것이다. 또한 '우리' 안의 '나'(저자)와 이 책에서 서술하는 여성들 사이에 얼마나 많은 정체성이 가정될 수 있는지도 분명하지 않다. 이는 내가 바라는 바이기도 하다. '어떤 곳으로부터(from where)'라는 표현은 여러 일들이 일어나는 변화의 지평을 바라볼 새로운 해석이 필요함을 환기한다. 우리 가운데 누군가 어떤 곳에 서 있었다면, 그것이 좀 비켜 서 있는 경우였다 해도 그동안 눈에 띄지 않았거나 알려지지 않았던 일들이 보일 것이며, 그에 따라 그러한 일들을 바라보는 시각도 변할 것이다. '서다(stand)'란 표현은 너무 요지부동한 느낌을 주기에, 내가 좋아하는 단어는 아니지만, 최소한 유용하게 쓰일 수 있는 의미로 나타날 수 있기를 기대한다. 예를 들면 불확실하고 임시적인 거점(footing), 상대적으로 죽음에 가깝거나 먼 지정학적 현장(location), 또는 여성으로서, 동시에 특정 계급이나 인종 집단의 한 구성원으로서 살아가는 여성의 삶을 규정하는 사회적 위치(positioning)로 말이다.

마지막으로, 나는 책 제목이 미완성 문장이라는 점을 지적하고 싶다. 우리 자신이 목격한 것을 의미화하면서 우리가 다양하게 활동하는 곳에 서 있다고 한다면, 그다음에 할 수 있는 일은 무엇인가? 물론 전쟁과 평화의 문제에 대한 우리의 입장과 활동은 저마다 부분적일 수밖에 없다. 그런데도 나는 우리 가운데 많은 이들이 음악 연주를 하듯이 공동의 목적을 위해 함께 활동하기를 원한다고 생각한다. 그렇다면 우리를 움직이는 다양한 동기들은 무엇인가? 우리들의 집단, 조직 그리고 네트워크들은 군사주의와 전쟁을 똑같은 방식으로 바라보는가? 저마다 다르고 다양한 우리는 조금 덜 폭력적인 미래를 위해, 과거의 폭력과 현재의 폭력에 대해 한 목소리로 분명하게 말할 것이 있는가? 이 질문들에 대한 내 답변은 조심스럽고 잠정적일 수밖에 없다.

책이 나오게 된 배경

1990년대 중반, 런던 시티 대학교 사회학과에 학문적 기반을 두었을 때, 나는 다양한 민족주의의 분열을 횡단하는 북아일랜드, 이스라엘과 보스니아-헤르체고비나 그리고 사이프러스의 여성들로 확장될 연구를 그 여성들과 함께 하기 시작했다 (Cockburn 1998; Cockburn and Zarkov 2002; Cockburn 2004a). 한편, 1980년대에 핵미사일에 반대하는 여성들의 운동에 참여했던 우리 가운데 일부는 런던에서 전쟁에반대하는위민인블랙(Women in Black against War, WiB)이라는 이름으로 계속 운동의 맥을 이어 갔다. 위브 (WiB)는 원래 1988년에 팔레스타인 영토 침공에 반대한 이스라엘 여성들의 운동에서 시작됐는데, 1990년대를 거치면서 그 세력이 급속도로 퍼져 나갔다. 그리고 곧 군사주의와 전쟁을 더욱 광범위하게 반대하는 지역단체들의 전 세계적 네트워크가 됐다(⟨www.womeninblack.org⟩를 참조). 비록 이 네트워크에는 중앙 조직 같은 것은 없었지만, 매년 열리는 국제회의로 소속감은 유지되고 강화될 수 있었다. 우리는 서로의 경험을 공유하고, 따뜻하게 환대하며, 우리 사회를 황폐하게 만들면서 끝도 없이 나선형으로 치솟는 폭력의 순환에 대해 함께 분노하는 일을 중요하게 여겼다. 그러나 한편, 이 회의들은 우리가 얼마나 다양한가를 보여 주기도 했다. 만일 분석을 공유하고 공통 목표를 갖는 것이 사회운동이라면 우리가 하는 것이 과연 '운동'인가?

나는 좀더 깊은 연구를 하고자 연구비를 지원해 줄 곳을 물색했다. 그러나 이 연구를 위민인블랙에만 국한시키고 싶지는 않았다. 왜냐하면 위브에 관해 한 가지는 이미 분명했기 때문이다. 많은 여성들에게 위브란 영구히 '존재하는(are)' 어떤 것이라기보다는 상황에 따라 '행동하는(do)' 것이었다. 매우 다양한 이름과 목적을 가진 조직의 여성들이 때때로 위민인블랙 '으로서(as)' 거리 밖으로 나갔다. 그리고 위브를 한 번도 들어 본 적이 없는 수많은 여성들도 위브와 유사한 열의를 갖고, 자신들이 세계적 운동에 참여한다고 느꼈다. 결국 나는 전 세계적 차원의 분석은 아니지만, 최소한 지역에 국한되지 않는 '군사주의와 전쟁에 반대하는 여성들의 운동'에 관해, 2년 간 연구할 수 있는 지원금을 받을 수 있었다. 연구비에서 가장 비중이 큰 항목은 여행 경비였다. 나는 지원금 덕분에 2003년 봄부터 2005년 가을까지 8만 마일 이상을 여행했고, 벨기에, 터키, 미국, 콜롬비아, 스페인, 세르비아, 인도와 태평양 연안, 시에라리온, 이탈리아 그리고 마침내 팔레스타인과 이스라엘 여성들의 활동을 연구할 수 있었다. 게다가 영국에서 했던 경험으로 얻은 통찰력은 이 연구 과정에 크게 발휘됐다.

이 12개 국가 또는 지역들에 대한 연구만으로는 세계상을 그리기에 충분하지 않다. 현재 진행 중이거나 최근에 일어났던 전쟁을 헤아려 보면 내가 이 책에서 다루는 것보다 스무 배는 더 많다. 예를 들어 러시아와 체첸, 스리랑카, 수단, 아프가니스탄, 버마, 콩고, 우간다의 경우는 어떠할까? 각 나라들을 추가로 연구할 때마다 근본적으로 다른 성격의 갈등과 여성들의 대응에 대한 새로운 설명이 나올 수 있다. 따라서 이 책에서 다루는 내용은 대략의 밑그림이며, 결코 세계 전체를 대표할 수 없다. 내가 이 나라들을 선택한 것은 예전에 그 나라에 관한 문헌 연구를 했고, 그곳 연락망을 가졌기 때문이기도 했지만, 무엇보다도 다양한 전쟁 그리고 그에 맞선 여성들의 독특한 대항 방식들 때문이었다. 또 모든 가능성을 철저히 설명하거나 전체를 요약하기보다는 전쟁/반전이라는 상황에서 일어날 수 있는 현상들을 잘 드러내는 나라들로 선정했다.

연구 방법

연구 목적은 내가 방문했던 각 나라, 또는 도시에서 군사주의와 전쟁에 반대하는 주요 여성단체들과 네트워크 회원을 최소 한두 명 이상 만나, 그들이 처한 정치적 상황과 그들이 문제로 삼는 폭력의 성격, 전쟁에 대한 그들의 분석과 행동 전략을 알아보는 것이었다. 결과적으로 나는 총 250명이 넘는 여성들과 세 명의 남성으로부터 자료를 수집했다. 그중 163명은 공식적인 인터뷰의 형태로 만났다. 나머지 사람들과는 비공식적 대화, 그룹 미팅, 또 드물게 전화와 이메일을 통해 만났다. 이들과 만남으로써, 나는 91곳의 단체와 조직들에 대해 배우게 됐고, 그중 63곳은 세세한 부분까지 알게 됐다. 나는 이 조직과 단체들을 표본으로 여기기보다는, 가끔 TV 프로그램에서 보듯이 규모가 좀 큰 패널과 같은 것이라고 생각한다. 패널 구성원으로서 어떤 이는 문제를 제기하거나 경험과 다른 생각을 평가할 수 있다. 어떤 이들은 패널 앞좌석의 화려한 조명을 받으며 자신들의 존재를 분명하게 드러내며, 상세한 것들까지 이야기한다. 또 다른 이들은 두 번째나 세 번째 줄에 앉아서, 전쟁 일반에 대한 이야기를 하거나, 전쟁에 대한 여성들의 대응을 좀더 큰 그림에서 볼 수 있게 한다. 여성들은 내 질문에 응하면서 자신들의 독특한 활동과 실천 형태를 설명했다. 거리 시위나 비폭력 직접행동, 대규모 집회, 로비 활동이나 대중매체를 통한 캠페인, 교육과 의식화 작업, 전장을 넘나들며 이루어지는 만남과 연대 활동들을 묘사했다.(나는 '오직' 인도주의적 활동만을 하는 단체들을 신중하게, 그러나 자의적으로 배제했다.) 나는 각 단체들이 국내에서 그리고 국가를 넘어서 어떻게 서로 조직되고 소통하는가를 파악하고자 했다. 그리고 각 개인들로부터는 각국의 군사주의와 전쟁, 그리고 주류[1] 반전운동에 대한 한층 더 전반적 맥락의 정보를 얻고자 했다.

나는 단체를 방문하고 사람들을 만날 때마다 질문 선별이나 관찰 방법 등에 특히 신중을 기해 작업했다. 나중에 어떤 이들은 단체들의 상황과 활동을 설명하면서, 자신을 돌아보게 돼 스스로에게도 큰 도움이 됐다고 했다. 나는 각 단체와 나라에서 얻은 유용한 정보를 다른 단체와 나라로 전해 주고자 애썼다. 그러면서 내가 밝히고자 했던, 바로 그 국제적 연결이 이루어지는 과정에 내가 일부였음을 자각하게 됐다. 연구 주제의 선정에서 책 출판에 이르는 과정은 시간이 많이 걸리는 더딘 작업이다. 나는 내가 알게 된 내용을 운동에 곧바로 재적용하려 했다. 이를 위해 나는 웹사이트(실제로는 웹로그)를 만들었고, 내가 방문한 지역과 단체들에 관한 '내용'이 정리될 때마다 그 웹사이트에 게시했다. 그 내용은 두세 권의 책이 되고도 남을 만큼의 방대한 분량이다. 현장

연구에 기초한 이 보고서들은 독자들이 더 자세한 내용을 알고 싶은 경우에 찾아볼 수 있도록 웹사이트(《www.cynthiacockburn.org》)에 남겨 놓았다. 또한 불꽃 튀는 활발한 토론을 기대하며 계속 진척되는 내 글을 올려놓으면서 웹로그에 토론 게시판을 열어 놓았다.

연구자로서 우리는 시간을 할애하고 정보를 공유해 준 사람들에게 책임감을 크게 느낀다. 연구 성격이나 우리가 그들에게 요청했던 특정한 대화들이 어떤 위치에 있는지 숨김없이 투명할 필요가 있다. 그들이 말한 언어들이 공적으로 사용되는 만큼, 그 통제권은 그들이 더 많이 가져야 한다. 인터뷰를 시작하기 전에, 나는 그들에게 내용을 받아 적거나 녹음해도 되는지 동의를 구했다. 인터뷰 내용 가운데 우리가 공적으로 사용하고 싶은 내용이나 분석이 있다면, 인터뷰 참석자가 그것을 읽을 기회를 주기로 약속했다. 이에 나는 여행에서 돌아오자마자 녹취를 하고, 정보 제공자들을 위해 국가별, 지역별 윤곽을 작성했다. 나는 그들로부터 알게 된 내용들을 내 연구가 갖는 취지와 관점에 비추어서 해석하고, 그 내용을 그들에게 이메일로 보냈다. 그리고 그들이 그렇게 정리된 내용에 대해 불편함을 느끼지 않고, 자신들의 상황이 제대로 반영됐다는 점에 만족할 때까지 내 작업에 도움을 줄 것을 부탁했다. 그들은 때로는 개인적으로 때로는 집단적으로 내가 기록한 내용에 대해 토론했고 수정할 부분을 제안했다. 이러한 작업에는 때로 6개월이라는 시간이 소요되기도 했지만, 우리는 의견이 일치한 다음에야 그 내용을 웹사이트에 올렸다. 아주 드물게, 인터뷰한 여성들에게 코멘트를 여러 번 부탁했으나 아무런 답변을 못 받은 경우도 있었다. 이런 경우, 나는 (다른 참여자들을 무턱대고 기다리게 할 수 없었기에) 정보를 준 다른 사람들의 동의를 구하는 형태로 그 내용을 올렸다.

때로 두 단계 과정을 거쳐야 하는 경우도 있었다. 예를 들어 한 지역에 있는 두 단체나 그 이상의 단체들 사이에 의견이나 실천 내용이 다른 경우, 그들 사이에 오해나 적대감이 생기는 것을 피하기 위해서는 우선, 각자에게 해당되는 부분만을 보내는 것이 최선으로 보였다. 그렇게 해서 그 내용들 각각에 대한 논의와 동의가 이루어지면, 여러 내용들을 하나로 모아서 볼 수 있게 했다. 의견이 다른 집단 양쪽을 모두 만족시킬 만한 말을 찾지 못한 경우는 한 번 있었다. 우리 모두는 이 과정에서 조심스럽게 서로를 배려했으나 결국 나는 어쩔 수 없이 그 자료를 폐기해야 했다. 나는 이 책 초고를 웹사이트에 올렸다. 그리고 책에 이름이 언급된 모든 여성들과 단체들에 연락을 해서 자신의 이름과 단체명을 확인하고, 한 달 이내로 의견을 보내라고 했다. 이러한 과정 덕분에 이 책 마지막 원고에는 그들의 의견이 가능한 많이 담겼다.

주요 개념과 이론

나는 이 책에서 젠더 이론이든 전쟁에 관한 이론이든 되도록 장황하고 심도 깊은 이론적 논의는 피하려고 했다. 왜냐하면 학자들만이 아니라 페미니즘이나 전쟁, 평화에 관심 있는 사람이라면 누구나 쉽게 이 책을 읽을 수 있기를 바라기 때문이다. 그러나 페미니즘은 그 자체가 이론을 기반으로 하는 운동이므로, 저자가 어떻게, 왜, 이런 특정한 용어들을 사용하는지, 저자의 이론적 뿌리는 어디서 왔는지 아는 것은 이 책을 이해하는 데 도움이 된다.

　나는 전쟁에 대한 여성들의 조직적 대응을 이해하고자, 마르크스주의의 영향을 받아 1980년대에 형성된 유물론적 페미니즘(materialist feminism)에 주목했다(참조: Hartsock 1985; Harding 1986). 유물론적 페미니즘의 가장 큰 장점은 경제적 착취와 계급 관계라는 차원을 결코 무시하지 않는다는 점이다. 이는 군사주의와 전쟁을 이해하는 데 필수적인 권력과 폭력에 대한 다차원적이고 총체적인 접근을 할 수 있는 기반을 제공한다. 또 다른 장점은 '소외'와 같은 특정한 마르크스주의의 개념이 페미니즘 입장에서는 젠더를 이해하는 데 창조적으로 사용된다는 점이다(참조: O'Brien 1981 ; Jónasdóttir 1994).

또한 섹스/젠더 체계(sex/gender system)〔또는 젠더 질서(gender order)〕는 꼭 필요한 핵심 개념으로, 모든 사회에서 자연스럽게 작동하는 특성이자, 남성 우월주의(가부장제)라는 형태로 경험된다(참조: Connell 1987). 나는 젠더를 사회적 과정에서 생산되고 재생산되는 권력관계로 이해한다. 여성도 남성과 마찬가지로 가부장적 권력관계에 적극 참여하고, 젠더 위계(gender hierarchy)를 유지한다. 남성 역시 여성과 마찬가지로 우리가 경험하는 젠더 질서로 피해를 봤고, 일부 남성은 이에 대해 과감하고 예리한 비판으로 억압적이고 폭력적인 젠더 질서의 관습에서 벗어나려고 한다. 나는 (군대가 그런 것처럼) 특히 인간의 몸에 주목한다. 그 이유는 내가 코넬이 완곡히 주장한 것처럼, 몸은 생물학이 결정하지 않고 그 자체로 행위성(agency)을 가진다고 믿기 때문이다. 온갖 조직 구조와 염색체, 호르몬과 함께 몸은 일종의 공간이자 '어떤 사회적 일이 일어나는' 장소이다(Connell 2002a: 47~48). 나는 젠더가 작동하는 과정은 사회구조로부터 영향을 받기도 하지만 동시에 영향을 준다고 생각한다. 이러한 예는 가족뿐 아니라 순전히 계급이나 종족-민족적(ethno-national) 권력으로 보이는 제도들도 포함한다. 군사주의와 전쟁이라는 분야에서 남성성들(masculinities)이 형성되는 과정은 특별히 중요한 문제이며, 이는 섹스/성폭력에 대한 관심으로 이어진다(참조: Price 2005). 몇 년 전이라면 이러한 관심을 보이는 이를 '급진 페미니스트'로 분류했을지 모른다. 그러나 나는 다양한 차원의 페미니스트 분석들을 함께 사용하는 것이 모순이라고 생각하지 않는다. 이제는 아마도 많은 여성들(특히 전쟁 관련 문제에 적극적으로 대응하는 여성들)이 이러한 경향을 환영할 것이다.

앞서 언급한 1980년대 유물론적 페미니스트들이 발전시킨 개념은 '입장론(standpoint)'이다. 내가 선택한 책 제목, '우리가 서 있는 곳에서'는 무엇보다도 입장론을 암시한다(참조: Hartsock 1985; 1998; Harding 1986; Stoetzler and Yuval-Davis 2002). 그러나 여기에서 조심할 필요가 있다. 우리는 여성들이, 심지어 아주 조심스럽게 분류된 여성들(예를 들어 백인 중산층 영국 여성, 필리핀 민다나오의 모로족 여성)도 입장론을 공유한다고 전제할 수는 없다. 여기서 입장론과 관련된 유용한 설명을 소개하고 싶다. 서로 다른 위치에 있는 사람들이 다양한 의미들을 만들기 때문에, 지식은 보편화될 수 없다. 곧 지식은 '상황적(situated)'이다(Haraway 1991). 내가 말하는 '입장론'은 개인이 아니라 집단 운동이 산출하는 것이다. 이 책에서 나는 내가 취합한 많은 활동가들의 이야기에서 출발해, 8장 마지막 부분에서 반(反)군사주의를 내세우는 페미니즘의 밑그림을 발전시키려 했다. 그리고 9장에서는 군사주의와 전쟁에 관한 젠더적 관점을 얻고자 '입장론'으로서 반군사주의 페미니즘을 채택했다. 나는 '위치성(positionality)'과 '교차성(intersectionality)'이라는 다루기 쉽지 않은 용어를 사용하는데, 이 용어들은 책 내용의 맥락상 불가피하다(참조: Anthias 2002; Anthias and Yuval-Davis 1992; Johnson 2005). '위치성'이라는 말은 개인이나 단체들이 사회적 차이라는 면에서 어떻게 서로 관련돼 위치하는지를 이해하고 설명할 수 있게 도움을 준다.〔그런데 이 책에서 사용하는 '현장 (location)'이라는 말도 주목할 필요가 있다. '현장'은 위치성 속에서 나타나는 또 다른 차이를 지칭한다. 말하자면, 여성들이 신체적으로나 시간적으로 폭력 과 전쟁에 가깝거나 멀리 떨어져 있는 공간의 뜻을 담는다.〕이 연구의 목적 상, 나는 젠더뿐만 아니라 계급과 인종이라는 세 가지 차원의 권력에 위치하기를 강조한다. 그 외에 다른 차원도 있지만, 나는 군사주의와 전쟁에 관련해서는 특히 이 세 가지가 적절하다고 생각한다. 계급이 란 생산수단을 소유하는가 아닌가를 뜻하면서, 사람들이 종종 무기를 들고 서로 차지하고자 싸우는 재산과 부의 차이를 뜻한다. 여기서 사 용되는 용어인 인종(race)은 피부색이나 체질적 특징뿐만 아니라 특 정 영토, 문화, 종교, 공동체, 종족과 민족 정체성 등을 이유로 사람들 을 차별화하고 위계화하며, 권리를 박탈하는 과정에서 나타나는 사회 적 산물을 뜻한다. 분명히 인종은 전쟁을 이해하는 데 필요한 두 번째 핵심 요소이다. 인종은 '외국인'에 관한 것이다. 나는 이와 관련해 종 족성(ethnicity)이나 종족-민족주의(ethno-nationalism)와 같은 용어 를 사용한다.[2]

우리는 각기 다양한 차이 안에 위치하기 때문에, (생득적) 정체성과 (경험적) 자아는 복잡하고 예측 불가능하다. 위치성은 이러한 점을 지 적하는 데 아주 유용한 개념이다. 이는 권력관계를 암시한다. 한 개인 이 계급·인종·젠더의 차원에 위치한다는 것은 다른 이들과의 관계 속에서 서로 다른 위치를 가지면서, 권력이 상대적으로 강하거나 약 하다는 것을 뜻한다. 이 책에서 나는 '타자화(othering)' 또는 '타자 (other)'라는 용어를 종종 사용한다.[3] 원칙적으로 자아는 비(非)자아와 지속적이고 창조적인 관계를 가지면서 형성될 수 있다. 그러나 비자아는 너무나 흔히 낯설고 적대적인 '타자'로 인식된다. 비자아가 타자로 '명명'되면서, 타자는 동시에 열등한 존재이자 위험한 존재로 배제되고 주변화된다(Connolly 1991).

'교차성'이란 위치성이 서로 교차해, 어떻게 개인이나 집단이 동시에 여러 경험을 하는가라는 방식을 이해하기 위한 용어이다. 한 개인은 '여성' 또는 '남성'이라는 젠더만이 아니라, 항상 인종이나 종족의 차원에서 규정되고, 특정한 사회 계급에도 속한다. 나는 교차성이 개인이나 집단 경험뿐만 아니라 체제(system) 자체에도 적용된다고 생각한다. 바로 이 점이 내 결론에서 가장 중요한 부분이다. 사회구조와 경제 권력의 행사, '인종'/종족-민족적 권력 그리고 젠더 권력은 교차하며 서로를 구성한다. 전쟁은 이러한 것들이 함께 어우러져 만들어 낸 적대감의 가장 폭력적인 표현이다. 그러므로 지금까지 그랬던 것처럼 젠더에 관해 말하지 않는다면, 우리는 전쟁을 충분히 설명할수 없을 것이다.

책의 구성

책의 앞부분은 특정 나라들과 전쟁, 단체를 '묘사'한다. 책의 뒷부분은 좀더 이론적인 설명을 담았다. 1장은 세 개 대륙, 콜롬비아, 인도, 그리고 시에라리온에서 일어난 무력 갈등을 소개하며 각 나라에서 하나씩, 총 세 여성단체를 살펴본다. 콜롬비아의 경우 좌익 게릴라, 우익 준군사조직, 그리고 정부군이라는 3자 사이의 전쟁은 기본적으로 계급 전쟁의 성격을 띤다. 그런데 이들의 전쟁은 수그러들 기세가 보이지 않는다. 또한 이와 다르게, 종족 갈등이 얽힌 인도의 경우도 살펴본다. 이는 힌두 민족주의 극단주의자들이 무슬림 소수자들을 대학살한 경우이다. 주요 사건들은 2002년에 발생했지만, 그 후에도 금방이라도 뭔가 일어날 듯 폭력이 들끓으면서 학살과 강간이 또다시 일어날 수도 있다는 불안과 긴장이 생겨났다. 시에라리온에는 10년에 걸친 잔악무도했던 내전이 끝나기는 했지만, 폭력이 되풀이될지도 모른다는 두려움이 여전히 남아 있다.

시에라리온의 내전은 계급이나 인종 분리가 뚜렷하게 나타나지는 않지만, 폭력의 성격이 어느 정도 젠더화됐다는 점을 분명히 보여 준다. 나는 이 세 무력 분쟁이 어떻게 여성의 삶에 영향을 끼쳤는지 그리고 지금도 어떻게 영향을 미치는지를 설명한다. 또한 이러한 맥락에서 폭력과 전쟁에서 벗어나고자 여성들이 발전시킨 다양한 전략들을 조명한다.

1장에서 특정 지역들에서 발생한 국지적 전쟁을 살펴보았다면, 2장은 2001년 9월 11일 이후 벌어지고 있는 전 지구적인 '테러와의 전쟁'에 초점을 맞춘다. 수많은 사람들의 삶을 변화시키고 생명을 앗아간 9·11 이후, 인종차별주의가 강화됐고 인권 상황이 악화됐다. 여기서 나는 광범위한 지역에 걸쳐 연결된 세 군데의 초국가적 여성활동가들의 네트워크를 소개한다.[4] 이 네트워크들은 위민인블랙, 코드핑크:평화를지지하는여성들(Code Pink: Women for Peace), 그리고 군사주의에반대하는동아시아-미국-푸에르토리코여성네트워크이다. 이 단체들은 현재 정치 환경에서 고통을 유발하는 요소에 대해 각기 다른 방식으로 대응하는, 성격이 조금씩 다른 운동 단체들이다. 현재 정치 환경에서 괴로움을 주는 요소는 세계시장을 통제하려고 몰려오는 기업자본, 단극화된 세계에 글로벌한 영향을 주는 미국 군사주의, 그리고 이에 맞서 강자를 위협하고자 무고한 사람들을 대상으로 이루어지는 절박한 무기로서 자기희생이다. 이러한 환경 가운데는 대개 평화운동 진영과 좌파 사이의 동맹으로 이루어진 주류 반전운동도 있다.[5] 이러한 주류 운동에 내재한 끈질긴 남성 중심주의는 여성이 자신들만의 독자적 조직화를 꾀하도록 한다.

내가 만난 여성반전단체들은 자신들이 무엇을 하는지 드러낼 수 있는 자신들만의 세 가지 과제를 들려주었다. 첫째 과제는 젠더화된 (gendered) 군사주의와 전쟁의 성격, 그리고 여성들이 무력 분쟁에서 겪는 고통·용기·성취에 대해 가급적 많은 이들에게 널리 알리고 교육하는 것이다. 두 번째는 자신들이 속한 사회에 만연한 군사화에 도전하고 전쟁·전투·국방·이주와 시민의 자유에 관한 정책들에 대해 면밀히 주시하고 문제 제기하며 논쟁하는 것이다. 동시에, 여성들이 원하는 세 번째 과제는 전쟁 때문에 분열된 여성들을 연결하고, 서로 대화하게 하며, 연대하게 만드는 것이다. 이러한 횡적인 움직임으로 연결해야만 하는 거리는 두 가지 성격을 갖는다. 첫 번째는 전쟁을 일으키는 나라와 전쟁에 시달려 고통을 받는 나라에 사는 여성들이 겪는 서로 다른 경험과 물리적 거리이다. 두 번째는 전쟁이 나면 즉각적으로 전쟁에 휩쓸려 얽히는 여성들 사이에 벌어지는 틈이다. 곧 여성들이 민족과 국적을 개의치 않고 살든 아니든, 전쟁 당사자들이 규정하는 '우리'와 '그들' 또는 '적'이라 불리는 사람들 사이의 거리이다.

3장에서 우리는 민족주의 전쟁광들이 견지해 온 종족의 타자화에 맞서, 세르비아 페미니스트 반전활동가들이 옛 유고슬라비아의 여타 지역에 사는 여성들과 뜻깊은 관계를 맺고 이를 지키고자 노력하는 것을 볼 수 있다. 우리는 스페인과 이탈리아 여성들이 그런 노력을 지지하고자 펼친 활동도 볼 수 있다. 그래서 이론과 실천이, 특히 횡단의 정치학(transversal politics)이라는 개념이 그런 연결들을 거쳐 어떻게 발전했는지를 알게 된다. 이어서 4장에서는 점령지에 사는 팔레스타인 여성들, 이스라엘 시민인 팔레스타인 여성들, 그리고 이스라엘 유대인 여성들을 통해 3자 사이의 관계를 살펴본다. 특히 여성들이 인종차별주의와 억압 그리고 무력 분쟁을 바라보는 방식과, 그들이 (양쪽 사회에서 모두) 서로 적으로 규정됐으나 의미심장한 동맹 관계를 유지하려고 할 때 부딪히는 어려움을 고찰한다.

5장에서는 지금까지 가장 잘 알려졌고, 가장 오래됐으며, 가장 철저하게 조직된 초국가 여성반전네트워크인 평화와자유를위한여성국제동맹(WILPF)을 살펴본다. 나는 90년에 이르는 윌프(WILPF)의 역사를 검토하면서 초기 여성평화운동사의 일부를 개관한다. 지난 10년 동안 윌프는 더욱 광범위하고 느슨하게 조직된 네트워크의 중심에서 중요한 역할을 했다. 여러 단체와 개인들로 이루어진 이 네트워크는 획기적인 국제 결의안을 고안해 로비를 했고, 결국 2000년 10월 30일에 유엔 안보리에서 그 결의안을 통과시키는 성과를 냈는데, 거기에는 윌프가 핵심적인 역할을 했다(여성·평화·안보에 관한 유엔 안보리 결의안 1325: UNSC 1325 on Women, Peace and Security). 이는 페미니스트 국제주의운동의 성과를 보여 주는 매우 고무적인 예이지만, 동시에 기구 중심 운동에서 볼 수 있는 현실적 타협의 과정을 보여 준다. 5장에서 우리는 개별 여성들의 운동, 때로 집필과 조언을 하면서 운동과 관련을 맺는 학자들의 활동이 얼마나 중요한가를 본다.

흔히 여성들이 주류 반전운동과 거리를 두는 까닭은 조직 형태와 행동 방식을 자율적으로 선택하는 데 자유롭기 때문이다. 6장에서는 여성평화활동가들이 상주하고자 하는 운동 구조와 선호하는 조직화 과정의 내용을 검토한다. 여기에서는 새롭고 독특한 몇몇 여성조직들을 소개한다. 나는 평화와 정의를 위한 투쟁 과정에서 여성들이 발전시킨 몇 가지 특징적 활동 방법을 밝힌다. 침묵시위와 캠핑, 상징적 표현의 사용이 그 예이다. 이는 운동 수단이 애초 의도한 운동 목적과 잘 부합해야 한다는 원칙이 여성들에게 중요하다는 점을 보여 준다. 그런데 여전히 물음은 남는다. 전 세계에 흩어져서 각자 다양한 활동을 하는 여성평화활동가들은 하나의 분석을 공유하는가? 만약 우리가 이렇게 많은 운동들이 글로벌이라는 거대한 강을 거슬러 올라가는 '하나'의 운동이거나 그런 운동이 될 수 있다고 생각한다면, 이 운동은 얼마나 일관적인가? 7장과 8장에서는 여성들 사이의 차이를 드러내며 논쟁이 벌어지는 이슈들을 개념이나 실천의 측면에서 살펴본다. 7장에서는 이들 이슈들을 '평화주의'와 '민족주의'의 개념을 중심으로 살펴본다. 우리는 평화주의자인가? 그렇다면 도대체 평화주의자가 된다는 것은 무슨 뜻인가? '정의'는 '비폭력'보다 더 우선순위를 갖는가? 우리는 외부 '개입'에 관해 어떻게 생각하는가? '민족주의'라는 말은 또한 토론 주제로 끊임없이 다뤄지면서 견해차를 불렀다. 민족주의가 그 정의상 나쁜 것이라면, 민족국가는 필요악인가? 아니면 민족 정체성과 소속감을 갖는 것은 정당한 필요인가? 민족 '국가'(homeland)는 모든 사람들에게 기본적으로 부여되는 것인가? 인종주의도 우리 대화에 등장한다. 인종주의에 대한 관심은 반전운동이나 반(反)군사주의자들에게 피할 수 없는 것인가? 우리는 전쟁으로 난민, 이주자, 망명자가 돼 '우리' 땅에 내버려진 인종차별주의 피해자들에 대해 정치적 책임을 지니는가? 여성들은 각자 다른 현장에서 여러 위치성을 지니기에, 전쟁과 관련한 이런 물음에 대해서도 다양한 입장들을 갖는다. 그렇다고 이 활동들이 서로 결이 맞지 않다고 말할 수는 없다. 나는 우리 운동들이 서로 '선'을 긋지 않으면서도 원활한 소통을 이루는 데 필요할지도 모를 관계 맺기 기술에 관해 검토한다.

평화주의와 민족주의, 인종주의는 여성들뿐만 아니라 주류 운동에서도 다루는 문제들이다. 그러나 젠더 문제는 그렇지 않다. 8장에서는 여성들이 토론하는 몇 가지 젠더 이슈, 예를 들어 모성, 남성의 폭력, 남성과 여성의 군복무 관련 문제를 선정해, 이 문제들을 중심으로 '전쟁이 페미니즘에 말하는 것'을 좀더 깊이 탐색한다. 나는 이 책에서 다양한 개인들과 단체들이 표방하는 철학은 군사주의와 전쟁에 반대하는 여성들의 운동이라고 해석하면서, 이러한 특징이 다른 것과 구별되면서 특정한 페미니즘의 공식화된 표현을 만든다고 결론 맺는다.

9장에서는 반군사주의 페미니즘 입장을 취하면서 다시 묻는다. '이 입장에서 보는 군사주의와 전쟁은 어떤 모습인가?' 우리의 운동으로부터 얻어진 관점에서 새로운 점은 무엇인가? 우리는 주류 반전운동과 다른 전쟁 연구들에 대해 무엇을 말할 수 있는가? 군사주의와 전쟁에 대한 주류 운동과 페미니즘의 이해를 비교하고자 나는 국제관계학과 사회학 분야에서 이야기를 전개한다. 또 명시적이든 암시적이든 많은 여성반전활동가들이 기술하는 가부장제에 대한 페미니즘의 이해를 개괄한다. 그리고 이와 같은 남성 지배 젠더 질서와, 특히 적절한 남성성의 구성이야말로 제도화된 남성 우월주의와 군사력, 이두 가지를 재생산하는 데 결정적임을 제시한다. 이어서 실례들을 제시해, 이런 것들이 호전적인 남성 민족문화를 그럴싸하게 확신시키고, 진짜 남성의 전투 훈련 과정에서 작동하고 있음을 보여 준다.

마지막으로 약 5000년 전, 경제 계급 분화와 '인종' 차별이 수반된 도시와 국가의 형성, 그리고 남성 우월주의가 특징인 섹스/젠더 체계가 역사적으로 동시에 발생했음을 주목하면서 결론을 맺는다. 이 세 가지가 발전하면서 강압적인 타자화, 곧 노동자와 이방인, 여성이라는 존재를 구성했다. 이들의 가장 폭력적인 형태인 전쟁 또한 같은 시기에 제도화됐다. 나는 오늘날까지도 이러한 세 권력관계 체제가 교차하면서 전쟁을 만들지 않았을까 생각한다. 우리는 전쟁이 앞에서 말한 첫 두 가지, 계급과 인종의 영향이라고 생각하는 것에는 익숙하다. 그러나 세 번째, 젠더 관계를 고려하지 않는다면 전쟁을 충분히 이해할 수 없다. 군사주의를 해체하고 전쟁의 악순환을 멈추려는 우리 노력이 계속되려면, 두 가지 분석 도구만으로는 불충분하다. 그래서 젠더 분석은 반드시 필요하다.

1장

다양한 전쟁, 다양한 대응

✝

　무력 분쟁은 다양한 형태로 일어난다. 제1차 세계대전과 제2차 세계대전처럼 국가들이 동맹국으로 나뉘어 싸우는 전면전이 있는가 하면, 냉전처럼 과도하게 무장한 미국과 소련이 대치하는 형태도 있다. 냉전의 형태는 상대방을 파멸시키려다가 자신이 파멸될까 두려워서 무기들을 풀 수 없는 경우이다. 또는 게릴라(또는 테러리스트들)와 그들이 전복하려고 하는 압제 권력 사이에서 일어나는 불균형적인 무력 갈등도 있다. 지난 2001년 미국이 탈레반과 알카에다(Al-Qaeda)를 무너뜨리고자 아프가니스탄을 침략한 것처럼, 여러 강대국들이 약소한 적을 위협하는 보복전도 있다. 또한 민족주의적 기획으로서 인종 청소라는 형태를 띨 수도 있고, 무장한 시민들이 계급적 이익을 위해 벌이는 산발적 투쟁도 있을 수 있다.

　무력 분쟁의 형태가 다양한 만큼 무력 분쟁에 대한 대응도 다양하다. 무력 분쟁을 겪는 지역의 여성들은 다양한 영역에서 평화운동을 펼친다. 우리는 이 장에서, 조금 다른 종류이긴 하나, 내전의 세 가지 사례를 보려고 한다. 첫 번째는 남아메리카에서 반세기 동안 지속되는 분쟁이다. 콜롬비아의 정부군, 게릴라와 우파 준군사조직, 이 세 집단이 계급투쟁의 차원에서 전쟁을 한다. 두 번째는 2002년 인도 구자라트에서 대중 살해가 동반된 내전으로 이어진 종교 대학살이다. 여기서 적을 표현하는 '타자'는 분명히 인종차별의 의미를 담는다. 세 번째는 아프리카 시에라리온이 폭력 사태로 얼마 동안 몰락했던 경우이다. 무법 상태의 폭력은 10년 동안 난무하다 2002년에 종결됐다. 이 전쟁이 일어난 동기는 모호하나, 계급 문제라든가 소수 인종을 타자화한 경우는 보이지 않고, 이례적으로 폭력적인 남성 문화가 작용했다는 점이 명백히 나타난다. 이 세 나라에서, 여성들의 대응 활동은 다 달랐다. 첫 번째 경우는 대중을 대규모로 동원했고, 두 번째는 조사위원회를 가동시켰으며, 세 번째는 대안적인 외교 활동을 펼쳤다.[6]

"폭력은 어제 여기에 왔었다"
: 콜롬비아 여성들의 반전운동

우리 가운데 어떤 사람들은 텔레비전 뉴스를 보다가 갑자기 열정과 책임감에 휩싸여 반전운동에 참여한다. 또 반전운동을 직접 조직하고 만드는 사람들도 있다. 왜냐하면 폭력은 마을이나, 거리, 집, 우리 주변에서 너무나도 자주 일어나기에, 반전운동밖에는 선택의 여지가 없기 때문이다. 이것이 콜롬비아의 상황이다. 콜롬비아 여성들의 반전운동은 사람들의 삶을 파괴하는 50년 동안의 정치 폭력에 대한 분노와 저항, 결단에서 '분출'됐다. 그러나 당신에게는 이런 종류의 폭력에 관해 알릴 미디어가 군이 필요하지 않다. 이것은 지역의 문제이고 사사로운 일이다. 당신은 사랑하는 사람들의 몸과 마음에 계속해서 상처가 덧새겨지는 것을 볼 수 있다.

19세기 이래로 콜롬비아에는 보수당과 자유당이라는 오직 두 개의 정당만이 존재해 왔다. 두 정당은 돌아가며 권력을 독식했으며, 그 정당들 사이의 경쟁은 마치 서로 다른 인종으로서 전쟁을 벌여 온 것 같은 착각이 들도록, 실제적이면서도 폭력적으로 나라를 분열시켜 놓았다. 보수당과 자유당 권력자들의 싸움을 위해 농민과 노동자, 자원과 영토는 갈라지고 끝없이 동원됐다. 이 클라이언틸리즘(Clientilism)의 고리를 끊으려고 했던 진보 운동들은 말살됐다(González 2004).

'라 비올렌시아(La Violencia)'라고 불리는 20년에 걸친 투쟁은 1948년 대중에게 인기가 있었던 좌익 자유당 지도자, 호르헤 엘리에쎄르 가이딴(Jorge Eliécer Gaitán)의 암살로 시작됐다(Sánchez and Meertens 2001). 빈곤과 극심한 불평등, 정치 엘리트들의 독단적 성격, 그리고 토지개혁이라는 아주 중요한 문제를 해결하지 않고 계속 미루는 정부의 태도에 자극받아, 1960년대에는 대규모 좌익 게릴라 운동이 활발했다. 지금까지 가장 세력이 크고 널리 알려진 게릴라는 콜롬비아무장혁명군(Fuerzas Armadas Revolutionarias Colombianas, FARC, 1964년 공산당과 제휴해 형성됐다.)이다. 게릴라들은 자본주의적 착취로 노동자와 농민의 원성이 극에 달한 지역들에서 자신들의 사회적·경제적 프로그램에 대한 지지를 확보했다. 불행하게도, 그들은 강탈과 납치, 그리고 (최근 증가 추세에 있는) 마약 코카인의 생산과 가공, 판매에 '세금'을 부과해 조직의 재원을 조달했으며, 이 과정에서 그들의 정치적 신용은 점점 땅에 떨어졌다.

정부군은 게릴라 운동 세력을 찾아내 완전히 제거하고 대중들의 불만을 누르는 것에 집중하면서, 수만 명을 살해하고, 감금하며 고문했다. 그러나 무능한 정부의 힘으로는 무장한 게릴라를 근절시킬 수가 없자, 부유한 지주들과 사업가 그리고 마약 거래상들은 사설 군대와 비밀 시민군을 개인적으로 소유해 재정적으로 지원하고, 양성했다. 현재 이들은 준군사조직의 단일한 연합체인 콜롬비아자체방어연합군(Autodefensas Unidas de Colombia, AUC) 아래에서 활동한다. 이 조직은 주로 농촌과 도시에서 활동을 벌였으며, 영토에 대한 통제권을 놓고 게릴라들과 싸웠다. 그들의 전략은 민간 마을과 게릴라를 차단하고, 민간인을 대량 학살하거나 쫓아내면서, 게릴라의 본거지가 실재하든, 허구이든 그곳을 공격하는 것이다. 그들은 너무도 많은 범죄적 요소를 지녔으며, 마약 사업과 깊이 연루됐고, 정부군 내 여단의 암묵적 지지를 받는 것으로 알려졌다.

콜롬비아 남성들은 병역 복무를 피하기가 쉽지 않다. 빈곤, 장래성의 부재, 가족에 대한 걱정 그리고 안전을 위해 '보호'를 받아야 할 필요성 때문에 어느 쪽이든 편을 들어야 하는 위험에 내몰린다. 따라서 많은 콜롬비아 남성들은 불가피하게 무력 분쟁에 연루되면서 잔인하게 변했다. 이런 일들은 어릴 때부터 시작된다. 1만 1000명 이상의 어린이들이 게릴라나 준군사조직에 등록돼 있다(Human Rights Watch 2004a). 여성도 전투에 참여한다. AUC에 따르면 여성은 AUC 사병의 12퍼센트를 차지한다. FARC의 경우는 40퍼센트 정도로 높은 것으로 추정된다. 미국 정부는 콜롬비아에서 일어나는 폭력을 무마한다. 미국 정부가 관심을 두는 세 가지 의제는 좌익 세력의 폭동으로부터 그 지역을 안전하게 하고, 석유와 기타 분야 미국 기업의 이익을 보호하며, 마약이 미국으로 유입되는 것을 막는 것이다. 2004년, 내가 콜롬비아를 방문했을 때, 미국은 콜롬비아에 680만 달러의 원조를 보냈으며, 이로써 콜롬비아는 미국 군대의 도움을 가장 많이 받는 세계 5개국 가운데 하나가 됐다(Human Rights Watch 2004b). 미국 남부 사령부는 콜롬비아에 1500명의 군사 요원을 두었다. 마약 문제에 대한 미국의 접근 방식 가운데는 공중에서 훈증하는 프로그램이 있는데, 이는 코카나무 농장들과 아울러 사람들의 건강과 생존 작물을 파괴한다. 미국은 정책적으로, 현 대통령인 알바로 우리베(Álvaro Uribe)와 같은 우익 콜롬비아 행정부를 지지한다. 이 우익 강경론자는 국내는 물론 국제 인권단체들로부터 비난을 많이 받아 왔다. 우리베는 미국의 이라크 침공에 협력해 콜롬비아를 부시의 동맹국으로 만들었다. 2001년 9월 11일 이후, 미국은 공식 성명으로 FARC를 알카에다와 수사적으로 연결시켰으며, 콜롬비아 내부의 테러리즘을 국제적인 '테러와의 전쟁'의 또 다른 표적으로 합법화시켰다(Tate 2004).

전쟁이 일상생활과 여성들에게 미치는 영향

정부와 몇몇 무장 집단 사이에 평화 협상이 계속됐으나, 지난 10～15년 동안 콜롬비아 일반인들의 삶은 더욱 불안전해졌다. 1990년대에 폭력으로 사망한 이들의 수가 연간 2만 5000명에서 3만 명에 이르는데, 이는 인구 10만 명당 80명이라는, 세계 최고의 비율을 나타낸다. 이들의 13퍼센트는 대부분 민간인들에게 가해진 정치적 살상의 결과이다(Meertens 2001). 고문과 신체 훼손은 여전히 흔한 일이며 수많은 사람들이 인질로 잡혔다. 세 무장 세력 모두, '적군'과 연결된 여성들이나 적군 남자들을 처벌하는 수단으로 여성을 성폭행하며, 이런 일은 마치 지방 풍토병처럼 으레 그런 것처럼 빈번하게 일어난다. 그러나 대부분의 경우는 보고조차 되지 않는다. 1995년부터 2001년까지 메델린시 한 곳에서만 3486건의 성폭행이 보고됐다. 그중 1785건의 피해자들이 가해자를 모르며, 많은 경우는 무장 세력 사이에 일어난 보복으로서, 강간이 정치적 목적으로 이용된 경우이다(Gallego Zapata 2003). 많은 여성들은 매우 역겹고 여성 혐오적인 방식으로 고문당하고 살해됐다. 게릴라나 준군사조직들은 종종 여성들을 납치해 성노예로 삼거나 강제로 가내 노역을 시켰다. 피임 도구들은 얻기 힘들었으며, 낙태는 불법이었다. 농촌 지역에서 병원으로 갈 때 위험을 감수해야 할 뿐만 아니라, 시설조차 부족해 여성들은 때로 집에서 분만을 해야 했고, 많은 경우 죽음을 감수해야 했다. 국립대학교의 페미니스트 학자 도니 밀턴스(Donny Meertens)는 다음과 같이 설명한다.

> 예전의 전통적인 권력자들이―옛 본거지에 있는 게릴라들도 포함해―자신의 지역민들을 보호하는 일에 충실할 수 있었다면, 지금은 빈번한 권력 교체로 이 일을 거의 할 수 없게 됐다. 이제 대중이 침묵하도록 대중을 다스리는 가장 쉬운 방법은 보호가 아닌 테러다. 무장을 한 모든 전투병들은 영토권을 둘러싼 세력 다툼을, 중립적이지도 않고 협상으로 해결할 여지도 없는 제로섬 게임으로 생각한다. 민간인들은 '**나와 함께 하지 않으면, 곧 적이다**(si no estas conmigo, estas contra mi)'라는 식의 편집증적 논리에 사로잡혀 있다. 누군가에게 어떤 책임을 묻거나 비난조차 하기 어려운 불안전한 상황에서, 폭력을 가하는 행위와 가해자를 언급하는 방식은 오로지 애매한 형태로 나타난다. 이를테면, **어제 이곳에**

폭력이 찾아왔다(violence came here yesterday)라는 표현을 보면, 마치 폭력은 인간이 하는 행동이 아니라, 어떤 자율적 힘을 가진 것 같다.(Meertens 2001 : 38)

많은 지역에서 일반인에게 남겨진 유일한 선택은 자신이 있던 곳을 버리고 이주하는 것이며, 이주하는 사람들은 늘어 갔다. 콜롬비아는 수단 다음으로 세계에서 가장 많이 국내난민 문제로 어려움 겪는 곳이다. 2005년까지 3년 동안, 전체 인구의 5퍼센트가 넘는 약 300만 명 이상이 무력 분쟁 때문에 강제로 쫓겨났다(Human Rights Watch 2006). 국내난민들은 읍내와 도시 변두리에 모여들어 불안정한 정착촌을 이루었다. 성비로 보면, 그들 대부분은 여성이며, 여성 가운데 많은 이들이 가구주였다. 뿐만 아니라 여성 가구주 가운데는 무력 분쟁으로 남편을 잃은 사람이 대부분이었다. 가족과 공동체의 기본적 유대를 이어가는 것은 여성의 일이 됐으며, 이에 따라 여성들은 남성보다 더 심하게 단절의 고통을 겪었다. 그러나 사회제도를 적절하게 활용하는 방법을 익히고 자신과 가족들의 생계를 이어가는 방법을 찾으면서, 여성들은 남성보다 더 빨리 그리고 더욱 잘 새로운 환경에 적응한다(Meertens 2001). 전쟁은 콜롬비아 여성 난민들을 도시로까지 내몬다. 무장 집단들은 치안 유지를 위해 여성들을 강간하고, 여성 지도자들을 본보기로 암살하며, 도덕규범을 지침으로 내리면서―심지어 배꼽에 피어싱을 하거나 밑이 짧은 진바지를 입은 소녀들을 죽이겠다고 협박하면서―여러 도시지역을 통제한다.

무력 분쟁은 어느 정도 콜롬비아를 도시 거주자들로 이루어진 새로운 국가로 변모시킨다. 농촌 지역에서 읍내나 도시로의 이주는 1970년대에 시작돼, 현재는 인구의 70퍼센트가 도시에 산다. 콜롬비아는 천연자원이 풍부하나, 인구의 60퍼센트가 아직도 빈곤하게 산다. 반면 몇몇 사람들은 매우 부유하다. 콜롬비아의 보건과 기아 상태는 다른 남미 국가들보다 아프리카에 더 가까운 수준이다. 물질적 비참함에 더해, 많은 이들은 지금도 죽음의 기억과 사랑하는 사람들의 '실종', 그리고 결코 회복할 수 없는 시간과 공간에 대한 지독한 그리움을 견디며 산다.

| 콜롬비아 여성들의 반전운동 |

콜롬비아에서 평화 협상은 오랜 역사를 지닌다. 역대 대통령들은 당시 거론 중인 사회적·경제적 변화를 야기하는 아주 근본적인 평화 개념에서부터 선거 대표 자리를 주는 조건으로 특정 집단들의 무장해제를 합의하는 아주 협소한 의제까지 그네를 타듯 그 사이를 오고갔다. 그러나 그 어느 방법도 성공적이지 못했다. 시민사회는 최근까지도 이러한 공식적 평화 협상 과정에 참여하지 못했다. 실제로, 콜롬비아 시민사회는 거의 무장 이익집단들 편에서 활동하는 시민 조직들이라고 해도 과언이 아니었다. 그러나 1990년대 초반, 우라바(Urabá)와 막달레나 메디오(Magdalena Medio)와 같이 전쟁으로 황폐해진 지역에서 처음으로 평화 실현을 위한 사회운동이 뜨기 시작했고 여기에 참여하는 사회 분야와 지역들이 서서히 늘어났다. 평화추구위원회(Committee for the Search for Peace)가 구성됐고, 가톨릭교회는 국민화해

위원회(National Conciliation Commission)를 설치했다(Rodriguez 2004). 1993년에는 반전과평화를주도하는전국네트워크(National Network of Initiatives for Peace and against War)인 레데빠스(Redepaz)가 구성돼, 1997년 10월에 전국적인 '만다또(Mandato)'를 조직했다. 만다또는 천만 명이 넘는 사람들이 평화를 지지하는 데 표를 던진, 일종의 국민투표였다. 이 숫자는 이전 대통령 선거에서 모든 후보자들이 얻은 표를 합친 것보다 더 많은 것이었다. 1998년엔 평화를위한시민사회연합(Civil Society Assembly for Peace)이라는 상설 단체가 생겼고, 1999년엔 '이젠 그만(No Más)'이란 슬로건 하에 전국에서 어림잡아 800만 명이 참석한 대규모 시위가 일어났다.

이렇게 시민사회가 주도하는 활동에는 여성과 남성이 모두 참여했다. 그런데 최근에 전쟁에 대한 젠더 분석이 각광을 받으면서 여성조직들의 존재가 중요하게 여겨졌다. 페미니스트 학자이자 반전활동가인 올가 암빠로 산체스는 이처럼 조직적으로 전쟁에 반대하는 여성들이 등장한 것을, 50년 전의 여성 투표권 획득과 1991년의 헌법 개정에 이어 세 번째 큰 도약으로 평가했다. 운동의 논리는 콜롬비아 사람들의 현실 생활 속에 있다. 여성들은 이 전쟁에 가담한 모든 진영의 남성들로부터 강간당하고 공격을 당했다. 특히 여성 원주민이나 여성 농민들이 매일 일상을 유지하는 일은 무장 집단들의 활동으로 위험하고 불가능했다. 여성들은 때로 그들이 처한 환경 때문에 수동적으로 되고 두려움에 빠졌다가도 용기를 가지고 저항하는데, 이 두 영역의 문지방을 넘나든다는 것은 그렇게 놀라운 일은 아니다. 콜롬비아의 여러 지역에서 인권운동과 평화단체를 이끄는 남성 지도자들은 암살되거나 실종됐다. 노동자계급과 농민들의 저항운동은 억압을 당하거나 아니면 돌이킬 수 없을 정도로 부패했다. 그러므로 여성들과 여성조직들은 민주주의를 요구하는 온갖 집단들 가운데서 살아남은 소수 집단들이었다. 점차적으로, 여성들은 비정부단체들이 각자의 영역에서 제기했던 이슈들, 이를테면 여기에 있는 인권 문제, 저기에 있는 평화 문제를 한자리에 모으기 시작했다. 여성과사회그룹(the Grupo Mujer y Sociedad roup)에서 일하는 빠뜨리시아 쁘리에또(Patricia Prieto)는 이렇게 말했다. "이제 여성의 몫이 됐어요. 여성들은 사안들을 한데 모아 결합해요. 여성들이야말로 사회조직을 엮고 지속시키는 사람들이죠."

| 라루따빠시피카데라스무헤레스(여성들의 평화로운 길) |

콜롬비아에서 가장 크고 국제적으로 잘 알려진 여성평화운동 조직은 1990년대 중반에 형성된 분쟁의정치적협상을지지하는여성들의평화로운길이다.[7] 이 조직은 8개 지역, 300개 이상의 여성조직과 단체들로 구성된 연대체이며, 그 조직 가운데는 보고타 지역에 있는 여성의집(the Casa de la Mujer), 그리고 메델린 지역의 여성이여전진하자(Vamos Mujer), 창조적인여성(Mujeres que Crean)과 같은 상당한 프로젝트를 수행하는 곳도 있다. 이 비정부단체들의 회원 가운데는 특정한 '정체성들'을 가진 여성들도 있다. 말하자면 콜롬비아 원주민 중에서 부족 여성들, 과거 노예무역에서 유래한 아프리카계 콜롬비아인들, 젊은 여성, 농민 여성, 도시 빈민 여성, 강제 이주한 여성들이다.

물론 회원 자격은 개인들에게도 열렸다.

라루따빠시피카(La Ruta Pacifica)의 중앙 사무실은 수도 보고타에 있으나, 몇몇 다른 도시에는 '지역협의회'도 있다. 이 네트워크 운영은 각 지역 코디네이터들의 모임인 월례 회의에서 이루어진다. 의사소통은 주로 전화 통화로 한다. 그들은 이메일을 사용하고 웹사이트도 가졌지만(⟨www.rutapacifica.org.co⟩), 컴퓨터를 가졌거나 인터넷에 접속할 수 있는 회원은 많지 않기에, 조직화 수단으로서 인터넷에 전적으로 의존하지는 못한다.

라루따빠시피카는 자신들이 발행한 기본 소책자에서 자신들을 아래와 같이 소개한다.

> 전국에 걸친 페미니즘의 정치적 기획으로서, 콜롬비아의 무력 분쟁이 협상으로 종결되고, 전쟁이 여성의 삶에 미치는 영향을 가시화하고자 일한다. 우리는 평화주의자이고 반군사주의자며 비폭력 윤리를 만드는 자들로서 정의·평화·평등·자율·자유·타자의 인정을 근본적 원칙으로 삼는다.

그들은 자신들의 정치 신념을 다음과 같이 설명한다. 가장 중요한 것은 평화로운 반군사주의적 저항이며, 이는 "생명의 신성한 가치와 이러한 가치를 통해 '일상'과 감수성, 차이의 존중, 연대 그리고 자매애"의 가치를 되찾는 것이다. 그들은 무력 분쟁과 가까이에 있는 사람들이, 다양한 층위에서, 지방(농촌과 도시 지역 모두 다)과 지역에서 대화를 나누기를 중요하게 여긴다. 또한 평화적 방법으로 무력 분쟁에서 벗어날 수 있는 전국 차원의 협상 과정에 여성들이 적극 참여할 것을 강조한다. 그리고 비폭력과 공존의 문화를 요구하고, '국제 인권', 특히 여성 인권을 투쟁 지점으로 활용한다. 또 기억, 진실, 정의, 그리고 배상의 과정을 요구하는데, 이러한 과정들만이 "다시 희망을 가질 수 있게 하고, 이 나라에서 화해를 이룰 수 있게 하기 때문이다."

라루따빠시피카는 다른 여성 비정부단체들과 달리 평화주의 지향을 분명하게 표방한다. 그들은 시민 생활이 탈군사화돼야 한다고 주장하며 어떠한 이유로도 무력에 호소하는 것을 거부한다. 콜롬비아에서 시민사회의 거의 모든 사람들은 용병과 잔인한 준군사조직을 비난한다. 어떤 이들은 선거로 당선됐다는 합법성 때문에 정부의 무력 사용에 관대할 수 있다. 그러나 또 다른 사람들은 게릴라들이 주장하는 사회 경제적 개혁에 근거해서 그들의 폭력 행위를 용납하기도 할 것이다. 라루따빠시피카의 여성들은 더 이상 무력 분쟁으로 가난한 사람들에 대한 자본가들의 착취를 끝낼 수 있다고 믿지 않으며, '정당한 전쟁'이라는 이름으로 예외를 만들지 않는다. 그러나 그들의 정치적 글쓰기는 라루따빠시피카가 계속해서 콜롬비아 내전을 분석할 때 젠더적 차원 이상의 것들을 포함한다는 것을 보여 준다. 그들은 평화를 국제적으로 정의된 인권은 물론이고, 여성 인권과도 연결시킨다. 다국적 기업들이 '경제적 학살'을 자행하고 콜롬비아의 풍부하고 다양한 생물 환경과 천연자원들을 착취한다고 고발한다. 라루따는 콜롬비아의 공장과 토지 소유자들에게 그들 자신들이 연관돼 있는 이러한 분쟁의 원인들에 대해 책임질 것, 경제적 재분배를 지지할 것, 그리고 평화운동에 참여할 것을 촉구한다. 라루따는 에코-페미니즘(ecofeminism)이란 용어를 사용하면서 환경 파괴와 지속적 발전에 대해 글을 쓰고 말을 한다. 그들은 분쟁이 계속되는 동안에도 '시민권 확립과 민주주의의 건설'이라는 도전에 관해 이야기한다.

라루따빠시피카는 또한 콜롬비아의 일부 여성단체들보다 분명하게 페미니즘을 표방한다. 그들은 페미니즘과 평화주의를 두 개의 '보루(baluartes)'라 부른다. 또 가정에서나 군대에서 일어나는 여성에 대한 폭력을 명백하게 비난하며, 여성의 성적·재생산적 권리에 관해 확실하게 말한다. "우리는 가내노예제도에 대해, 그리고 무장 집단들이 개인적이고 정서적인 생활에 간섭하는 것에 대해 '안 돼'라고 말합니다. 말하자면, 여성의 몸을 전리품(botín de querra)으로 사용하는 것에 '안 돼'라고 말하는 거지요." 마리아 에우헤니아 산체스에 따르면 회원을 '여성들'로 구성하는 것은 라루따빠시피카의 의식적 결정이었다. "여성들의 조직이 되기로 한 것은 정치적 결정이지 배제가 아닙니다." 그들의 선택은 이론적으로 확고하다. 라루따는 가부장제(patriarchy)와 가부장제주의(patriarchalism)라는 개념을 주저 없이 사용한다. 이는 라루따빠시피카가 남녀 혼성인 다른 평화단체들과 구별되는 점인데, 그중 일부 평화단체는 라루따와 실제 제휴하고 있다. 라루따와 연대하는 평화단체들은 주로 여성 회원이 많이 있으며, 그중 일부는 개인적으로 라루따의 활동에 참여하기도 하지만, 조직 차원에서 라루따가 하는 젠더 분석을 공유하지는 않는다.

라루따빠시피카가 1996년 처음 행동을 개시할 때부터 사용했던 슬로건은 2400년 전에 쓰인 아리스토파네스의 연극 리시스트라타(Lysistrata)에서 당시 여성들이 전쟁에 반대하며 사용했던 전략을 의식적으로 차용한 것이었다. 여성들은 선언했다. "우리는 전쟁을 위해 아들과 딸들을 낳지 않으리라(No parimos hijos ni hijas para la guerra)." 이 말은 라루따의 창립 회원인 로씨오 삐네다(Rocío Pineda)가 제안한 생각이었다.(로씨오는 이니시아띠바데무헤레스뽀르라빠즈와 관련해서 6장에서 다시 만날 것이다.) 그녀는 1997년에 이런 입장을 가지고 놀랄 만한 글을 썼다(Pineda 2003). 로씨오는 아리스토파네스의 연극에서 리시스트라타가 군사 사령관에게 했던 대사를 인용했다. "보시오, 실을 짜다 타래가 얽혔다면 우리는 이를 물렛가락에서 뽑아서 실을 이렇게도 풀어 보고, 저렇게도 풀어 봅니다. 당신이 우리에게 해 보라고 한다면, 우리는 전쟁을 이처럼 다룰 겁니다. 사절단을 이편에도 보내고, 또 저편에도 보내면서 말입니다."(같은 책: 68)

로씨오는 이 글에서 남성들에 대한 여성들의 충실함에 도전한다. 콜롬비아에서 이전 12개월 동안 일어난 3만 명의 비참한 죽음을 언급한다. 그녀는 여성들에게 스스로 생각할 수 있는 물음들을 던진다. 우리가 사랑하는 이 남성들은 누구인가? 우리가 욕망하는 이 육체는 누구의 것인가? 우리와 사랑을 하기 바로 전 남성들은 무엇을 했는가? 로씨오는 질문한다. 우리가 어떻게 누군가를 살해한 사람을 품에 안을 수 있는가? 아버지 없는 아이를 남겨 두게 한 그 사람을 어떻게 품에 안을 수 있는가? 로씨오는 그 당시를 회상하면서 내게 말했다. "그런 방법을 떠올리는 것은 가능했어요. 이렇게 생각하는 거죠. 우리가 원한다면, 여성이 전쟁을 멈출 수 있다. 아무리 무기가 강하다 할지라도. 우리는 총을 소지한 남성들과는 사랑을 나누지 않을 수 있어요. 그 남자를 위해 임신하는 것을 거부할 수 있어요. 이것이 여성이 가진

74

힘의 원천이에요. 못할 건 또 뭐 있어요? 그렇게 하면, 입대를 하고, 군사주의를 양산하는 젊은 남성들은 더 이상 없을 거예요."

'우리는 출산하지 않으리라(No parimos).'라는 말은 초기에도 그랬고, 지금도 여전히 중요한 라루따의 슬로건이다. 이 말이 실행된다면, 이는 단순히 슬로건이 아니라, 전략이 된다. 그러나 로씨오는 이 방법에 납득하지 않는 것은 그렇게 놀라운 일도 아니라며, 이제 철학적으로 말한다. "여성들에게 '남성들과 사랑하지 마세요'라고 말하는 것은 어느 사회에서나 매우 적절하지 못하고, 받아들일 수 없는 생각이에요." 비슷하게도 나는 한 컨퍼런스에서 '여성들의 자율적인 사랑을 남성이 착취하는 관계'를 가부장제주의로 설명하는 올가 암빠로 산체스에게 감동을 받았다. 산체스는 안나 호나스도띠르(Anna Jónasdóttir)를 인용했다(Jónasdóttir 1994). 이런 말들을 보면, 리시스트라타의 사유는 라루따빠시피카에 여전히 살아 있음을 느낀다.

라루따의 특색이라면 많은 여성들이 전국 각지를 여행하면서 기존 지역에 있는 여성들과 연대를 다지며 대중을 움직이는 특별한 전략에 있다. 라루따가 처음으로 한 활동은 1996년에 전국적으로 여성을 움직인 기행이었다. 2000명 이상의 여성들을 태운 40대의 대형 버스가 콜롬비아 전국 각 지역에서 출발해 전쟁으로 황폐해진 우라바 지역에 모였다. 이렇게 많은 여성들이 남성을 동반하지 않은 채 정치 활동을 수행한 일은 이전에는 볼 수 없었던, 콜롬비아 역사상 처음으로 있는 일이었다. 우라바로 간 운동은 대학살에서 남편이나 파트너, 자녀들을 잃은 여성, 그 속에서 생존한 여성들과 연대를 만드는 일이었다. 이 여성들 가운데 많은 수가 대학살이 일어나는 동안 강간을 당했다는 공식적 정보가 있었다. 이러한 잔학 행위는 비록 한 줌밖에 되지 않지만, '뭔가를 해야 한다'고 느꼈던 여성활동가들을 자극했다. 여성활동가들은 여성에 대한 폭력을 반대하는 국제 행동의 날인 11월 25일을 우라바로 '집결'하는 날로 택했다.

여성들은 말썽 많은 지역의 땅을 지나가야 하는 등, 위험 가득 찬 이 기획이 어떻게 될지 처음에 걱정했다. 우라바는 극도로 폭력이 난무하는 지역이었다. 많은 참가자들은 48시간 이상 여행을 해야 할 것이고, 가족들의 만류를 저버리고 감행해야 하는 일이기도 했다. 또한 어떤 참가자들에게 이 여행은 자신이 살던 지역을 처음으로 떠나 보는 것일 수도 있었다. 여성들은 전국적 사전 워크숍을 열어서 자신이 느끼는 두려움에 관해 이야기를 나누며 이 운동에 참여할지를 각자 스스로 결정했다. 후에 많은 여성들은 이 워크숍이 이 여행 자체만큼이나 삶을 변화시켰다고 느꼈다. 라루따는 콜롬비아 전 지역의 여성들이 서로 연결감을 형성하는 10년 동안 이와 같은 상징적인 연대 활동을 지속적으로 조직했다.

여성들은 활동을 펼칠 때, 자신들이 사유하는 바를 상징적으로 표현했다. 씨 뿌리기, 직물 짜기, 빛과 색 활용하기. 여성들은 널리 퍼져 있는 폭력과 전쟁에 관한 상징주의를 의식적으로 해체하고, 창조적인 의례와 '여성들이 세계로 가져왔던 것들을 회복하는' 여러 실천들, 그리고 가시적이고 문자적인 차원을 새롭게 창조하는 언어들로 대체한다.(나는 6장에서 상징주의를 정치적 방법론으로 좀더 논할 것이다.) 동시에 라루따는 매우 현실적인 실용성을 추구한다. 각 활동은 기본적으로 페미니즘 성향을 띠고, 갖은 노력으로 함께 구성하고 준비한다. 활동은 저마다 언론으로 보내는 성명서로 귀결되는데, 거기에는 그 사안의 취지와 여성들의 원칙, 희망과 요구가 자세히 담겨 있다. 라루따빠시피카와 여타 여성들의 평화운동에서 지속적으로 나타나는 주제는 '일상생활'의 회복이다. 가정과 지역사회에 만연한 폭력을 추방하면서 말이다. 여성은 이 운동의 일환으로, 3500명의 여성들을 93대의 버스에 태우고 뿌뚜마요(Putumayo)로 갔다. '남부 여성들과 함께하는 연대 기행'이라는 동원 프로그램이었다. 뿌뚜마요는 코카를 재배하는 지역인데, 플랜 콜롬비아(Plan Colombia)에 따라 미국의 마약 퇴치 프로그램이 지원하는 훈증 정책에 지독히 시달리는 곳이다. '탈군사화와 시민 삶의 회복을 위해', 그들은 배너에 다음과 같이 썼다. '라 뿌미가씨온 = 라 미세리아(La fumigacion=la miseria(훈증 정책은 곧 빈곤을 의미한다. ─옮긴이)〕'

　여성과 여성이 대규모로 만나서 이루어진 순례 여행에 관한 영상은 라루따가 재현하는 새로운 창조성이며, 라루따가 생산하는 놀라운 따스함과 낙관성을 담았다. 콜롬비아는 폭력과 고통으로 상처를 받은 곳이지만, 너무나 멋진 육체의 아름다움과 따스하고 유머러스한 사람들에 반해 즉시 매혹되는 곳이기도 하다. 여성과무력분쟁실무단(La Mesa Mujer y Conflicto Armado)에서 일하는 마리아 이사벨 까사스(María Isabel Casas)는 인터뷰에서 이렇게 말했다. "그것이 한 사람이라 할지라도 …… 콜롬비아의 광기라고 해도, 나는 콜롬비아를 사랑해요. 설명하기 힘든 복합적인 감정이에요. 밖에서 보면, 악당과 살인자들이 많은 것처럼 보여요. 또 여기는 살인이 **지금도** 일어나는 잔인한 곳이죠. 그러나 여기는 창조적인 곳이기도 해요. 콜롬비아는 부드러워요. 콜롬비아는 열정적이에요. 콜롬비아 안에서도 사랑할 수 있어요. 우리는 춤을 추고, 친구와 즐길 수 있어요. …… (그러나) 여기서 아름다운 것들은 살해당하죠. 우리가 방어하려고 하는 것은 바로 특별한 삶의 기운이에요. 그들은 이것을 죽이려고 해요. 그래서 많은 사람들은 여기를 떠나요. 우리는 생생한 기운들을 잃어가죠. 그리고 죽임을 당하는 것은 육체만이 아니라 다양한 문화의 모든 자원이에요. 이 나라는 나에게 참으로 많은 것을 줍니다. 나는 뭔가를 돌려주고 싶어요. 해결을 위한 어떤 것 말이에요."

여성에 대한 전쟁
: 구자라트 대학살에 대한 페미니스트 대응

2000년 2월, 인도 구자라트 주에서 힌두교와 민족 정체성을 주장하는 다수 집단이 당국의 적극적 지지를 받아, 무슬림이라고 여겨지는 소수자들을 대량 학살하는 일이 발생했다. 무슬림 공동체에 있는 사람들 가운데 불가항력적으로 2000명 이상의 사람들이 살해됐다. 수만 명의 사람들이 본국으로 내몰리고, 구호 캠프에 머문 피난민만도 11만 3000명이었다. 어림잡아 380억 루피 상당의 무슬림 재산이 손실됐는데, 아메다바드(Ahmedabad)만 해도 1150곳의 호텔이 불타고, 1000대의 트럭이 전소됐으며, 250곳의 이슬람 회당(mosque)이 파괴됐다 (Communalism Combat 2002).

민족주의적 폭력이 이렇게 충동적으로 일어난 것은 충격적이었지만, 실제로 놀라운 일은 아니었다. 영국의 통치가 끝나면서 그 결과로 인도의 종족들은 자연스럽게 분할됐고, 이후 힌두인과 시크교도 그리고 무슬림, 이 세 종족 사이에 일어나는 폭력은 극단적이면서도 장기적으로 계속됐다. 국가가 계승되는 과정에서 인구가 대규모로 이동했으나 전체가 움직인 것은 아니었다. 많은 무슬림들이 인도에 남았다. 그들은 오늘날 인도의 13퍼센트를 차지하는 소수자이며, 상대적으로 빈곤하고, 주변화됐으며, 정치의 영역에서 충분한 대표성을 가지지 못한 사람들이었다. 인도와 파키스탄 사이에 지속되는 냉전이라는 상황에서 인도 무슬림들은 '적'국에 우호적인 성향이 있다고 간주되거나, '적'국의 요원으로까지 취급됐으며, 쉽게 인질이나 희생양이 됐다. 우마 차크라바르띠(Uma Chakravarty)는 특히 인접한 국가들끼리 핵무기 경쟁을 한다는 점과 관련해, 공산주의와 군사주의 그리고 가부장제가 어떻게 우리들이 거론하는 공동 분석 틀에 일치하는가를 언급했다. 이 담론들은 실제로 분리할 수 없다.

1980년대 후반부터, 정치권력을 추구하는 힌두의 우파 운동이 성장하자, 인도 무슬림들이 느끼는 위협감은 점점 커졌다. 힌두교는 원리적으로 보면, 다양한 신념과 실천이 느슨하게 결합된 복합물이지만, 권위가 있는 경전들로부터 유래한 것은 아니었다. 그러나 브라만적이고(상층계급) 가부장적인 힌두뜨와(Hindutva) 문화는, 종족적으로 순수한 힌두 국가를 열망하며 이를 구현하려는 것으로, 많은 사람들에게 퍼져 나갔다. 이 운동은 상빠리바르(Sangh Parivar, 힌두 근본주의 조직 연합—옮긴이)가 주도하는데, 힌두 우파의 이념 조직인 국민자원봉사단(Rashtriya Swayamsevak Sangh, RSS)과 거침없는 청년부, 바

즈랑달(the Bajrang Dal)이 소속된 힌두교 교단인 VHP(Vishwa Hindu Parishad, 세계 힌두 협의회—옮긴이), 그리고 힌두뜨와 운동의 정당인 BJP(Bharatiya Janata Party, 인도인민당—옮긴이)가 상빠리바르에 속한다(Bose 1999).

1989년 9월과 11월 사이에, 상빠리바르가 일으킨 폭력적인 반(反) 무슬림 운동은 인도 북부를 쑥대밭으로 만들었다. 1992년 12월 6일에는 힌두 극단주의자 폭도들이 당국의 승인을 얻어서 464년의 역사를 가진 바브리 마스지드(Babri Masjid)라는 무슬림 성소를 파괴했다. 그곳이 아요댜(Ayodhya)에 있는 초기 힌두 사원의 터였다는 자신들의 주장을 실제로 이루려는 시도였다. 이 사건은 인도 전역의 힌두 공동체 내에 자신들이 우월하다는 신념을 널리 자극하는 계기가 됐지만, 한편 수많은 인권단체들과 여성단체들, 진보 정당들 그리고 무슬림 공동체들과 단체들은 이 폭력 행위에 대해 대규모로 항의했다. 이렇게 잇달아 일어난 폭력으로 많은 사람들이 죽었다(Bose 1999). 1995년 선거에서 힌두 민족주의 정당인 BJP는 구자라트 주에 대한 정치적 통제권을 얻었다. 그리고 3년 후, 연립정부에 들어가면서, 전국적 차원에서 정치적 이권의 일부를 얻었다. 민주주의를 신봉하는 많은 인도인들은 의회가 자신들이 공식적으로 표방하는 인도의 세속적 성격을 지키지 못할 것이라고 이미 생각했다. 이제 힌두뜨와 운동에 남아 있던 걸림돌은 제거됐다.

바브리 마스지드가 파괴된 후, 힌두 활동가들은 아요댜 지역에 람(Ram) 사원을 건설하려 했다. 2002년 2월 말에, 이러한 일에 동조한 많은 '카르 세바크(kar sevak)' 자원 활동가들은 기차를 타고 아요댜로 가는 길에, 기차역에 있는 무슬림들을 공격적으로 대했다. 2월 27일 사바르마띠(Sabarmati) 고속철도가 다시 돌아오는 길에, 구자라트의 고드라(Godhra) 지역에서 사건이 발생했다. 기차의 한 객차에서 화재가 발생해 59명의 사람들이 질식사한 것이다. 명백한 증거는 부족했고 적절한 조사도 없었지만, 무슬림이 일으킨 인종 살인이라는 루머가 빠르게 퍼져 나갔다. 전국적으로나 주 단위 지방의 영향력 있는 정치가들은 이 사건을 그런 것으로 암시했고, 어떤 이는 그 배후에 파키스탄의 '테러리스트들'이 있다고 말하기도 했다. 이들은 뭔가가 일어날 것을 예견하는 것 같았고, 더 나쁘게는 인도 무슬림에 반대하는 폭력적인 보복을 정당화하는 것처럼 보였다(Varadarajan 2002).

사바르마띠 고속철도 사건 후 구자라트 주에서는 3일 동안 대학살이 일어났다. 상빠리바르에 깊이 관여하면서, 구자라트 행정부와 관료제 내에 여러 가지 직위를 장악한 정치 지도자들은 폭력을 유발하는 일에 적극적으로 연루됐다. '수호자가 배신할 때(When Guardians Betray)'라는 글에서 띠스따 시딸바드(Teesta Setalvad)는 경찰 지도자들이 RSS와 VHP와 거래하는 실제 증거들을 정리하고, 어떻게 그들이 힌두뜨와 지지자들과 세력을 규합하며 무슬림을 변호하는 공무원들에게 벌칙을 주는지 서술했다(Setalvad 2002). 인도는 때로 능동적으로 개입하기도 하고, 때로 피해자가 된 공동체를 변론하면서 대학살을 음모한 것처럼 보였다. 국가행정은 더디게 관여했고, 효력을 발휘하지도 못했다. 인도 군대가 파병되기까지 3일이 지나는 동안 이미 최악의 사태는 확산돼 끝나고 있었다.

대학살은 기차 사건에 대한 반발로 광범위하게 나타났지만, 이미 오래 전에 계획됐다는 증거가 있었다. 폭도들은 지역 당국이 실시한 조사 결과에서 나온 무슬림의 재단 목록을 가지고 다녔다. 살인자들은 검을 널리 사용했으며, 이 검들과 트리슐(trishuls, 전통적 양식으로 된 삼지창), 그리고 힌두뜨와의 다른 장비들은 미리 모여 배분됐다. 재산과 사람들을 방화하는 데 휘발유 통들과 가스 실린더들이 널리 이용됐다. 한마디로 말하면, 이는 힌두 우파 조직들이 주와 중앙정부의 묵인 하에 의식적으로 잘 준비한 대학살이었다(Varadarajan 2002).

브라만 힌두뜨와 이념은 주로 모든 카스트의 힌두인과 많은 시크교도, 자이나교인과 불교인을 자신의 이념적 힌두 국가에 흡수하는 데 성공했다. 기독교 공동체도 위협을 받았지만 주로 '타자'로 여겨진 이들은 무슬림들이었다. 한편, 세속적이고 온건한 많은 힌두인들과 부족의 일부 여성들과 남성들, 달리트(불가촉천민) 그리고 다른 비무슬림 공동체들은, 파시즘이 급증하면 긴장했다.

대학살 문제에 대응하려 했던 많은 시민사회 조직들 가운데는 여성 조직들도 있었다. 대부분이 인도주의 입장에서 봉사했지만, 어떤 여성 조직은 무력 분쟁 중이나 그 후에 발생한 여성들의 인권 문제를 제기하면서 정의운동을 펼쳤다. 4월 16일, 여섯 명의 여성들로 구성된 심의단은 아흐메다바드(Ahmedabad)의 시민주도활동(Citizens' Initiative)의 후원을 받아 조사 연구를 발 빠르게 출간했다. 이 심의단은 대학살 중 발생한 성폭력에 관한 조사 보고가 너무나 형편이 없었다고 결론지었다(Women's Panel 2002: 2). 2002년 5월 대학살이 일어난 지 3개월이 지나 구자라트의 여성단체들은 여성들에게 대규모로 자행된 성애화된 공격을 인권의 관점으로 다루고자 구자라트정의를위한국제

활동(International Initiative for Justice in Gujarat, IIJG)이라는 사업을 구성하고, 이 사건을 면밀히 들여다보았다. 이 사업을 진행한 이들은 뭄바이에 터를 둔 두 여성단체이다. 여성억압에반대하는포럼과 아와아즈-에-니스와안인데, 이 두 단체는 수많은 다른 여성조직들을 움직였다.[8]

1980년대에 창설된 포럼은 강간을 반대하는 운동으로 시작한, 뭄바이에서 가장 오래된 페미니스트 단체이다. 포럼은 성폭력이 권력관계, 곧 국가, 지역사회, 계급, 카스트, 그리고 젠더 구조로 작동하는 가부장제의 관계에서 비롯됐다고 제시하며, 전반적으로 신선한 분석을 가지고 운동을 전개했다. 또 부적절한 법과 아무런 거리낌 없이 경찰과 권력자들을 보호하는 정권, 그리고 피해자들을 오히려 비난하도록 하는 명예와 수치의 공동체 문화에 도전한다.

포럼은 항상 여성운동 안에서도 주변화된 여성들, 이를테면, 부족 여성일 수도 있고, 무슬림 공동체에서 온 여성, 또는 레즈비언일 수 있는 이들의 공간을 창조하려 애쓴다. 포럼은 20~25명의 여성들로 구성된 활동가 집단이다. 주로 힌두 문화에 속했고, 정치적으로는 세속적인 성격이 강하다. 그들은 주로 고학력으로서 강사, 엔지니어, 건축가, 의사와 같은 다양한 정규직 직업을 가졌다. 어떤 이들은 비정부단체에서 일한다. 포럼은 사무실도 갖추지 않고, 일하는 상근자도 없이, 정기적인 모금 활동도 하지 않는, 열린 단체이다. 포럼의 활동가들은 자신들에 관해 이렇게 말한다.

우리가 어떠한 정당이나 재정 모금과 관련된 세부 계획과도 거리를 두고 자율성을 유지할 수 있었던 것은, 우리 자신의 헌신성에 책임을 지려는, 그리고 과정을 더 생각하려는 욕망 때문이었다. 그래서 우리는 주저하지 않고 우리들과 깊은 관련이 있는 사안들을 선택할 수 있었다. 말하자면, 성적 소수자들의 권리 문제나 종교, 카스트, 성적 지향성 때문에 제한받지 않을, 젠더 정의가 실현되는 법을 요구하는 것이다.(개인적으로 주고받은 이메일에서)

아와아즈는 1987년에 형성됐다. 이 조직의 회원은 예전이나 지금이나 주로 무슬림 문화에 속한 여성들이다. 그들의 활동은 문화 정체성을 강조하는 포럼과 다르게, 무슬림 여성들의 권리에 중점을 둔다. 그들은 "때로 우리가 무슬림 조직이 아니라 페미니스트 조직이라는 것을 설명하는 데 15분이나 걸려야 해요."라며 어려움을 토로한다. 아와아즈는 시작할 때, 자금도 없고, 등록도 하지 않은 '비공식적인 공간'이었다. 오늘날 그들은 1000명 이상의 회원이 있고, 정기적인 토요일 모임에 참석하는 여성은 15~20명 정도이며, 캠페인에 참석하는 여성들의 폭은 그보다 더 넓다.

아와아즈의 여성들은 여성들에게 필요한 서비스를 제공하면서 인권운동과 정치적 입장들을 표명하는 활동을 함께 전개한다. 여성들은 아와아즈를 '우리의 정치학이 무엇인지 스스로 명료화할 수 있는 지적인 공간'이라고 생각한다. 무슬림 여성들에게 부르카(burkah)를 입게 하거나 푸르다(Purdah)로 몸을 감싸게 하는 등, 무슬림 공동체는 매우 보수적인데, 아와아즈는 거의 대부분 이러한 무슬림 공동체 안에서 운동을 벌인다.(예를 들면, 결혼 지참금으로 인한 죽음과 경찰 폭력에 반대하는 일.) 그리고 공동체 안에서 어느 누구도 관심을 가지지 않거나, 감히 말하지 못하는 조혼, 남편 강간, 이혼, 성 노동자들의 권리와 같은 사안을 문제화한다. 여성활동가 아킬라(Akeela)는 이렇게 말했다. "섹슈얼리티에 관해 말하는 것은 우리에게 매우 중요해요. 가부장적인 통제는 섹슈얼리티를 통해서 매우 강하게 나타나지요. 그건 매우 개인적인 문제로 보입니다. 그러나 아와아즈는 섹슈얼리티에 대한 통제를 인격과 정신, 몸을 구속하는 일이라고 보죠. 이러한 우리의 생각은 공격을 받아요. 그러니 페미니스트로서 이 문제에 대면해야죠."

포럼과 아와아즈는 다른 시기에 일어나는 다양한 사안을 가지고 함께 일해 왔다. 바브리 마스지드 사건 후, 1992~1993년에도 힌두 뜨와 극단주의자들의 폭력 사건이 발생했는데, 다른 지역과 마찬가지로 뭄바이도 이 폭력 사건에 휘말렸다. 그때 무슬림 지역은 야간 통행금지가 실시됐다. 포럼의 여성들은 당시 (주로) 힌두 출신이라는 배경 때문에 심각한 어려움을 겪었지만, 힌두인이기 때문에 이동할 수 있다는 장점을 활용해 다른 지역의 도시로까지 활동 영역을 넓힐 수 있었다. 두 단체는 함께 일할 때, 서로 다른 역량과 기술을 결합시켰다. 포럼의 여성들이 영어를 구사하게 하는 고학력의 이점과 의사소통의 기술을 가졌다면, 아와아즈는 풀뿌리 지역 주민들과 매우 강한 유대를 가졌고, 무슬림 공동체의 문제에 대해 특별한 통찰력을 지녔다. 사바 칸은 말했다. "아와아즈는 포럼으로부터 많은 것을 배웠어요. 그렇지만, 동시에 어떤 것은 설명해야 하고, 정리해야 하는 것들도 있었어요. 포럼이 가진 진보적 정치학은 현장 조사와 해석을 풍부하게 하죠. 우리는 그들을 사랑하고 존경해요. 도움이 필요할 때마다 항상 우리

2002년 인도 구자라트 주에서 발생한 무슬림에 대한 대학살은 매우 젠더화돼 있었다. 방갈로르에 있는 비모차나는 여성들의 협의회인데, 뭄바이에 있는 포럼과 아와아즈처럼 가정과 지역사회, 국가 안에서 일어나는 여성들에 대한 남성 폭력 문제와 국제 관계가 연결됐다는 점을 부각시켰다. 사진은 시민 센터의 계단에서 위민인블랙 시위를 하는 비모차나의 여성들.

곁에 있었어요. 포럼은 재정적 기반을 갖지 않으니까, 그들은 때로 자신의 주머니에서 돈을 꺼내 기부해요. 그들은 우리가 죽지 않았다는 확신을 항상 주지요. 그것이 그들이 가진 진정한 헌신성이라고 말할 수 있겠죠."

IIJG 사업을 진행하며 포럼과 아와아즈를 끈끈히 이어 준 것은 두 조직 간의 신뢰였다. 이 사업을 위해 제휴한 두 조직은 세 가지 전략으로 자신들의 활동을 추진하기로 했다. 두 조직은 보수적인 민족주의와 연관된 성폭력을 비판하고자 **페미니스트 지식**을 담보했다. 그리고 법에 근거한 사실과 관련해서는 **사법적 접근**을 취했다. 이는 심의단에 변호사가 포함되었다는 것을 뜻한다. 그리고 두 조직은 조사 연구를 **국제화**하기로 했다. 2002년 5월까지 인도의 법률 체제는 확실히 구자라트 피해자에게 정의를 가져다주지 못했다. 여성들이 바라는 건, 국제법을 동원하고 국제적 압력을 일으켜서 인도 당국자들이 국제적 망신에 못 이겨 행동을 취하도록 하는 데 있었다.

이 두 조직은 30명의 예비 명단을 작성하고 그중 적합한 경험을 가진 아홉 명의 여성을 선정해 심의단을 구성했다. 여기에는 상이한 국가 출신인 변호사, 작가, 학자, 그리고 운동가가 포함됐다.[9] 심의단은 세 개 대륙과 여섯 개 국가, 그리고 다양한 문화를 고려해 신중하게 선정됐지만, 이러한 구성이 뜻하는 바를 설명하는 것에는 또 다른 신중함을 더했다. 심의 위원들은 보고서를 작성하면서 자신들의 개별적 위치성을 인식했으나, '정체성'에 따라 자신들을 분류하지는 않으려고 했다. 그렇다고 해서 정치적 익명성으로 심의단의 성격을 약화시키지도 않았다. 대신, 그들은 페미니스트 입장론을 분명하게 설명하면서, 정확한 공동 가치를 정했다. 그들은 이렇게 기술한다.

> IIJG를 구성하는 페미니스트들은 인종, 계급, 종족의 기원, 종교, 지위 면에서 서로 다른 현장(locations)에서 왔다. 그러나 그들 모두는 자신들의 종속적 위치와 관련해 권력이 특정하게 연결돼 만나는 지점에 위치하는 여성들이다. 그들은 사회적·정치적 문제에서 공통된 동일한 입장을 전제하지 않아도, 인종과 종교, 서로 다른 정체성으로 인해 나타나는 차이들을 근거로 폭력과 차별이 행사되는 것을 거부하고, 모든 인간의 존엄성과 정의를 신봉하는 페미니스트들의 공동체로서 의견을 같이한다.(IIJG 2003 : 142)

이렇게 만난 여성들의 연대는 대학살과 관련된 현존하는 정보들을 기록 문서로 정리하고, 재정을 확보하는 일에 착수했다. 아홉 명의 심의단은 2002년 12월에 뭄바이에서 회합을 가졌다. 간단하게 전체 상황을 공유한 후, 세 그룹으로 나뉘어 구자라트의 각 지역에 나가서 생존자들의 증언을 모으기 시작했다. 그들은 폭력이 일어난 장소와 구호 센터를 방문해, 구자라트 내 일곱 구역에서 84곳의 도시와 66곳의 마을에서 일어난 폭력 사건에 대해 증거를 가진 181명의 여성과 136명의 남성들을 만나면서 41군데의 조직과 연락했다(같은 책: 7). 포럼과 아와아즈, 그리고 지역 조직들은 이중 언어 기록자, 서기, 통역자를 지원하면서 조직적으로 지지했다.

IIJG의 조사는 이미 공식적으로 알려진 대학살, 사망자, 재산 파괴, 국가 공모에 관한 사실들을 확증했다. 이 조사가 더 자세하게 제시한 내용은 지역사회에서 일어난 폭력이 성별에 따라 다르게 경험되는 젠더화된 성격과 성적인(sexual) 형태를 띤다는 점이었다. 남성들은 폭력을 행사할 때, 계집애라고 놀리며 폭력을 가하도록 서로를 부추겼다. 여성들의 증언을 보면, "폭력의 표적은 특정한 여성이며, 이는 구자라트의 무슬림 집단에게 테러를 하려는 의식적인 하나의 전략"이라는 점이 드러났다. 성폭력은 "적대감과 파괴를 위해 동원되는 수단이다. …… 폭력이 일어난 후 9개월이 지나고도 여성들이 자세히 전하는 그 엄청난 트라우마는 이루 말할 수 없었다."(같은 책: ii)

심의단은 폭력의 양상이 단순하지 않고, 복합적으로 나타나는 증거 사례들을 직접 듣게 됐다. 확보한 증거에는 여성을 강간하고 집단 성폭행하는 것만이 아니라 철 막대와 검을 질 안에 넣는다든지, 임신한 여성의 배를 열고 태아를 꺼낸다든지, 가슴을 자르고 성기를 제거한다든지, '힌두' 자손을 여성들에게 수태시키겠노라고 공공연히 떠벌리고 다니는 강간자들도 있었다. 폭도가 된 남성들은 어디서든지 여성들을 잡고 옷을 벗기면서 희롱하고 괴롭혔다. 경찰 공무원들까지 자신의 성기를 노출시키며 무슬림 여성들을 공포에 떨게 하고 무슬림 남성들에게 모욕을 주었다. 이러한 행위는 많은 경우에 가족들과 아이들 앞에서 공개적으로, 그리고 반복적으로 이루어졌다. "많은 여성들이 피를 흘리고, 다치고, 알몸이 됐어요. 가슴에 물어뜯긴 상처 자국을 가진 여성들도 많고 …… 나무 막대로 강간을 당한 여성들도 있어요." 증언자가 들려준 이야기였다(같은 책: 127).

심의단은 "여성의 몸은 지칠 줄 모르는 폭력이 일어나는 장소였다.

여러 형태의 고문이 동시에 가해지고, 늘 새로운 형태의 고문이 일어나는 곳이었다."라고 끝을 맺었다. 그런데 비참하게도 많은 경우에 그러한 폭력은 그냥 "죽임의 고통스러운 서곡에 불과하다. 강간당한 여성들은 종종 산 채로 불태워지거나, 불 속에 던져지는 경우도 있다." 그러나 여성의 몸은 의도적으로 가시화되지 않는다. 많은 경우에 법적 보상이나 재산을 분배할 가능성을 낮추기 위해서이다. 얼마나 많은 여성들이 강간을 당했는지 피해를 받은 여성의 숫자를 파악하기도 쉽지 않다. 강간당한 많은 여성들이 죽임을 당하고, 살았다 해도 자신이 겪은 시련을 증언하는 일은 쉽지 않기 때문이다. 그러나 분명한 것은 수백 명의 무슬림 여성들이 이러한 범죄를 당했다는 사실이다(같은 책: 34, 112). 또한 심의단은 힌두 여성들이 강간과 살인을 부추기며 구자라트에서 발생한 폭력 사건에 적극적으로 가담했다는 증거를 발견했다. 여타의 가부장적이고 여성 혐오적인 문화에서처럼, 여성들은 힌두뜨와 운동에서 적극적인 역할을 수행했다(Gachetta 1996).

IIJG 조사 연구는 인종을 공격한 대학살 사건이 있은 지 9개월 후, 양상이 좀 다르긴 하지만 이러한 폭력 행위가 언론의 주목을 받지 못한 채 여전히 충격적 형태로 지속된다는 증거를 제시했다. 인도에서 무슬림이라는 사실과 힌두인을 반대하는 것은 언제 일어날지 모를 폭도의 공격을 두려워해야 하는 일이고, 경찰로부터 피해자가 되는 일이었다. 이러한 일들로 트라우마와 정신병은 광범위하게 퍼졌고, 여성들은 재생산과 관련해서 심각한 건강 이상을 일으켰다. 이런 위협적인 환경에서 무슬림 문화는 위축됐으나 여성과 소녀들은 '보호'라는 명분으로 더 심하게 통제를 받았다. 지역사회에서 남성 지도자는

"어떤 여성이 '좋은 무슬림 여성'인가를 협소하게 정의하면서, 여성들은 이 기준에 맞추어야 한다며 강하게 주장"했다. 사람들을 '피해자'에서 '생존자'로 변화하도록 돕고 회복 과정을 주도했던 무슬림들은 박해를 받거나 감옥신세를 졌다. 구자라트에서 힌두뜨와가 지닌 적대감은 줄어들지 않는 분위기인데, 이는 BJP가 12월에 열린 주 선거에서 실질적 다수로 복귀된 것만 보아도 알 수 있다(IIJG 2003 : 87, 91).

이 보고서를 작성하는 일은 각 심의 위원들이 한 부분씩 맡아서 이룬 공동 작업이었다. 다섯 명의 심의 위원들은 6개월 후에 만나서 편집 작업을 했다. 마침내, 『위협적인 현실: 페미니스트 관점으로 본 구자라트 대학살(Threatened Existence : A Feminist Analysis of the Genocide in Gujarat)』이라는 책이 2003년 12월 10일, 인권의 날에 출간됐다. 바히다 나이나르는 2년 후에 페미니즘 윤리학이 어떻게 시작해 끝을 맺었는지 그 과정을 들려주었다. "이 일은 너무나 편안하게 진행됐어요. 그런 경험은 처음이었어요. '우리는 이렇게 일을 하길 원했어요.'라며 누구라고 할 것 없이 이구동성으로 얘기할 수 있는, 다 같은 맘이었어요. 모든 사람들이 동등하게 참여했고, 방문한 후 각자 할 수 있는 만큼 시간을 투자했어요. 사람들이 가진 저마다의 입장들을 서로 존중했고, 감수성을 가지고 상대방의 생각을 받아들였어요. 모두 다 유심히 경청했지요."

이 보고서에서 가장 인상적인 것은 우리가 그동안 보아 왔던 다른 '조사위원회'들과는 다르게 페미니즘의 원리가 잘 녹아 있다는 점이다. 심의 위원들은 익명이거나, 추상적이거나 시민사회의 공식적인 대표자들이 아니다. 오히려 각 위원들은 여성으로서 그 경험이 여성에게 무엇을 뜻했는가, 그리고 고문과 살해에 관한 이야기들이 여성의 삶의 맥락에 어떤 영향을 미쳤는가에 관해 말할 수 있는 공간을 확보했다.

시에라리온
: 여성, 시민사회 그리고 평화 다시 만들기

아프리카에서 일어나는 현대 전쟁은 과거 노예무역과 유럽의 식민지화를 통해 이루어진 대륙의 종속이라는 면에서 바라볼 때, 이해될 수 있다. 사람과 재산은 어마어마하게 큰 규모로 약탈됐다. 이러한 일들을 원만하게 이루고 지속할 목적으로 해안 도시들이 개발됐지만, 내부 장식은 파괴되거나 방치됐다. 지역 문화재들은 줄어들고 훼손됐다. 불평등과 적대감이 지역 사람들 간에 생성됐다(Reader 1998). 라이베리아와 시에라리온은 서부 아프리카 해안에 인접한 국가들인데, 이 두 나라 모두 귀환 노예들을 위해 창건된 국가로서 유럽/미국의 주도로 세워졌다. 미국에서 온 노예들은 라이베리아의 몬로비아(Monrovia)에 자리 잡았고, 영국에서 온 집단은 시에라리온의 수도가 될 프리타운(Freetown)으로 보내졌다. 물론 귀환 노예들의 선조가 이 지역에서 유래한 것은 아니었다. 귀환자들이 아프리카의 환경에 적응하며 살아가기에는 준비가 돼 있지 않았다. 많은 사람들이 죽었다. 생존한 이주자들과 오지에 사는 부족사회들의 관계는 때로 착취적이고, 종종 어려움에 빠지기도 했다. 독립한 지 45년이 지난 지금, 시에라리온은 여전히 극심한 빈곤에 시달린다. 주민들은 전염병으로 쇠약하고, 평균 수명은 42세이다. 그리고 성인의 3분의 2 이상이 문맹이다. 2002년 UNDP 인간개발지수에 따르면, 시에라리온은 세계 국가 가운데서 가장 낮은 등급에 있다(UNDP 2004). 시에라리온은 식민 이후 전인민의회당(All People's Congress party, APC)이 장기 집권하는 역사를 이루었는데, APC는 중앙집권적이고, 부패하고, 잔인하고, 권위적인 정권이었다 (Bangura 2004). 1991년, 다당제로 잠시 복귀했을 때, 자칭 혁명연합 전선(RUF)이라는 군대가 인접한 라이베리아에서 들어왔다. RUF는 라이베리아와 시에라리온의 군인들로 구성된 혼합 군대이며 지휘관 은 포다이 산코(Foday Sankoh)였다. 산코는 라이베리아의 반란자인 찰스 테일러(Charles Taylor)와 그가 소속된 라이베리아의 민족애국전 선(National Patriotic Front of Liberia)과 계약을 맺었다. 민족애국전선 은 산코에게 반란 계획 실현 준비를 위한 훈련과 기지 시설을 제공해 주는 대가로, 언젠가 라이베리아에서 권력을 잡을 수 있는 기회를 약 속받았다. RUF가 처음에 겨냥한 표적은 강제 노동이나 참수형, 여러 가지 비인간적인 행위를 일삼았던 전통적 지도자들, 공무원, 지역 무 역업자, 부유한 농장주, 종교 지도자들이었다(Abraham 2004). 이러한 사태에 반격하려고 정부군이 파병됐으나, 그 후 불충한 젊은 군인들은 전선에서 돌아와 도시로 난입했다. 이들은 자신을 임시통치위원회 (National Provisional Ruling Council, NPRC)라 칭하며, 1996년 시에 라리온의 현 대통령인 아메드 테잔 카바(Ahmad Tejan Kabbah)에게 힘을 실어 준 선거가 있기까지 4년 동안 나라를 지배했다(Kandeh 2004a). 평화 과정이 진행됐는데도, 선출된 정부(실제로 군대를 장악하지 못했다), 대학살을 자행한 RUF, 변절한 군인들 그리고 외국 평화유지군 사이에 전쟁은 계속됐다. 가장 잔인한 사건들은 1997년과 1999년에 반란군이 폭풍처럼 휩쓸며 프리타운을 약탈한 일이었다 (Abraham 2004). 평화는 결국 2002년 1월에 이루어졌다. 그러나 평화는 5만~7만 명의 사람들이 사망하고, 약 550만 명의 거주민 가운데 3분의 1~3분의 2가 자신의 집을 떠나 난민이 되고, 교육 시설의 70퍼센트와 건강 센터의 84퍼센트가 파괴되는 일을 겪은 후에야 이루어졌다(Gberie 2004). 2005년 초, 내가 방문했을 때는 낙관적인 분위기가 조심스럽게 흘렀다.

아프리카 대륙은 전쟁으로 시달린다. 아프리카 인구는 세계 인구의 10퍼센트를 차지하는데, 시민전쟁으로 인한 사망자의 60퍼센트는 지금도 아프리카에서 발생한다(Bergner 2005). 그러나 시에라리온의 11년 전쟁은 그 자체로 극악한 사디즘의 한 유형이 된 것 같다. 살인은 무작위로 무자비하게 일어났다. 시에라리온에서 일어난 폭력은 특정한 유형을 보여 주는데, 이는 살아 있는 사람의 손과 발을 칼로 자르는 것이었다. 그래서 사람들은 생명은 부지하나 불구가 되고, 무력하게 됐다. 전쟁이 끝나자 절단 수술을 받고 산 사람은 1만 명으로 추측됐다(Abraham 2004; Kpundeh 2004). 어림잡아 4500만 명의 어린이들이 전투부대로 징집됐다. RUF는 아홉 살이나 열 살 정도 되는 어린 미성년자들을 농촌 지역에서 유괴했다. 그리고 환각을 일으키는 마약을 자꾸 권했고, 때로 자신의 가족을 살인하도록 종용하면서 거역하고 도망갈 선택의 여지를 주지 않았다. 또 피해자의 몸 일부분을 먹는 식인 행위를 포함해 모든 종류의 잔학 행위에 참여하고 목격하도록 했다. 그러한 잔학 행위를 한 사람은 RUF만이 아니었다. 궁핍한 많은 어린이들은 정부군과 시민 방어군에 자발적으로 입대했다. 그러나 한 번 입대하면 비슷한 방법으로 이용되거나 테러를 가하도록 테러를 당했다. 일례로, 군대에 강제로 입대한 한 열두 살 어린이는 시에라리온의 작가들에게 자신이 어떻게 RUF 포로들로 하여금 무덤이 될 웅덩이를 파게하고, "주어진 명령에 따라 포로들의 눈을 가리고 코와 귀, 손가락을 자르고 나서 포로들을 반쯤 죽도록 땅에 묻는 일"을 강요당했는지 자세히 들려주었다(Abdullah and Rashid 2004: 248).

전쟁은 매우 깊이 젠더화돼 있다. 전투원은 마약과 술이라는 남성 우월적인 하위문화와 연결된 젊은 남자들이다. 몇몇 전쟁 평론가들은 '라레이(raray)' 소년들 또는 '바야예(bayaye)'라고 부르는 정치적 '백수건달(lumpen)'인 특정 계층을 지적하며, 이들이 모든 전투 집단을 형성하는 자원이 됐다고 말한다. 이들이 가진 파괴적인 잠재력은 1997년과 1999년, 수도가 무질서하게 혼란에 빠진 동안 감옥이 부서진 후, 중대한 범죄로 이어졌다(Gberie 2004; Rashid 2004). 잘 알려지지도 않고, 그 피해 숫자는 어느 정도인지 헤아릴 수도 없으나, 이 시기에 매우 많은 여성과 소녀가 개별 남성이나 일당에게 반복적으로 난폭하게 강간을 당한 것은 분명하다. 여성들의 질은 막대와 병, 무기로 손상돼서 많은 여성들이 그 상처로 목숨을 잃었다. 임신한 여성들의 몸을 가르고 열어서 태아를 분리했다. 때로 이 살인자들은 태어나지도 않은 아이들이 여아인지 남아인지 내기를 했다. 수천 명의 어린 소녀들이 반란군들에게 잡혀서 주방 일을 하거나 심부름꾼이 됐고, 남성 반란군의 '아내'가 돼 강제적 성노예가 됐다. 많은 소녀들이 임신을 했고 원하지 않는 아이들을 낳았으나, 여전히 소녀는 소녀일 뿐이었다.

시에라리온에서 일어난 전쟁은 설명 자체가 어려운 일이었다. 적대감에 대한 분명한 동기가 없었다. 종족이나 민족, 또는 종교적 기획도 아니었다. 포다이 산코는 가다피(Gadhafi) 리비아 대통령의 신조에 영향을 받았으나, 사람들을 설득해 혁명적 이념에 매료되도록 애쓰지는 않았다. 오히려 RUF는 너무도 잔인해 시에라리온의 일반 사람들과 관계가 소원했다. 정치학자들과 사회학자들은 '왜'라는 물음에 당혹했다. RUF는 절도 행위와 향락주의, 야만성(Bangura 2004), 그리고 '무질서를 수단화하기'를 부추겼다(Chabal and Daloz 1999). 명백하게 이는 '원성'이라기보다는 '탐욕'에 관한 분쟁이었다(Berdal and Malone 2000). 전쟁이 일어난 근원적인 이유, 아마도 일차적인 의도는 다이아몬드 추출을 통제하려는 데 있었다. RUF가 부정하게 다이아몬드를 채굴해 판매한 수익은 매년 약 1억 2500만 달러였다. 부정한 국제 중개인의 협조를 얻어 서구 다이아몬드 상인들에게 수출했다. 산코는 테일러에게 RUF를 후원하는 대가로 다이아몬드를 주었다. 정부군도 이처럼 부정한 다이아몬드 채굴업을 택했고, 통치 집단 또한 자신들의 몫을 챙겼다(Smillie 등 2000; Koroma 2004). 나라가 직무 유기로 몰락하자, 궁핍한 나라에서는 "누구든지 무기를 가진 사람이 먼저 챙긴다."(Kapuściński 2002: 225)는 단순한 계산법이 생겼을지도 모른다.

시에라리온에서 전쟁이 연장되면, 남자에 의해 주도되고 특정한 남성성으로 왕성한 호전적인 일당들이 물질적 이익을 누린다는 것은 불을 보듯 뻔하다. 평화와 민주주의를 이루는 데 절망적인 곳은 시민사회이다(Kandeh 2004b: 179). 처음부터 여성조직들은 전쟁을 종식하려는 시민사회 운동에서 중요한 역할을 했다. 1994년 베이징에서 개최된 제4차 유엔세계여성회의를 준비하면서 40개 이상의 시에라리온 여성단체들이 한자리에 모여서 여성포럼을 만들었다. 그다음 해, 전국협상회의가 개최될 것이라고 발표됐다. 자이나브 반구라는 이 회의 초청 명단에 겨우 몇몇 여성들만 포함된 사실을 주목했다. 여성들은 여성의 대표성을 요구한 후, '당장 치를 선거'에서 여성들이 제시할 논거를 준비했다. 그로부터 10년 후, 나와 가진 인터뷰에서 자이나브는 "한평생을 살면서, 우리는 민주주의를 몰랐어요."라고 말했다. 여성들은 이 기회를 놓치지 않으려 했다. "우리는 미리 만나서 공동의 입장을 준비했지요. 주요한 입장 아홉 개를 정리해서 인쇄했어요. 그리고 회의에 참석한 모든 사람들에게 나누어 주었어요." 매우 재치가 있는 움직임이었다. 긴 공문서를 읽을 시간이 없었던 많은 참석자들은 여성들의 생각이 잘 드러난, 간결한 선언문에 표를 던졌다.

선거가 실시됐고, 정부가 만들어졌다. 그러나 그 과정에 있었던 시민사회 운동과 여성운동은 계속되는 혼란스러운 시대에 다시 거리로 나가야 했다. 군사 쿠데타가 일어나 현 정부가 전복된 것이다. 시민사회는 이러한 사태를 맞아 모든 사람들을 아우르는 민주주의회복운동(MRD)을 빠르게 전개했다. "우리는 다시 행진했어요!" 아그네스 테일러-루이스(Agnes Taylor-Lewis)는 이렇게 말했다. "시에라리온에서 여성들은 항상 행진했어요. 그리고 기도했어요!" 여성들이 가장 강렬하게 기억하는 행진은 2000년 5월 6일, 여성들이 한꺼번에 포다이 산코의 집으로 몰려가서 RUF가 인질로 붙든 유엔 직원을 석방하도록 요구한 행진이었다. 이틀 후에 행진은 모든 남녀로 확대돼 더 큰 규모로 진행됐는데, 여성 한 명을 포함해 22명의 사망자를 냈다.

전쟁이 끝난 지 3년이 지난 2005년에 나는 시에라리온을 방문했다. 그때 내가 만났던 여성들은 끔찍했던 1990년대 시에라리온에서 일어났던 일들을 젠더의 관점으로 해석했고, 남성과 대별되는 집단으로서 여성들이 평화 문제에 비폭력적으로 개입할 수 있는 잠재력이 있다는 것에 확신을 가졌으며, 또한 그럴 만한 특별한 이유도 지녔다. 유리한 상황이 되자 곧, 수많은 여성들은 소녀와 여성, 시민사회를 세력화하는 기획을 정착시켰다. 많은 여성들은 여러 기독교 교파나 무슬림 사원 가운데 하나를 근거로 해서 거기서부터 일했는데, 이는 시에라리온의 특정한 방식이었다. 자이나브가 귀띔하길, "여기서 사원과 교회를 둘 다 잡은 이는 여성들"이라고 했다.

기독교 과학자인 마벨 콕스(Mabell Cox)는 상업적인 성 노동자들이 HIV/AIDS 문제를 잘 해결하도록 도와주는 일을 한다. 크리스티아나 도르페는 아프리카 여성교육자들의 포럼을 위해 영감을 불어넣은 여성이었다. 내가 참석한 적이 있는 이 포럼은 젊은 여성 전쟁 생존자들을 위한 교육 프로그램으로 이루어졌다. 플로렐라 하즐리는 시에라리온교회협의회에서 정치적 입장을 주장하는 일을 담당하는데, 경무기 수거 운동을 주도하는 핵심적 인물이다. 플로렐라는 "경무기를 언급하면, 남성의 얼굴이 떠올라요. 여성은 보통 피해자로 그려지죠. 여성들이 경무기를 들었거나, 이를 거래하고 밀수입한다고 생각하기는 쉽지 않죠. 그런데 여성들은 실제 그렇게 해요."라고 설명한다. 나는 정부군, 경찰, 교도 관리국에 있는 여성들을, 그리고 남성 직원의 아내들까지도 조직하는 마우린 풀도 만났다. 마우린은 은퇴한 영국 경찰 검시관이었다. 메무나타 프라트는 조사 연구도 수행하고, 젠더 연구소, 자료 센터 그리고 포우라 베이(Fourah Bay) 대학교에서 진행하는 평화와 갈등 프로그램에 관해 말해 주었다. 그리고 아그네스 테일러-루이스는 정당과 선거에서 여성이 남성과 동등한 대표성을 확보하는 데 목적을 둔 매우 활력 있는 캠페인 50-50(Fifty-Fifty)에 관해 들려주었다. 나는 특별히 마노강여성평화네트워크의 여성들을 방문하려고 시에라리온에 갔다. 이 특별한 네트워크를 알게 된 데는 아프리카연합기구(the Organization of African Unity)에 소속된 평화와발전을위한아프리카여성회(Africa Women's Committee for Peace and Development, AWCPD), 서아프리카여성협의회(the West African Women's Association) 그리고 아프리카여성연대(Femmes Africa Solidarité)의 도움이 컸다.[10] 1999년 11월, 아디스 아바바(Addis Ababa)에서 열린 여섯 번째 아프리카 지역 여성회의에서, 아프리카여성연대는 기니, 라이베리아, 시에라리온—전쟁을 통해 관련된 인접 국가들—여성들의 비주류 회의를 촉진시켰다. 이 여성들은 평화 만들기 과정에 여성들의 개입을 강화하기 위해선 세 국가 내 여성단체들이 전략적으로 제휴를 할 필요가 있다는 것에 관해 서로 이야기를 나눴다.

다음 해, 아프리카여성연대와 아프리카여성회(AWCPD)는 세 국가가 각기 정부 장관 한 명, 국회의원 두 명, 저널리스트 한 명, 민간 부문 대표 한 명, 여성 비정부 단체에서 다섯 명을 보내 아부자(Abuja)에서 기초 회의를 열도록 후원했다. 유엔에서 파견한 대표들과 아프리카연합기구의 기관들도 참석했다. 그들은 이 새로운 네트워크의 이름을 마노강(Mano River)이라고 지었는데, 기니와 라이베리아, 시에라리온을 구분하는 경계가 마노강이었다.[11] 그때까지 라이베리아는 7년 동안, 시에라리온은 10년 동안 전쟁을 겪었다. 그리고 전쟁은 아직 끝나지 않았다. 기니는 두 이웃 나라에서 온 피난민 30만 명을 받아들였는데, 그중 80퍼센트가 여성과 어린이였다. 국경을 넘어 거래되는 마약, 다이아몬드, 무기는 세 국가 모두에 악영향을 미쳤다. 로살린 매카시는 이렇게 말했다. "마노강여성평화네트워크가 실제 다른 점은 지역적이라는 점이죠. 거기에 지역적으로 평화단체들이 없는 건 아니에요. 있어요. 하지만 우리가 다 함께 행동했더라면, 정치가들에게 더 큰 영향을 미쳤으리라고 생각했어요."

이 네트워크는 다음 8월에 통과될 여성·평화·안보에 관한 유엔안전보장이사회 결의안 1325(5장 참조)를 고대했다. 결의안이 선포된 이후, 무력 분쟁은 젠더에 따라 다르게 영향을 미친다는 점, 무력 분쟁 예방과 평화 유지, 분쟁 해결과 평화 만들기에 여성들의 역량이 과소평가된다는 점, 그리고 여성은 평화와 안보 문제에 적극적인 행위자로서 잠재력을 가졌다는 점이 세계적으로 주목을 더 받게 됐을 것이다. 결의안 1325가 나올 수 있었던 발상은 이미 여러 곳에서 일어났는데, 그중 한 조짐이 마노강여성평화네트워크의 활동이었다.

이제 막 생겨난 이 풋내기 조직은 아부자에서 돌아오자마자 프리타운에서 산코를 반대하는 시민사회의 시위에 휩쓸렸다. 그런 후, 그들은 RUF 여성과 접촉하고자 헬리콥터를 타고 숲 속 오지로도 들어갔다. 마노강여성평화네트워크는 얼마 지나지 않아 '비정치적이고 비

분리적이며, 비차별적인 그리고 비영리적인 조직'을 위한 규약을 작성했다. 거기에 세 국가 내 지회를 설치하고 회장직을 교대로 한다는 내용도 담았다. 마노강여성평화네트워크의 시에라리온 지회 '책임자'인 나나 프라트는 프리타운 사무실에 터를 잡고, 전화와 이메일로 연락하며 다른 두 나라의 담당자와 지속적인 연결을 갖는다. 여행 경비가 절대적으로 많이 들기에 재정 지원을 받는 일은 일종의 투쟁이다. 언어는 또 다른 문제이다. 라이베리아와 시에라리온에서는 영어로 말하지만, 기니에서는 불어로 말한다. '그러나' 아그네스 테일러-루이스는 "우리는 입는 옷이나 먹는 음식이 매우 비슷해요."라고 말했다. 그러자 마벨 므바요는 덧붙였다. "무엇보다, 우리는 **여성**이에요. 우리는 어떤 것을 가지고 논쟁을 하지만, 논점을 일일이 짚으며 합의를 만들 수 있어요."

마노강여성평화네트워크는 두 가지 방향으로 활동한다. 첫 번째는 정치적 입장을 표명하는 일(advocacy)과, 정부와 그 적대자들을 대상으로 고위급 수준에서 개입하는 일이다. 이 전략은 미국에서 갈등 조정 트레이너로 활약하는 루이스 디아몬드(Louise Diamond)가 말한 '여러 형태(multitrack)의 외교'를 보여 주는 사례이다. 엄밀하게 보면, 마노강여성평화네트워크 여성들은 이 용어를 사용하지 않지만, 그들이 시민사회의 입장을 가지고 대통령과 장관, 군대 사령관, 반란군 지도자들과 협상을 하는 일은 '트랙-2 외교'(트랙-1은 정부가 하는 외교 활동—옮긴이)라고 볼 수 있다. 트랙-2 외교는 비정부단체들을 포함해 중립적인 비국가행위자들의 개입을 끌어들여서 정치 지도자들, 외교부 장관들, 대사들의 일반적인 외교 활동을 보완하는 것이다

(Diamond and McDonald 1996). 로살린은 고위급 수준으로 접근하면서 간파한 것이 있었다. "최종적인 분석 내용을 보면, 맨 꼭대기에서 상황을 움직이는 사람들은 남자들이더군요."

'트랙-2 외교'를 보여 주는 모범적인 사례는 2001년에 있었다. 그해 초여름, 라이베리아와 기니의 관계는 악화됐다. 기니에서는 라이베리아와 시에라리온에서 일어난 테러를 피해 사람들이 유입하는 바람에 심각한 긴장이 일어났다. 기니 지역 사람들은 자기 나라에 들어오는 피난민들에 대해 분개했다. 특히 피난민들은 국제 원조를 받았지만, 그 지역에 사는 기니인들은 역시나 비참하리만큼 빈곤했음에도 아무런 혜택도 받지 못했기 때문이다. 라이베리아의 찰스 테일러 대통령은 기니가 시에라리온의 내란을 지원하고 라이베리아에 테러를 일으킨다고 비난하면서 기니의 란사나 콩테(Lansana Conté) 대통령과 서로 크게 반목했다. 콩테는 이 지점에서 테일러와 협상을 더 이상 진전시키려 하지 않았으며, 테일러는 기니와 시에라리온의 대사관들을 몬로비아에서 추방시켰다. 2001년 6월 7일, 마노강여성평화네트워크의 라이베리아 회원들은 몬로비아로 날아온 다른 두 지회 여성들의 지지를 받으며, 테일러 대통령과 함께한 자리에서 자신의 뜻을 알릴 기회를 얻었다. 나나 프라트는 "그건 우리의 강점이라고 말할 수 있는 공동의 행동이었죠."라고 말했다. 그들은 테일러에게 다른 국가의 원수들과 회합을 가지고 지방에서 악화되는 안보 상황을 논의하라고 촉구했다. 여성 대표자들의 압력을 받은 테일러는 그러한 회합에 동의를 하고, 대사관들을 재소환해서 외교 관계를 재수립하겠다고 했다.

프리타운으로 돌아온 시에라리온 지회의 여성들은 테잔 카바 대통령을 방문해, 찰스 테일러 대통령에게서 얻은 합의 내용을 알렸다. 또한 여성들이 기니 국가원수를 방문하는 취지에 관해서도 말했다. 그들의 전망에 대해서 회의적이긴 했으나, 테잔 카바는 여성들의 임무에 수긍했다. 7월 후반, 마노강여성평화네트워크의 세 국가 대표자들은 코나크리(Conakry)에서 청중과 함께 자리를 한 콩테 대통령과 만남을 가졌다. 콩테는 민주적으로 선출된 대통령으로서 '여성과 전쟁'에 관해 관심이 있는 것으로 알려졌었다. 라이베리아의 참석자 가운데 한 사람인 매리 브라우넬(Mary Brownell)은 전쟁으로 인해 야기된 인간의 고통에 중점을 두면서, 새로운 평화 활동이 최우선적으로 필요하다는 것을 강조하는 내용으로 입을 뗐다. 처음에 콩테는 비타협적인 태도를 보였다. 그는 찰스 테일러와 회담을 가질 기미를 전혀 보이지 않았다. 그러자 매리 브라우넬이 그에게 말했다. "당신과 테일러 대통령은 남자로서 만나서 이견을 조율해야 합니다. 우리 여성들은 당신의 감각이 작동할 때까지 당신을 이 방에 가둘 것입니다. 그리고 난 이 방 열쇠를 내놓지 않을 겁니다." 이후 이 사건이 어떻게 진행됐는지 『아프리카 회복(Africa Recovery)』은 이렇게 전한다.

매리의 논평이 불어로 번역돼 콩테 대통령에게 전달되는 동안, 긴 침묵이 흘렀다. '침묵이 흐른 후, 그는 웃기 시작하더군요.'라고 매리는 회상했다. '그는 믿을 수가 없었던 거죠! 마침내 웃음을 멈추고 말하더군요. '어떤 남자가 내게 그런 말을 하리라고 생각해요? 오직 여성만이 그러한 것을 할 수 있고, 뭐 그런 것도 해낼 수 있겠지요.'' 마침내 콩테 대통령은 정상회담에 참여하는 데 승낙했다. 그리고 여성들

을 인정하면서 자신의 맘을 돌이켰다.(Africa Recovery 2003 : 18)

몇 달 후, 마노강 국가들의 외교부 공무원들로 구성된 연대사무국 위원회가 회의를 열기 시작했다. 그리고 이듬해 3월, 라바트(Rabat)에서 열린 아프리카 국가원수 회의 때 모로코 왕은 세 명의 남성들과 함께 예고된 정상회담에 참석했다. 관계는 개선됐다. 마노강여성평화네트워크의 선도적인 활동이 효력을 발휘한 것이다.

마노강여성평화네트워크의 두 번째 전략은 나라에서 가장 먼 지역, 특히 라이베리아와 기니, 시에라리온이 공유하는 마노강 유역까지 뻗어 가는 것이다. 마벨은 "무엇보다도 국경은 우리에게 결정적인 것이죠."라고 말했다. 도로는 형편없고, 적절한 교통수단도 없으며, 기름이 부족한데도 그들은 그 어떤 것보다 대주민 활동을 우선으로 두었다. 시에라리온 회원들은 2000년과 2001년에 그들이 어떻게 피난민 캠프와 국내난민(IDP) 캠프, 수족 장애자 캠프, 퇴역군인사회복귀센터를 방문하기 시작했는지 그리고 이 일을 계속하는지 들려주었다. 어떤 캠프들은 지역 난민을 위한 것도 있고, 어떤 쉼터는 라이베리아에서 국경을 넘어온 피난민을 위한 것도 있다. 여성들은 캠프에서 매니악(manioc, 열대 지역에서 재배하는 식용식물—옮긴이) 한 자루와 신선한 물을 공급받고, 또 다른 종류의 구호를 받는다. 그들은 지역 여성들이 무엇을 겪었는지, 무엇을 느끼고, 무엇을 필요로 하는지 조심스럽게 경청한다. 이러한 여정을 통해 마노강여성평화네트워크는 소위 '초기 경고 시스템'을 수립하려 한다. 나나 프라트는 이렇게 설명한다. "우리는 전쟁의 징조가 어떤 건지 알 수 있도록 여성들이 감시하는 그런 훈련이 필요해요. 예를 들면, 마약을 밀수입하고, 경무기들이 거래되고, 그들 무역에서 수상한 사람들이 나타나는 이런 일들을 감시하는 거죠." 여성 무역상들은 시에라리온, 라이베리아, 기니의 국경을 넘는 많은 무역을 취급한다. 그들은 무슨 일이 진행되는지를 본다. 여성들은 지역 정치학이 중립적이지 않거나 정직하지 않다고 느끼면, 마노강여성평화네트워크에 보고할 수 있다. 그러면 마노강여성평화네트워크는 안보 기관에 그 정보를 전달할 것이다.

이러한 마노강여성평화네트워크의 '국경 활동'을 잘 보여 주는 한 특정한 사건이 있다. 시에라리온과 기니의 국경 근처에 있는 옌가(Yenga) 마을에 수많은 기니 군인들과 그의 가족들이 들어와 마을을 점령했다. 처음에 그들은 오래된 식민지 시대의 지도에 그려진 경계를 언급하면서, 기니의 영토라고 주장했다. 마노강여성평화네트워크는 옌가에서 폭력이 일어날 것을 예감했다. 그들은 외무부에 가서, 결국 테잔 카바 대통령을 데리고 디알로(Diallo) 기니 국무총리와 규드 브랸트(Gyude Bryant) 라이베리아 의장이 만나는 지역에 함께 갔다. 디알로 기니 국무총리는 옌가가 실제로 시에라리온의 영토라는 것을 인정했다. 군인들이 항의하자, 그들이 심은 농작물을 수확할 때까지 몇 달 동안은 머물 수 있다는 것에 승인했다. 몇 달 후, 내가 시에라리온에 있을 때 야스민 주수-쉐리프는 옌가로 내려가서 기니 사람들이 자신들이 한 말을 지키는지 그리고 국경을 넘어 돌아갔는지를 확인했다. 여성들은 기니인들이 그 지역 사람들을 괴롭히면서 여전히 거기에 있다는 것을 알았다. 마노강여성평화네트워크는 자신들의 두 가지 전략을 동시에 펼쳤다. 네트워크는 그 지역에서 영향력을 행사하는 여성들을 움직여서, 지역 여성들이 고위층에게 직접 말하도록 했다. 이제 여성들은 여성들로 구성된 대표단을 구성해 지역에서부터 카바 대통령에 이르는 활동을 벌이고, 자신들이 주장하는 관심사를 대통령과 함께 직접 제기할 수 있었다.

마노강여성평화네트워크는 두 가지 차원, 곧 고위 정치 지도자급 차원과 풀뿌리 바닥의 지역 차원에서 전개한 활동으로 널리 알려졌다. 핵심적인 활동가들은 도시 엘리트의 여성들이지만, 평화 만들기에 대한 여성의 역량을 아프리카 서부 전역에 알림으로써 네트워크는 찬사를 받았다. 젠더와 갈등에 관해 강의하는 메무나타 프라트는 이렇게 말했다. "사람들은 '시에라리온의 남자들이 우리를 멸시했어요.'라고 말할 겁니다. 다른 말로 하면, 그들은 권력의 자리에 있다는 말이죠. 보세요. 나라를 얼마나 혼란에 빠뜨렸는지. 가부장제는 발전하는 과정을 부정합니다. 남성들 안에 있는 남성성은 우리를 말썽 많은 세상으로 이끌었어요. 그래서 남성성은 신뢰를 잃고 있습니다."

그래서 여성들은 여성들에게 눈을 돌리자고 말한다. 마멜 콕스는 강조했다 "자, 보세요. 우리는 기술을 가졌어요! 우리는 어머니예요. 우리는 돌보는 사람이고, 양육자이며, 사랑과 열정을 가졌어요. 여성들은 통찰력이 있지요. 우리는 사람들을 잘 설득할 수 있고, 사람들에게 영향을 미칠 수 있어요." 시에라리온에서 전쟁은 가족 안에서 시작해서 가족 안에서 끝난다. 마벨 므바요는 이렇게 언급했다 "지방에 있는 여성들이 그러더군요 '평화는 가정에서 시작한다.'고요. 우리는 사회를 화해시킬 수 있는 사람들이에요. 전쟁에 갔던 사람들은 젊은 사람들이었어요."

하지만 내가 시에라리온에서 돌아오면서 들었던 가장 무서운 생각은 이런 것이다. 공포에 시달리는 나라에서 그 두려움의 한 면은 부모가 자녀들이 겪을 일들을 염려하며 자녀들을 **위하는** 마음에서 느끼는 두려움이다. 두려움의 또 다른 면은 부모가 자녀들**에게서** 느끼는 두려움이다. 특히 아들 가운데에는 마약중독이나 살인, 강간을 일삼는 경우가 있는데, 종종 그 첫 번째 희생자는 가족이다. 런던으로 돌아오는 비행기 안에서 나는 시에라리온 여성이 쓴 책을 읽었는데, 이러한 상황을 다시 생각하게 했다. 그 여성은 전쟁 후, 자신의 삼촌이 유일하게 살아 있는 친척과 화해하는 것을 돕고자, 자신의 나라로 돌아가는 것을 소명으로 여긴다. 그 친척은 자신의 할머니를 살해하도록 강요받은 후 참전하도록 징병된 손자였다. 이 책을 보면, 이 소년을 이해하는 저자의 열정을 느낄 수 있다. "그는 자신의 손에서 쥐어오는 총을 느낀다. 그리고 자신의 머리를 압박하는 다른 총도 느낀다. 그는 대응할 수 없다. 그의 손은 조그맣기 때문이다. 그는 말할 수 없다. 이것은 그가 원치 않는 일이기 때문이다. 그는 그 손으로 악기를 연주하고 싶고, 다시 노래도 부르며, 얼굴과 팔에 햇살을 느끼고 싶어 한다."(Jarrett-Macauley 2005: 208)

나는 또한 인권감시(Human Right Watch)가 발행한 시에라리온 보고서에서 인용된 글을 읽었다. 시장에서 노점상을 하는 스물네 살의 자이나브는 이 글에서 다음과 같은 이야기를 들려주었다.

어느 늦은 저녁, 열 살 된 소년이 권총을 들고 홀로 우리 집에 들어왔다. 그는 내 남편에게 자신의 지휘관이 허기져서 그러니 닭 한 마리를 달라고 했다. 남편이 닭을 잡는 동안 소년은 앉아서 기다렸다. 그는 야위었고 지쳐 보였다. 나는 그에게 비스킷과 물을 주었다. 소년은 피곤하고 힘들다고 말했다. 그는 닭을 가지고 떠나면서 나에게 '감사합니다.'라고 말했다. 좀 있으니 이웃 사람이 와서 그에게 비스킷을 주었다고 비난했다. 나는 그가 반란자인지 아닌지 상관하지 않는다고 말했다. 그는 언제나 누군가의 어린이다.(Abdullah and Rashid 2004: 238)

우리는 시에라리온의 전쟁과 라이베리아 전쟁에서 생긴 치명적인 많은 기운들이 폭력적이고 남성 우월적인 문화에서 직접 나온다는 것을 보아 왔다. 그래서 여성이 평화의 원천이라는 마노강여성평화네트워크의 주장은 여기선 그리 놀라운 일이 아니다. 어떤 여성들은 복잡한 이유로 폭력을 행사하는 가해자가 됐다. 그러나 어떤 사람들은 가정 내에서 정서적인 일상생활을 통해 배우고 행했던 연민과 온화함이 증오와 두려움으로 찌든 사회에 어떤 영향을 미칠 수 있다고 믿는다.

§

콜롬비아와 구자라트, 그리고 시에라리온에서 지역화된 무력 분쟁이 일어나자, 그 지역 여성들이 저마다 특색 있는 대응으로 어떻게 활동을 펼쳤는지 보았다. 그런데 여성들이 이러한 활동을 추진할 수 있었던 배경에는 국경을 넘어 활동하는 연결성이 있었다. 국제적인 연결이란 네 가지로 나누어 볼 수 있는데, 기금 마련, 인지, 연대 활동,

전문 지식을 말한다.

콜롬비아에서 라루따빠시피카를 추동하는 영감과 에너지는 콜롬비아 여성들에게서 나온다. 그러나 라루따의 자기 조직화는 콜롬비아의 평화를 촉진시키려는 스위스의 프로그램인 SUIPPCOL로부터 수년간 재정 후원을 받아서 이루어져 왔다. SUIPPCOL은 스위스 외무부의 인간 안보부로부터 기금을 받으며, 자선사업과 인권운동을 하는 단체들로 구성된 연맹이다. SUIPPCOL의 작업은 콜롬비아 평화에 관여하는 스위스의 공식적인 외교 노력을 보완하려는 의도를 가졌다. 마노강 여성평화네트워크는 수년간 전쟁 속에서 살아온 기니와 라이베리아, 시에라리온 여성들의 정치적 상상력에서 탄생했지만, 또 다른 스위스 단체로서 제네바에 터를 둔 아프리카여성연대(FAS)로부터 도움을 받았다. 아프리카여성연대는 시에라리온에 있는 영국최고위원회(UK High Commission)와 시에라리온유엔평화유지군(UNAMSIL), 그리고 긴급행동기금(UAF)이 했던 것처럼, 특정한 프로젝트를 위한 소규모 보조금을 마노강여성평화네트워크에 지원했다. 인도 여성들이 구자라트의 위급 상황에서 강간당한 여성들을 위한 정의 실현 행동 기금을 찾으면서 세 번째 도움을 받은 곳은 샌프란시스코에 터를 둔 글로벌여성재단이다. 그리고 긴급행동기금으로부터는 재지원을 받았다.

지역 여성들의 단체가 국제적으로 널리 알려지는 계기는 대개 국제적인 상을 받으면서이다. 상을 받은 단체가 알려지면, 역으로 그 상의 명성은 대중적으로 더 알려지고, 재정 확보를 할 수 있는 가능성이 더 높아진다. 라루따빠시피카는 유엔여성발전기금과 국제감시가 수여하는 밀레니엄평화상(Millennium Peace Prize)을 받았다. 마리아 에

우헤니아 산체스는 수상과 관련해 이렇게 분석했다. "수상을 통해 두 가지 점을 느꼈어요. 하나는 우리가 국제적으로 널리 알려지는 거고, 또 한편으로는 우리 자신을 깨운다는 거죠. 우리는 실감했어요. 그래, 우리가 세계 안에 있구나 하고 말이죠. 이제 우리는 우리의 명성에 부끄럽지 않게 행동해야 해요. 밖에 있는 사람들이 우리를 지켜보고 있잖아요!" 마노강여성평화네트워크는 2003년도에 코피 아난 유엔사무총장이 뉴욕에서 공식적으로 수여한 유엔인권상을 받았다. 여성평화네트워크는 또한 지역에서도 인정을 얻었다. 2000년 12월에 서아프리카국가경제공동체가 주최하는 제24회 정상회담에 참석할 수 있는 대표 지위를 얻었다. 또한 마노강연합의 안보연대위원회에 참석할 수 있는 옵서버 자격을 가졌고, 마노강 외무부 회의에 참석해 왔다. 유엔평화유지군국은 여성평화네트워크에 '최선의 실행'에 관한 조언을 요청하기도 했다.

연대 활동을 통해 가시적인 효과를 특별하게 거둔 단체는 라루따 빠시피카이다. 라루따가 그러한 효과를 누린 것은 주로 국제 네트워크인 위민인블랙과 연대를 통해서다.(위민인블랙은 2장에서 자세히 둘러볼 것이다.) 2000년 라루따는 여성대중조직(Organización Feminina Popular)과 연대해 콜롬비아 내에 위민인블랙(Mujeres de Negro) 운동을 창출하려 했다. 위민인블랙의 특징적인 시위 스타일, 말하자면 폭력과 군사주의, 전쟁을 반대하고 침묵과 위엄을 보여 주는 그런 시위를, 라루따는 콜롬비아의 수많은 도시와 마을에서 매월 마지막 목요일에 열었다. 아울러 라루따는 전쟁을 반대하는 여성들의 공식적인 선언문을 지속적이고 가시적이며 광범위한 내용으로 구성했다. 활동이 이렇게 진전되자, 라루따는 세계적인 네트워크인 위민블랙과 유익한 관계를 이어 갔다. 특별히 그들은 동일한 언어를 함께 공유하는 스페인 위민인블랙 단체와 지속적으로 연대해서 혜택을 누렸다.

스페인 좌파와 양심적병역거부운동(Movimiento de Objectión de Conciencia)은 반제국주의와 좌파 운동을 전개하는 라틴아메리카해방(Latin American Liberation)과 오랫동안 유대를 맺었다. 스페인의 마드리드 위민인블랙 단체와 바르셀로나에서 위민인블랙으로 활동을 '하는' 도네스뻬르도네스는 메델린에 있는 라루따 사무소와 연락을 자주 취한다. 스페인의 위민인블랙 단체들은 콜롬비아에서 일어나는 사악한 전쟁과 이와 연루된 미국 정부의 활동이 콜롬비아인들의 생명과 건강, 복지를 해친다는 사실을 사람들에게 알리고자 스페인의 여러 도시에서 집회와 시위를 조직했다. 위민인블랙 자체가 등록된 비정부단체가 아니기에, 라루따빠시피카와 병역거부운동에 직접적으로 자금을 조달하지는 않지만, 위민인블랙은 콜롬비아에 대한 책임 있는 외교정책과 여성 프로젝트 기금 원조를 위해 스페인 정부를 대상으로 로비 활동을 한다. 위민인블랙은 콜롬비아 여성들에게 스페인 외무부와 접촉하는 것을 주선했다. 몇몇 스페인 여성과 까딸란 여성들은 콜롬비아를 방문했고, 이어서 콜롬비아 여성들이 스페인을 답방했다. 스페인의 무헤레스데네그로는 새로운 소식을 담은 기사들을 영어와 스페인으로 번역하는 데 상당한 시간과 에너지를 투자하면서, 내부적으로 위민인블랙에 유용한 국제 이메일 명단을 스페인어로 정리했다. 이러한 작업은 라루따와 여성대중조직(OFP)이 세계적으로 그 모습을 드러내는 데 기여했다. 여성들이 가진 전문 지식이 국제적으로 이동하며 공유되는 일은 구자라트정의를위한국제활동(IIJG)의 경우에 가장 뚜렷이 나타난다. 우리가 보았듯이, 인도 여성들은 폭력에 관한 초기 조사에서 여성들의 이야기가 빠진 것을 본 후, 정의를 주장하는 여성들의 요구에 대해 인도 정부가 어떤 반응을 보일 것이라는 믿음을 전혀 가지지 않았다. 사법부에는 주로 힌두뜨와 극단주의자들이 많다. 공공 검찰은 강간자를 기소하지 않고, 기소한다 해도 법정은 그들에게 판결을 내리지 않는다. 그래서 여성들은 국제적이면서도 법을 토대로 한 접근 방식을 택했다. 다섯 명의 심의 위원들은 IIJG를 진행하면서 국제적 요소들을 활용했고, 그중 네 명은 국제적 차원의 사법절차를 경험한 사람들이었다. 론다 코펠론(Rhonda Copelon)은 미국의 법학 교수이고 국제여성인권클리닉(International Women's Human Rights Clinic)의 대표였다. 바히다 나이나르(Vahida Nainar)는 국제형사재판소(ICC)가 진행하는 일에 젠더적 관점으로 개입했던 네트워크 가운데 하나인 젠더정의를위하여성활동(International Women's Human Initiative for Gender Justice)의 이사장이었다. 아니사 헬리(Anissa Helie)는 무슬림 법하에서사는여성들(Women Living Under Muslim Laws) 영국 사무소에서 일하는 코디네이터인데, 이 조직은 무슬림 국가와 지역사회에 일어나는 여성의 권리 문제에 초점을 둔 국제 연대 네트워크였다. 그리고 가브리엘라 미쉬코우스키(Gabriela Mischkowski)는 독일에 터를 두고 전쟁 트라우마가 있는 여성들을 지원하는 국제 비정부단체인 메디카 몬디아레(Medica Mondiale)의 공동 설립자인데, 옛유고슬라비아전범처벌에관한국제형사법정(ICT)이 강간 문제를 다룰 때, 이를 감시하는 일을 했다. 심의단으로 규합된 이 전문가들은 이러한 경험을 기초로

해 강간 문제를 '반인류 범죄'인 제노사이드(genocide)의 한 단면으로 틀을 잡았다. 여성들은 인도 정부가 비록 국제법 하에서 국제형사재판소를 설립하는 로마 규약(Rome Statute)에는 응하지 않았지만, 문제가 되는 국가가 법적 행동을 취하지 않는 제노사이드의 경우에, 국제사회는 의무적으로 그렇게 하라고 압력을 넣는 것이 일반적이라는 점을 염두에 둔 것이다.

심의단의 다섯 번째 위원은 영국에서 젠더와 민족학을 가르치는 니라 유발-데이비스(Nira Yuval-Davis)인데, 민족주의와 젠더에 관한 연구로 널리 알려진 교수이다(Yuval-Davis 1997). 유발-데이비스와 아니사 헬리는 영국에 터를 둔 근본주의를반대하는여성(Women against Fundamentalisms)이라는 협의회의 주요 회원이었다. 그들은 함께 IIJG의 작업에 매우 적절한 해석을 제공했다. 그래서 힌두뜨와 운동과 같은 종교적이고 정치적인 기획은 여성의 자율성을 심히 억압하는 방식으로 남성성과 여성성을 규정하는 이념으로서 근본적으로 가부장적이라는 점이 보고서에 분명하게 드러났다. 이 기획은 '초국가적 페미니즘 이념'의 한 예시가 됐다(IIJG 2003 : 8). 이 작업을 이론화하면서 심의단은 힌두 여성들이 대학살에 공모한 상황을 설명할 뿐 아니라, 무슬림들의 권리를 변호하다 보면 무슬림 공동체 안에서 여성들의 종속이 타당한 것처럼 보일 수 있는 위험성도 피하는 입장을 보여 주었다. 이러한 의미에서 이 조사 연구는 매우 중요하다. 무슬림 공동체의 지도자들이 대학살 사건이 일어난 후, '그들의' 여성들을 제한하는 정도가 강해졌음을 우리는 목격할 수 있기 때문이다. 콜롬비아 여성들이 말하는 것처럼, 우리는 "우리를 죽이는 전쟁에 대해 반대한다. 우리를 억압하는 평화에 대해 반대한다(Ni querra que nos mate, ni paz que nos oprima)."

2장

제국주의 전쟁들에 반대하며:
초국가적인 세 네트워크

†

1장에서 세 지역의 여성들이 자신들의 지역에 터를 두고 자신들의 지역에서 일어난 분쟁의 불길을 잡기 위해 주도적으로 활동하는 모습을 보았다. 이와 달리, 애초부터 초국가적인 성격을 지니거나 지역 활동과 거의 동시적으로 국가 경계를 넘어 활동하는 사례들도 있다. 이러한 경향은 나토(NATO, 북대서양조약기구)와 같은 국제기구가 전쟁에 개입하거나 미국이 세계를 지배하려는 시도를 분명히 드러내면서 '서구'가 전략적 이익들을 추구할 때, 또는 오늘날 소위 '테러와의 전쟁'에서 보는 것처럼 세계적인 갈등이 위협적으로 다가올 때 나타난다.

이 장에서는 초국가적 성격을 띠는 여성들의 세 네트워크를 소개할 것이다. 첫 번째는 위민인블랙〔Women in Black, 위브(WiB)〕이고, 두 번째는 코드핑크: 평화를지지하는여성들(Code Pink: Women for Peace), 그리고 세 번째는 이름을 줄일 수 없는 군사주의에반대하는동아시아-미국-푸에르토리코여성네트워크(East Asia-US-Puerto Rico Women's Network against Militarism)와 이 네트워크를 이루는 각 지역 조직들이다. 가장 오래됐고, 가장 조직적인 여성들의 국제 평화 네트워크인 평화와자유를위한여성국제연맹(WILPF)은 네 번째 소개할 네트워크인데, 5장에서 살펴볼 것이다.

위민인블랙과 코드핑크는 운동 방식에서 서로 다른 점이 많지만, 주된 관심사는 동일하다. 이런 점에서 군사주의에반대하는동아시아-미국-푸에르토리코여성네트워크와는 구별된다. 이스라엘에서 시작한 위민인블랙의 아이디어가 인기를 얻고 세계적으로 널리 퍼진 것은 1990년대이다. 위민인블랙은 '새로운 전쟁들'에 대한 충격으로 촉발 됐다. 1980년대 핵무기 반대 운동을 활발하게 펼쳤던 많은 여성들은 냉전이 끝나자 긴장을 풀면서 좀더 안도감을 느끼려고 했다. 그런데 도대체 '평화배당금(peace dividend)'은 어디에 있는가? 희망은 변해 예기치 않은 절망이 됐다. 걸프전쟁이 터지고, 곧이어 크로아티아와 보스니아에서는 살인적인 민족 갈등이 발생했다. 르완다에서는 대량 학살이 자행되고, 결국 코소보/바(공식적 국가명인 코소'보'는 남성형이 므로, 페미니스트들은 대안적인 국가명으로, 여성형인 '바'를 함께 써서 코소 보/바 혹은 때로 Kosov@을 제시한다. 저자와 주고받은 이메일에서—옮긴 이)도 전쟁에 휩싸이고, 나토가 세르비아를 폭격했다. 무력 갈등이 계 속되는 이 기간에, 위민인블랙은 '전쟁은 그만(stop war)'이라는 구호 를 외치며 반전을 주장했다. 코드핑크는 9·11 이후 등장한 네트워크 로서, 반전 투쟁을 위해 위민인블랙과 함께 행동했다. 코드핑크는 위 민인블랙처럼 전쟁 문제에 집중하며 길거리를 활동 무대로 삼았다. 코드핑크가 실제로 어떤 활동을 하는가는 2005년도에 출간된 책 제 목, '당장 전쟁을 멈추라(Stop the Next War Now)'에 그대로 나타난 다(Benjamin and Evans 2005).

최근 몇 년 동안 두 네트워크는 주로 미국과 이스라엘을 포함한 미 국 동맹국들의 정책에 집중했다. 이는 미국 동맹국들의 정책이 너무나 많은 불의와 폭력을 일삼았기 때문이다. 역사적으로 보면, 미국은 자 신의 경제적 이익을 위해 '문호 개방'을 유지하려는 목적으로 아주 오 랫동안 다른 나라들의 정치 문제에 개입해 왔다. CIA와 군부는 제2차 세계대전 말에서 1980년대 말까지, 가깝게는 아이티와 니카라과, 멀게는 콩고와 베트남에 지속적으로 개입해 평등주의 운동을 방해하고, 말 잘 듣는 유순한 정권을 수립하며, 냉전 때에는 소련의 위협을 가정해 정당화하는 근거를 만들기도 했다(Blum 2003). 이러한 불법적 작태에 대해 미국을 포함한 다른 지역의 좌파들은 지속적으로 항의했다.

그러나 2000년 미국 선거에서 공화당이 승리함에 따라 조지 W. 부시(George W. Bush)가 대통령이 되는 길을 열었고, 이로써 미국의 국제 관계는 새로운 국면으로 접어들었다. 새 행정부를 구성하는 부시 측근은 신보수주의자와 사업가들로 이루어져 있는데, 이들 가운데 많은 사람들은 새로운미국의세기프로젝트(the Project for the New American Century, PNAC)를 진행하는 집단의 구성원들로 큰 영향력을 발휘했다. PNAC의 목적은 분명하다. 그것은 미국이 세계 통제권을 장악하기 위해 필요한 지지 세력을 모으는 데 있다. 미국은 20세기 내내 '자유무역'을 통해 이익을 취함으로써 유럽의 식민지 지배가 붕괴되는 것을 지원해 왔다. 이 시대의 제국은 미국을 중심으로 재편 중이었다. PNAC은 1997년 PNAC의 원칙에 관한 선언문을 발표하고, 국제 관계에서 국익을 챙기지 않은 클린턴 정부를 비난했다. "우리는 작금의 상태를 변화시키고자 한다. 우리의 목적은 논거의 정당함을 만들고, 미국의 글로벌한 지도권을 지지하는 세력을 규합하는 데 있다." PNAC은 "우리가 추구하는 이해와 가치를 비우호적으로 적대시하는 체제에 도전하고, 안보와 번영 그리고 우리의 원칙에 우호적인" 국제 질서를 보존하고 확산시키기 위해서 군사의 현대화를 촉구했다(PNAC 1997). PNAC 내 핵심 인물로는 부통령이 된 딕 체니(Dick Cheney)와 국방부

장관이 된 도널드 럼스펠드(Donald Rumsfeld)가 있다.

PNAC은 이미 1998년 이라크에서 막강한 사담 후세인(Saddam Hussein)의 권력을 제거하도록 재촉했다(PNAC 1998). 그러자 2001년 9월 11일, 뉴욕의 세계무역센터와 워싱턴의 펜타곤은 납치된 민간 항공기의 공격을 받게 됐다. 그 책임에 대한 비난은 즉각적으로 이슬람 근본주의자인 지하디스트 알카에다에 고스란히 돌려졌다. 부시는 의로운 '테러와의 전쟁'을 선언했다. 이로써 미국이나 그 동맹국의 이해에 걸림돌이 되는 집단은 누가 되든지, 어느 곳에 있든지, 특히 그 집단이 이슬람인 경우에는 정당한 전쟁이 됐다. 부시 일당은 미국의 남성적 힘을 입증하는 현장이면서, 중대한 석유 공급원을 확보하고, 이스라엘 우파의 지도력을 다지게 될 중동 지역의 군사 주도권을 쥘 기회를 잡았다. 이는 2001년 후반, 아프가니스탄에 폭격을 가하고 개입하면서 시작됐는데, 결국은 3000명 시민들의 생명만 빼앗고 오사마 빈 라덴(Osama Bin Laden)과 알카에다 지도부를 체포하거나 제거하는 데는 실패한 시도였다.

2002년 1월, 신정 연설에서 조지 W. 부시는 이라크, 이란, 북한을 '악의 축'으로 선언했다. 그해 6월, 부시는 웨스트포인트 사관학교에서, 전쟁 억지론만으로는 그림자 같은 테러리스트 연계 조직의 위협을 막기엔 충분하지 않으니, 먼저 선제 행동을 취해야 한다고 경고했다(Burbach and Tarbell 2004). 2002년 9월까지 선제공격과 일방적 군축론은 미국의 국가 안보 독트린에 명시돼 있다. 부시는 정보국을 배치해 사담 후세인이 대량 살상 무기를 소유하고 알카에다와 연루돼 있다는 증거를 찾도록 했다. 아직 증거가 불충분한데도 미국은 유엔총회의 많은 회원국과 안보이사회인 프랑스, 러시아, 중국의 반대를 무시하면서, 영국 그리고 이들에 의존하는 동맹국들과 투합해 이라크를 침략하고 점령했다(Gareau 2003). 2003년 2월 15일, 어림잡아 75개국의 1100만 명이 거리에 나와 인류 역사상 가장 규모가 큰 세계적 시위를 벌이며, 공격을 멈추라고 외쳤는데, 미국과 동맹국은 대중의 그러한 최후 의지 표명에도 아랑곳하지 않고 침공을 단행했다(Burbach and Tarbell 2004 : 9).

이러한 사건들이 터지자, 세계 각 지역에 있는 위민인블랙, 특히 미국의 원조를 받는 국가에 터를 둔 위민인블랙과 코드핑크는 활발하게 운동을 전개했다. 그들은 미국이 팔레스타인에 정의를 세운다는 명목으로 이스라엘에 대한 주도권을 포기하지 않을 뿐 아니라, 이라크에도 침략해 매일 많은 사상자가 속출하는 것을 보고 낙담했다. 이라크를 복구하는 과정에서 챙기는 보상, 이를테면 여러 계약이 성사되고 석유 시설이 미국 기업으로 넘어가면서, 이와 관련된 부시 행정부의 일부 개인들이 재정적 수익을 갖게 된 일들에 대해 분노했다. 국내에서는 사람들이 이에 상응해 진행되는 일들, 특히 미국애국법(2001년 8월)과 같은 '반테러리스트' 법 통과에 따른 임의 체포와 불법 구금, 시민 자유 박탈 등 여러 방법으로 이주자들을 탄압하는 일들에 자극을 받기도 했다.

위민인블랙 — 정의를 위하여 — 전쟁을 반대하며[12]

여행을 끝내고 런던에 왔으나, 여행은 아직 끝나지 않았다는 것을 실감했다. 나는 매주 수요일 밤 런던 중심부에서 열리는 위민인블랙의 집회가 열리는 런던 중심부 시위 장소 주변에서 이디스 카벨(Edith Cavell) 간호사(제1차 세계대전, 독일군에게 총살당한 영국 간호사—옮긴이)의 석상을 만지고서야 이를 알게 됐다. 도시 노동자들과 여행객들이 북적대고, 택시와 버스들이 줄지어 지나가도, 나 자신을 침묵과 고요함에 젖어 들게 하는 시위에는 어떤 평온함이 있었다. 트라팔가르 광장으로 이어지는 풍경은 계절에 따라 바뀐다. 어떤 때는 젖은 포장도로가 가로등에 반짝이기도 하고, 추운 겨울에는 서리로 나무들이 사각대며, 여름 저녁에는 극장을 찾아온 관객들의 흥겨움이 광장을 메운다. 내가 다시 거기에 섰을 때, 내가 나다울 수 있는 것은 내가 아는 사람이든 아니든, 내가 감지하는 다른 여성들의 존재감 때문이다. 그리고 우리가 널리 그리고 신중하게 알리고자 애썼던 주장 속에서 내가 갖는 확신이다. 또 그 어떤 것보다 더 다가오는 것으로, 여성들이 세계 곳곳에서 이와 유사한 수많은 시위를 진행하면서 비슷한 일을 한다는 감동이다.

과연 위민인블랙은 어떤 네트워크인가? 위민인블랙은 어떠한 형식적 구조도 거부한다. 각 집회는 자율적이다. 카리스마가 느껴지는 사람들은 있으나 누구도 사무실을 장악하지 않는다. 보기에 따라서 위브는 그냥 실천을 위한 방식일 수도 있다. 말하자면, 공개적인 장소에서 검정 옷을 입고 팻말을 들고 리플릿을 나누어 주며 침묵시위를 한다. 그러나 그것이 전부가 아니다. 위민인블랙의 많은 단체들은 조용한 집회 못지않는 다른 활동도 한다. 유별난 복장을 하고 행진을 한다든가, 국회를 움직이기 위해 로비를 하고, 군사시설을 에워싸서 봉쇄하기도 하며, 금지 구역에 들어가거나, 전쟁 피난민을 지원한다.

위민인블랙의 운동은 이스라엘에서 시작됐다. 예루살렘에 사는 주디 블랑(Judy Blanc)은 1987년 팔레스타인 인티파다(intifada)(이스라엘 점령지에서 팔레스타인인들이 일으킨 봉기―옮긴이)의 첫째 날 밤을 이렇게 회상한다. 남녀 불문하고 주디를 포함한 좌파 성향의 사람들이 모여 점령을 반대하는 자신들의 입장을 어떻게 극적으로 표현할 것인가 궁리했다. 그들은 '어두운 밤(black)'에 철야 집회를 하기로 했다. 아르헨티나의 5월광장어머니회(madres of the Plaza de mayo)나 남아프리카 여성들의 블랙사시운동(black sash movement)이 본보기로 떠올랐다. 예루살렘의 시네마텍(Cinematec) 밖에서 집회를 한 첫날, 참석자는 일곱 명이었고, 그중 두 명이 남성이었다. 주디는 계속 말했다. "그다음 주에는 시온 광장에서 했어요. 그때는 여성만 있었고, 더 조직적이었어요." 위브의 숫자는 눈덩이처럼 불어났고, 어느 순간 30명 이상이 그 자리를 지켰다. 그들은 매주 금요일, 보통 오후 한 시부터 두 시까지 한 시간 동안 주요 교차로와 같이 눈에 띄는 장소에 서 있었다. 이스라엘의 집회는 다른 국가 사람들의 경우와 다르게 완전히 침묵으로 끝난 것이 아니라, 플래카드에 쓰인 메시지와 함께 은근하게 사람들에게 알려졌다. 누구나 알 만한 가장 흔한 인상은 '점령을 중단하라'라는 메시지가 담긴 검은 손, 높이 들어 올린 검은 손이었다. 위브의 국제 웹사이트(《www.womeninblack.org》)를 흥미롭게 읽기 시작한 사람들이 점차 늘어나면서, 위민인블랙은 이스라엘에서 세계적인 활동으로 퍼져 갔다. 이탈리아 여성들은 팔레스타인 점령을 종식하고자 노력하는 팔레스타인과 이스라엘 여성들을 지지하고자 이스라엘에 왔다. 그리고 위브의 방식을 취해, 이탈리아 여러 도시에 돈네인네로(Donne in Nero)(위민인블랙을 뜻하는 이탈이아어─옮긴이) 단체들을 만들었다. 그 후, 1990년대 초 유고슬라비아가 해체돼 전쟁으로 이어졌을 때, 이러한 방식은 베오그라드로 퍼졌다. 베오그라드의 한 단체는 이스라엘의 단체 못지않게 영향력을 발휘하면서, 전쟁에반대하는위민인블랙(Žene u Crnom portiv Rata)이라는 이름을 취했다. 위브는 예루살렘에서 시작해, 로마와 베오그라드로 퍼져서 세계적으로 확산됐다. 이미 비모차나(Vimochana)와 아시아여성인권협의회(Asian Women's Human Rights Council)는 1992년, 인도 방갈로르에서 위민인블랙이 했던 침묵시위를 가졌다. 튀니지에 터를 잡은 코린 쿠마르(Corinne Kumar)는 아시아여성인권협의회(AWHRC)와 국제엘따예(El Taller International)를 배경으로, 수천 명의 여성들이 참여하는 위브 시위를 조직하고자, 우선 1994년에 열린 베이징 유엔 4차 여성 세계 회의의 NGO 포럼에 갔다. 이어서 인도 뭄바이, 말리 바마코, 파키스탄 라호르 등 여러 곳에서 열린 세계 사회 포럼에 참여했다. 그래서 남반구의 가는 곳마다 위브 지역단체들을 탄생시켰다.[13] 어떤 위브는 자신의 단체 이름을 전쟁에반대하는위민인블랙이라고 지었고, 다른 단체들은 폭력이라는 말을 더 넓게 사용해 인신매매와 성매매 문제도 주요한 활동으로 포함시켰다. 내가 집필 중이었던 2006년에, 위브 단체들은 카트만두에서 맨체스터까지 최소한 30

개 국가의 300개 지역 현장에서 활동했다. 그러나 위브에 소속감을 가진 회원이 몇 명인지 정확하게 알 수는 없다. 단체들은 유동적이고, 회원 모두가 웹사이트에 자신의 존재를 남기지 않기에, 얼마나 많은 여성들이 각자 참여하는지는 알지 못한다.

이스라엘이 도발을 서슴지 않고, 2000년 10월 인티파다가 다시 일어난 후, 분리장벽(Separation Wall)이 계속 세워지고, 팔레스타인 웨스트뱅크 지역에 유대인들이 계속 정착하면 할수록, '팔레스타인에 정의를, 이스라엘에 평화를'이라는 슬로건은 위민인블랙의 국제적으로 주요한 주제가 됐다(4장 참조). 특히 미국에 있는 유대인 위브 집단과 같은 단체들은 이 문제에 관심을 집중했다. 이 내용은 앞으로 우리가 살펴볼 것이다. 세계 여러 곳에서 일어나는 지역 갈등들, 이를테면 보스니아, 르완다, 수단에서 발생하는 문제들은 그 이슈가 한참 반짝이다가 사라질 때 세계 곳곳 위브 단체들의 의제로 포착된다. 그런데 위민인블랙의 운동은 더 광범위한 연합 반전운동이 그런 것처럼, 미국/서구의 전쟁 정책에 대항하는 방향으로 가는 것 같다. 2001년 9월 11일 사건 후, 위민인블랙 단체들은 거리로 나와서 전쟁이 아닌 법을 통한 해결을 외쳤다. 그리고 몇 달 후에, 세계에서 가장 가난한 나라 가운데 하나인 아프가니스탄을 싹쓸이 공격할지도 모른다고 감지해 이에 반대하면서 항의 시위를 했다. 미국과 그 동맹국이 이라크를 침입하고 점령한 이러한 사태들은 이 글을 집필하는 지금, 그리고 지난 3년 동안 위브가 주관한 집회의 핵심적 이슈가 됐다. 몇몇 국가와 지역에서 활동하는 위민인블랙에 관해서는 다른 장에서 계속 이야기할 것이고, 여기서는 뉴욕에 있는 두 단체를 살펴보려고 한다. 이 단체가 선정된 이유는 그들이 위치한 현장(location)이 중요하고, 부분적으로는 다른 단체와 대비되는 점들이 있기 때문이다. 그렇다고 해서 그 단체가 단순히 뉴욕에 있다는 이유만으로 선정된 것은 아니다. 가장 오래됐고, 국제적으로 가장 잘 알려졌다는 점도 크게 작용했다. 한 단체는 유니온 광장에서 목요일에, 또 다른 단체는 공립도서관 계단에서 수요일에 항의 시위를 가진다. 유니온 광장에서 시위를 하는 단체는 주로 유대인들의 단체로, 뉴욕 유대인 공동체를 대변해, 이스라엘과 팔레스타인 문제(그리고 거기에 개입하는 미국 정책)에 대해 영향력을 행사하고자 한다. 반면, 공립도서관에서 시위를 하는 단체는 더 다양한 사람들로 구성됐고, 폭력과 전쟁이라는 더욱 일반적인 이슈를 가지고 '거리에 있는 사람'에게 다가간다.

| 뉴욕, 공립도서관에서 |

나는 2004년 5월, 침울한 어느 오후에 맨해튼 중부 42번가에 있는 공립도서관 계단에 서 있었다. 위민인블랙 회원인 다섯 명의 여성들과 함께 물에 흠뻑 젖은 우산을 쓰고 시위를 하는 중이었다. 한 여인은 우산도 없이 행인들에게 나누어 줄 젖은 리플릿을 들고 비오는 거리에 서 있었다. 이 모든 것 앞에서 런던이 생각났다. 이 위브는 유고슬라비아가 민족주의적 폭력으로 치닫는 것을 보고 1993년에 시작된 단체이다. 그 1월에 여성들은 센트럴파크에서 유엔까지 행진을 하면서 폭력에 반대하는 항의 시위를 했다. 그러다 곧, 여성들은 유엔 사무실 앞에서 정기적인 집회를 가졌는데, 이는 보스니아 전쟁에서 여성들에게 가해진 끔찍한 성폭력에 항의하는 시위였다. 신문은 이 내용을 크게 보도했다. 이 시위는 베오그라드의 위민인블랙이 전개하는 항의 시위에 맞추어서 매달 계속됐다.

1년 후, 베오그라드 대학교에서 정치 과학을 전공하는 젊은 대학원생인 인디라 카요세비치가 연구차 뉴욕에 왔다. 인디라는 베오그라드의 위민인블랙인 제네우스르놈(Žene u Crnom)의 활발한 회원이었다. 제네우스르놈은 인디라를 환대하며 그녀에게 안전감을 준 정치적 울타리가 됐다. 세르비아 민족주의가 걷잡을 수 없이 팽배한 베오그라드에서 무슬림인 몬테네그로인 아버지와 알바니아인 어머니를 둔 인디라에게는 정치적으로 불안했던 시기였다. 인디라는 "제우스(Žuc)가 우리 모두에게 안전한 곳이었다."고 기억한다. 어떤 뉴욕 여성들은 이미 유고슬라비아로 날아가서 제네우스르놈과 국제적인 '만남'을 만들었다. 지금 뉴욕을 방문한 인디라와 옛 유고슬라비아에서 온 여성들은 그쪽 상황과 뉴욕의 시위를 더 강하게 연결시켰다.

그들은 유엔 광장에서 공립도서관 계단으로 시위 장소를 옮겼다. 썰렁하고 황량하기 이를 데 없는 유엔 광장보다, 오가는 행인들이 더 있을 법한 공립도서관 쪽이 효과적일 것 같았다. 그들은 학교 방문을 조직하고, 좌담을 마련했으며, 웹사이트에 새로운 내용들을 게시하고, 공개적 선언문을 발표하기도 했다. 베오그라드 위민인블랙은 1990년대에는 줄곧 거리 시위를 펼치면서 자신들의 모습을 다양한 방식으로 자주 표출했다면, 유엔여성개발기금(UNIFEM)과 국제감시가 수상하는 밀레니엄 평화상을 받으러 뉴욕을 방문했던 2000년에는 공개적으로 홍보 활동에 주력했다.

위민인블랙 단체들은 자신들의 특징을 잘 살려서 눈에 띄는 장소에서 침묵시위를 한다. 이 단체는 비가 오나 해가 뜨나 매주 수요일마다 뉴욕 공립도서관 계단에 서 있다.

한편 많은 단체들은 위민인블랙의 전형적인 시위 방식에서 벗어나, 자신들의 지역적인 특성을 창조적으로 살린다. 검은 옷을 두르고 있는 베이 지역 위민인블랙(오른쪽)은 유대 축제를 기념하는 거대한 탈을 쓰고 팔레스타인 점령에 반대한다. 사진: 조안 봅코프(Joan Bobkoff)

공립도서관에서 시위를 한 위브는 매우 적극적인 여성들 예닐곱 명이 중심이 돼 전개한 비교적 작은 규모였지만, 어느 순간에 15~20 명으로 확대됐다. 그들은 주로 40~50대로 구성된 백인 중산층 미국 여성들이었다. 이스라엘과 팔레스타인이 다시 한 번 더 세계의 이목을 집중시킬 만큼 분쟁을 일으켰을 때도 그런 현상이 나타나지 않았나 싶은데, 2000년에는 유대인 회원들이 증가하지 않았다. 목요일마다 유니온 광장에서 시위를 했던 위브 여성들은 이스라엘 정책을 반대하는 유대인들에게 강하게 호소하면서 자신들의 신념을 확고하게 세웠기 때문이었다.

공립도서관 항의 시위를 시작했을 초기 몇 년 동안은 배우, 학자, 변호사, 월프에서 온 평화활동가들, 퀘이커 교도와 전쟁저항자연맹(War Resister's League) 활동가들 등 너무나 잘 알려진 여성들이 참석했다. 그런데 그 이후로 '평범한' 여성들이 중심이 돼 규모면에서는 작으나 꾸준히 시위를 이어 나갔다.

이 위브는 학문적이고 지적인 분석을 하거나 정치적인 토론을 정기적으로 가지는 일에 큰 신경을 쓰지 않았다. 그들은 때로 항의 시위가 끝나고 가까운 카페에 다 함께 모여 이런 저런 이야기를 나눌 뿐, 모두들 다른 일들에 너무 바빠서 지쳐 있거나 집으로 가기 십상이었다. 팻 드 안젤리스는 이렇게 말한다. "우리는 어떤 것에 대해 공공연하게 지적으로 접근하는 것이 아마도 약하죠. 그런데 우리는 이 도시에서 너무나 많이 쏟아지는 정보와 논쟁에 싸였어요. 그러니 좀 단순한 어떤 것이 필요하지 않을까 싶어요." 그들은 여러 가지 행동을 선택하지는 않는다. 그것도 집단적으로 잘 다져진 분석에 입각하거나 정치적 소식을 나름대로 읽고 각자가 다른 사람과 나누고 싶은 좋은 이유들로 맘이 깊이 동해 여러 행동을 취하지는 않는다. 결국 그들은 단순하면서도 꾸준히 전개하는 시위를 선택했다. 그들은 '전쟁에 반대하는 검은 옷의 여성들'이라고 쓰인 큰 현수막을 들고, 고요함과 침묵으로 시위를 한다. 일반 대중과 접촉하는 유일한 사람은 팻(Pat)인데, 주로 리플릿을 나누어 주고 묻는 말에 답변하는 일을 한다. 다른 사람들은 그냥 '조용하게 생각에 잠긴' 모습으로 있고 싶어 한다. 줄리 핀치(Julie Finch)는 말했다. "우리는 침묵할 거예요. 그러나 침묵당하지는 않을 거예요. 이것은 일종의 말놀이지만 굉장하지요. 힘이 느껴져요."

공립도서관 시위자들은 국내적으로 그리고 초국가적으로 연결되는 관계를 매우 가치가 있다고 여긴다. 위민인블랙의 일원이 된다는 것은 바로 이런 것이다. 현수막을 들고 워싱턴 D.C.에서 벌이는 전국적인 큰 시위를 통해 다른 위브들과 연결된다는 멋진 느낌을 갖는다. 그들은 2003년 11월 1일, 위브가 움직이는 세계적 시위에 참여했다. 멕시코의 여성 조직은 이 시위를 우리딸들에게정의를(Justicia para Nuerstras Hijas)이라고 불렀는데, 이는 치우아우아(Chihuahua)와 끼우다드 후아레스(Ciudad Juarez)에서 멕시코 여성 수백 명이 강간과 살인을 당했으나 그 가해자를 법적으로 처벌하지 않은 것에 항의하는 시위였다. 9·11이 일어났을 때에도 이 단체는 위브 가운데 그 어느 단체보다도 이 사건이 매우 특별하다는 것을 감지했다. 쌍둥이 빌딩이 무너지자 부시는 호전적인 자세로 이에 맞섰는데, 이들은 발 빠르게 공립도서관 계단에 나와서 '보복 대신에 정의'라는 입장을 분명하게 주장했다. 이러한 메시지는 뉴욕의 많은 사람들이 자주 들을 수 있는 내용은 아니었다. 그때 항의 시위를 주로 조직한 코디네이터였던 인디라는 이렇게 설명했다. "그 당시 길거리에서 뭔가를 한다는 건 쉽지 않았어요. 우리는 우습게 보였죠. 그렇지만 많은 여성들은 우리에게 다가와 뭔가를 요구하기도 했어요. 우리가 일종의 '본부'라고 여겼던 거지요." 그 당시 위브는 어떻게 자신들도 항의 시위를 조직할 수 있는지 문의하는 전화와 이메일을 미국 전역에서 수없이 받았다.

그 이후로 수요일 항의 시위는 그 관심 주제를 확장시켰다. 거기에는 은근히 페미니즘이 담겨 있다. 위브는 특히 여성들의 경험과 여성들과 관련되는 이슈를 뽑아서 부각했다. 일어나는 사태에 대해 반응을 할 때도, (팻이 말했듯이) "여성들이 죽어가요. 여성 자신도, 사랑하는 사람도 상처를 받아요."라며, 여성의 입장에서 기술했다. 그들의 주제는 인종차별적인 폭력이든 여성에 대한 성폭력이든 지역에서 일어나는 폭력 자체에서부터 세계적으로 일어나는 침공의 문제까지 광범위했다. 그러나 미국의 신제국주의와 군사화, 세계적인 군사 안보와 같은 장기적인 문제보다는, 지금 일어나는 전쟁의 현상을 다뤘다. 물론 겉으로 잘 드러나진 않지만, 위브는 반복적으로 지속되는 군사적 실체를 잘 안다. 하지만 위민인블랙은 이러한 문제들을 조직의 차원에서 전개할 주제로 삼지는 않고, 이를 중요하게 여기는 개인들이 여러 다른 장에서 자신의 운동으로 실천한다.

그렇다면 공립도서관 시위자들이 좀 광범위한 이 주제들과 함께 시위의 효과를 얻고자 펼치는 전략은 무엇인가? 그것은 위브의 시위자들이 개별적으로 거리에서 사람들을 만났을 때, 그 사람들 마음에서 일어나는 깨달음이다. 정치가에게 로비하거나 미디어를 설득시켜 문제를 확산시키는 것이 중요하지 않다는 것은 아니다. 단지 그들은 자신들의 메시지가 거리에 울리고 퍼져 나가도록 노력하는 것이다. 지면을 할애받거나 방송 시간을 얻기란 참으로 어렵다는 사실을 보고 좌절을 맛보기도 했다. 위브의 시위자들은 말했다. "위브는 만능인이 아니에요. 항의 시위에서 우리가 하려는 바는 어디든 공통적인 거예요. 단순한 메시지죠." 42번가의 번잡한 시간에 항의 시위를 구경하려는 사람들은 많았고, 다양했다. 관광객도 있었고, 직장인들도 많이 나왔다. 팻은 흥미로웠다. "전단지를 받으려고 내미는 손은 대부분 유색인들의 손들이에요. 그때 사람들과 눈이 마주치지요. 때로, 어떤 사람들은 '고맙습니다.'라고 말해요. 그들은 전쟁이 자신의 아이들에게 크게 영향을 미칠 거라는 점을 아는 거죠. 그중 교육을 받으려고 입대를 하는 아이들에게 전쟁은 그들 몫이 되니까요."

팻에게 시위의 주요 전략은 '사람들의 마음에 씨를 심는 것'이다. 이러한 생각은 자신의 경험에서 나온다. 1955년, 그녀는 반핵 활동 때문에 사람들이 체포되고 마틴 루터 킹이 죽음에 이르는 것을 목격하면서, 마음이 돌아섰던 순간을 기억한다. 그녀는 자신 안에 잠재한 폭력을 주시한다. "우리는 개인으로부터 시작해야 해요. 우리 모두는 자신의 공간, 자신의 현재에서 살아가죠. 우리는 무엇보다도 우리 자신의 삶에서 평화와 정의를 실현시켜야 해요."라고 말한다. 그러니 우리는 어떤 것을 지지하든, 어떤 것에 반대하든 이를 위해서 일어설 수 있는 모범을 만들어야 한다. "네. 우리는 평화를 지지합니다. 그러나 전쟁에 반대합니다. 나의 이름으로 반대합니다."

| 뉴욕, 유니온 광장에서 |

공립도서관 앞에서 시위하는 '수요일' 그룹과 유니온 광장에서 시위하는 '목요일' 그룹은 서로 긴밀하게 연락하는 편이 아니다. 그들은 총집회가 있을 때, 한 공간에서 그냥 나란히 옆에 서 있을 것이고, 서로지지한다는 막연한 느낌만으로 충분할 것이다. 그들은 모두 뉴요커들이고, '위민인블랙'이다. 하지만 그들은 서로 다른 부류의 시위자들로서, 영감, 주력 사업, 청중, 스타일이 대조적이라는 점에서 오히려 매력을 끈다. 유니온 광장의 위브는 두 번의 뚜렷한 활동 변화를 겪는다. 이위브는 예루살렘의 위민인블랙이 활동을 개시하자 곧 등장했는데, 이스라엘 대부분의 단체들이 그랬듯이, 3년 후에는 그 활동이 미진하게됐다. 걸프전쟁이 발발하고, 후에 오슬로 합의를 이끈 팔레스타인과이스라엘의 평화 회담이 진행될 때였다. 그러고 나서 2000년 9월에 유니온 광장의 위브가 다시 활동을 재개했다. 아리엘 샤론(Ariel Sharon)이 예루살렘의 알 아크사(Al-Aqsa) 사원에 도발적으로 방문하자 팔레스타인인들은 이에 항의했고, 이스라엘은 무차별적인 폭력으로 대응해 두 번째 인티파다가 일어날 무렵이었다(4장 참조).

2004년 초, 내가 유니온 광장의 위브를 방문했을 때는 목요일 오후마다 가졌던 항의 시위에 정기적으로 출석하는 사람들이, 수요일 그룹에 비해 세 배나 더 많았다. 때로, 그들은 200명의 이메일 주소록 가운데에서 60~70명에게나 계획과 소식을 담은 문서를 작성해야 할 정도로 바빴다. 핵심적으로 참가하는 사람들의 대부분은 30대에서 85세까지를 망라한 유대인들이었다. 그들 가운데는 생태정의를위한진보적 유대인(Jews for Racial and Economic Justice, JFREJ), 그리고 점령을반대하는유대인(Jews Against the Occupation, JATO)이라는 단체의 회원이거나 예전에 회원이었던 사람들이 많다. 항의 시위는 검정 옷을 입은 여성들과 아주 소수의 남성들이 오랫동안 활동한 그 역사의 맥락에서 조직됐다. 항의 시위는 조용하게 진행된다. 떠드는 연설자도 없었고, 소리치거나 고함을 치는 이도 없이, 모든 감각을 다 동원하지는 않는 제한된 방식으로 이루어진다. 그러나 (이스라엘처럼) 시위자들은 주변을 돌아다니고, 서로 가벼운 이야기를 나눈다. 그들은 "우리는 그저 조용할 수만은 없지요."라고 말한다. 왜냐하면 항의 시위도 그렇지만, 그들은 함께 많은 시간을 보낼 수가 없으므로, 그때가 정보를 교환하는 순간이다. 실제로 그들은 내게 이렇게 말했다. "우리는 **단체가** 아니라는 점을 아셔야 해요. 사건이 발생하면 깜짝 나타나는 사람들이라고 말할 수 있어요." 그들에게 조직이란 아주 최소한의 것이다. 그들은 대개 매달 한 번 씩 모임을 갖는데, 그것도 항의 시위가 끝나자마자 주변 카페에 모인다. 운영팀은 구성원들이 돌아가면서 맡는데, 항의 시위가 계속 유지되도록 하는 일에 주력한다. 반면 나오미 브레인(Naomi Braine)은 인터넷에서 정보를 모으는 중요한 일을 맡는다. 그녀는 미국의 위민인블랙과 국제적인 메일링 목록뿐 아니라 뉴프로파일(New Profile)과 평화를위한여성연맹(Coalition of Women for Peace)과 같은 (4장 참조) 이스라엘 페미니스트 조직들이 발행하는 목록들도 다 살펴본다. 그래서 나오미는 새롭게 들어오는 소식들을 읽을 수 있는 분량으로 다시 정리해서 단체 여기저기에 전송한다.

이 항의 시위는 이스라엘/팔레스타인 문제에 분명히 초점을 둔다.

메시지는 간단하나 어떤 특정한 단어들, 이를테면 '유대인들', '여성들'은 확실히 도드라진다. "점령을 중단하라."는 메시지는 검정색으로 된 큰 현수막에 영어, 히브리어 그리고 아랍어로 적혀 있다. 이보다 작은 크기의 플래카드에는 "웨스트뱅크와 가자지역의 점령을 중단하라.", "이스라엘과 팔레스타인 여성들은 말한다. 점령은 우리 모두를 죽이는 행위이다.", "장벽을 멈추라: 당신은 몰랐다고 말하지 말라."라고 쓰여 있다. 항의 시위를 하는 장소는 적당한 위치에 있었다. 유니온 광장은 그린위치 마을의 변두리에 있고, 그동안 종종 공공 집회나 시위를 하는 곳이었다. 주디 솔로몬(Judy Solomon)은 이렇게 말했다. "나는 여기가 좋아요. 일반 사람들, 택시 운전사들, 아이들, 모든 연령대의 유색인들, 이 모두가 우리를 볼 수 있는 곳이에요. 많은 사람들이 우리에게 잘한다며 지지 사인을 보내요. 모든 유대인들이 샤론에 동의하는 것은 아니라는 점을 보여 준다는 것도 멋져요." 공립 도서관 시위자들처럼, 그들은 자신들의 역할을 교육적인 것으로 본다. 릴라 브레인(Lila Braine)은 "우리가 시위를 할 때, 주변 사람들이 우리를 바라보고, 리플릿을 읽는다는 것 자체가 중요해요. 그건 추가적인 정보예요. 이러한 일들은 왜곡된 정보를 비판하고 항의하는 행동에 힘을 실어 주죠. 거기서 눈에 띈다는 것은 중요해요. 그리고 모든 유대인들이 이스라엘 정부를 지지하는 것은 아니라는 점을 말하는 것도 중요하지요. 이러한 행동은 다른 유대인들에게 용기를 줍니다."

이 시위는 때로 행인들, 주로 타협과 화해라는 말에 불편함을 느끼는, 독선적인 시온주의 유대인으로부터 공격을 당한다. 여성들의 경우는 거의 급습을 당한다. 그들은 얼굴에 대고 소리를 지르거나, 현수막을 주먹으로 내리친다. 시온주의를 신봉하는 유대인들은 이스라엘과 팔레스타인에 관한 자신들의 입장을 이런 방식으로 드러내지만, 젠더와 섹슈얼리티에 대한 비판적 격분도 함께 노출시킨다.

레즈비언인 나오미는 내게 이런 말을 했다. "이러한 괴롭힘은 매우 젠더화돼 있고, 동성애를 혐오하는 식이죠. 그런 행동을 하는 사람들은 대개 남성들이고, 여성인 우리에게 노골적으로 (아라파트의 창녀들이라는 등) 공격을 해요. 그리고 동성애를 혐오하는 언어들을 많이 사용해요. 우리와 함께 시위를 하는 남성들에게 호모라고 부르거나, 우리에게는 레즈비언이라고 부르면서, 여성들을 특정하게 '부치'(동성애 관계에서 남성 역할을 하는 여성을 지칭─옮긴이)라고 치부해요."

유니온 광장 시위자들은 이러한 괴롭힘을 참을 만하다고 생각한다. 비록 작은 규모이지만 거리 위에서 끈기 있게 시위를 하는 자신들의 존재는 그들이 공격하는 현수막 이상의 뜻을 보여 주기 때문이다. 멜리사 제임슨은 이렇게 설명한다. 내게 "미국에서 언어의 자유를 행사한다는 건, 특별히 지금, 아주 중대하지요. 당신이 그 자유를 행사하지 못하면, 그 자유를 잃게 되요. 우리는 퇴근 시간 즈음에 상업지역에 서 있는데, 쏟아져 나오는 사람들이 정치적인 선언문을 만드는 우리를 보죠. 위브는 실제로 자유롭게 말합니다. 당신의 정신은 정치적으로 중요하다고 말하는 것이지요. 정치와 종교 영역에서 터부시되는 이러한 주제들을 마치 문 닫힌 벽장문을 여는 것처럼 끄집어내는 것은 참으로 멋지죠. 그리고 '권력을 향해 진실을 말하는 것'입니다."

유니온 광장의 위브 단체는 팔레스타인과 이스라엘 문제에 주력하다 보니, 유대인들이 활동하는 정치 무대와 관련지으면서 자신들의 위치를 한층 더 넓은 환경에 두어야 했다. 그 단체는 주류 유대인들의 견해를 한층 더 공격하면서, 자신들을 좌파 유대인 조직 안에서도 좌파라고 자칭한다. 그리고 문제를 일으키는 주요한 가해자는 이스라엘이라 보면서 이스라엘은 팔레스타인인들보다 한결 더 군사 폭력을 사용하고, 더 막강한 권력을 가졌으며, 더 큰 책임을 가졌다고 판단하려 한다. 위브 단체 안에도 좌파의 입장을 취하는('팔레스타인에게 해방을', '팔레스타인인들에게 이스라엘로 가는 귀환권을') 사람들이 있으나 유니온 광장의 어떤 위브들은 이러한 입장이 이스라엘의 존립 자체를 위협한다고 생각하기에 용인하지 않는다.

위민인블랙, 미국이라는 배경에서

유니온 광장의 시위자들은 대개 팔레스타인과 이스라엘 문제에 중점을 두었으나, 9·11 이후에는 지금 막 일어나는 현실적 상황에 대한 대처에 주력했다. 나오미는 말한다. "그때는 '테러와의 전쟁'에 대해 말해야만 했어요. 그런데 우리가 누구예요? 우리는 이스라엘에 대해서도 말하지 않을 수 없었죠. 그래서 두 가지 다 말했어요. 우리는 우리나라가 무엇을 했는지 그리고 샤론이 자신의 활동력을 높이고자 둘러대는 하나의 이유로서 이를 어떻게 사용했는지에 관해 말했어요."

'테러와의 전쟁'에 반대하려는 뉴욕의 위브 두 단체와 미국 곳곳에 있는 다른 위브 단체들은 성별 구분 없이 한층 더 넓은 의미의 반전과 반부시 운동을 펼칠 곳을 물색해야만 했다. 그들은 전국적인 연대 조직인 평화와정의를위한연합(United for Peace and Justice)이 주최하는 집회에 참여한다. 이 연합 조직에는 비교적 친여성적인 미국친우봉사회(American Friends Service Committee)와 전쟁저항자연맹(War Resisters League)이 있으나, 언어와 스타일에서 한결 더 남성 중심적이고 폭력적이기까지 한 앤설(ANSWER)과 같은 경직된 좌파 조직들도 있다. 앤설은 젠더의 관점으로 이야기하는 경향도 약하고, 젠더에 따라 전쟁을 다르게 경험한다는 것을 명백히 가시화하지 않으며, 군사주의와 폭력에 연루된 남성성을 인식하지도 못한다.

또 한편으로, 지금 미국의 여성운동은 좀처럼 전쟁 문제를 취급하지 않는다. 여성운동에서 현재 중요한 흐름은 상대적으로 잘 나가는 계층인 남성과 평등성을 쟁취하려고 한다는 뜻에서 소위 '자유주의'라고 불릴 수 있다. 더 급진적인 쪽에 있는 사람들은 재생산권에 초점을 둔다. 이 입장을 대표적으로 보여 주는 집회는 전국낙태권행동연맹(National Abortion Rights Action League, NARAL)이 조직한 수백만 여성들의 행진이다. 샌프란시스코에 있는 테리 그린블라트는 내가 방문하기 몇 주 전에 진행된 2004년 4월의 행진을 떠올렸다. 테리는 그 행진을 조직한 사람들이 여성 문제를 국제적 문제들과 연결시키지 못했다고 평가했다. "그들은 유물론적인 분석이 부족해요. 우파나 근본주의자들처럼 가부장제와 국가주의 그리고 군사주의가 연결돼 있다는 것을 보지 못해요." 결과적으로 '우리의 몸에서 떠나라, 이라크에서 떠나라.'라는 두 가지 의미를 현수막에 담은 여성들은 그날 행진한 여성들 가운데서도 아주 소수였고 중심에 비껴나 있는 주변인처럼 보였다.

위브 단체들이 만들어야 하는 다른 선택의 영역이 있다. 이를테면,

팔레스타인의 이스라엘 정책에 얼마나 중점을 둘 것인가, '테러와의 전쟁'이라는 부시 행정부의 정책과 이것이 야기할 여파에 대해서는 얼마나 강조할 것인가. 이런 점에서 미국에 있는 많은 위브 단체들은 뉴욕의 두 단체와 동일한 정치적 스펙트럼 안에 위치한다. 나는 샌프란시스코에서 자신을 각각 버클리, 샌프란시스코, 베이 지역의 위민 인블랙이라고 소개하는 세 명의 시위자들과 만나서 이야기를 나누었다. 세 명은 자신들이 전개하는 정치적 사회운동에 관해 약간씩 다르게 또는 매우 예리하게 인식했는데, 그들 모두는 팔레스타인/이스라엘 문제를 글로벌한 문제들과 연관시켜 이해했다.

사람들 사이에서 나타나는 차이들은 전체 미국 사회뿐만 아니라 좌파와 반전운동 내 소수자들 사이에서도 널리 퍼진 반유대주의 사상 때문이다. 그들은 이스라엘 우익 '매파'들을 '이스라엘인'으로 일반화시켜 취급하고, '이스라엘인'을 '유대인'으로 일축해 버리는 혐오스러운 담론에 너무나 자연스럽게 젖었다. 이것이 특정한 동기에 의해서 일어나든 그냥 부주의에 의해서 일어나든 그 효과는 같다. 지나치게 과장된 반유대주의는 공포심을 일으켜서 점령을 반대하는 유대인들이 대중 선언문을 쓰는 것조차도 조심스러워 할 정도이다. 그들은 비유대인들이 점령 반대 캠페인을 전개하면서 사용하는 언어와 내용에 대해서도 매우 민감해진다. 이 과장된 공포는 사려 깊은 유대인과 비유대인 모두를 침묵하게 한다. 너무나 큰 고통이 분쟁의 과정에 내재했다. 위험성은 서로의 느낌으로 감지된다. 어떤 위브인들은 위태롭게 반유대주의에 편향돼, 유대인들이 경험하는 트라우마에 무감각한 사람들로 보일 위험성이 있다. 반면 이스라엘에 더 초점을 두는 위브인들은 유대인들의 실존적인 노이로제와 타협하는 것처럼 이해될 '미묘한 분위기'를 띨 위험성도 있다.

위민인블랙 내에서 미국만이 아니라 이스라엘 단체에도 회자되는 또 다른 문제가 있다. 점령을 반대하는 저항은 이스라엘에서 시작됐는데, 이러한 주제에만 초점을 계속 두는 것이 세계 곳곳에 영향을 미치는 위브에게 좋을 것인가? 15년이 지나는 동안, 운동은 급격한 성장을 이루었다. 1988년 당시 예루살렘에 있었던 여성들이 상상할 수 없을 만큼 그 활동 무대는 세계적으로 넓어졌다. 그리고 위브는 여성들에게 가하는 폭력과 공동체 안에서 일어나는 폭력에서부터 다양한 형태의 전쟁들, 무기 거래, 제도로서의 군사주의, 서구의 신제국주의자들의 호전성에 이르기까지 광범위하게 일어나는 부당함을 다루었다. 위브의 일부 여성들은 활동 영역이 이렇게 확장되는 것에 다소 어안이 벙벙하고, 당혹했다. 이러한 현상은 그들이 의도했던 운동이 더 이상 아니기 때문에 나타난 것이다. 그들은 집중력을 잃어버렸고, 에너지가 분산됐다고 느낀다. 반면 어떤 여성들은 진정한 국제 운동의 징후라며 이러한 현상들을 환영한다. 무장한 국가와 이 국가가 자행하는 부정의와 폭력 문제만이 아니라, 군사주의와 전쟁을 일반적으로 겪으면서 북반구 못지않게 남반구에도 등장하는 국제 운동이라고 생각한다.

코드핑크

: 평화를 지지하는 여성들

코드핑크는 미국에서 어느 정도 하나의 사건이 돼 버렸고, 다른 나라에서도 화려한 발진처럼 여기저기서 폭발적으로 등장하기 시작한 운동으로서 여성들이 선도한 또 다른 반전운동이다. 나는 2004년 5월, 코드핑크의 창시자 가운데 한 사람인 메데아 벤자민을 글로벌익스체인지(Global Exchange) 샌프란시스코 사무실에서 만났다. 그녀의 본거지인 글로벌익스체인지는 환경·정치·사회 정의를 촉진하는 데 여념이 없는 국제 인권 조직이다. 2002년, 미국이 '테러와의 전쟁'을 처음으로 시도해, 아프가니스탄이 폭격으로 엉망이 됐을 때, 메데아와 일부 여성들은 아프간 여성들을 만나려고 아프가니스탄을 방문했다. 돌아오는 길에 그들은 기자회견을 열어 시민 사상자와 아프간 여성들의 상황에 관해 집중적으로 이야기했다. 그러나 언론으로부터 많은 주목을 받지는 못했다. 메데아는 아프간에서 많은 것을 느끼고 돌아와 이렇게 말했다. "여성들에게 관심을 둘 필요성을 강하게 느꼈어요. 거기에는 너무나 공격적인 남성의 힘이 있어요. 빈 라덴은 수천 명을 죽여도 된다고 말했어요. 카우보이 부시는 아프가니스탄에서 더 많이 죽였어요. 후세인의 마피아들은 이라크에 있어요. 세상에 이런 염병할 일이 어디 있을까 느꼈어요."

그러고 나서 메데아를 포함해 다이앤 윌슨, 줄리 에반스 등 몇몇 여성들은 이 사태를 어떻게 조롱할까 하는 생각으로 일을 시작했다. 국토안보국은 반테러리즘이란 명분으로 '코드레드(Code Red)' 경고와

'코드오렌지(Code Orange)' 경고(레드, 오렌지, 옐로우 순으로 위험 수위에 따라 경보를 발령하는 안보 시스템—옮긴이)를 매겨서 사람들을 테러하기 시작했다. 여성들은 어떻게 하면 이런 안보 시스템을 조롱할 수 있을까 생각했다. '코드핑크'는 어떨까—코드진분홍?(Code Shocking Pink?) 그들은 2002년 10월에 워싱턴 D.C.에 가서 일종의 핑크 행동을 시작하기로 결심했다. 처음에는 단출하게 여섯 명이 시작했다. 그날은 베트남 재향군인 기념일이었는데 비가 내리고 있었다. 이라크전의 그림자가 어렴풋이 다가오는 즈음, 그들은 현수막에 "재향군인을 지지한다. 전쟁을 중단하라."고 썼다. 무장해제를 주장하는 메시지였으나, 재향군인들은 물리적으로 공격을 하려고 했고 여성들은 가까스로 피했다. 여성 시위자들이 입은 분홍빛 가운이 얇았기 때문에 재향군인들이 (시인하길) 차마 공격하지 못했다.

한 달 후, 여성들은 여성 캠프를 만들자는 제안을 보냈다. 이러한 영감 어린 생각은 그린햄 커먼 캠프에서 왔다. 메데아는 이렇게 말했다. "그린햄 커먼과 같은 대규모 집회를 생각했어요. 지속적으로 진행되는 거리 캠프 시위지요. 우리는 부시가 전쟁을 하지 않겠다는 것에 동의할 때까지 라파예트 공원을 가로질러 백악관 맞은편까지 분홍 텐트들을 칠 생각을 했어요. 수천 명의 여성들이 일상생활에 잠시 손을 놓고 와서 함께 할 것을 상상했죠. 그러나 이러한 상상은 이루어지지 않았어요."

100명도 나타나지 않았다. 온몸이 언 듯이 추운 날이었고, 해질녘에는 여덟 명의 여성만이 남았다. 텐트 한 개만 설치하도록 허가가 났으나, 오후 다섯 시에 쫓겨났다. 다음날 밤에는 방수가 되는 텐트를 첬는데 경찰은 이를 철거했다. 또 여성들은 단식을 시도하기도 했다. "그건 너무 힘든 일이었어요. 우리가 도대체 여기서 무엇을 하는가 생각했어요. 셋째 날 밤에 경찰이 나타나서 '나가라'고 말했을 때 오히려 하느님께 감사할 정도였어요. 그러고 나서 해가 뜨고 질 때까지만 행동을 하자고 했어요. 여성들이 돌아가면서 4개월 동안 계속했지요. 그것조차도 조직하는 데 많은 노력을 들여야 했어요. 지독한 겨울이었어요."

다른 여성단체들도 캠프 활동을 지지했다. 주말에는 월프가 함께 했고, 워싱턴 D.C.의 위민인블랙, 노동조합 여성들, 심지어 여성 사업가들도 참여했다. 그들의 캠프 활동은 널리 알려져서 외신 기자들까지도 반전에 대한 의견을 취재하러 찾아왔다. 2003년 3월 8일, 1000개의 강렬한 행진과 시위를 '매우 긍정적이고 즐겁게' 펼친 세계여성의 날을 기점으로, 캠프 활동의 막은 내렸다. 작가인 앨리스 워크 (Alice Walker)와 맥신 홍 킹스톤(Maxine Hong Kingston)도 거기에 있었고, '지금 민주주의는(Democracy Now)!'이라는 진보적인 라디오 뉴스 프로그램 진행자인 에이미 굿맨(Amy Goodman)도 함께했다. 메데아는 "우리는 체포도 당하고 힘들게 일했어요."라고 증언했다. 그러나 그들은 체포됐어도 유치장에 있는 몇 시간 동안 '아주 놀라운 느낌'을 경험했다. 앨리스 워크는 그때를 이렇게 기술한다.

체포는 순조롭게 이루어졌다. 경찰은 신중했고 인간적으로 보였다. 우리 가운데 몇몇은 팔을 앞으로 내밀어서 경찰이 하는 일을 도우려고 했다. 그러나 수갑은 앞이 아니라 뒤에서 채워졌다. 우리는 닭

장차에서 노래를 불렀고, 나중엔 유치장에서도 노래를 불렀다. 우리는 서로에게 시를 읊조리고 생활사를 이야기했다. 그 안에 있는 동안 내내 즐거웠다. 유치장 마루가 차가워도 몇몇 여성들은 앉아야만 했고 변기의 물은 비록 내려가지도 않았지만 …… 난 어느 때보다도 행복했다. …… 몸도 성하지 않고, 집도 없고, 굶주린 아이들로 가득한 나라가 병원과 주택, 학교를 짓는데 써야 할 돈을 엉뚱한 곳에 쓰면서 산산조각이 나고 있는데, 그냥 맘 편히 앉아서 구경이나 하며 사는 사람은 아무도 없을 것이다.(Benjamin and Evans 2005 : xiii)

코드핑크는 캠페인을 시작하면서 자신들의 트레이드 마크를 말놀이로 잡았다. 미국에서는 해고를 할 때, 고용주가 해고를 통보하는 '핑크색 표(pink slip)'를 직접 준다. 코드핑크는 이를 차용해 대중적으로 잘 알려진 '핑크색 표'를 직무 태만인 국회의원들에게 주었다. 특이한 점은 관료적인 구태의연한 형태가 아니라 핑크색 속옷 조각(slip)을 주는 섹시한 방식을 사용한다는 점이다.(코드핑크는 종잇조각과 여성용 속옷이라는 두 가지 뜻 다 가진 slip을 말놀이 한 것이다.―옮긴이) 반면, 호의적인 사람들에게는 표창으로서 아주 큰 크기의 핑크 메달을 장식해 주었다. 그런데 때로, 이 가시적인 이벤트들은 밝은 핑크빛으로 여성의 메시지를 표현할 수도 있지만, 오히려 실제 표현할 수 있는 정도보다 더 코드핑크 여성들을 분노와 곤란에 빠뜨리기도 했다. 국방부 장관인 도널드 럼스펠드가 이라크 전쟁과 관련해 자신의 입장을 설명하는 군사위원회 청문회를 열었는데, 여성들이 이를 방해한 일이 있었다. 이라크 침략이 개시됐을 무렵, 코드핑크 여성들은 무리를 지어 럼스펠드 집에 요란스럽게 쳐들어갔다. 몇몇 여성들은 마치 폭탄에 맞은 것처럼 피로 범벅된 군인 복장으로 갔고, 관과 '사체 일부'도 들고 갔다. 메데아는 말했다. "우리들도 무서웠어요. 그러나 카타르시스를 느꼈어요."

예견한 대로 2002년 아프간 방문이 진행됐다. 코드핑크는 그동안 다채롭게 펼친 자신들의 적극적인 활동을 이 연대 방문 사업과 결합시켰다. 글로벌익스체인지는 15년 동안 '사람과 사람과의 유대'를 선구적으로 시작한 경험이 있었으므로, 이는 비교적 당연한 수순이었다. 그들은 세계무역센터에서 희생당한 몇몇 가족과 함께 아프가니스탄으로 갔다. 그때는 이라크가 침략되기 전이었는데, 이라크 여성을 지지한다는 뜻으로 이라크도 방문했다. 거기서 춤도 추고 음악과 유머를 적절히 곁들이면서 〈석유를 위한 유혈〉, 〈연기 나는 총들〉이라는 거리 극장도 열었다. 미국 군대에 복역한 적이 있는 코드핑크의 공동 설립자인 다이앤 윌슨(Diane Wilson)은 이번 방문단에 동행했다. 그녀는 임박한 전쟁이 시민에게 미칠 영향 못지않게 젊은 신병들에게 일어날 일에 대해서도 큰 관심을 가졌다. 그녀는 후에 이렇게 썼다. "군의관로서 베트남 전쟁에 참여했던 시절, 나는 전시 복무에 징병된 18살 소년에게 무슨 일이 일어났는지를 직접 보았다. 순수한 열정으로 가득했던 그가 점점 지독한 마약과 폭력에 찌들다, 돌아갈 때 쯤 멍하게 정신없이 쇠락해 가는 것을."(같은 책: 70)

코드핑크는 이라크가 침공되기 전, 이라크를 방문할 때만 해도 사담 후세인 정권과 관련된 조직과는 연루되지 않으려고 애썼으나, 이

번에 이라크를 다시 방문할 때는, '바아티스트(Ba'athists)'라는 연맹군과 관계를 맺었다.

코드핑크는 반인종차별주의와 젠더 분석 못지않게 계급 분석도 놓치지 않는다. 코드핑크는 행정부만이 아니라 자본주의 기업에도 이라크 전쟁을 반대한다는 항의의 뜻을 보냈다. 전쟁의 궁극적인 승자는 기업이라고 생각했기 때문이다. 점령당한 이라크에서 미군정의 책임을 졌던 폴 브리머(Paul Bremer) 최고 행정관은 2003년 9월 법령 39를 발표해 외국인들의 투자가 제한 없이 자유롭게 이루어지도록 이라크 경제 사업을 개방하고, 모든 수익은 투자 당사국으로 가져갈 수 있도록 허용했다(Iraq Coalition 2003). 코드핑크는 이를 문제화하려고 기업들이 주최하는 회의에 참석할 자격을 얻는 '주주'개입 운동을 전개했다. 캐나다 작가이자 코드핑크의 지지자인 나오미 클라인(Naomi Klein)은 이렇게 말한다.

> 마지막 남은 군인까지도 모두 걸프 지역에서 내일 당장 철수한다고 해도, 정부가 주권을 회복해 권력을 가진다 해도 이라크는 여전히 점령된 땅이다. 타국의 이익을 위해 만들어진 법령에 의해, 이라크의 가장 핵심 공공사업을 통제하는 외국인 기업에 의해, 공공 부문의 강제 휴업으로 촉발된 70퍼센트의 실업에 의해 이라크는 점령될 것이다. …… 이라크의 자기 결정권 문제를 진지하게 생각하다면, 어떠한 운동이든지 이라크가 군사적으로 점령된 문제뿐만 아니라, 경제적 식민화로 가는 것 또한 종식되도록 요구해야만 한다.(Benjamin and Evans 2005 : 191)

2005년에 코드핑크는 신디 시한(Cindy Sheehan)과 손을 잡았다. 신디 시한은 이라크에서 전사한 군인의 어머니인데, 조지 부시에게 지극히 개인적이고 열성적으로 항의해 언론의 머리기사를 장식할 만큼 주목을 받았다. 2006년 1월, 코드핑크는 지금까지 시도했던 것과는 다른, 규모가 더 큰 캠페인에 착수했다. 캠페인의 목적은 국가를 넘어 지구적으로 여성들의 목소리를 모아 이라크에 있는 모든 부대와 군인은 철수해야 한다고 요구하는 것이었다. 나아가 여성은 평화를 만드는 과정에 주도적인 위치에 있어야 하며, 전쟁 후 이라크 여성들의 실질적인 평등을 이루기 위해 노력하자는 취지였다. 200명의 저명한 서명자 가운데에는 작가들, 영화 스타들, 여성 의원들, 대학교수들도 있었다. 이라크에서는 이라크여성자유회(Organization of Women's Freedom in Iraq)와 이라크여성들의의지(Iraqi Women's Will)가 서명을 했다(Code Pink 2006). 캠페인의 첫 단계는 세계여성의 날인 3월 8일까지 10만 명의 서명자를 모으는 데 있었다. 메데아는 "'그만해(Enough).'라며 글로벌하게 한 목소리를 외칠 수 있도록 힘을 모으고 있지요."라고 말했다.

침략한 지 3년이 지난 지금, (아마도) 10만 명의 이라크인과 미군 2182명, 영국군 98명의 생명이 전쟁 때문에 희생됐다. 인도주의 입장에서 활동한 무고한 수백 명의 사람들과 저널리스트들이 살해됐다. 약속된 선거는 더하면 더하지 적지는 않은 불안전을 만들었다. 자살폭탄으로 인해 당사자는 물론, 무고한 사람들이 여전히 죽어 갔다. 전기, 물과 같이 필수적인 시설은 부족하고, 여성들의 권리는 침해를 받았다. 야나르 모하메드(Yanar Mohammed)는 이렇게 기술한다. "이라크 여성들은 지금 너무나 황폐해 있다. 평화롭고 인간다운 일상적 삶을 재건하려면 수십 년의 분투가 필요하다. 미국이 점령하면서 종족 분파 분리라는 불씨에 **불이 붙었고**, 시민전쟁으로 이어질 수 있는 소지를 남겼다. 또한 여성의 권리와 인권에 반하거나 역행하는 종교적 권위에 힘을 실어 주는 꼴이 됐다."(같은 책)

코드핑크는 위민인블랙이 그랬던 것처럼, 조직화된 구조를 거부한다. 메데아는 "우리는 그런 구조를 탐탁하지 않게 생각해요. 이것이 주는 부담감도 크지요. 조직화란 누가 무엇을 언제 할 것인가를 규정하잖아요."라고 말한다. 모금은 기회가 있을 때마다 상황에 맞게 한다. 여성들이, 연대 활동을 위해 필요한 여행 비용을 자신이 충당해야 할 만큼, 각자 모금한다. 핵심을 이루는 여덟 명의 여성들은 주로 로스앤젤레스, 워싱턴, 뉴욕, 샌프란시스코를 잇는 동시 전화로 회의를 하고 의견을 교환한다. 그들은 지속적으로 확대되는 6만 명의 인터넷 회원들에게 주간 소식을 뿌리고, 최신 정보 공유는 일단, 웹사이트(《www.codepinkalert.org》)에서 한다. 코드핑크 단체들이 미국(250개 집단으로 최종 집계), 영국, 아일랜드, 캐나다, 브라질, 독일, 이란, 피지, 호주 등지로 점차 확산되고, 이에 따라 많은 사람들이 안내서를 요청하게 되다 보니, 면밀한 분석과 명료함이 필요하다는 것을 깨닫는다. 이러한 와중에서도 자발성과 창조성, 기발함을 약화시켜서는 안 된다는 생각만은 확고하다.

군사주의에반대하는동아시아-미국-푸에르토리코여성 네트워크

군사주의에반대하는동아시아-미국-푸에르토리코여성네트워크 (이하 네트워크)는 위민인블랙이나 코드핑크와는 조직 면에서나 관심 사안에서 꽤 다른 활동을 전개한다. 지금 일어나는 전쟁이나 이제 막 임박한 전쟁을 막는 일이 핵심적 사안은 아니다. 네트워크는 지금 무 력 분쟁이 일어나든 아니든, 여러 국가에서 일상의 삶을 피폐하게 만 드는 군사 체제, 그리고 전시 대비 구조와 통제로 인해 서서히 발생하 는 문제를 다룬다.

미국의 군사비는 다른 어떤 나라의 군사비보다 엄청나게 많다. 2006년도에 요구된 군사 예산은 4조 4160억 달러이다. 거기에 아프 간과 이라크 전쟁을 위해 4910억 달러, 미국 본토 안보를 위해 4110 억 달러가 추가된다. 이는 지난 5년 동안 93퍼센트 증가한 것이며, 두 번째로 군사비가 높은 러시아보다 여섯 배나 많다. 미국의 군사비는 얼마 가지 않아 세계 모든 나라의 군사비를 합친 것과 맞먹을 것이다 (Shah 2005). 연방의회예산소(Congressional Budget Office)의 추정대 로라면, 펜타곤의 예산을 근거로 기금을 마련한다는 것은 2010~ 2020년 기간에 연평균 비용이 매년 5300억 달러 넘게 소요된다는 것 을 말한다(O'Hanlon 2005). 이렇게 미국의 군사화 정도가 커지면, 여 러 가지 측면에서 파급 효과가 크게 일어난다. 산업체와 정치인들 그 리고 군사 영역이 밀접하게 얽인 군산복합체가 미국의 생활양식을 만 들고 유지시킨다. 경제의 모든 부분은 군사 구매에 의존하고, 젊은 남성들과 여성들은 대거 병역 경험을 하며, 군사적 공적을 기리는 문화가 성행한다. 반면 필요한 사회 설비비는 제한된다.

미국 군사 예산의 많은 부분은 해외에서 사용된다. 사실 미국의 군사기지들이 광대한 시스템이라는 점은 새삼스러운 건 아니다. 이러한 역사는 미국이 스페인을 격퇴하고 필리핀, 괌, 하와이, 푸에르토리코, 쿠바를 장악한 1898년에 시작됐다. 냉전 시절에는 광범위하게 확장됐다. 요셉 거슨(Joseph Gerson)은 소련이 붕괴되자 새롭게 대두된 포괄적인 연구 방법을 통해, 미국이 그때 한창 해외 배치에 열을 올렸다는 점을 밝혔다. 다른 나라에 1500군데의 시설과 372개 기지의 50만 명 이상에 달하는 병사는 물론이고, 미군이 정기적으로 접근할 수 있는 항구와 비행장들을 배치했다. 그는 지역사회에서 미국의 존재가 어떤 영향을 미쳤는지 다음과 같이 썼다. "기지는 안보 불안을 초래했다. 자기 결정권과 인권, 주권이 손실될 뿐만 아니라 주둔지의 문화, 가치, 건강, 환경이 존중받지 못하고 약화됐다." 미국의 목적은 처음부터 분명했고, 결국 오늘날 "미국 경제업자들은 주둔 지역의 자원, 노동, 시장에 접근하는 특권을 보장받게 됐다."(Gerson 1991: 9, 12)

군사주의에반대하는동아시아-미국-푸에르토리코여성네트워크는 한국, 일본, 필리핀, 하와이, 푸에르토리코 그리고 미국에서 반군사주의 활동을 하는 약 20곳의 조직들과 개인들로 구성된 협력체이다.[14] 네트워크의 사명은 "군사주의에 반대하는 여성들이 연대해 국제적인 네트워크를 만들어 진정한 안보를 촉진하고 만들어 지키는 데 있다. 또한 네트워크 여성들의 경험을 나누고, 군사주의, 제국주의, 젠더, 민족, 계급, 국가를 기반으로 이루어지는 억압과 착취가 어떻게 연결

됐는가를 비판적으로 봄으로써 여성들의 공동 의식과 목소리를 강화하는 데 있다."(Network 2004)

네트워크가 볼 때, 군사 안보는 모순어법이다. 그래서 그들은 1997년에서 2000년까지 안보를 재정의하기 위한 여성 회담을 워싱턴 D.C.에 이어 오키나와에서도 열었다. 그들은 "진정한 안보란 땅, 공기, 물 그리고 해양에 대한 존중과, 이익 추구가 아닌 생태학적이고 경제적인 지속 가능성을 강조하는 매우 다른 경제"라고 말했다(Kirk and Okazawa-Rey 1998: 319). 네트워크가 추구하는 것은 '문화와 국가 정체성의 탈군사화'이다. 그들은 특정하게 여성에 초점을 맞추어서, "군사주의와 폭력에 영향을 받은 다양한 여성들을 치유하는 과정을 도모하고 여성들 사이의 연대를 촉진"하는 데 목적을 둔다(Network 2002). 또한 젠더의 입장에서 여성 문제만이 아니라 남성 문제도 비판한다. "남성성이라는 말은 미국만이 아니라 각 나라에서 군사적인 용어로 이해되고 설명된다. 우리는 남성성, 힘, 권력, 모험이라는 말이 의미하는 바를 다시 정의하고, 전쟁 장난감들, 전사들, 전쟁에 대한 예찬을 이제 그만해야 한다."(같은 글)

필리핀의 연락책인 아이다 산토스(Aida Santos)는 비디오 영상에서 "군사주의의 기반은 가부장적 제도를 강화해요."라고 말했다. 네트워크 참여자들도 자신들이 하는 활동을 통해 어떻게 가난한 유색 여성이 병역을 포함해 '매번 두 배의 비용을 치르는' 군사주의로 인해 최악의 영향을 받는가를 보여 줬다. 그래서 젠더가 인종과 계급과 함께 교차하는 현실을 부각한다.

네트워크의 각 지역단체들은 이메일로 연락을 주고받으면서 2년마다 여는 국제회의를 위해 회합하기도 한다. 나는 2004년 11월 마닐라에서 개최된 5차 국제회의에 옵서버로 참여할 기회를 가졌다. 그 당시 참여자가 가장 많았던 한국과 필리핀은 네트워크를 지속적으로 운영하고자 지역 내에 연대 조직을 구성했다(SAFE Korea와 Philippines Working Group). 네트워크 내 구성원들이 함께 만들어 가는 관계 맺기 방식은 복합적이고 새로운 시도였다. 네트워크 구성원들은 나라별로 위치성이 다르며, 일본어·한국어·타갈로그어·영어·스페인어라는 다섯 가지 언어를 사용한다는 점에서 그렇다. 그들은 의견을 서로 나누며, 상호 영향을 미치면서 동등한 관계에서 일을 진행한다. 많은 나라에서 페미니스트들이 하는 것처럼 축제와 기념을 위한 공간을 만들고, 연대의 한 방법으로 의식과 상징주의를 사용한다.

미군은 미국을 포함한 그 주변 태평양 지역에서 지역 주민들에게 피해를 많이 준다. 미국과 지역 정부들이 맺은 각종 방문군협정(Visiting Forces Agreements)은 미국의 이해에 협조할 만한 우파 정권을 세우고 지속시키는 외교정책의 '군사 부문'인 셈이다. 미국이 후원하는 정부들은 군사주의의 경향이 강하지만, 인권 문제와 민주주의를 실행하는 데는 별로 관심이 없는 편이다. 그들은 사람을 중심으로 생각하기보다는 자본의 이익에 우선을 두는데, 미국이 지배하는 국제통화 기관에 쉽게 압력을 받을 수도 있고, 공공 부문 서비스 설비에 관한 예산을 삭감해 빈부 차를 크게 만들기도 한다. 미국의 군사비는 미국에 의존적인 종속국에서 계급과 젠더의 불평등을 심화시킨다. 이를테면 한국의 경우, 미국이 30년 동안 투입한 수십 억 달러는 오랫동안 정치권과 사회를 지배해 온 남성 우월적인 군사 엘리트들의 부상을

군사주의에반대하는동아시아-미국-푸에르토리코여성네트워크 여성들은 미국의 해외 군사전략을 감시하고, 지역 주민들의 삶에 미치는 부정적인 영향에 대해 캠페인을 벌인다. 네트워크의 지역단체들은 2004년 11월 마닐라에 모여서 실무 회의를 가졌다.

필리핀 민다나오 섬의 여성들이 선물로 준 모로족의 스카프를 네트워크의 한국 참석자들이 머리에 두른다.

네트워크는 군사훈련 때문에 토지권 침해가 일어나고 중독된 잔여물에 의해 오염되는 현상에 대해 미국과 동맹국의 정부들에 문제 제기한다. 또한 한국 여성들(위의 왼쪽)과 필리핀 여성(위의 오른쪽과 아래쪽)들은 군사기지 주변의 대규모 성매매 지역에서 미군 병사에게 착취당하는 성매매 여성들의 권리를 위해 일한다.

도왔다(Moon 1998).

동아시아와 동남아시아는 미국 정책 입안자들에게 중요한 전략지로 평가를 받는다. 거대한 인구를 보유한 중국은 경제적으로 빠르게 성장 중이고, 남중국해에는 석유가 있을 것이라고 믿기 때문이다. 미국은 지역에서 논란이 되지 않는 헤게모니를 얻으려고 하기에, 인접한 국가들은 이 게임에서 앞에 선 졸이 된다. 국내 무력 갈등의 대표적인 사례인 필리핀 정부와 민다나오 섬에 거주하는 무슬림 반정부 집단 간에 계속된 갈등은, 세계적으로 문제가 되는 '테러와의 전쟁'이라는 맥락에서 해석되므로, 미국은 합법적으로 개입하게 된다.

그런데 네트워크의 여성들은 미국 군사화로 인해 발생하는 세 가지 다른 효과에 관심을 둔다. 2004년 11월 마닐라 회의에서 논의된 세 가지 의제는 군대 매춘, 미국 병사와 지역 여성 사이에서 출생한 아메라시안, 환경오염 문제이다.

군사주의를반대하는한국여성평화네트워크(SAFE Korea)의 여성들은 운동의 성격과 목적 면에서 군사화에 반대하는 자신들의 운동을 주류 평화운동과 분명하게 차별화한다. 그들은 이렇게 말한다. "한국에서 평화운동은 단순히 통일운동으로 축소되거나, 경제·군사·정치적 '거대 담론'과 관련한 정치 문제에 초점이 맞추어져 왔어요. 사람들의 실제 삶과 여성의 경험은 등한시돼 왔다고 할 수 있죠. 우리는 이 주류 운동과는 다른 활동을 해요. 좁은 의미의 민족주의를 넘어서려고 해요. 우리는 **일상의 삶**에 미치는 군사화에 좀더 중점을 두어요. 피해를 받는 사람은 주로 주변화된 사람들, 특히 가난한 사람들이에요. 우리는 개인의 인권과 각 생명의 가치를 강조하고 싶어요."

다른 곳의 여성들처럼, 한국 여성들도 주류가 아니기에, 여성에게 영향을 미치는 군사화 문제는 주류 평화운동의 중심 주제로 주목 받지 못한다. 그래서 한국여성평화네트워크의 여성들은 여성의 목소리로, 그리고 페미니스트 분석을 통해서 말을 하려 한다. 미국 군대가 가는 곳에는 어디든지 성매매가 일어난다. 한국에서 군대 성매매 업종에 종사하는 여성은 주로 미군 부대 옆에서 성행하는 '캠프 타운(기지촌)' 클럽에서 일한다. 클럽에는 한국 여성만이 아니라 필리핀, 러시아 등 다른 나라에서 엔터테이너로서 인가를 받고 오는 이주 여성들도 일한다. 이 여성들은 일하면서 감시, 폭력, 감금을 당하고 불법행위를 해야 하는 상황에 처한다. 종종 이주 여성들은 여권을 압수당하며, 자발이 아니라 강제로 매춘을 해야 한다. 두레방은 한국여성평화네트워크의 회원 조직이자 네트워크에 오랫동안 참여한 단체인데, 기지촌 성 산업에 유입된 여성들의 인권을 위해 주도적으로 일한다. 두레방은 일하는 현장에서 착취를 당하고 학대를 받는 여성들, 미군들과 결혼하고 이혼하며 양육과 관련해 어려움을 겪는 여성들을 전문적으로 상담하고 지원한다. 두레방은 이주 노동자 단체와 여성 쉼터와도 공동 협력하고 필요에 따라 경찰이나 이민국과도 비판적이지만 서로 긴밀하게 일한다. 두레방은 지난 2004년 9월 다른 여성단체와 함께 성매매에 유입된 여성들의 권리를 보호하고 성매매를 알선하는 업주와 고객을 처벌할 수 있는 법을 통과시켰다. 그러나 관련 업자들은 반발했다. 업주들과 성매매업자들은 생존 파업과 시위를 하도록 성매매 여성들을 조직하고, 여성들 스스로가 이 새로운 법에 반대하는 것처럼 언론을 조종하는 데 성공했다.

필리핀 실무단(PWG)은 네트워크의 5차 국제회의를 마닐라에서 주최했는데, 기지가 철수한 이후에도 군대 매춘이 어떻게 지속되는지를 보여 주었다. 1991년 미국은 클락과 수빅에 있는 거대한 기지들을 철수시켰다. 대신, 지금은 방문군협정을 맺어서 20곳 이상의 지역에 접근할 수 있는 청구권을 가졌다. 그러나 안젤레스와 올랑가포는 여전히 성매매 중심지이다. 이 두 지역은 본래 클락과 수빅의 미군 병사들에게 서비스를 제공한 홍등가로 부상했는데, 지금은 전보다 더 많은 젊은 여성과 소녀, 인신매매로 온 여성들이 있다. 비록 미군함이 항구에 들어올 때마다 미군을 위한 '쉼과 오락(R & R)'은 계속되지만, 오늘날 주요 고객은 섹스 관광을 즐기는 여행객들이다. 한국과 필리핀에서 성매매를 근절하고자 일하는 여성단체들은 성 산업을 통해 이익을 누리는 자들로부터 계속적으로 위협을 받고 야만적인 폭력을 당한다. 필리핀 안젤레스에는 탈성매매 여성과 현직 여성들의 자력 조직인 낙카(Nagka)라는 단체가 있다. 낙카의 코디네이터인 린다 램퍼러(Linda Lamperer)의 안내로 네트워크 회의 참석자들은 조그만 카페이자 사무실인 단체의 공간을 방문했다. 몇 주가 지나, 린다는 사진 한 장을 보내왔는데, 그것은 지역 당국자의 명령으로 사무실이 불도저에 의해 허물어진 사진이었다.

기지로 인해 지속적으로 생겨나는 또 다른 유산은 지역 여성과 미군 병사 사이에 태어나는 혼혈아이다. 필리핀, 한국 등 다른 나라에는 그러한 아이들이 수천 명 있으며, 이제 일부는 어른이 됐다. 두레방은 이러한 아메라시안에 관한 다큐 영화를 만들었다. 그 내용은 차별받고 정신적 고통을 겪는 아메라시안의 권리와 요구에 관한 것이다. 한국 정부는 정책적으로 만 명의 아메라시안 아이들을 미국으로 입양 보냈다.

마지막으로, 땅을 지배해 생긴 불행한 고통과 고충 거리가 있다. 미군 기지들은 영토에 대한 지나친 탐욕으로, 대규모 지역을 소유하거나 대여할 뿐만 아니라 거주자들을 내쫓고, 회복할 수 없을 만큼 흙과 물을 오염시킨다. 오키나와의 군사폭력에반대하는여성들의행동(Women Act against Military Violence)은 산호초를 파괴할 해양 헬리콥터 발착지 건설 반대 시위를 벌이며, 보트를 타고 잠수복을 입고 바다를 보살피는 시민들을 계속 지원한다. 푸에르토리코 여성들은 예전에 미국이 점령한 비에케스 섬의 사람들이 섬 끝에 위치한 대량 무기고와 또 다른 끝에 있는 폭격 사격장 사이에서 어떻게 부득이하게 살 수밖에 없었는지 말했다. 비에케스 사람들은 62년 동안 1년에 700만 파운드 상당의 폭약 낙하 때문에 비소와 수은, 납에 중독됐고, 현재 고통스럽게 병을 앓는다. 그래서 토지 오염에 대한 배상을 받고자 투쟁하는 중이다.

비에케스 여성들의 연맹 단체의 까르멘 발렌시아 뻬레스(Carmen Valencia Perez)는 집안의 주인이라는 정신으로 이 일을 한다고 말했다. "비에케스는 우리의 집입니다. 여성들은 그 집의 주인이지요. 여성들은 사람과 사회를 돌봅니다."

하와이는 아시아–태평양 지역에서 미군 전략의 요지이다. 호놀루루에 본거지가 있는 태평양지구총사령부(CINCPAC)는 하와이 원주민 활동가들이 소위 말하는 '초국적 병영국가(transnational garrison state)'를 통치하는 일을 한다. 이는 평방 1억 500만 마일로 펼쳐져 있고(1609km), 아프리카의 동해안에서 멕시코까지 뻗어 있다. 이는 세계 인구의 60퍼센트에 해당하는 43개국을 아우른다. 그들이 말하길, 태평양 사령관은 태평양에 있는 10만 명의 전진부대를 포함해, 그 군사 지역에서 30만 명의 군인을 거느린다고 한다.(Kajahiro 2003 : 2)

하와이에서 군사지의 54퍼센트는 본래 원주민들의 땅인데, 미국은 이를 부당하게 전유한 상태다. 하와이의 원주민들인 마오리족(Kanaka Maoli)은 군용지로서가 아닌, 문화적으로 뜻깊은 이 땅을 되찾고자 부단한 투쟁을 계속한다. 이러한 투쟁은 그들에게 가장 중요한 문화적 가치인 알로하 아이나(aloha' aina), 곧 땅을 향한 애정을 정치적으로 실천하는 일이다. 이 운동을 이끄는 리더 가운데 다수가 여성들이다. 푸에르토리코 여성들처럼 하와이 여성들도 돌봄(care)이라는 여성적 언어를 사용한다. "하와이 사람들의 신념인 민족에 대한 돌봄은 우리의 땅과 사람들을 포함한 가족을 돌보는 행위가 확장된 것이다. 우리의 어머니는 우리의 땅, 파파하나우모쿠(Papahanaumoku)이다. 파파하나우모쿠, 그녀는 섬들을 낳는다."(Trask 1993, 94)

마닐라 회의에서 이와 관련해 다양한 이야기들이 나왔다. 민다나오, 오키나와, 푸에르토리코, 하와이에서는 거주민들에 대한 존중, 땅의 권리, 정의로운 개발을 위한 투쟁이 탈군사화와 탈식민화를 위한 투쟁과 분리될 수 없는 상황들이 얘기됐다. 또한 이것이 각 지역에 있는 사람들의 이해와 어떻게 연결되는지에 관해서도 얘기됐다. 예를 들면, 미국은 오아후라는 하와이 섬의 마쿠아 계곡에 있는 땅을 더 넓게 차지하려 한다. 그렇게 하려는 목적은 무엇인가? 스트라이커 부대가 20톤짜리 신장갑상륙차(armoured assault vehicles) 300대를 군인들이 운용할 수 있도록 훈련시킬 땅이 필요하기 때문이다. 왜 하필이면 마쿠아 계곡을 선택했는가? 그 땅은 미국이 보기에 이슬람 '테러리스트들'의 온상으로 보인 필리핀의 민다나오 섬과 유사하기 때문이다. 하와이에서 훈련된 군인들은 미국의 이해를 반대하는 사람들을 저지할 목적으로 준비돼, 필리핀 그리고 인도네시아, 한국, 오키나와, 태평양섬 국가들로 파견된다.

그래서 네트워크는 해외에 주둔하는 미군의 계획이 종결되도록 전력을 다해 일한다. 네트워크는 해외만이 아니라 미국 사회 내에서도 이러한 맥락에서 일한다. 2004년 5월 인터뷰에서 마고 오카자와-레이(Margo Okazawa-Rey)는 미국에서 군사주의는 아직까지 대중적인 토론 주제가 되지 못한다고 말했다. "전쟁은 있을 수 있는 것으로 여겨져요. 우리 사회는 개념적으로 볼 때, 군사적 가치로 조직됐어요. 그러나 일반적으로 잘 알려지지 않았어요. 국가라는 개념도 마찬가지예요. 우리가 들여다보지 않는 제일 첫 번째가 국가이기 때문이죠. 그래서 우리의 목적은 이런 것들을 드러내는 데 있어요. 사실 9·11은 이에 딱 부합하는 사건이죠."

네트워크에서 미국 지역 여성들이 하는 일은 다른 지역 여성들과는 조금 다르다.〔미국 지역 여성들은 현재 진정한안보를위한여성들(Women for Genuine Security)이라는 이름으로 활동한다.─옮긴이〕 미국 지역 여성들은 미국에 거주하는 까닭에, 하나의 습관화된 사고방식인 미국 군사주의와 계속해서 진행 중인 미국 군사화를 감시하고, 네트워크의 다른 지역 여성들에게 무엇이 일어나는지 간단히 상황 설명을 할 수 있는 유리한 입장에 있다. 그들은 미국 외교정책이 미치는 영향과 과정 그리고 국내 정책과 연관성을 보여 주고, 가난한 사람들, 특히 유색 공동체에 미치는 복합적인 효과에 관해 조사한다. 2005년 세계 군사비는 어림잡아 1조 10억 달러로 추정되는데, 그중 48퍼센트가 미국이 사용하는 비용이다(SIPRI 2006). 마닐라 국제회의에서 귄 커크(Gwyn Kirk)는 미국이 산업화된 사회에서 가장 유아사망률이 높은 나라라고 말했다. 그리고 200만 명이 감옥에 있다고 했다. 미국 군대는 노동력의 부족을 경험한다. 보충병이 더 필요하고, 신병 모집은 더 적극적으로 이루어진다. 법정에서 유죄를 판결 받은 사람들은 때때로 감옥살이 대신에 군복무를 한다. 일부 젊은 유색인들이 교육비, 훈련비나 다른 사회적 비용을 줄이면서 할 수 있는 유일한 선택은 입대이다.

미국 여성들은 이제 '광역 지배(full spectrum dominance)'가 미국의 공식적인 정책이 됐다는 것을 네트워크 참여자들에게 생각나게 했다. 이는 미국이 육지, 바다, 하늘, 이 모든 공간을 세계적으로 지배한다는 말이다. 각 지역에서 온 여성들은 네트워크 회의에서 새롭게 개념화된 미국의 외교와 방어 정책이 많은 변화를 가져왔다는 것을 보고했다. 한국과 일본에 있는 몇 군데 미군 기지를 폐쇄하고, 오키나와에서 괌으로 부대를 재배치하려는 미군의 구조조정 계획이 지금도 꾸준히 진행되는 가운데, 지역 여성들은 부단하게 변화하는 상황에 대처를 하려 한다. 그래서 여성들은 함께 협력하는 것이 중요하다는 것을 강조한다. 귄 커크는 연설에서 다음과 같이 말했다.

우리는 권력과 특권이라는 면에서 매우 다른 위치에 있습니다. 그러나 우리는 함께 상황을 분석하고 바라봅니다. …… 여성들이 생각하는 안보 개념은 다릅니다. 우리가 말하는 안보는 생명, 부의 재분배 그리고 인권이 …… 지속 가능한 환경을 의미합니다. 좌절과 폭력, 자기혐오를 양산하는 착취적인 구조를 (우리는 봅니다). 수백만의 사람들이 가난한 지역을 떠나 부자들에게 서비스를 제공합니다. 이런 식으로 사물을 바라보면 세상은 매우 비참하게 보입니다. …… (그러나) 네트워크에서 우리는 땅과 생명에 대한 애정을 나누고, 여성과 남성 사이에 굳건한 연결성을 가집니다. 변화를 위한─귀 기울임, 상상력, 창조성, 연관성, 용기의─여지를 열어 놓으면서 말입니다. 이런 식으로 바라보면 희망이 보입니다.

3장

민족과 국가에 대한 불복종:
세르비아 여성들의 반군사주의 운동

✝

나는 여기 3장과 이어지는 4장에서 무력 분쟁이 한참인 때에 탄생한 두 여성조직을 소개한다. 그들이 전개한 운동의 특징을 한마디로 말하자면 타자화의 거부라고 할 수 있겠다. 한 조직은 이제 국가가 된 세르비아에서,[15] 또 다른 조직은 이스라엘과 팔레스타인 점령지 (Occupied Territories)에서 활동한다. 이 두 조직은 갈등 분쟁이라는 정치적 환경에서 해결해야 할 비슷한 과제를 안았다. 두 국가 모두 사회적으로 민족주의 정치 세력이 우세하고 정치적으로 실제 통치력을 행사하는데, 그들은 종족이나 종교적 정체성을 기준으로 사람들을 구별해서 자신의 기준에 적절하지 않은 '사람들'은 특정한 영토로 내쫓고 이 정책에 따르지 않은 사람들은 제거하거나 소외했다. 하지만 두 지역은 역사적으로나 사회적으로 다른 배경을 가졌다. 20세기 초반에 유대인들은 팔레스타인 아랍인들이 주로 거주했던 땅에 들어와 국가를 설립하고 근거도 없이 그들을 정치적으로 차별했다. 그런데도 팔레스타인 지역에서 활동하는 여성들은 유대인들과 **화합**을 기획했다. 유고슬라비아에는 세르비아인, 크로아티아인, 무슬림으로 사람들을 구별하면서 20세기 후반을 폭력으로 물들인 정치적인 움직임이 있었다. 그런데 유고슬라비아 지역에서 활동하는 여성들은 이렇게 구별된 이들의 **통합**을 기획했다.

유념해야 할 것은 이 두 지역의 여성들이, 팽팽한 대립을 보였던 양편을 한데 모아놓고 여성의 입장에서 그냥 좋은 게 좋을 것이라는 식으로 화합을 이루려 한 것은 아니라는 점이다. 곧 정의롭지 못한 상황들을 외면하면서 손쉽게 화해를 이루려는 태도는 아니었다. 이 두 여성조직은 희생도 감수하면서 정치 당국에 적극적으로 항의하는 일에 가담하기도 한다. 이스라엘 여성들은 시온주의 운동과 이스라엘이 팔레스타인인들을 대규모로 쫓아낸 후 팔레스타인 땅을 점거하고 그 사람들을 억압해 온 부당함을 깊이 이해한다. 세르비아 여성들도 자신의 지역에서 일어나는 불균형적인 권력관계, 그리고 세르비아 민족주의 정권이 유고슬라비아를 파괴하려고 저지르는 과실과 이로 인해 일어나는 전쟁범죄를 충분히 인지한다. 말하자면, 두 지역에서 여성들이 하고자 하는 일은 페미니즘, 반민족주의, 반군사주의를 지향하는 지극히 **정치적인** 기획인 것이다. 그들이 목적하는 바는 당대의 정치적 현실에 영향력을 행사하는 일이다.

또한 3장에서 주목하는 것은 또 다른 차원에서 행해지는 다른 나라 여성들과의 연결이다. 전쟁이 발발하자 특히 이탈리아와 스페인 여성들이 유고슬라비아 지역 여성들과 유대를 형성했다. 그래서 여기서 기술하는 페미니스트 '정체성 문제 다루기'는 민족 극단주의자들이 설정한 말썽 많은 내부의 새로운 경계만이 아니라 유럽과 분열된 또 다른 유럽, 말하자면 남동쪽에 있는 '발칸 지역'을 '유럽'과 분리하는 오래된 국경을 횡단하는 일에서 계속된다.

유고슬라비아연방공화국
: 정체성의 조작

'유고슬라비아'라는 이름은 '남슬라브인'의 땅이라는 말이다. 기독교 시대였던 6세기와 7세기에 슬라브인들은 지금 발칸반도라고 알려진 지역으로 남향 이주했다. 그래서 오늘날, 그들은 종교나 문화의 차이에도 불구하고, 거의 예외 없이 균일한 슬라브족으로 여겨졌다. 그런데 이 남슬라브인들은 후에 종교에 따라서 구별됐다. 그들은 중세 때 로마를 본거지로 한 기독교 제국과 비잔티움은 서로 경쟁하면서 지역을 분할해 경계를 짓고, 로마가톨릭교회와 동방정교회로 나뉘는 뚜렷한 인구 집단을 만들었다. 오토만제국이 14세기 후반부터 400년 동안 대부분의 지역을 지배했을 때, 많은 슬라브인들은 이슬람교로 개종했다(여기서 서술한 간단한 역사는 주로 Malcolm 1994, Silber and Little 1995, 그리고 Woodward 1995를 참조했다).

19세기 후반은 유럽과 여타 지역에서 민족국가가 건설되는 시기였다. 세르비아와 크로아티아 민족운동은 각각 동방정교회와 가톨릭 기독교인들 사이에서 발전했는데, 이는 오토만제국의 쇠퇴를 야기한 단초가 됐다. 발칸 내 민족주의자들의 열렬한 운동은 제1차 세계대전을 일으키고도 남을 정도였다. 한편 남슬라브인들에게는 통일을 이루려는 야심찬 의지가 있었다. 제1차 세계대전 후, 슬라브인들은 결집해 '슬로베니아인, 세르비아인, 크로아티아인의 왕국'을 수립했다. 국명을 '유고슬라비아'로 개칭한 후, 이 정치체제는 제2차 세계대전의 격변기를 맞을 때까지 단일 거주 인구로 존속했다. 1941년 나치 독일은 유고슬라비아의 많은 영역을 점령했고, 파시즘에 협력하는 사람들을 지역 통치자로 배치했다. 단일 거주 인구였던 각 종족들은, 200만 명을 죽음에 이르게 하고 극도의 고통을 남긴 파괴적인 전쟁 와중에 양편으로, 특히 크로아티아의 파시스트 조직인 우스타샤(Ustaša)(크로아티아 독립국을 지배했던 민족주의 조직)와 세르비아 왕정주의 체트니크(Četniks)(제2차 세계대전 때 결성된 세르비아 민족주의 게릴라 ─옮긴이)로 나뉘어 싸웠다.

나치즘과 파시즘은 1945년 패배했으나, 이러한 조직들이나 유고슬라비아를 정치적으로 지배했던 요시프 브로즈(Josip Broz)가 주도한 반파시스트 빨치산이 함께 사라진 것은 아니었다. 빨치산은, 다 그런 건 아니지만, 문화적인 측면에서 본다면 주로 세르비아인들이었다. '티토(Tito)'로 알려진 브로즈는 실제로 슬로베니아와 크로아티아 태생이었다. 카리스마가 넘치는 브로즈의 지도력으로 일당제인 유고슬라비아공산주의연방공화국이 소련의 영향을 받으며 세워졌다. 이는 후에 분리돼 혼합경제를 이룬, 한층 개방적이고 비동맹적인 공산주의 국가의 건설로 이어졌다. 유고슬라비아 연방 내에는 지배적인 두 에스닉 집단들이 표방하는 민족주의적 열망이 세르비아와 크로아티아라는 내부의 '공화국들' 안에, 그리고 몬테네그로, 슬로베니아, 마케도니아, 보스니아와 헤르체고비나라는 공화국들에도 내재해 있었다.[16] 각 공화국들은 대규모의 에스닉 소수자들을 포함하는데 (모든 세르비아인과 크로아티아인들의 4분의 1정도가 되는 많은 사람들이 '자신들의' 경계 밖에 살았다), 개인들의 권리는 보장됐다. 보스니아-헤르체고비나뿐만 아니라 세르비아와 마케도니아에서도 많은 무슬림 인구가 있었다. 공산주의연맹(League of Communists)은 종교적 신분을 그렇게 따지지 않았고, 종족을 구분하지 않은 결혼이 많이 이루어졌다. 그래서 1980년대까지 민족주의를 과거 역사의 오류로 여겼던 전후 세대는 사회주의적이고 세속적인 유고슬라비아인으로서 강한 정체성을 가지며 성장했다.

그런데 공화국들의 지도자들이 권력투쟁을 하면서 1963년과 1974년에 자신들의 지역 경제를 더 잘 통제하도록 헌법을 개정했다. 1980년에 티토가 사망하자 권력의 공백이 생겼다. 유고슬라비아 경제는 실패하고 있었다. 미국과 다른 자본주의 국가들은 공산주의를 제거하려는 의도를 가지고 신자유주의적 경제개혁을 이루도록 유고슬라비아에 압력을 넣었다. 그러나 금융 대출은 국가를 계속 불안정하게 만들었고, 국제기관들의 개입은 계급 불평등을 심화시키고 사회 불안정을 야기하면서 높은 실업률에 이르게 했다. 공화국들의 정치 엘리트들이 자신의 권력을 확장시킬 의도로 민족주의 감정을 자극하자, 공산주의연맹의 헤게모니는 점차적으로 약해졌다. 1990년 첫 번째 다당제 선거에서 민족주의당이 우세했고, 유고슬라비아가 해체될 기운은 높아졌다.

세르비아와 크로아티아는 민족주의 기획을 경쟁적으로 추진했다. 그들은 '자신들의' 국민을 위해 넓으면서도 지정학적으로 하나가 될 수 있는 안전한 영토를 찾았다. 그래서 이제는 종교적 의미를 띠지 않으나, 한때 무슬림 인구가 굉장히 많았던 보스니아-헤르체고비나 영토를 주된 표적으로 삼았다. 세르비아와 크로아티아 극단주의자들은 서로 증오감을 키웠으나, 이 두 진영 모두, 비방한 대상은 보스니아계 무슬림과 나머지 유고슬라비아 무슬림들이었다. 유고슬라비아 내에서 종족적으로 '순수한' 민족국가 제도를 유지하기에는, 그 생존과 생계비가 엄청나게 들었다. 영토 분리는 물리적으로 달성하기 쉽지 않았을 것인데, 대다수가 이미 '혼합된(mixed)' 지역에 거주하기 때문이다. 어림잡아 약 200만 명의 사람들이 인종과 종교 등을 가리거나 구분하지 않은 채 결혼해 아이를 낳고, 자신들만의 '국토'를 가진 적이 없이 오로지 '유고슬라비아'에만 거주한 사람들이었다. 1981년 인구 센서스 조사에서 '혼합된' 유고슬라비아인들은 알바니아인, 몬테네그로인, 마케도니아인, 무슬림 그리고 슬로베니아인과 같은 실제 에스닉(ethnic) 소수자보다 그 수효가 우세했다. 크로아티아인과 세르비아인들 다음이었다(Petrović 1985에서 재인용, Korac 1998: 14).

그렇기 때문에 가장 끔찍하고 비극적인 전쟁은 '인종적으로 가장 많이 혼합'되고, 이념적으로 '유고슬라비아인'이 거주하는 지역에서 일어났다. 상대적으로 덜 혼합적이고 경제적으로 번영을 이룬 슬로베니아는 1991년 6월, 스스로 독립국가임을 선언하고 연방에서 제일 먼저 독립했다. 그러자 뒤를 이어 크로아티아가 독립을 하려고 했다. 세르비아는 크로아티아 내 세르비아 소수자들이 일으킨 반란을 지지하면서 군사적 개입을 했다. 수백만 명의 피난민들 가운데 3분의 1이 세르비아와 크로아티아 전쟁에서 발생했고, 이 전쟁에서만 2만 명이 사망했다. 보스니아-헤르체고비나 무력 분쟁이 한결 더 비참하리라는 건 뻔했다. 바로 이렇게 혼합된 공화국에서 대부분 세속화된 무슬림들은 이제 세르비아가 지배하는 유고슬라비아 지역 안에 포위된 셈이 됐다. 이러한 상황은 방어적인 보스니아 내 이슬람 민족주의자들이 활약하는 빌미가 됐다. 1992년, 베오그라드의 세르비아계 지도자인 슬로보단 밀로셰비치는 보스니아 내 세르비아계 편에서 세르비아계의 순수한 인구 보존을 목적으로 보스니아 북부와 서부 지대를 정리하는 '인종 청소(ethnic cleansing)'를 지원했다. 세르비아 군대는 몇 주 내에 보스니아-헤르체고비나 영토의 70퍼센트를 장악했다. 결국 크로아티아의 지지를 받았던 보스니아 내 크로아티아계 민족주의자들은 헤르체고비나뿐만 아니라 보스니아 영토의 일부분을 더 차지할 수 있는 입지를 만들고자 '전쟁 안의 또 하나의 전쟁'을 감행했다.

1995년 휴전이 될 때까지 보스니아 분쟁은 약 20만 명의 사망자를 낳았다. 옛 유고슬라비아 전 지역에서 450만 명에서 500만 명의 사람들이 자신들의 집을 떠나는 뿌리 뽑히는 경험을 해야 했다. 세상에 알려지지 않은 강간당한 여성과 소녀들도 많았다. 강간은 인종 청소의 수단이 됐는데, 보스니아에서 세르비아 준군사조직은 유별나게 난폭한 방법으로 이를 이용했다(Amnesty International 1993; Stiglmayer 1995). 미국의 중재로 이루어진 데이턴 평화협정은, 보스니아 영토를 종족 민족적 경계를 따라 분할했는데, 서구 정부들이 평화 협상에 개입해 만들어 낸 무익한 정책에 다름 아니었다.(1995년 데이턴 평화협정으로 보스니아-헤르체고비나는, 이슬람-크로아티아계인 보스니아 연방과 세르비아계인 스르프스카 공화국으로 분리됐다.—옮긴이) 세르비아인들은 실질적으로 스르프스카 공화국이라는 분리된 '공화국'을 전쟁의 보상으로 받았고, 이는 보스니아-헤르체고비나 영토의 49퍼센트에 해당하는 지역이었다.

그러나 발칸반도에서 전쟁은 아직 끝나지 않았다. 남부 세르비아의

자치구인 코소보/바¹⁷에서 일어난 무장 반란은 전쟁 개시의 전주곡이
됐다. 민족적 성향이 강한 세르비아인들과 다수인 알바니아계 무슬림
모두는 역사적 권리로 볼 때 코소보/바가 자신들의 것이라고 간주했
다. 밀로셰비치 정권은 알바니아인들의 정치 기구와 문화 제도들을 엄
하게 탄압하며, 코소보/바에 대한 권리가 세르비아인에게 있다고 역
설했다. 이제 1996년, 보스니아를 휩쓸고 간 적대감이 끝나자, 투쟁
운동은 코소보/바에 강하게 붙었다. 비폭력을 표방하는 코소보 내 알
바니아계의 민족운동은 영향력을 잃었고, 무장한 코소보민족해방군
(KLA)이 출현했다. 한편, 세르비아 군대는 소수인 세르비아인들을 통
제하고 보호하고자 잔인한 조치들을 취했다. 1997년에서 1998년 동
안, 어림잡아 30만 명의 알바니아계 코소보인들은 그동안 거주했던 집
에서 내쫓기거나 피신해야 했다. 유럽안보협력기구(Organization for
Security and Co-operation in Europe)가 감시를 하고, 6개국으로 구성
된 '교섭단'이 중재에 나섰으나 성과는 거의 없었다. 1999년 3월, 나토
는 갑자기 전략을 바꾸어서 세르비아와 몬테네그로를 폭격해 베오그
라드와 다른 도시들의 다리와 도로, 빌딩을 파괴했다. 그리고 코소보/
바 내 세르비아인 지역을 공격했다. 1999년 6월, 밀로셰비치는 패배
를 시인했다. 그는 2000년에 실시된 선거에서 참패했고 시민 대중들
의 불복종은 그를 대통령직에서 완전히 물러나게 했다. 코소보/바의
정치적 상태는 여전히 해결되지 않은 채 불안한데, 이 글을 쓰는 지금
도 여전히 유엔의 보호정치 아래에 있다.

민족주의와 전쟁에 대한 페미니스트 대응

　제2차 세계대전이 종결된 지 30년이 지나고 연방공화국이 해체될 것이라고는 아직 예상치 못했던 평화로운 1970년대에, 생기 넘치는 페미니스트 운동이 유고슬라비아에서 활기를 띠었다. 그 당시 활동가들은 자신을 기꺼이 '유고슬라브인'으로 정체화하는 전후 세대의 젊은 여성들이었다. 공산주의연맹은 여러 자본주의 국가들보다 더 이른 시기에 권리와 기회를 여성들에게 주었는데, 그 여성들은 이러한 공산주의연맹이 펼친 성 평등 정책의 혜택을 받은 세대였다. 그러나 여성들은 형식적인 정책 실행에 대해 조바심이 났다. 다른 공산주의 국가처럼 유고슬라비아도 여성 '해방'을, 여성은 임금노동 시장에 진입시키는 것으로 대부분 해결하려 했기 때문이다. 또 당이나 국가 관료제, 또는 공기업에서 여전히 권력은 남성들에게 있으며, 가정 내에서 남성의 권위 또한 변화하지 않은 채 그대로 남아 있는 현실을 봤기 때문이다(Morokvasić 1986).

　1978년에 페미니스트 국제회의가 베오그라드의 학생 문화관에서 개최됐다. 그러자 당국의 공산주의 여성조직은 이 여성들이 "노동계급의 주도적 역할을 부정하고," 유고슬라비아 내에 자율적인 페미니즘을 추동한다고 발언했고, 이로 인해 여성조직들 사이에 충돌이 일어나게 됐다(Drakulić 1993). 여성단체들은 작지만 활기가 넘쳤고 자그레브, 베오그라드, 류블랴나에서 번창했는데, 이 도시들은 릴리트(Lilit)라는 레즈비언 페미니스트단체가 처음으로 형성된 곳이었다. 게이와 레즈비언의 권리 투쟁은 최근 공산주의연맹 안팎으로 민주주의를 실현하는 데 필수 영역이 됐다(ŽuC 1998: 59).

그러나 10년이 지나 유고슬라비아의 국가사회주의가 약화되자, 민족주의 사상가들은 '인구학적'으로 무슬림에게 '위협'을 받는다고 선언하면서, 출산 증가 정책을 마련해야 한다고 촉구했다. 애국적 여성이 할 과제는 더 이상 노동으로 사회주의 국가를 건설하는 것이 아니라, 아들을 낳고 양육하는 모성을 발휘해 (다양한) 민족들을 재생산하는 일이 됐다(Bracewell 1996). 여성들이 주장한 재생산 권리는 빈축을 사고 외면을 받았으며, 여성들의 공적 지위에 대해서도 마찬가지였다. 선거 전에는 공산주의 정권이 국회의원석의 30퍼센트 할당제를 보증했으나, 1990년 선거에서 이러한 약속은 지켜지지 않았고, 여성들의 정치 대표제는 제구실을 하지 못하고 거의 무산됐다(Drakulić 1993). 베오그라드, 자그레브, 류블라냐 그리고 사라예보에서 활동하던 페미니스트들은 공산주의 치하에서 그랬던 것처럼 민족주의가 만연한 환경에서도 주변인이었다. 그런데 이제 시민전쟁이 임박해지면서 주변인이었던 페미니스트들은 12개월이 지나자 각자 고립되기에 이르렀다. 그 후, 그들이 각 지역을 상호 방문할 때는 마지못해 새 국가의 시민이 됐을 것이고, 국경을 횡단할 수 있는 여권을 필요로 했을 것이다. 레파 므랏예노비치(Lepa Mladjenović)는 2000년 런던에서 나와 함께 있을 때, 새롭게 닥친 이 현실에 대해 이렇게 회상했다. 크로아티아에서 전쟁이 발발하자, 레파는 곧 자그레브행 기차를 보고자 베오그라드 기차역으로 나갔다. "묘하게도, 기차가 연착됐대요. 한 시간, 그 후에는 몇 시간씩 늦어지더니, 나중에는 이틀씩 연착됐다는 거예요. 이런 일은 전에 없던 일이었어요. 그런데도 난 그때, 전쟁이 계속된다는 걸 실감하지 못했어요. 어느 날 이것을 깨닫게 해주는 결정적인 일이 생겼어요. 너무나 슬프게도 더 이상 기차를 볼 수 없었지요. 그 기차가 5년 후에 돌아올 것이라는 걸 나도 그 누구도 상상하지 못했어요. 나는 기차역으로 다시 갔어요. 그때가 1997년이었어요. 기차가 돌아왔어요. 그런데 이제 그 기차는 국내 지역을 돌아다니는 예전의 기차가 아니었어요. 자그레브로 가려면 국제 티켓 구매소에서 표를 구입해야 했지요. 나는 그만 울어 버렸어요."

세르비아 민족주의가 번성한 지역과 떨어져 있었던 베오그라드의 페미니스트들은 전쟁 위협에 적극적으로 대응하려고 자신들의 운동력을 배가했다. 스타샤 자요비치(Staša Zajović)는 강요된전쟁동원을 반대하는반전행동센터(Centre of Anti-war Action)의 활동에 이미 참여하고 있었다. 이 조직은 여성과 남성이 함께 활동하는 혼성 조직이었다. 그녀는 "평화운동이…… 가부장적 언어를 사용하고, 여성과 남성의 불평등을 간과하면서 가부장적 모델을 분명히 반복함"을 주목했다(Zajović 1994: 49). 가부장적 군사주의가 무섭게 급증해 이제 이것이 정치학을 지배하고 미디어를 통해 확산되며 거리에서 일상적으로 느낄 수 있는 현상을 흔히 볼 수 있게 됐다. 이러한 상황에서 그녀는 페미니스트가 주도하는 운동이 필요하지 않을까 느끼기 시작했다.

이 무렵, 이탈리아 페미니스트들은 베오그라드 여성들을 지원하려고 방문했다. 2장에서 이미 언급한 것처럼, 그들은 이스라엘 위민인블랙을 몇 년 동안 지지했고, 이제는 스스로에게 돈네인네로라고 이름을 붙였다. 스타샤와 다른 베오그라드 여성들 또한 그 이름을 자신의 이름으로 택했고, 전쟁을반대하는위민인블랙(Žene u Crnom protiv rata)

으로서 1991년 10월 9일 수요일에 첫 번째 시위를 가졌다. 그들은 도시 중심에 위치해 시위 장소로서 입지가 좋은 리파블릭 광장(Republic Square)에서 시위를 벌였다. 그들은 보스니아 전쟁과 이어서 발발한 코소보/바의 무력 분쟁이 일어난 몇 년 동안은 매주 지속적으로 대중 시위를 가졌을 것이다. 제우스를 집필할 때조차도, 중요한 날엔 리파블릭 광장에서 '위민인블랙' 행사를 가졌다. 그들이 위민인블랙의 이름으로 시위를 할 때, 초기에는 위민인블랙의 전형적 방식을 취했다. 검정 옷을 입고 말없이 있으면서, 간단한 메시지를 적은 현수막이나 플래카드를 손에 들고, 지나가는 행인들에게 이 시위의 의도가 담긴 리플릿을 나누어 주었다. 민족주의자들에게 욕을 듣고 때로는 물리적 폭력도 당했지만, 개의치 않고 유일한 반전단체로서 정기적인 거리 시위를 지속했다. 처음에 몇몇 여성들이 공공장소에 서서 자신이 옳다는 것을 보여 줄 때, 이는 부자연스럽게 느껴졌다. 레파가 썼듯이, 여성들이 거리에서 정치적인 행동을 하는 것은 유고슬라비아에서 비전통적인 행위 이상의 뜻이 있었다. 그녀는 "우리들은 우리 자신의 전통과 감각 그리고 언어를 창조했어요."라고 말했다(ŽuC 2001: 12). 그들은 "우리를 대변하지 마세요. 우리는 우리 스스로 말할 겁니다."라고 말했다(ŽuC 1998: 5).

거리에서 도전적인 모습으로 시위를 하는 것 외에도 제네우스르놈은 또한 아파트를 빌려서 공간을 만들고 징병을 거부하거나 탈영한 사람들을 위한 피난처를 제공했다. 전쟁이 나자, 징병연령에 달한 세르비아 남성 가운데 약 30만 명이 유고슬라브인들끼리 싸우는 시민 전쟁에 참가하기보다는 망명자가 되는 길을 택했다(ŽuC 1994: 32).

그러나 이보다 더 많은 남성들은 꼼짝없이 붙들려 적으로 여길 수 없는 사람들과 싸우고 죽여야 하는 강제 입영 조치에 처해졌다. 어떤 사람들은 위협적인 징병을 피해 몸을 숨겼고, 어떤 사람들은 부대에서 도주하기도 했다. 전투를 거부하는 이러한 남성들을 정서적으로나 도덕적으로, 또는 정치적으로 지원하는 일은 자신들의 신념인 페미니즘과 반군사주의를 실천하는 방법이었다. 일부 남성들은 도리어 제네우스르놈의 뜻있는 회원이 됐다. 그들은 다 함께 양심적병역거부네트워크(Conscientious Objection Network)를 창립했는데, 이는 전쟁이 끝나자 시들해지기는 고사하고 성장하고 확산돼 당대 투쟁에서 없어서는 안 될 탈군사화의 주요한 운동의 한 부분이 됐다.

페미니즘 분석과 대항 담론

제네우스르놈이 가진 강점 가운데 하나는 지금 전개되는 유고 지역의 현실을 젠더 입장에서 분석하는 점이다. 그들은 가부장적 민족주의와 군사주의를 비판적으로 규명한 내용을 자국 사람들이 읽을 소책자로 발간한 것은 물론이고, 국제 청중들을 위해 영어 책자로도 발간했다. 이러한 작업은 다른 여러 국가에서 활동하는 반전여성활동가들에게 영향을 미쳤다. 그런데 그러한 분석은 제네우스르놈이라는 단체가 단독으로 이룬 게 아니라, 그동안 거리 행동을 계속 유지할 수 있었던 메커니즘에 의해서였다. 이것은 오직 베오그라드 페미니즘이 선도하는 활동으로만 이루어진 것도 아니었다. 분석, 슬로건, 캠페인들은 페미니즘 기획으로 양산된 것은 물론이고, 여러 단체에 관련된 사람들이 서로 공유하고 연대한 결과였으며 페미니즘과 반민족주의, 그리고 반군사주의 정치학이 어울려서 탄생했다.

이러한 활동에 함께했던 자매 조직은 성폭력을반대하는자율여성센터(Autonomi ženski centar protiv seksualnog nasilja, AWC)와 여성학센터(Centar ženske studije, WSC)이다. 여성학센터는 여성 문제와 페미니즘 이론에 초점을 맞춘 활동을 전개하고 교과과정을 제공했다. 나는 여성학센터의 다샤 두하츠(Daśa Duhač)에게서 이와 관련된 이야기를 들을 수 있었다. 이 기획은 전쟁이 발발하기 전부터 계획됐으나 1992년도에 가서야 설립됐다. 연령에 상관없이 수백 명의 여성들이 여성학센터에서 여성의 문화와 페미니즘 사상들을 알게 됐다. 현재는 센터 이름을 개명했으며, 여전히 번성한다. 지금은 여성학과젠더연구소라는 이름으로 대학교 내에서 대학교가 공인하는 정규 과정을 제공하며, 다샤는 대학교의 정치학부 교수이다. 다샤에 따르면, 여성학센터는 베오그라드의 여성들에게 유용한 페미니즘 지식을 생산하는 데 기여하며, 반전운동의 자원으로 이 이론을 제공한다. 다샤는 전쟁 시절을 회상하며 그들이 생각하는 이론의 의미를 이렇게 기술했다. "이론은 실천에 역행하는 접근이 아니라 실천의 한 방법이며 하나의 수단으로 강력한 힘을 가진다. 이론은 꾸준히, 끈기 있게, 지속적으로 작동한다. 그리고 마침내 그 효과를 발휘한다."(Duhaček 1994: 75)

그리고 놀랍게도, 전쟁 기간 동안에 베오그라드에서는 페미니즘 출판 활동도 성행했다. 1994년, 야스미나 테샤노비치(Jasmina Teśanović)와 슬라비차 스토야노비치(Slavica Stojanović)는 1994년에 94페미니즘

출판사(feministička 94 publishing house)를 열었다. 이 출판사는 그 후 10년 동안 35권의 책을 발행했으리라 생각된다. 그 책 가운데 어떤 것은 야스미나의 책일 가능성이 높은데, 그녀는 여성들의 선도적인 활동을 남기는 '기록자'일뿐 아니라, 전쟁이 한창일 때 세르비아에서는 드물게 반전에 대해 글을 쓴 페미니스트 수필가이자 일기 작가이다. 94 페미니즘출판사와 소규모 독립 출판사들은 "책은 작가에게 더 다가가고, 작가들은 독자들에게 가까이 다가간다. 곧 인프라를 구축하는 일은 하나의 사업에서 또 다른 사업으로 이루어진다."라는 새로운 성격의 출판업을 표방했다(Tešanović 1994: 88).

여성학센터는 여성들이 이 끔찍한 시대에 맞서 활동을 하는 데 적절한 개념의 토대를 만들고 발전시키려 했다. 많은 여성들이 이 전쟁이 젠더화됐다는 것을 이해하도록 했고, 자신을 페미니스트로서 생각하도록 했다. 94페미니즘출판사도 이에 합세했다. 제네우스르놈과 함께(그들이 누구이든 무엇을 하든 간에 모두 위민인블랙이고, 또한 베오그라드의 위민인블랙인 제네우스르놈으로서) 그들은 자신들을 전쟁으로 내몰았던 제도와 그것이 성 차별주의든, 민족주의와 군사주의든 이러한 체계를 명료하게 밝히고 심화시켰다(ŽuC 1998: 20). 그들은 이러한 사태에 책임이 있는 그 도시의 사상가들과 정치가들을 망각하지 않도록 했다. "우리는 같은 동네에 살아요." 그리고 그들은 우선 당신이 사는 국가의 살인자들에게 문제 제기를 해야 한다고 생각했다. 초기에 그들은 '민족주의'와 '민족 정체성'에 관해 일치된 입장을 가지지 못했다. 그러나 곧 강력하고 분명한 반민족주의가 이 조직의 주요한 원리로서 부각됐다. 그들은 분석적인 작업을 통해 민족주의적 국가에 대한 불복종과 불충을 활동 원리로 삼았다. 이러한 분석적인 작업은 대항 정보를 지속적으로 생산하는 보고가 됐다.

제네우스르놈과 여성학센터, 94페미니즘출판사, 이 세 조직이 만든 친밀한 파트너십은 조직 활동을 하는 개별 여성들에게 난감한 시대에 활력을 불어넣은 중요한 자원이었다. 다샤는 2004년 인터뷰에서 이렇게 말했다. "나는 유고슬라비아가 분할되리라고 전혀 생각하지 못했어요. 그 일이 일어났을 때, **내가** 분할되는 느낌이었어요. 이 일은 내가 정신을 놓지 않고 저항하며 연대하는 공간이 됐어요." 야스미나는 이 페미니즘 정치 환경이 전쟁의 와중에 만들어졌다는 것을 언급했다. "그것은 지금 일어나는 일들을 따라잡는 정치적이 되는 과정이었어요. 우리는 처음에 무엇을 해야 할지 몰랐어요. 생활은 개떡 같았지요. 우리에게 필요한 것은 생존하는 거였어요. 우리는 만나서 이야기하고 함께 음식을 만들었어요. 내가 참 좋았던 것은 정치적으로 옳고 정서적으로 바르려고 애쓰는 것이 아니라, 우리 모두가 속 얘기를 나누는 거였어요. 누군가가 눈물을 흘리면 함께 울고, 한 여성이 민족주의자처럼 말하면 이에 대해 함께 이야기를 나누었어요. 처음에는 너무 많은 선입견들을 가졌지요. 이 모든 것들과 부딪쳐야 했어요."

정체성과 장소가 치명적인

세계적인 미디어들은 발칸 전쟁의 **원인**을 종족성(ethnicity)에서 찾으려 했지만, 베오그라드 페미니스트들과 같은 유고슬라브인들은 그 반대로, 전쟁 기획자들이 전쟁에서 얻고자 했던 수확, 곧 **목적**으로서 종족 정체성이 되살아났음을 보았다. 민족주의 신봉자들은 역사를 재서술하고 혁신적인 정책을 펼치며 극단적인 물리적 폭력을 재고안하면서, 연방 시절에는 자신들의 유사함을 내세우며 별로 **드러내지 않았던**, 인종들 사이의 분리를 심화시켜 불가피한 것으로 몰아갔다.

베오그라드 활동가들은 자신들이 겪은 씁쓸한 경험만큼이나 페미니즘 이론을 통해 민족주의자와 군사주의자의 활약이 가부장적 정치학이라는 것을 알았다. 페미니스트로서 그들은 젠더 스테레오타입을 거부해 왔다. 그래서 인종에 준해 이름을 붙이는 명명의 정치학이나 타자화를 거부하면서 이제 한 번 더 권위에 반란을 일으킬 수 있었다. 그들은 자신의 정체성을 어떻게 존속시킬지, 또한 타자의 정체성들에 대해 어떻게 반응할지에 관해 듣지 않을 것이다. 그들은 전쟁 전에 나누었던 우정과 상호성의 유대를 유지하고, 자신들을 분리하려고 강제적으로 새롭게 그려진 정서적인 경계와 영토 경계들을 횡단하며 여성들의 연대를 의식적으로 형성하는 일을 할 것이다.

이렇듯 이 운동의 철학적 기반은 페미니즘이었다. 그렇다고 해서 페미니스트들은 여성들이 전쟁의 피해자로서 다들 유사한 위치에 있다는 점을 들어 여성의 자매애에 호소하지는 않았다. 오히려 민족주의와 군사주의가 서로 엮인 방식, 말하자면 인종화된 정치권력을 행사하고자 남성성과 여성성을 조작하는 젠더화된 방식을 보면서, 유사한 가치를 공유하는 여성들의 자매애에 호소했다. 그러나 일반 사회는 물론이거니와 이전 친구들 사이에서조차도 이러한 일들은 간단하지 않았다. 어떤 여성들은 종족 민족적 담론에 휩쓸렸고, 이제는 활동가들도 연루됐다. **그들은** '세르비아인'(또는 '크로아티아인', '알바니아인', '보스니아 무슬림')이라는 이름을 가지고 자신의 정체성을 재구성하기를 원했을 것이다. 그들과 태생적 종족 정체성은 유사했지만, 정치적 신념은 달랐던 많은 여성들이, 배신을 이유로 혹독하게 그들을 비난했다. 아주 오래된 우정은 새로운 불신으로 흔들렸다.

타자화하는 과정을 이해하는 일은 자신과 다른 여성들이 귀속, 이주, 소외와 상실에서 겪는 절망감을 어떻게 다룰 것인가를 새로운 환경으로부터 배우면서, 베오그라드의 바로 거기, 여성들의 조직 내에서 시작했다. 어떤 여성활동가들은 전쟁 때문에 베오그라드로 이주했다. '세르비아계' 보스니아인인 야트랑카 밀리제비치(Jadranka Milič ević)는 보스니아의 사라예보에서 왔다. 베오그라드에 거주하며 이름만 '세르비아인'인 레파 므랏예노비치는 '자신의 이름과 어울리지 않는 곳에 거주하여', 그 대가를 치르는—사는 곳을 문제 삼는다면 특별히 더—가슴 뭉클한 이야기를 썼다.

> 야트랑카는 거주해서는 안 될 법한 사라예보에서 자녀들을 데리고 나와 베오그라드 중심부로 이주했다. …… 야트랑카의 몇몇 가족은 사라예보에 남았다. 그녀의 과거와 친구들, 그리고 사람들도 남았다. …… 나는 줄곧 베오그라드 중심부에서 적법한 주소를 가지고 이 도시에 어울리는 이름으로 살았다. …… 나와 야트랑카, 우리 둘은 야트랑카가 베오그라드에 도착한 직후 한 여성 모임에서 만났다. 그 후로 우리는 다양한 소식들과 사건들을 보고 동일하게 느끼고 생각한다는 것을 알았다. 우리는 아무것도 먹지 못하거나

폭격 속에서 사는 고통 받는 여성과 아이들, 남성들에게 관심이 갔다. 즉각적으로 우리는 고통이 정치적 행동으로 전환돼야 한다는 것을 분명히 알았다.(ŽuC 1997: 107)

여성들은 재빨리 '고통의 변형'을 주요한 과제로 설정했지만, 처음에 가장 필요한 '정치적' 행동은 인도주의적 지원이었다. 수천 명의 난민들이 이 지역으로 홍수처럼 밀려들었다.

베오그라드에서 여성들이 함께 연대해 진행된 페미니즘 기획으로서 내가 아직 설명하지 않은 것이 하나 있다. 그것은 피난민들과 함께 하는 활동인데, 특별한 의미를 지닌 이 일을, 성폭력에반대하는자율여성센터가 한다. 지금은 간결하게 자율여성센터(AWC)로 알려져 있다. 또 자율여성센터, 위민인블랙, 그리고 여성학센터, 이 세 단체들 간에 지속되는 상호 작용과 세 단체에서 다 활동하는 여성의 다중적 회원 의식도 한몫을 했다. AWC는 피난민과 강간 생존 여성들에게 특별한 관심을 두고, 개별적인 각 사람과의 관계성과 돌봄에 치중하면서 매우 실용적인 방법으로 이 모든 조직이 추구하는 원칙, 이를테면 종족 민족적 '이름'에 따라 사람들을 차별하는 것을 거부하는 일을 잘 이행했다.

AWC는 1993년에 설립됐다. 이를 설립한 여성들은 폭력 피해 여성들과 어린이들을 위한 긴급 전화를 이미 시작했고(1990년), 이어서 여성 쉼터와 소녀들을 위한 센터를 창립하려고 계속 힘썼다. 레파 므랏예노비치와 슬라비차 스토야노비치도 이 일에 합세했다. AWC가 주로 분석하는 핵심은 가정 폭력이 전쟁 강간 문제와 연결됐다는 것이다. 그들은 전쟁 폭력과 평상시의 폭력이 동일하다고 말하지는 않았다. 그러나 레파는 이렇게 서술했다. "폭력의 논리는 가부장제에 깊이 뿌리박혀 있다." "세르비아 가해자들의 활약은 해변에서, 그리고 커피점에서부터 시작했다. 국가는 그들에게 고개를 들어 지금까지 배운 것을 쇼하라고 말했다. 그들은 자신들의 소매를 걷어 올리고 여성을 고문하고 강간하고 위협하는 방법으로 적을 소멸시킬 수 있다는 것을 보여 줘야만 했다."(Mladjenović 1993)

그래서 AWC는 페미니즘의 의식 고양과 숙련된 개인 상담, 보살핌, 특히 피난민 여성과 그 자녀들을 위한 보살핌이 이루어지는 장소가 됐다. 여성학센터의 과정에 참여하고, AWC나 그들이 운영하는 쉼터에 참여하는 것은 곧 제네우스르놈에 발을 내딛는 입문과 같았다. 제네우스르놈에서 활동한다는 것은 내 자신이 페미니스트이자 반군사주의자라는 점을 '세상에 알리며', 거리로 나가는 심화된 단계가 되곤 했다.

AWC의 여성들은 피난민 캠프 다섯 곳을 정기적으로 방문하기 시작했다. 캠프 가운데 하나는 지금 위험하게 고립된 수백 명의 무슬림들이 피난 온 베오그라드 회당이었다. 처음에 여성들은 단순히 음식과 의약품 그리고 의류들을 제공하며 피난민들에게 도움을 주었다. 개인적으로 여성을 돕기도 하고 집단적으로 자신감을 회복하며 지옥 같은 캠프의 상황에서도 할 수 있는 만큼 최선을 다해 자신들의 삶을 복구하도록 도왔다. 그들은 '동일한' 인종과 결혼해 이룬 가정과 '혼종된' 가정 사이에 흐르는 긴장에 예민했다. 그들은 여성들로 하여금 자신의 경험에 관해 말하고 글쓰기를 하도록 격려하는 '나는 기억한다'라는 프로젝트를 통해 피난민과의 관계성을 점차적으로 심화시켰다(ŽuC 1994).

마야 코랏츠(Maja Korac)는 페미니스트 사회학자이다. 마야는 베오그라드에 거주하는데, 전쟁이 발발하는 동안은 런던으로 피난했고 후에 캐나다로 갔다. 마야는 1997년에 여성 피난민들과 활동가들을 인터뷰하고자 베오그라드로 돌아왔다. 마야는 활동가들에 관해 이렇게 썼다.

> 여성들이 일해 온 민감한 일상의 문제들은 여성들의 생산적인 협력과 교환이 이루어지는 '공간들'이 됐다. …… 이러한 방식으로 상호 소통하면서, 그들은 '끝나지 않는 지식'의 장소로서 다양한 위치들을 받아들일 수 있었다. 여기서 지식이란, 여성들마다 다른 삶의 상황들에 관해, 그리고 여성들이 다양한 방식으로 권력과 관계 맺는 것과 관련해 끊임없이 재정의하는 지식을 말한다.(Korac 1998: 60)

활동가들은 또한 옛 유고슬라비아 공화국의 여성, 특히 지금은 '적'으로 규정된 여성들과 지속적인 관계를 가지고자 열심히 노력했다. 그러나 지속적인 관계를 유지한다는 것은 쉽지 않았다. 우편 서비스도 소용이 없었고, 전화선은 계속 불통이었다. 그 와중에 자미르(Zamir, 평화를 위해) 인터넷 서브가 개통돼 이메일이 가능하게 된 것은 너무나 큰 수확이었다. 세르비아의 수도에서 전쟁이 일어나는 동안에 여성들은 사라예보에서 공격받는 무슬림 친구들에게 소포를 보내는 사업을 시작했다. 때로, 여성들은 지나칠 정도로 이 사업에 몰두했다. 레파는 자신들의 헌신적인 활동에 대해 이렇게 썼다.

온통 소포 생각에 사로잡혀 슈퍼마켓에 가도, 마을을 돌아다녀도 그 생각만 하는 것이다. 외국 여성이 다가와서 우리에게 무엇이 필요한가를 물을 때도, 그들이 가져온 선물을 벽장에 간직해 둘 때도 말이다. 집으로 가는 길에 나는 매번 상점 앞을 쳐다보며, 그들이 혹시나 소포 포장에 사용할 수 있는 골판지 상자들을 던지는지 살펴보곤 했다. 그러고 나서 난 상자들을 끌어서 오곤 했다. 내 집에는 항상 빈 골판지 상자들이 천장까지 층층이 쌓여 있었다. 우리는 이 상자들을 교환했다.

야트랑카는 상자들 안에 있는 각각의 조그마한 공간에 콩들을 어떻게 채우는지 레파에게 보여 주었다. 레파는 말했다. "베오그라드의 지금 내 생활에서 보면, 콩 한 알이 배고픔을 달래는데 무슨 의미가 있을지 상상하기가 쉽지 않았어요."(Žuc 1997: 109)

베오그라드 페미니스트들은 한결 자유롭고 덜 위험하게 여행할 수 있는 '국제적' 여성들이 다리를 놓은 덕분에, 그리고 이메일 덕분에 보스니아와 크로아티아 여성들의 사업 활동에 접속해 그들과 유익한 관계를 가지게 됐다. 자그라브에 있는 여성전쟁희생자센터(Centre for Women War Victims), 전쟁에서 강간을 당하고 트라우마를 겪는 여성들에게 적절한 서비스를 제공하는 제니카의료여성치유센터(Women's Therapy Centre in Zenica) 등 보스니아와 크로아티아 여성들은 서로 자신들의 정치학을 분명히 공유했다. 마침내, 이 여성들 가운데 몇몇 여성들은 직접 서로 만날 수 있는 기회를 갖게 됐다. 그들은 때로 유럽의 다른 나라에서, 위민인블랙과 다른 단체들이 그들의 만남을 주선하려고 개최한 행사에서 모임을 가졌다. 1993년 8월에 제네우스르놈은 노비사드(Novi Sad)라는 북세르비아 도시에서 위민인블랙이 매년 국제적 만남을 스스로 갖게 될 첫 번째 회의를 조직했다. 이는 '전쟁에 반대하는 여성들의 연대 네트워크'의 중심이 됐다. 세르비아와 몬테네그로에서 온 여성들과 노비사드로 온 많은 '국제적인' 여성들 가운데는 옛 유고슬라비아의 다른 공간에서 쫓겨난 여성들이 많이 있었다.

보스니아 전쟁의 후반기에 이 연중 만남은 계속됐고, 직접적인 연락 또한 가능하게 됐다. 1995년 3월에 베오그라드의 여성 10명과 자그레브의 여성 10명은 할리데이 해변가에 있는 이스트리아(Istira)에서 모임을 가졌다. 그해 4월과 10월에는 단체들이 베오그라드에서부터 보스니아의 사라예보 그리고 투즈라 마을까지 순회 기행을 가졌다. 1995년에는, 베오그라드와 자그레브에서 온 여성들이 무슬림 여성들 그리고 참담하게 분단된 보스니아 내 세르비아인 지역에서 온 여성들과 다 함께 반자 루크에서 열린 맹아적 회의에 참석했는데, 이 또한 매우 중요하고 특색 있는 움직임이었다. 1996년, 보스니아 전쟁이 끝나고 코소보 전쟁이 발발하기 전 불안한 중간 시기에 여성과 평화 정치학에 관한 기념비적 회의가 자그레브에서 열렸다(Centre for Women's Studies 1997). 그해에 또한 AWC 여성들은 보스니아로 가서 가정폭력피해여성들을위한긴급전화(SOS)에서 활동하는 의료 훈련 자원 활동가들을 도왔다.

레파는 그 순간을 후에 이렇게 서술했다. "성 고문을 견디고, 내 남자들의 죽음을 지켜보며 생존했던 여성들이 거기에 있었다. 고문을 자행했던 가해자들의 지역에서 온 우리도 있었다. 우리 모두는 서로

가 어디에서 왔는지, 누구인지를 알고 있었다."(Žuc 1999 : 21) 그런데 공동의 가치를 나누며 서로를 다시 '알아 가는' 즐거움은 때로 오래가지 못했다. 그들은 위치성(positionality)이 굉장히 중요하다는 것, 그런데 전쟁은 사람들의 위치를 철저하게 정박시키려고 한다는 것을 재빨리 깨달았다. 가해자 집단으로 호명된 사람들은 인종 구분이 드러나는 이름을 거절하고, 인종에 따라 사람들에게 이런저런 딱지를 붙이는 것을 거부하며, 차별화되지 않은 여성의 정체성을 주장하기가 상대적으로 쉬웠다. 그러나 소위 인종 청소의 고통을 경험한 사람들은 인종을 귀속감이나 자부심의 근원으로까지 말하며, 한때 단순한 인구 범주였던 것이 선택된 정체성으로 변한 것에 대해 긍정적인 반응을 보였다. 궁극적으로 그들이 만들고자 하는 관계란 페미니즘을 이해하고 민족주의를 거부하는 정치적인 것이어야 했다. 시종일관 견지한 것은 개인의 경험을 소중히 하고 '자신과 타자를 동등하게 보살피는' 돌봄의 윤리였다. 그러나 항상 순조롭지만은 않았다. 일례로, 강간 문제는 여성들 사이에서 뜨거운 논쟁거리가 됐다. '자기편' 남자들이 행하는 강간을 포함해 모든 강간을 비난하는 사람들과, 이러한 입장을 불복종으로 간주하고 오직 '적'이 행하는 강간만을 비난하는 사람들로 나뉘어 쓰디쓴 논쟁을 벌였다. 여성들이 복잡하게 얽힌 이 논쟁의 넝쿨 속을 뚫고 나갈 수 있었던 것은 페미니즘 이론 덕분이었다. 여성들은 페미니즘을 통해, 전쟁 시 남성 집단이 여성들을 강간하는 것은 타자를 조롱하고 비인간화하려는 '의도를 나타내는' 한 방법임을 인식하게 됐다(Seifert 1995).

'그들 자신의' 공화국 내 남부 지역에서 그렇게 멀지 않은 코소보/

바의 갈등 분쟁이 깊어질 때, 제네우스르놈은 매주 리파블릭 광장에서 했던 시위의 초점을 이 문제로 돌렸다. 그들은 '알바니아 국적을 가진 시민들에게 대규모로 잔인하게 일어난 개인적·집단적 인권침해'에 대해 비난하는 집회를 열고 이 내용이 담긴 선언문을 발표하고 소책자를 나누어 주었다. 그들은 세르비아 군인들과 경찰에게 코소보/바에서 이행하는 업무를 거부하라고 요구했다. 그리고 알바니아의 비폭력 대응을 지지했다. 그러면서 그들은 알바니아 여성들과 관계를 지속할 수 있는 모든 방법을 동원했다. 『평화를 지지하는 여성들(Women for Peace)』 1998년 판이 출판됐는데, 이 책은 심각해지는 위기 현실을 분석하고 논쟁하는 내용으로 엮였으며, 노라 아메타즈(Nora Ahmetaj)와 여성 인권 센터 가운데 하나인 엘레나프리쉬티나 센터(ELENA Priština center)의 코디네이터인 나즐리 발라(Nazlie Bala)를 포함해 알바니아 여성들의 글도 몇 편 실었다. 또한 베오그라드 여성들이 코소보/바를 방문했다는 내용도 담았다(ŽuC 1998).

1999년 3월, 나토가 베오그라드에 폭격을 가하기 시작했을 때 AWC는 자신을 무력하게 만들었던 두려움에 관해 말했다. 그들은 소위 '두려움 상담 팀'을 만들어서 다른 지역의 여성들과 연락을 유지하고자 집중적으로 전화를 하고, 폭격으로 인해 생긴 공포심을 극복하도록 서로 돕는 일을 진행했다. 처음 25일 동안, 다섯 명의 전화 상담원들은 34곳의 마을 여성으로부터 378건의 전화 상담을 했다. 그러나 이제 코소보/바의 여성들과 연락을 유지한다는 것은 매우 어렵다(ŽuC 1999: 222). 그들은 나토가 개입한 새로운 현실보다 세르비아의 공무원들, 군대, 경찰, 그리고 지역 극단주의자들이 만든 예전 현실이 더 두렵게 느껴졌다. 한 베오그라드 여성은 이맘때 일을 이렇게 기술했다. "내가 도덕적으로, 정서적으로 해야 할 일은 (애처롭게 들린다 할지라도) 많은 시간을 들여서라도 프리쉬티나로 오는 전화가 연결되도록 하는 일이에요."(같은 책: 183) 제네우스르놈은 "지상에는 밀로셰비치, 공중에는 나토 사이에 갇힌 채" 이제 시위를 금지했다. 또한 나토의 폭력에 대해 비판하는 일을 거부했다. 그들은 걱정스럽게 이메일을 읽는 나머지 사람들에게, 우리가 우리의 정권을 비판할 수 없다면 나토를 비난하지 않을 것이라고 말했다. 반드시 우리를 위해 이것을 해라(같은 책: 27)!

개인적인 것이 국제적이다

옛 유고슬라비아 시절, 군사주의와 민족주의 그리고 전쟁을 반대했던 제네우스르놈의 활동 역사와 한층 더 광범위하게 활동했던 여성들의 운동은 서구 유럽이나 그보다 더 먼 지역에서 일어난 여성들의 반전운동 역사와 분리될 수 없다. 여성들은 그 당시 전면전이 일어나는 지역과 이와 다르게 평화로운 유럽을 분리하는, 이 경계를 횡단하면서 교류하는 일에 집중했다. 제네우스르놈에게 이 국제적 교류는 단지 보기 좋은 치장이 아니라 생존을 위해 필요하다고 느끼는 어떤 것이었다. 그들은 "개인적인 것이 정치적이다."는 페미니즘 슬로건을 "개인적인 것이 국제적이다."는 슬로건으로 확장시킨 셈이다(Žuc 1994: 1).[18]

이탈리아 여성들은 이미 1980년대 후반에 레바논과 팔레스타인 점령지, 이스라엘을 방문하면서 전쟁으로 곤궁에 처한 나라들과 국제적인 연결을 만들기 시작했다. 토리노, 로마, 볼로냐의 여성들이 가담했다. 엘리자베따 도니니(Elisabetta Donini)는 말했다. "우리는 양편의 여성들 모두에게 연락해서 전장의 그곳에 첫발을 내디디려고 애썼어요." 1988년 여름, 그들은 예루살렘에 여성평화 캠프를 조직했다. 이탈리아의 몇몇 도시에서 모여든 68명의 여성들이 참석했다. 이 기행 집단은 어려운장소를방문하는여성(Visitare Luoghi Difficili organization)이라는 이름을 선뜻 취하려 했다. 이스라엘에서는 이미 2장에서 말한 대로, 이탈리아의 많은 여성들이 위민인블랙 시위에 참석하면서, 이탈리아 전국에서 온 다양한 단체들은 돈네인네로라는 이름을 택했다.

1991년 여름, 주류 조직인 이탈리아평화협의회(Associazione per la Pace)의 회원들과 여기에 소속된 몇몇 여성들은 세르비아와 크로아티아 여성들과 연락선을 만들고, 유고슬라비아에서 일어날 임박한 전쟁에 반대할 수 있는 공동의 방법들을 의논하고자 베오그라드로 갔다. 베로나의 마리아로사 관달리니(Mariarosa Guandalini)도 동행했다. 베오그라드에서 마리아로사는 스타샤 자요비치, 레파 므랏예노비치, 네다 보지노비치(Neda Bozinović)를 비롯해 여러 사람들을 만났던 당시의 이야기를 들려주었다. "그들은 우리에게 인사하고 따뜻하게 포옹했어요. 그 당시 임박한 전쟁에 대해 어떻게 대비해야 하는지, 어떻게 대응해야 하는지 누구도 몰랐어요." 슬로베니아와 이탈리아의 접경 지역에서 그렇게 멀지 않은 이탈리아의 북부 도시에 사는 마리아로사와 같은 여성들은 유고슬라비아에서 일어날 전쟁의 징후를 예민하게 감지했다. 그해 9월에 그들은 평화기행단을 조직해, 분열되고 있는 유고슬라비아 내 새로운 에스닉 경계들을 횡단하려 했다. 1990년대 내내 그랬고, 지금까지도 페미니스트들은 이탈리아와 유고슬라비아를 오가며 지속적으로 횡단하려 할 것이다.

스페인의 경우에도 이와 유사한 운동이 일어났다. 의미심장하게도, 페미니즘을 표방하는 색다른 반군사주의 운동이 스페인에서 펼쳐진 것은 옛 유고슬라비아 여성활동가들과의 교류 덕분이었다. 1992년 전쟁이 크로아티아에서 보스니아로 전이됐을 때, 양심적병역거부 운동(Movimiento de Objectión de Conciencia, MOC)의 남성들은 유고슬라비아의 전쟁 저항자들을 만나기 위해 유고슬라비아를 방문했다. 그들의 분석과 활동에 깊은 감동을 받았던 제네우스르놈은 베오그라드에서 그들을 따뜻하게 맞았다. 마드리드 MOC 여성 회원들은 여행을 마치고 돌아가면서, 제네우스르놈의 스타샤 자요비치를 스페인으로 초청했다. 여러 도시의 단체들과도 협력 관계가 있었던 그들은 스타샤의 순회강연을 조직한 것이다.

MOC 여성들은 여성과 남성으로 조직된 혼성 단체에서 반군사주의 활동을 했지만, 특정하게 페미니즘 비평과 활동을 전개했다. 마드리드 위민인블랙의 회원인 마리아 델 마르 로드리스 히메나(María del Mar Rodríguez Gimena)는 2004년에 만났을 때, 혼성 조직 내에서 "보통 그렇듯이" 여성들이 어떻게 "이중적으로 투쟁해 왔는지" 말했다. 알무데나 이스끼에르도(Almudena Izquierdo)가 기술했듯이, 마침내 그들은 "MOC에는 우리가 추구하는 이념을 모색할 공간이 넉넉하지 않았다. 우리는 여성에 관해 그리고 민족주의와 군사주의에 관해 토론할 고유의 공간이 필요하다."는 것을 알았다. 그중 몇몇 마드리드 여성들은 MOC와는 별도의 조직을 만들었다. 곧 그들은 스페인의 다른 곳에 자기들과 유사한 반군사주의 활동을 벌이는 페미니즘 조직들이 있다는 것을 알았다. 그해 말에, 반군사주의 활동을 전개하는 여성들은 메리다에서 만남을 가졌다. 베오그라드 제네우스르놈의 여성들은 스페인의 대대적인 지원 덕분에 여기에 참석할 수 있었다. 꼰차 마르띤 산체스(Concha Martin Sánchez)는 그 당시 자신들이 무엇을 했는지 아래와 같이 회상했다.

> 한 일들을 널리 알리고 유포하는 일을 했어요. 우리의 목적은 전쟁 상황에 있는 여성들이 전쟁에 대한 대안을 말하도록 하고, 여기 있는 사람들이 이를 알도록 하는 것이었죠. …… 우리가 그들에게 주었던 (재정적인) 도움은 인도주의라고 볼 수 없어요. 그것은 교류였어요. 우리는 지역과 글로벌 차원에서 반전과 반군사주의를 위해 일하는 그들에게 많은 것을 배웠거든요.

연대 활동이 활발해지면서, 베오그라드의 위민인블랙은 스페인 전역에 상당히 알려지게 됐다. 그래서 군사주의에 반대하는 페미니스트 운동이 전국적으로 등장하면서 많은 단체들이 위민인블랙, 곧 무헤레스데네그로(Mujeres de Negro)라는 이름을 택했다. 1990년대 중반까지 '무헤레스데네그로' 단체들은 여러 지역 가운데서 마드리드, 카스테욘, 팔마 데 마요르카, 세비야, 발렌시아, 사라고사에 존속했다. 그들은 옛 유고슬라비아의 여성들이 진행하는 프로젝트의 기금을 마련하고 재충전의 휴식이 필요한 여성들을 초청하며 언론 홍보를 주선하기도 했다. 동시에 스페인 여성들은 유고슬라비아 지역을 방문하고 노비사드에서 열리는 모임에 매년 참석했다.

위민인블랙 네트워크가 점점 성장하면서 그들의 '국제주의'적 활동은 특별히 까딸루냐에서 일어났다. 세르비아의 수도인 베오그라드 여성들과의 연락은 크로아티아와 보스니아 여성들보다 소원한 편이었다. 1993년 초, 한 여성단체가 바르셀로나에서 회합을 가지고 행한 첫 번째 활동 가운데 하나는 자그레브에 있는 여성전쟁희생자센터(Centre for Women War Victims)를 방문하는 일이었다. 방문을 마치고 돌아오면서 그들은 보스니아에서 피난 온 여성들과 접촉을 시도했다. 여성 피난민들은 까딸루냐에서도 허용되는 지역에 산발적으로 거주했다. 그 단체는 여성 피난민들을 방문해 지원했고 서로 만날 수 있는 환경을 마련했다. 이 바르셀로나 단체는 자신을 위민인블랙이라고 자처하지 않았다. 그들은 (까딸루냐어로) '도네스뻬르도네스(Dones per Dones)'라고 불렸는데 실제로 뜻하는 바는 '거기 여성을 지지하는 여기 여성'이라는 말이다. 그들이 전개한 교류와 협력 활동은 팔레스타인/이스라엘, 콜롬비아, 아프가니스탄, 러시아, 그리고 체첸에 있는 여성조직들과의 관계로 곧 이어질 것이다.

이탈리아와 마찬가지로 스페인에서도 여성들이 제네우스르놈과 연결돼 베오그라드 여성과 연대 활동을 펼치는 일은 여성들이 전개하는 운동의 성격과 목적을 더 깊게 생각하도록 했다. 우리가 보았듯이, 전쟁은 페미니즘 이론 분석을 폐쇄하기는커녕 촉진시켰다. 짧은 논문, 토론 기록, 소책자나 단편적인 수사학적 표현과 같이 비록 산발적이긴 하나, 민족주의와 군사주의 그리고 가부장적인 사회구조를 명료하게 개념화하거나, 이러한 것들이 서로 맞물린 권력관계 안에서 여성의 몸이 인질로 여겨지는 것을 잘 드러내고 해명하는 작업은, 베오그라드 현장에서 전개된 운동의 실천으로부터 등장했다. 그래서 꼰차는 이렇게 말했다. "그들은 발칸반도에서 나타나는 '사회적 군사화'에 관해 이야기함으로써 우리가 생각하는 데 도움을 주었어요. 그들은 유고슬라비아의 전쟁들을 특별한 관점으로 보게 했어요. 언론이나 국제 공동체들이 제시하는 것과는 다른 방식으로 말이죠."

하지만, 이론은 두 가지 방향으로 움직였다. 1992년 9월, 어려운장소를방문하는여성들의 회원인 이탈리아 여성들은 볼로냐에서 '다양한 여성들, 하나의 지구(Many Women, One Planet)'라는 제목으로 회의를 조직했다. 플로야 안시아스(Floya Anthias), 니라 유발-데이비스(Nira Yoval-Davis)와 신시아 인로(Cynthia Enloe)가 당시 발행한 저술은 근본주의와 민족주의, 군사주의와 관련된 기본적 주제들을 젠더의 입장에서 일반적으로 이해하는 데 도움을 주는 주요한 자료였다(Anthias and Yuval-Davis 1989; Enloe 1989). 이번에는 이탈리아 여성들과 다른 유럽 지역의 몇몇 여성들 외에도 팔레스타인과 이스라엘의 여성들이 참여했다. 그렇지만 회의에서 미리 준비된 주제는 세르비아와 크로아티아 사이에 계속되는 전쟁 문제가 먼저였고, 그다음은 지역을 확대해 유고슬라비아 전 지역을 문제 삼았다. 페미니즘 이론이 유고슬라비아와 이스라엘/팔레스타인처럼 전쟁으로 황폐해진 지역의 여성들과 서구 유럽 나라들에서 활동하는 여성들 사이를 관통하며 공유될 수 있는 것은 볼로냐 회의와 같은 국제회의가 가진 장점이었다.

세르비아의 위민인블랙인 제네우스르놈은 베오그라드의 리파블릭 광장에서 다양한 색깔로 만들어진
실크 평화 깃발을 들고 시위를 한다. 깃발은 이탈리아 여성들이 가져왔다.

제네우스르놈은 유고슬라비아의 전쟁들이 종결된 후에도 오랫동안 세르비아 사회를 여전히 변형시키고 있는 군사주의와 민족주의에 대해 반대하는 일을 대중적으로 지속한다. 그들은 범죄행위와 책임성의 문제를 거론하면서, 민족주의 전쟁들이 탄생시킨 여성으로서 함께 협력해 일한다.

다양한 여성들, 하나의 지구라는 이 회의는 볼로냐에 있는 첸트로 데 도쿠멘타찌오네 델레 돈네(Centro de Documentatzione delle Donne, 여성기록센터)가 조직했는데, 그중 핵심적인 역할을 맡은 이가 라파엘라 람베르띠(Raffaella Lamberti)였다. 그녀와 엘리자베따 도니니는 젠더와 정체성에 관해 생각하고 글을 쓰는 중이었다. 정체성이란 지금 되는 것이라는 개념으로서, 이탈리아에서는 다른 지역에서와 마찬가지로 태어나고 성장하면서 달성하는 어떤 것으로 정체성을 이해하지 않았다. 오히려 정체성은 어느 정도 개인의 행위성이 발휘되면서 유동적이고 다층적이며, 변화하면서 구성되는 것이다.[19] 회의에 참석한 많은 여성들은 그들이 겪고 있는 민족주의적 갈등 때문에 자신들이 '부여받은' 민족적 정체성을 심히 불편하게 여겼다. 그러나 동시에 그들은 여성들이 공유하는 정치학을 '여성'이라는 공통의 정체성 안에서 찾을 수 없다는 것 또한 깨달았다. 그들은 위치성, 말하자면 권력 구조 안에서 다른 위치에 서 있다는 것을 알았다. 그들은 교차성(intersectionality), 곧 개별적으로 인종, 국가, 종족 그리고 종교와 같은 식별 체계들과 서로 관계를 갖는다는 점을 인지했다. 이 정체성들이 너무나 복잡하고 예측할 수 없다면, 누구의 자아감도 자신이 부여받은 '이름'에서 죄다 파악되는 것이 아니라, 모색되고, 검증받고 협상돼야 한다. 우리가 서로를 알고 정치적으로 함께 행동할 수 있는 근거는 오로지, 또는 궁극적으로 가치들을 공유할 수 있다는 데 있다. 볼로냐 회의에서 공동의 근거는 갈등의 '정당한 해결을 발견하려는' 헌신이라고 볼 수 있다.

이맘때, 이탈리아 여성들은 이탈리아 페미니스트를 묘사하는 주요한 용어 가운데 뿌리내리기(rooting)와 이동하기(shifting)라는 요긴한 말로 초국가 운동을 가동시켰다. 말하자면, 우리 각자는 '자신의 소속 감과 정체성 안에 뿌리내리지만(rooting), 동시에 다른 소속감과 정체 성을 가진 여성과 교류하는 상황에 자신을 두기 위해 옮겨 다니려는 (try to shift) 것'을 뜻한다. 유발-데이비스가, 그리고 후에 나도 '횡단 의 정치학(transversal politics)'이라는 말로 정교하게 설명했던 것을, 그들은 '폴리티까 트라스베르살레(politica trasversale)' 곧 정치적인 횡단이라는 개념으로 발전시키기 시작했다(Yuval-Davis 1997, 1999; Cockburn 1998; Cockburn & Hunter 1999). 지금까지 기술한 대로, 유 고슬라비아 여성들은 적대적인 민족주의적 이름들을 거부했다. 그리 고 그들은 그들 나름대로의 관계에서 다름과 귀속을 협상해 온 이 길 고 긴 고생스런 과정에 분명히 전쟁 내내 횡단하는 정치학을 새롭게 만들었다. 이에 대해서는 7장에서 더 논할 것이다. 지금은 제네우스 르놈의 최근 이야기로 전쟁 이후 그들이 어떤 활동을 펼치는지 살펴 볼까 한다.

전쟁이 끝나고
: 죄의식에서 책임성으로

2005년 10월, 나는 이 연구를 위해 제네우스르놈을 방문했는데, 실 질적으로는 이틀 동안 진행되는 여성들의 평화 정치학(Women's Peace Politics) 세미나에 참석하러 온 것이었다. 베오그라드 여성들도 여기에 참석했는데, 이 세미나는 세르비아 내 여타 도시들의 여성들과 보스니아-헤르체고비나의 여성들이 주선한 것이었다. 처음에는 육 보그다노바(Jug Bogdanova)에 있는 아파트에서 사람들을 만나고 인터뷰하면서 며칠을 보냈다. 이 사무실은 마치 구베오그라드의 시장과 버스 정류장에서부터 뻗어 있는 그 동네의 길처럼, 세르비아의 다른 도시들과 크로아티아, 보스니아-헤르체고비나 그리고 옛 유고슬라비아의 나머지 지역과 세계 다른 많은 나라의 여성들로 확장되는 활동의 중심지이다. 그래서 참 분주한 곳이다. 스타샤는 코디네이터이며, 제네우스르놈에서 하는 작업과 책임을 전반적으로 함께 나눈다. 언제라도 동시에 그들은 워크숍을 기획하고 시위를 준비하고, 이메일에 답하며, 국제적인 위브 네트워크에 보낼 소식을 쓰며, 간행물을 편집하고, 인쇄 주문을 한다. 또한 방문자를 맞이하고, 여행을 준비하고, 기금 마련을 위해 사업 계획서를 작성하며, 장부 기록을 하고 재정 관리도 한다. 그들은 출판물을 정기적으로 생산하고, 매년 상당한 양의 기록을 남기며, 『평화를 지지하는 여성(Women for Peace)』이라는 연속 간행물을 세르비아어, 영어, 어떤 때는 다른 언어로도 출판한다.

　여성들의 평화 정치학 세미나에서 나는 제네우스르놈이 최근 무슨 일을 하고, 여성들은 무슨 생각을 하는지를 파악할 수 있었다. 전쟁이 끝난 후, 난 그들이 했던 활동의 범위와 강도를 감지하기 시작했다. 그들은 전쟁 때문에 국내 여행도 쉽지 않고, 통신도 원활하지 않았던 곤경을 오래 전부터 해결하려 했다. 하인리히-뵐 스티프퉁(Heinrich-Böll Stiftung)이 주로 지원하는 5년 보조금으로, 그들은 페미니즘, 반민족주의 그리고 반군사주의 문제에 관한 지속적인 워크숍을 세르비아의 다섯 개 지역에서 조직했다. 이러한 다양한 활동으로 인해(ŽuC 2005) 위브가 마치 세계적인 조직인 것처럼 알려져, 더 이상 그들도 단순한 '베오그라드 위민인블랙'이 아니었다. 그들은 세르비아와 몬테네그로의 다른 많은 지역 회원들과 네트워크를 구성한다. 스탸사가 기술했듯이, "베오그라드 사무실은 우리 공동의 집이고, 연대를 위한 공동의 장소"이다.

10월에 개최된 이 워크숍에는 약 30명이 참석했다. 나타샤는 지비야 샤렌카비치(Zibija Šarenkapić)와 파트너십을 이루며 행사를 진행했다. 지비야는 세르비아의 산쟈크 지역 내 노비 파자르라는, 상당수의 무슬림이 거주하는 마을의 비정부단체인 다마드문화센터에서 일했다. 스탸사는 상황 설정을 했다. 그러나 그녀는 다음과 같은 상황들을 강조하진 않았다. 참석자들이 세르비아와 몬테네그로 **그리고** 보스니아-헤르체고비나 양편에서 왔다는 것, 그리고 보스니아 여성들은 이슬람-크로아티아계 연방과 스르프스카 공화국 두 곳에서 왔다는 것, 그래서 참석자들은 최근 무력 분쟁 속에서 민족주의 군대에 의해 서로 적이 되고, 그렇게 구성된 '이름들'을 가진 자들이라는 것을 말이다. 스탸사는 이 워크숍의 목적을 간단히 말했다. "우리는 여성들의 연대와 우정, 믿음과 신뢰를 만들고자 합니다. 이것들은 군사주의에 저항하는 도구지요." 스탸사는 여성들에게 특정한 집단 정체성에 매이지 않고, 개인으로서 서로 부르고 말하도록 했다. 또한 가부장적 사회가 여성들에게 양육의 역할을 할당하고 '평화로운' 특정 가치를 부여했지만 이런 것들은 사회적으로 구성됐다는 점을 잊지 않도록 했다. 우리 모두는 여성이 전쟁범죄와 관련됐다는 것도 안다. 스탸사는 우리가 군사주의와 민족주의에 반대하는 여성으로서 함께 행동할 수 있는 것은 기본적으로 여성이기 때문이 아니라, 오직 정치적인 활동과 지식 그리고 정치적인 선택이 있었기에 가능했다고 말했다.

여성들의 이야기를 들어 보니, 위협적인 시대에 여성들이 어떤 느낌으로 사는지 얼른 감지할 수 있었다. 밀로셰비치는 2000년 9월 24일 선거에서 패배했다. 그리고 10월 5일에 대중 시위에 의해 권좌에서 밀려났다. 그 뒤를 이어 보이슬라브 코슈튜니차(Vojislav Koštunica)가 대통령이 됐다. 그러나 2000년 이후, 코소보/바의 문제는 여전히 해결되지 않은 채 이제 겨우 시작한 전쟁범죄에 대한 재판을 앞둔 상황에서 조란 쥔지치(Zoran Djindjić) 총리가 암살됐다. 그때 세르비아계의 '종교적' 민족주의가 다시 살아났고, 급진당(Radical Party)은 높은 투표율을 요구했으며, 민주주의가 지속될 것인가에 대한 전망은 불투명했다.

나는 지비야와 스타샤에게 이 세미나에서 무엇을 기대하는지를 물었다. 지비야는 회의에 참석한 여성들은 여성의 전통적인 역할을 여전히 중시하는 지역에서 온 사람들이며, 더욱이 한 지역 공동체와 '다른' 공동체의 여성들 사이에 어떤 연대감도 확실하지 않은 곳에서 왔다고 했다. 이러한 상황에서 "당신이 의지할 수 있는 유사한 생각을 지닌 여성이 여기에 있다."는 느낌을 참석자에게 준다는 것만으로도 이 모임은 가치가 있을 것이다. 최선을 다한다 해도, 그들은 앞으로 어떤 공동 활동을 함께 기획할 수 있을지 장담하지 못한다. 스타샤가 설명하길, 제네우스르놈은 '화해'라는 용어를 사용하지 않는데, 이 개념은 "우리가 논쟁을 해야 하는 각자가 다른 사람들임을 암시한다."

는 것이다. 그들 모두 이미 유고슬라브인들이었다. 그들은 유사성과 공동 경험을 나타내는 모든 표식을 말살하려 한 민족주의 정치가들과 군사주의자들에 의해 이름 붙여지고 분리됐다. 그러므로 여성들이 하고자 하는 일은 '화해하는' 문제가 아니라, 임의적으로 사람들을 가르는 장벽들을 거부하고 연결을 다시 만들며 연대를 위한 정치적 근거들을 찾는 문제였다.

이 토론이 얼마나 중요한가는 워크숍에 참석한 여성들이 어떠한 환경에 있는가를 보면 더 분명해진다. 보스니아의 스레브레니차(Sre-brenica)와 브라투나츠(Bratunac) 마을에서 온 여성들이 이 회의에 참석했다. 이 마을들은 종전과 함께 스르프스카 공화국이 된 영토에서 단지 11킬로미터 떨어져 있었다. 전쟁 전에 스레브레니차의 인구는 3만 7000명을(무슬림 80퍼센트, 세르비아인 20퍼센트) 기록했다. 브라투나츠에는 3만 2000명의 거주자가(무슬림 68퍼센트, 세르비아인 32퍼센트) 있었다. 1992년 사건이 일어났을 때, 보스니아 군대는 이 지역에 거주하는 세르비아인을 무수히 죽였다. 그리고 나서 세르비아 민족주의 군대가 접근하니까 많은 무슬림들은 브라투나츠와 거주하던 지역을 황급히 떠났다. 그래서 유엔군이 보호하기로 된 지역인 스레브레니차에는 인구수가 늘어났다. 그러나 유엔의 존재에도 불구하고, 1995년 7월 11일, 세르비아 극단주의자들은 어림잡아 만 명의 무슬림을 대량학살했다. 700명의 여성 피해자들이 기록에 포함되지 않았기에, 피해자들 대부분은 남자와 소년들이었다. 살아 있는 무슬림들은 거의 대부분 그 지역을 떠나 보스니아에서 무슬림이 통치하는 지역이나 국외에 (장단기 동안) 거주했다. 그 당시 많은 보스니아 내 세르비아계 또한 크로아티아인과 무슬림 전사들에게 살해를 당했다. 세 공동체의 (그리고 코소보인들) 생존자협의회들은 유해발굴과신원확인을위한국제기관 (International Institution of Exhumation and Identification)의 지원을 받아 공동 협력 사업을 한다.

스레브레니차와 브라투나츠의 무슬림 생존자들이 활동하는 두 단체가 이 세미나에 참석했다. 한 조직은 실제로 지금 보스니아계 세르비아인의 소국가에 거주하려는 무슬림의 귀환을 지지하는 단체이다. 다른 조직은 귀환을 지지하지 않는 단체이다. 일부 수천 명의 무슬림들은 귀환했으나 조직의 지지가 거의 없이 이전의 '적들'에게 위협받는 환경에서 고립된 채 산다. 또한 그 회의에는 브라투나츠 마을과 인접한 마을인 크라비카(Kravica)에 있는 보스니아계 세르비아의 세 단체에 소속된 여성들이 참석했다. 보스니아 중앙 지역에서 피난 온 수천 명의 보스니아계 세르비아 피난민들은 전쟁 가운데 여기에 정착했다. 그래서 오늘날 이 지역은 무슬림 귀환자들의 고립 지역과 함께 세르비아인이 압도적으로 많은 지역이 됐다. 사실상 아주 적은 수의 여성조직들이 어렵게 살림을 꾸려 가려고 한다는 것 외에 보스니아계 세르비아인과 보스니악(Bosniak) (무슬림) 공동체 사이에 건설적인 접촉은 없었다. 브라투나츠에서 온 한 여성이 다음과 같이 말했다. "우리 마을 주변에는 보이지 않는 경계가 있어요. 용감한 몇 여성들은 이 선을 넘었어요." 그래서 세미나에 참석한 보스니아계 세르비아의 세 단체에 소속된 여성들의 존재는, 그들과 함께 참석한 세르비아 여성들이(산쟈크를 포함해) 환대하고 지지했던 무슬림 생존자협의회 소속 여성들과 함께 매우 뜻깊은 것이었다. 그리고 이런 점은 제네우스르놈이 어떤 조직인가를 보여 주는 특징이기도 했다.

워크숍에서 내가 경청했던 토론의 주요한 주제는 책임성과 죄의식의 관계였다. 제네우스르놈은 한 개인이 집단적 죄의식에 붙들려 있다면 이롭지 못하다는 신념을 확고히 가졌다. 여성들은 죄의식에 빠질 수 있는 상황에 있었고, 이것은 자기혐오, 분노, 궁극적으로는 더한 폭력으로 이어진다. "나는 책임이 있다. 그러나 죄책감은 없다."고 말하는 것이 낫다. 그러나 여성들 모두에게 당면한 현실은 그렇게 호락호락하지 않았다. 한 여성은 이렇게 말했다. "내가 사는 마을에서 여전히 자유롭게 다니는 범죄자들을 우리는 봐야만 합니다. 심지어 그들은 훌륭한 살인자이고 강간자이며 수많은 집들을 불태운 사람들로 여겨지므로 경찰에서는 진급도 합니다." 이에 화답하는 듯 이어지는 또 다른 여성의 이야기는 놀라웠다. "내게는 형제 한 명이 있어요. 그가 처벌받기를 희망합니다." 특히, '세르비아의' 여성들은 세르비아 민족주의 군대가 그들의 이름으로 자행했던 범죄에 대해, 또한 앞으로 무슨 일이 일어날지 생각조차 못했다는 점에 대해, 그리고 이러한 일들을 거부하는 입장에 서지 못한 점에 대해 깊은 죄의식에 노출되기 쉽다. 그러나 범죄는 양편에서 다 자행됐다. 이것은 '피해자들이 위계화'("우리는 너보다 더 고통을 받았어.")되지 않은 방식으로 인지돼야 한다. 대안은 우리가 과거에 무슨 일이 일어났는지 더 자세하게 알려고 하는 노력이고, '우리의 이름으로' 이루어졌던 범죄를 인식하는 일이며, 미래를 위해 스스로 선택하고 행동하면서 그것에 대해 책임을 지는 것이다.

4장

타자화의 거부:

팔레스타인과 이스라엘 여성

†

　4장에서 나는 종족민족주의를 기반으로 한 또 다른 형태의 정치 프로젝트로 인해 극심한 고통과 무력 갈등을 겪는 한 지역에 주목하려 한다. 이곳에도 정치가와 군사주의자들이 설정해 놓은 반목과 적대를 거부하며 이에 저항해 온 여성들이 있다. 이 여성들의 경우는 독특한 성격을 띠는데, 이들은 서로 다른 세 정체성 그룹, 말하자면, 이스라엘 유대인, 이스라엘이 점령한 지역에 사는 팔레스타인인, 그리고 팔레스타인계 이스라엘인, 곧 이스라엘 내에서 시민으로 사는 팔레스타인인을 대표한다. 이 장에서는 두 여성단체를 살펴볼 것인데, 이들은 이스라엘에 있는 밧샬롬(Bat Shalom, 평화의 딸)과 점령지 동예루살렘에 있는 예루살렘여성센터(Jerusalem Center for Women, JCW)이다. 이 두 단체는 소위 예루살렘링크(Jerusalem Link)라는 동맹을 결성했다. 이스라엘 유대인과, 1967년에 이스라엘이 설정한 국경의 내부와 외부에 사는 팔레스타인들, 이 세 행위자들의 존재는 오랜 역사의 산물이며 당연히 그 역사는 서로 다르게 해석돼 왔다. 이에 나는 시온주의자와 반시온주의자 양쪽의 자료를 모두 참조해 간단히 그 역사적 배경을 검토하고자 한다.(참고: Davis 1987; Said 1995; Stasiulis and Yuval-Davis 1995; Sachar 1996.)

이스라엘의 탄생

: '독립' 또는 '대재앙'

이스라엘은 1948년에 세워졌다. 19세기 후반부터 여러 나라 유대
인들 사이에는 시온주의 운동이 불기 시작했으며, 이 운동으로 유대
인들은 유대교 성소들이 있는 팔레스타인으로 이주하기 시작했다. 시
온주의 운동은 팔레스타인을 마치 사람이 살지 않는 무인 지대인 것
처럼 왜곡되게 표현했다. 그러나 실제로 당시 팔레스타인에는 기독교
인이건 무슬림이건 상당히 많은 사람들이 거주했는데, 대다수가 아랍
인이었다. 제1차 세계대전이 종결된 후 팔레스타인은 영국의 위임통
치를 받았다. 제2차 세계대전이 종결될 즈음, 수세기에 걸쳐 곳곳에
서 벌어진 유대인 주거지(diaspora)에 대한 박해에 더해 나치 독일이
저지른 대학살로, 팔레스타인에 유대 국가를 건설하려는 유대인들의
움직임은 국제적으로 큰 지지를 얻게 됐다.

1947년 11월 29일, 유엔총회는 결의안 181을 통해 잠재적으로 팔
레스타인 지역을 두 개의 국가로 분할했다. 결의안에 의하면, 유대인
국가는 위임통치가 됐던 팔레스타인의 57퍼센트 영토를, 아랍인 국
가는 나머지 43퍼센트를 차지하기로 했다. 수십 년에 걸쳐 유대인들
이 팔레스타인으로 이주했지만, 당시 전체 유대 인구는 50만 명이 채
되지 않았다. 심지어 유엔이 정한 이스라엘 영토 내에서조차, 근소한
차이기는 했지만 유대인은 아랍인보다 적었다(Davis 1987: 22). 그러
나 시온주의 국가를 건설하는 과정에 수반된 전투에서 이스라엘은 총
81퍼센트, 곧 유엔이 지정한 것보다 24퍼센트 더 많은 땅을 차지했

다. 대략 100만 명으로 추산되는 팔레스타인 인구 가운데 75만이 이러한 이스라엘의 인위적인 국가 경계선에 의거해 추방됐는데, 그중 15만 정도는 살던 집과 토지를 빼앗기고 이스라엘 내부로 강제 이주돼 군의 통치를 받으며 살게 됐고, 나머지 다수는 근접한 레바논과 요르단의 난민 캠프에서 살게 됐다. 이스라엘 유대인들은 1948년을 '독립'의 순간으로 기념한다. 팔레스타인인들은 그들이 어디에 살든, 1948년을 나크바(Nakhba), 곧 '대재앙'의 순간으로 애도한다.

이후 20년 동안 이스라엘과 근접 아랍 국가들 사이에는 산발적으로 접전이 계속 이어졌다. 1964년에 팔레스타인해방기구(PLO)가 설립됐는데, PLO는 이스라엘을 국가로 인정하지 않음에 따라 이스라엘 정규군에 맞서 무장투쟁을 전개했다. 1967년, 이스라엘은 요르단(요단강의 웨스트뱅크)과 이집트(가자와 시나이 반도), 그리고 시리아(골란고원)의 영토를 강점했다. 이후 시나이 반도는 평화 협상을 통해 이집트에 반환됐지만, 다른 세 지역은 여전히 이스라엘이 점령하고 있다. 이렇게 해서 상당수 팔레스타인 사람들이 이스라엘 통치 하에 놓이게 됐다.

강점 후 20년이 지난 1987년, 비교적 비폭력적인 저항운동인 인티파다가 점령지에서 시작됐다. 서구 정부들은 연이어 평화 협상을 추진했다. 특히 1993년의 오슬로협정은 이스라엘과 PLO 사이의 상호 국가 인정을 이끌어 냈고, 웨스트뱅크와 가자에 그간 오랫동안 약속됐던 팔레스타인 국가를 설립하기로 결정했다. 그러나 이스라엘 정부는 오슬로협정을 이행하지 않은 채, 대신 그 지역들에 유대인들의 정착을 육성하는 한편, 팔레스타인 사람들에게는 봉쇄 조치를 한층 강화해 더욱 그들의 이동을 제한했다.

2000년, 미국의 캠프 데이비드에서 새로운 평화 협상이 열렸지만 결렬됐다. 9월 28일, 당시 이스라엘 야당 지도자 아리엘 샤론은 의도적으로 예루살렘에 있는 알-아크사(Al-Aqsa) 사원을 대대적으로 방문했다. 마치 무슬림 성지를 유대인의 것이라고 주장하는 것 같은 샤론의 이러한 행보는 팔레스타인의 여론을 극도로 자극했다. 팔레스타인 사람들의 분노에 찬 저항은 점령지뿐 아니라, 이례적으로 이스라엘에 사는 팔레스타인 주민들 사이에서도 일어났다. 이스라엘군의 유혈 진압이 잇달았다. 13명의 팔레스타인계 이스라엘 주민이 경찰의 진압으로 숨졌다. 이렇게 시작해서 계속 이어진 팔레스타인 봉기는 소위 '제2차 인티파다'로 불린다. 국제엠네스티 보고서는 2000년 10월에 일어난 사건들에 대한 이스라엘의 행동을 다음과 같이 정리했다.

> 이스라엘 군대는 처음부터 치안 유지와 법 집행을 폐기하고, 일반적으로 무력 분쟁에서나 사용되는 군사 조치를 취했다. 인구밀도가 높은 팔레스타인 거주 지역의 가옥과 토지, 기간 시설을 빈번히 공습하고 탱크로 폭격했으며, 교통을 봉쇄하거나 통행금지 연장을 통해 실질적으로 팔레스타인 주민들을 집에 감금시키는 등, 민간인들에게 과도하고 부적절한 무력행사를 일상적으로 감행했다.(Amnesty International 2005)

이에 맞선 보복으로, 점령지 내에서 무장 저항이 일어났을 뿐 아니라, 이스라엘 민간인들을 대상으로 한 하마스와 이슬람 지하드의 자살 폭탄 공격이 이어졌다. 엠네스티 보고서는 2000년 10월 제2차 인티파다가 시작된 후 4년 반 동안의 사상자수를 집계했다. 3200명이 넘는 팔레스타인 사람들이 이스라엘 군에 의해 살해됐고, 그중 아동은 600명 이상, 여성은 150명이 넘는다. 또한 100명 이상의 아동과 300명 이상의 여성을 포함해 1000명이 넘는 이스라엘인들이 팔레스타인 무장 세력에 의해 숨졌다. 부상자는 수천을 넘는다. 대부분의 희생자들은 어느 쪽의 무장 대결에도 가담하지 않은 무방비 상태의 민간인들이었다(같은 책).

또한 이 보고서는 점령이 팔레스타인 여성들의 삶에 심각한 영향을 미친다는 것을 강조하고, 여성 개개인들의 증언을 소개했다.

> 웨스트뱅크와 가자지구 팔레스타인 여성들은 거의 평생을 이스라엘의 강점 하에서 살아왔으며, 자신들의 권리를 확보하기 위해서는 삼중의 벽에 도전해야 한다. 곧 이스라엘 군대의 점령 하에서 일상생활 면면을 통제받으며 살아가는 팔레스타인인으로서, 가부장적 관습이 지배하는 사회의 여성으로서, 그리고 차별적인 법이 횡행하는 이스라엘 사회의 동등하지 못한 구성원으로서 말이다. 수십 년간 이스라엘의 강점 하에서 사는 동안 팔레스타인 사람들은 전반적으로 개발의 기회를 거의 박탈당했으며, 특히 팔레스타인 여성들에 대한 폭력과 차별은 증가했다.(같은 책)

대 중동 정책에서 이스라엘의 안보를 최우선시하는 미국 정부는 연간 약 30억 달러의 원조를 제공하는데 그 대부분은 군사적 지원이다.

역대 미국 행정부는 이스라엘에게 팔레스타인인들에 대한 약속과 의무를 이행할 것을 요구했지만, 이스라엘의 불이행에 대해 경제적·군사적 지원을 철회하겠다고 위협한 적은 없다. 2000년 10월 사건들이 발생한 이래 이스라엘과 팔레스타인 당국 사이에는 그 어떤 공식적 평화 협상 노력도 전혀 이루어지지 않았다.

'팩츠 온 더 그라운드' *
: 이스라엘의 독단적 행보

2002년, 아리엘 샤론 치하 이스라엘 정부는 웨스트뱅크에 26피트 높이의 콘크리트 벽을 쌓기 시작했는데, 그 길이가 420마일에 이르는 장벽이 됐다. 이스라엘 정부는 이 벽을 '방어벽(Defence Fence)'이라 부르는 반면, 이를 반대하는 사람들은 '분리장벽(Separation Wall)' 또는 '인종차별의 벽(Apartheid Wall)'이라 부른다. 이스라엘 정부가 공언한 바에 따르면 '방어벽'의 목적은 이스라엘로 자살 폭탄자들이 유입하는 것을 예방하기 위한 것이다. 그러나 이 벽과 함께 팔레스타인 사람들에게는 사용이 금지된 새로운 도로도 함께 건설됐고, 웨스트뱅크 내 군사 검문소도 더욱 빈번히 사용되기 시작했다.

이스라엘의 이러한 새 전략을 비판하는 사람들은 장벽 건설의 진

---

* 팩츠 온 더 그라운드(Facts on the ground)는 1976년부터 시행된 이스라엘 정부의 이주 정착민 정책에 깔린 정치 전략적 원리의 외교적 표현—옮긴이

짜 목적은 보안에 있지 않으며, 설령 보안을 위해서라 하더라도 장벽을 통해서는 그 목적을 이룰 수 없다고 지적한다. 그와 반대로 이 장벽은 유대인의 정착지들을 둘러쌈으로써 그들을 연결하고 보호하며, 미래의 유대인 정착 부지를 개간하고, 따라서 장차 팔레스타인의 기능을 약화시키고자 고안됐다는 것이다. 더구나 장벽의 노선이 그린라인(Green Line, 1949년에 이스라엘이 이집트, 요르단, 레바논, 시리아와 정전 협정을 통해 정한 국경선─옮긴이) 위에 있지 않고, 많은 경우 그린라인 내부에 있기 때문에, 장벽 설치는 유엔 결의안 242를 무시하고 웨스트뱅크의 일부를 영구적으로 통합하기 위한, 사실상 이스라엘의 국경을 재설정하는 작업이다. 이스라엘 정부가 계획한 지도를 보면, 장벽은 동예루살렘을 에워쌈으로써 그곳의 팔레스타인 사람들을 웨스트뱅크의 사람들과 차단시킨다. 장벽은 사실상 가장 폭이 좁은 지점에서 웨스트뱅크를 북부와 남부로 분할한다(McGreal 2005).

장벽을 건설하면 이동 제한이 한층 강화되고, 그리고 많은 사람들의 주거지가 그들이 일하는 농지나 올리브 나무에 접근하기 어렵게 분리돼, 팔레스타인 주민들을 극도로 분열시키고 그들의 경제생활을 엄청나게 파탄시킨다. 국제형사재판소와 유엔총회는 이 장벽의 건설을 비난했다. 팔레스타인 지역민들은 이스라엘의 활동가들과 다른 국제 활동가들의 지지를 받으며, 장벽에 반대하는 비폭력 직접행동을 행사했다. 그러나 그들에게 돌아온 것은 섬광 수류탄과 최루탄, 고무탄환뿐이었다.

2005년 여름, 이스라엘 수상 아리엘 샤론은 갑작스럽게 가자지구에 거주하던 모든 유대 정착민들을 강제로 퇴출시키면서 이스라엘을 가자지구에서 '철수시켰다'. 이 깜짝 놀랄 만한 강제 퇴거는 매우 감동적인 장면들을 연출했다. 자신들을 이스라엘 정부 패배주의의 희생자라며 흐느끼는 정착민들을 군인들이 마지못해 끌어내는 장면은 텔레비전 방송을 통해 널리 보도됐다. 이스라엘이 '철수'함에 따라 가자와 이스라엘, 그리고 이집트 사이를 가르던 경계가 다시 봉합됐다. 이스라엘은 그로 인해 군사적·경제적 이익을 챙겼지만, 샤론의 '철수'는 평화 지향적 행위로 해석돼 국제사회의 찬사를 받았다. 심지어 이스라엘의 많은 좌파들과 평화활동가들은 샤론의 행보에 의구심을 가지면서도 그를 믿어보기로 했다. 그러나 얼마 가지 않아 여전히 웨스트뱅크에서 유대인 이주 정착이 진행된다는 것이 밝혀졌다. 따라서 이스라엘 좌파 중에서도 더 회의적이었던 입장에서 볼 때 샤론의 일방적 조치는(팔레스타인 당국과 논의는 고사하고 그들에게 통고조차 하지 않았다), 웨스트뱅크의 주민을 일련의 단절된 '반투스탄(남아공 안에 있었던 흑인 자치구―옮긴이)'으로 분리시키는 한편 가자를 하나의 감옥으로 만들면서, 팔레스타인 주민들을 '매장'하기 위한 독단적 계획의 일환이었다. 보도에 따르면, 샤론은 우파 지지자들에게 "내 계획은 팔레스타인 사람들에게 치명타를 날리는 것이다. 일방적 행보에 팔레스타인은 없다."고 밝혔다(Shlaim 2005: 30). 이후 샤론은 심각한 질병으로 쓰러지게 됐지만, 자신의 정책을 추구하고자 그가 설립했던 카디마당(Kadima party, 전진당)은 2006년 3월 총선거에서 승리했다.

이스라엘인들의 반점령운동

제2차 인티파다는 이스라엘 내부 반점령운동의 성격을 크게 변화시켰다. 샬롬아크샤브(Shalom Achshav, 지금 평화를)와 구쉬샬롬(Gush Shalom, 피스 블록)과 같은, 예전에 주요하게 활동했던 단체들은 축소돼 비가시화된 반면, 신생 단체들이 전면에 등장했다. 그들은 수적으로는 적지만 활기에 넘치고 비폭력 직접행동을 채택했다. 그중 한 단체는 2000년에 형성된 타아유쉬(Ta'ayush, 공생)로, 인종차별과 분리의 벽을 깨고 아랍–유대의 순수한 파트너십을 구축함으로써 점령을 종식시키고자 활동하는 아랍인과 유대인의 풀뿌리 운동 조직이다. 또 다른 단체는 아나키스팀네게드하가델(Anarchistim neged Hagader, 장벽에 반대하는 무정부주의자들)인데, 약 100명 정도로 구성된 반권위주의 모임으로 분리장벽에 대항하는 항의 집회를 정기적으로 조직했다.

이스라엘의 반점령운동은 다른 나라의 주류 반전운동과 마찬가지로 남성이 주를 이루거나 그 운영 방식에서 남성 중심적인—최악의 경우 철저히 군사주의적이기까지 한—경향이 있고, 이스라엘 군사주의와 점령 문제를 다룰 때 젠더의 중요성을 간과했다. 이러한 이유 때문에 1987년 이래로 이스라엘 여성들의 반점령운동이 비약적으로 발전했다. 1987년 시작된 제1차 인티파다 이후 많은 여성단체와 네트워크들이 순차적으로 등장했다. 그중의 하나가 앞서 2장에서 살펴본 위민인블랙이다.

현재 위민인블랙과 일곱 개의 여성단체들이 평화를위한여성연맹(Coalition of Women for Peace)을 결성해 연대 활동을 벌인다.[20] 이 여성연맹의 총 코디네이터는 야나 지페르블랏-크노포바(Yana Ziferblat-Knopova)이고, 기금 담당이자 국제 코디네이터로 길라 스비르스키(Gila Svirsky)가 활동한다. 여성연맹은 자체 회원 단체들을 지원하는 활동보다는, 정치적 입장 표명과 캠페인, 대 지역 주민 활동에 전념한다. 일례로 체험 관광(Reality Tours)과 같은 프로그램으로 이스라엘의 '중도파' 여론에 영향을 주고자 한다. 광고를 보고 모여든 사람들은 단체를 이루어 버스를 타고 분리의 장벽, 군사 검문소, 난민 캠프, 팔레스타인 거주지 등 '전혀 보지도 듣지도 못했던 전쟁의 실제 모습들'을 설명과 함께 둘러본다. 이들 '관광객들'은 지역 주민들을 만나고, 여행이 시작되기 전에 강연을 듣고, 여행 후에는 토론하는 시간을 갖는다. 길라의 말에 따르면 지금까지 4000명의 이스라엘인들이 이 여행에 참가했다.

여성연맹은 이스라엘 여성들의 평화운동을 위해 그 어떤 회원 단체들보다 더 많이 국제 연결망을 유지한다. 그들은 세 개의 언어로 된 웹사이트를 만들어 현재 활발하게 운영한다(〈www.coalitionofwomen.org〉). 또한 그들은 전 세계를 대상으로 4000개의 이메일 주소가 담긴 명단을 통해 수만 명의 사람들과 소통한다. 회원 단체 가운데 위민인블랙이 가장 국제적이다. 길라는 위민인블랙이 진행하는 예루살렘 집회에 오랫동안 참석해 온 장기 회원이다. 위민인블랙은 그 자체로 고정된 조직 구조를 갖지 않기에, 보기에 따라서는 여성연맹이 위민인블랙'으로서' 국제 활동을 '실행'하는 것처럼 여겨지기도 한다. 일례로, 2005년 8월, 위민인블랙이 예루살렘에서 회의를 개최하려 했을 때, 여성연맹은 조직 인프라와 실무자를 제공함으로써 사실상 이 회의를 가능하게 했다.

여성연맹을 구성하는 여덟 개의 단체 가운데 네 곳의 활동이 특별히 주목된다. 여성과 남성으로 구성된 페미니스트들의 조직인 뉴프로파일(New Profile)은 이스라엘 정부의 군사주의에 명료하게 반대하며, 점증하는 퇴학자들을 포함해 이스라엘 군복무를 거부하는 사람들에 대한 지원으로 명성을 얻고 있다.(이 부분은 8장에서 다시 다룰 것이다.) 두 번째는 검문소감시(Machsom Watch)인데, 이들은 여성들을 조직해서 매일 검문소에 가서 이스라엘 군인과 경찰이 팔레스타인 주민을 어떻게 대하는지 감시하며, 학대 사례가 발생하면 이를 기록하고 보고하는 일을 한다. 세 번째 조직, 탄디(TANDI)는 이스라엘민주여성운동(Movement of Democratic Women for Israel)이다. 이들은 사회주의자들의 단체로 시작됐으며, 여성들의 세력화에 주력했다. 탄디의 회원은 대부분 팔레스타인계 이스라엘 사람들이며, 유대인은 소수이다. 그들은 특히 민주주의와 젠더 문제에 대한 강좌를 진행하며, 점령지 여성들과 연대 활동도 하고, 이스라엘 내 민주주의를 위한 활동과 가정 폭력에 시달리는 여성 생존자들을 지원한다. 그런데 내가 이 4장 나머지를 할애해 소개하고자 하는 곳은 네 번째 조직, 밧샬롬과 그들의 팔레스타인 파트너 조직인 예루살렘여성센터이다.[21] 여성연맹의 여덟 개 회원 단체 가운데 유대인과 팔레스타인인을 연결하는 데 가장 많이 힘을 쓰는 단체는 바로 밧샬롬이다. 물론 밧샬롬이 반점령운동에 적극적이고 활발하지 않다는 것은 아니다. 곧 살펴보겠지만, 그들은 반점령 활동도 열심히 한다. 그러나 그들은 가능한 한 언제나, 팔레스타인과 유대인의 파트너십으로 그런 활동을 벌인다. 당연히, 그런 행동은 그 자체만으로도 이스라엘에 근본적으로 도전하는 일이다.

밧샬롬, 예루살렘여성센터, 그리고 예루살렘링크

1989년, 이스라엘과 팔레스타인의 저명한 여성평화활동가들이 유럽 여성들의 지원을 받아 브뤼셀에서 모임을 가졌다. 이 회의를 통해 이후 대화의 장이 지속적으로 만들어졌으며, 마침내 1994년, 두 단체, 이스라엘 측의 밧샬롬과 팔레스타인 측의 예루살렘여성센터가 함께 예루살렘링크를 설립했다. 두 단체는 "이스라엘과 팔레스타인 사람들의 공존을 위한 공동 협력 모델의 근간이 되는 정치적 원칙들을 공유한다."(⟨www.batshalom.org⟩ 참조하라)

| 밧샬롬(평화의 딸) |

밧샬롬의 본부는 예루살렘에, 제2사무소는 북이스라엘 아풀라(Afula)에 있다. 밧샬롬에는 유급 상근자 수 명이 일하며, 25명으로 이루어진 막강한 이사회가 있는데, 이사의 상당수는 전직 이스라엘 국회(Knesset)의원이거나 기타 저명한 여성들이다. 이사회 위원 대부분은 유대인이지만, 어떤 경우라도 항상 4분의 1 정도는 팔레스타인계 이스라엘 여성을 포함한다. 이사회 위원과 직원들은 시온주의자에서 비시온주의자, 그리고 반시온주의자에 이르기까지 다양한 정치적 입장을 가졌다. (물론 이 각각의 용어들에 대해서는 합의된 정의보다는 다양한 해석과 논쟁이 이루어진다.) 밧샬롬에는 여성과 젠더, 페미니즘에 대해서도 다양한 입장이 존재한다. 일부에서는 밧샬롬을 '일부 페미니스트 회원이 포함된 여성들의 조직'으로 평가하기도 했지만, 최근에 이사회는 밧샬롬이 '페미니스트 단체'임을 확정했다.

밧샬롬은 두 부서로 업무가 분담됐는데, 서예루살렘을 근거지로 해 이스라엘 전역의 사업을 전담하는 부서와 북이스라엘이라는 지역의 특정 업무에 종사하는 부서가 있다. 앞으로 살펴보겠지만, 이 두 곳은 여러 면에서 중요한 차이가 있다. 서예루살렘 사무소는 근처 도시 안팎에서 이루어지는 지역 프로젝트뿐 아니라 밧샬롬의 국제 관계와 출판 사업이 이루어지는 주된 장소이다. 또한 서예루살렘 사무소는 밧샬롬이 예루살렘링크의 파트너인 예루살렘여성센터의 여성들과 연락을 주고받는 중요한 업무가 이루어지는 곳이기도 하다. 밧샬롬에서 내가 인터뷰한 사람들은 대표인 몰리 말레카(Molly Malekar), 정치 담당 코디네이터 릴리 트라우브만(Lily Traubmann), 예루살렘 사무소의 전 직원인 마날 마쌀라(Manal Massalha), 그리고 이사회 위원인 아이다 쉬블리(Aida Shibli)와 쿨루드 바다위(Khulood Badawi)이다.[22] 몰리와 릴리는 유대인이며, 마날과 아이다, 쿨루드는 팔레스타인계 이스라엘인이다.

예루살렘에서 점령 문제는 언제나 늘 있는 것이며 매우 중요한 이슈이다. 점령 문제는 그 도시에 사는 동안엔 한 순간도 잊을 수 없는, 삶을 근본적으로 규정하는 현실이기 때문이다. 따라서 밧샬롬의 실제 사업 기획들은 유대인 정착 프로그램과 분리장벽의 건설을 반대하는 데 초점이 맞추어져 있으며, 이러한 사업들을 통해 장차 예루살렘이라는 도시는 공유될 것이라는 것, 곧 이스라엘 수도와 궁극적으로 팔레스타인 수도가 나란히 세워질 것이라는 청사진을 지속적으로 부각시킨다. 일례로, 그들은 실완(Silwan)에서 활발한 활동을 벌이는데,

실완은 동예루살렘 구 시가지에 위치한 팔레스타인 구역으로, 시 당국의 주택 철거 사업이 진행되는 곳이다. 쿨루드 바다위에 따르면, 주택 철거는 토지 사용 계획 정책을 통해 팔레스타인 지역을 '말소(cleansing)'하기 위한 유대인화(Judaization) 전략의 일환이다.

> 시 당국은 일종의 공원 지대와 같은 녹색 지대를 선포하고, 수백 건에 달하는 철거령을 내렸다. 그러나 그들은 철거민들이 재입주할 공간을 제공하지는 않는다. 시 당국은 동예루살렘에 있는 팔레스타인인들에게 건축 허가도 내주지 않는다. 결국 팔레스타인 사람들은 불법으로 집을 짓거나 웨스트뱅크로 떠나야 한다. 이것이 바로 토지 사용 계획에 의거해 이루어지는 이주의 현실이다. 강제로 쫓아내는 것은 아니지만 스스로 떠나갈 수밖에 없는 상황을 만드는 것이다.

밧샬롬은 또한 근교 팔레스타인 마을들과 연대 관계를 만들었다. 이스라엘 정부는 이 지역에 대해서는 주택 철거가 아닌 다른 정책을 적용했는데, 그 결과 팔레스타인 지역민들은 상호 단절되거나 예루살렘으로부터 분리됐다. 분리장벽의 설치선과 근접한 비도우(Bidou)와 아람(Aram)에서 밧샬롬은 분리장벽에 반대하는 이들 지역 여성들의 집회에 연대해 참여했다. 비록 가능성은 거의 없을지라도, 그들은 자신들의 파트너십이 혹시라도 장벽 설치를 멈추게 하지는 않을까 하는 희망을 버리지 않았다. 그러나 이스라엘 정부는 가차없이 '이스라엘인 이주 정착지'를 늘렸다. 몰리에 따르면 경계선을 넘나드는 일은 점점 더 어려워졌다. 그녀는 말한다. "12년 동안 팔레스타인 사람들과

함께 일해 왔지만, 이제 처음으로 분리장벽을 넘는 일이 두려워졌어
요. 그런데도 나는 이 일을 계속해요. 이 일은 장벽으로 우리를 갈라
놓으려는 시도에 대해 '아니요(no)'라고 말하는, 저항의 행동이에요.
여성으로서, 그리고 페미니스트로서 우리는 봉쇄된 벽 뒤에 갇혔다는
것이 어떤 것이라는 점을 너무나 잘 알아요."

| 예루살렘여성센터 |

　팔레스타인 측에 속한 동예루살렘에서 밧샬롬이 있는 곳까지는 새
들이 쉬 넘나들 만큼 거리상으로는 그리 멀지 않지만, 정치적으로는
전혀 다른 세계이다. 바로 이곳에 예루살렘여성센터(Markaz al-Quds li
l-Nissah, 이하 여성센터)가 있다. 여성센터에는 일곱 명의 상근자와 한
명의 비상근 회계 담당자가 있다. 또한 여성센터에서는 이사회가 최고
결정권을 갖는데, 이사들은 주로 여성들로서 팔레스타인 기관들에서
요직을 맡은 자들로 구성됐다(참조: 〈www.j-c-w.org〉). 여성센터의 회
원들은 대부분 다양한 정치 정파들, 곧 2006년 3월까지 팔레스타인
집권당 연합에 소속됐던 정당들과 관련됐다. 그러나 회원들은 정당을
대표하는 것이 아니라 개인 자격으로 여성센터에 참여한다. 여성센터
는 연례 회원 총회를 개최하는데, 약 80명의 여성들, 곧 각 정당, 인권
단체와 여성단체들에서 온 활동가들과 개인들이 참가한다.
　여성센터의 대표인 나타샤 칼리디(Natasha Khalidi)와 이사인 아말
크라이쉐 바르구티(Amal Kreishe Barghouti)는 그곳의 사업을 설명했
다. 여성센터가 처음 설립됐을 때부터, 예루살렘에 있는 팔레스타인

여성들 사이에는 정치 세력화 프로젝트, 의식화, 그리고 정치 참여를 독려하는 일을 중심으로 활동이 이루어졌다. 예를 들면, 젊은 여성들에게는 능력 개발 프로그램을, 주부들에게는 인권과 민주주의에 대한 교육 강좌를, 이스라엘 당국에 의해 집이 강제 철거된 사람들에게는 법률 상담과 가족 상담을 제공해 왔다. 또한 센터는 이스라엘에 있는 여성 정치범들을 지원하고, 대학생과 젊은 활동가들을 대상으로 갈등 해결 훈련 프로젝트를 진행해 왔으며, 지방선거에서 할당제를 요구하는 캠페인을 벌이는 한편, 여성 선거 출마자들을 지원했다.

| 예루살렘링크 |

예루살렘여성센터와 밧샬롬 두 단체는 함께 예루살렘링크를 이룬다. 두 단체는 자율적으로 활동하며 유대인이나 팔레스타인인으로서 각기 자민족 구성원들을 위한 일을 최우선으로 여기지만, 그들은 함께 '정의로운 평화, 민주주의, 인권 그리고 여성의 리더십에 관한 공동의 비전을 진작'시켰다. 이스라엘과 팔레스타인 사이의 평화와 정의를 옹호하는 데 헌신하기로 결정한 그들은 합의로써 '두 국가 국민들의 공존을 위한 협력 모델의 기반이 될' 일련의 정치적 원칙들을 도출했다(JCW 2005). 팔레스타인 사람들의 자기 결정권을 인정하고, 1967년 이전의 경계선 내에서 이스라엘과 동등한 팔레스타인 독립 국가를 세울 권리를 인정하는 것, 이에 따라 예루살렘은 양 국가의 공동 수도가 되며, 나머지 관련 문제들은 국제법으로 해결할 것 등이 원칙에 포함됐다.

밧샬롬과 예루살렘여성센터는 서로 만날 때마다 어려운 사안들에 대해 논쟁을 벌이곤 했다. 가장 격심한 논쟁이 벌어졌던 주제는 팔레스타인 사람들이 이스라엘 내에 있는 자신들의 이전 주거지로 돌아갈 수 있도록 하는 '귀환권' 문제였다. 이 문제에 대해 그들이 합의로 이끌어 낸 원칙들은 다음과 같다. "안정적이고 지속적인 평화를 위해서는 팔레스타인 난민 문제를 공정하게 해결하는 것이 필수 과제이다. 그 해결책은 유엔 결의안 194가 규정하는 바대로 팔레스타인 난민들의 귀환권을 존중하는 것이다."(같은 책) 이 원칙은 비록 잠정적이고 불완전한 공식에 불과했지만, 그들의 노력이 이루어 낸 성과물이다. 밧샬롬의 정치 담당 코디네이터 릴리 트라우브만은 '귀환권' 문제의 중요성을 강조했다. '귀환권'은 "팔레스타인 입장에서 볼 때 중요한 요구 사항입니다. 여성센터가 팔레스타인 사람들의 지속적인 신뢰를 얻기 위해서는 밧샬롬에 자신들의 의견을 명확히 전달할 필요가 있지요. 이스라엘 내에서는, 공포를 조장하려는 흑색선전 외에, 귀환권에 대한 공적인 토론이 전혀 이루어지지 않기 때문이에요. 대부분의 유대인은, 그것이 중요한 문제이기는 하지만 어찌 되겠지 하는 식으로, 관심이 거의 없어요. 그러나 귀환권은 꼭 짚고 넘어야 할 사안이며, 이를 통해 1967년 이전의 국경선으로 복귀하는 것, 그 이상의 문제들을 논의할 물꼬를 열어 놓을 수 있습니다. 귀환권(의 보장)은 1948년 유엔이 설정한 본래의 국경선으로 회귀하는 것을 암시하기 때문이지요."

얼마 전 두 단체는 전보다 강화되고 명료한 성명서에 거의 합의를 할 뻔 했다. 밧샬롬에서 세 명, 여성센터에서 세 명, 총 여섯 명의 여성으로 구성된 정치위원회는 합의에 이르고자 많이 애썼다. 그러나 나타샤에 따르면, 인티파다가 진행된 지 2년 채로 접어든 당시, 아라파트는 고립됐고, 집단적 억압은 계속 진행됐으며, 국제사회가 침묵하는 가운데 그들의 작업은 한 단계 후퇴할 수밖에 없었다. 정치 상황에 따라 밧샬롬과 이스라엘의 평화운동이 전반적으로 좀더 보수적인 성향을 띨 때에는 "협상 가능한 조건의 범위는 낮아지고" "타협의 여지는 줄어들게 된다." 이같이 어려운 상황 속에서도 두 단체는 최근에 흥미로운 방법을 고안했다. 그들이 '공개 정치 서한(public political correspondence)'이라고 부르는 이 방법은, 서로가 편지를 주고받는 것인데, 그 편지들은 팔레스타인과 이스라엘 신문에 동시에 게재된다. 편지들은 먼저 각자의 단체 내에서, 이후엔 두 단체가 함께 신중히 논의한 뒤에 신문에 싣는다. 이러한 작업들을 통해 두 단체는 점진적으로 자신들의 기본 원칙들을 재검토하고 강화시켰으며, 그간의 편지들은 곧 재출간될 계획이다.

팔레스타인 입장에서 본 대화의 어려움

예루살렘여성센터의 팔레스타인 여성들이 지속적으로 제기하는 문제는 과연 이스라엘 여성들과 접촉하는 것이 유익하고 바람직한 것인지, 시기적으로는 언제가 적당한지 등이다. 링크가 결성된 후 10년이 흐르는 동안 몇 차례 활동이 중단된 위기의 순간들이 있었다. 특히 2000년에 일어난 사건들은 링크의 관계를 단절시키기도 했다. 여성센터의 대표 나타샤는 당시에 자신이 했던 생각을 들려주었다. "정말로 어처구니가 없었어요. 도대체 이 관계를 통해 우리가 얻은 것은 뭐죠? 여전히 우리는 세상과 이스라엘을 향해 강점 행위가 얼마나 부당한가를 설득해요. 38년이나 지났지만, 변한 건 하나도 없어요. 2000년 10월에 있었던 이스라엘 군대(IDF)의 만행, 헬리콥터 폭격, 암살, 평화적 시위에 대한 공격, 이러한 일들은 우리에게 정말로 큰 충격이었어요."

잠시 동안 그들은 밧샬롬과 연락을 중단했다. 그러나 2년 후에 여성들은 '다시 한 번 해보자.'란 생각을 하기 시작했으며, 결국 대화를 재개했다. 그러나 팔레스타인과 이스라엘 사람들 사이에 대화를 하려는 이유가 서로 달랐다. 여성센터 이사회 위원인 아말 크라이쉐 바르고우티(Amal Kreishe Barghouti)는 이렇게 설명한다. "나에게, 또 우리에게 대화는 생존 방법입니다. 이스라엘인들에게 대화는 윤리적 문제, 곧 정치적 신념을 표현하는 방법이지요." 아말은 두 나라를 건설해 공존하는 것만이, 실행 가능한 유일한 해결책이라고 굳게 믿는다. 비록 최근 현실에서는 오히려 그것에 역행하는 일들이 더 많이 일어나지만 말이다. 아말은 "대화는 밧샬롬과 같은 이스라엘 여성들에게도 필요해요."라고 주장한다. 자국 내에서는 소수 세력인 그들이 이스라엘 내부에 해결책을 '널리 전파하고 설득하는 데' 도움이 되기 때문이다. 지금과 같은 상황에서도 그들은 이스라엘 여성들이 이스라엘 내부에서 '철수에 관한 대단한 거짓말'을 폭로하도록 독려한다.

이 같은 대화가 중요하지만, 여성센터 여성들은 밧샬롬과 접촉할 조건들을 결정하는 데 매우 신중해야 한다. 아말 크라이쉐는 "링크 내에서 우리가 밧샬롬과 같이 하는 일은 결코 협력이나 공존에 기반을 둔 것이 **아닙니다.**"라고 말한다. 아말에 의하면, 팔레스타인 사회는 이스라엘과 대화하는 것에는 찬성하지만, 그들은 현 상황을 '당연하거나 정상적인 상태'로 만들 여지가 있는 것은 그 어떠한 것이라도 반대하기 때문이다. 따라서 여성센터는 매우 신중하게 그들의 노선을 선택했다. 그들은 해외 후원자들이 요구한 '사람 대 사람(people-to-people)'이라는 프로젝트를 거부했다. 아말은 말했다. "우리는 예루살렘링크의 원칙들을 팔레스타인인들이 신뢰할 수 있는 내용들로 만들었어요. 협상이 아닌, 대화에만 참여한다는 우리 나름의 원칙을 통해 그러한 내용을 한 번 더 보장해요." 한편, 모든 팔레스타인 여성들이 링크의 일원이 되고자 하는 것은 아니다. 이에 대해 나탸사는 동의를 표했다. "특별한 범주의 여성들만이 여성센터에 참여해요. 모든 팔레스타인 여성들이 평화를 원하지만, 협상이나 대화를 계속할 필요가 있는지, 심지어 이스라엘 일반인들과의 단순한 대화조차도 과연 노력할 가치가 있는지 믿는 사람은 그렇게 많지 않아요. 그래서 인티파다나, 앞으로 있을지도 모를 공식 협상과 아울러 이런 대화를 효과적인 전략으로 생각하는 여성들이 필요하지요."

나는 지금 상황에서 대화를 효과적인 전략으로 **보지 않는** 세 명의 여성과 인터뷰할 기회가 있었다. 웨스트뱅크의 비르자이트 대학교(Birzeit University)의 교수로서 교육학과 심리학을 가르치는 나디아 나저-나자브(Nadia Naser-Najjab), 어학을 가르치는 라자 란티시(Raja Rantisi), 그리고 지역민들의 정신 건강을 위한 단체로 동예루살렘에서 팔레스타인상담센터(Palestinian Counselling Center)를 운영하는 라나 나샤쉬비(Rana Nashashibi)이다. 이 세 여성들은 예전에 이스라엘 여성들과의 연대 활동에 가담했었고, 여전히 자신의 전문 분야와 관련해 이스라엘 사람들을 만나기는 하지만, 현재와 같은 상황에서는 대화가 유용하다고 느끼지 않는다. 나디아 나자브는 이렇게 말했다. "문제는 팔레스타인인으로서 한 가지 희망을 가지고 이스라엘인을 만난다는 거죠. 그건 이스라엘인에게 영향을 미쳐서 이스라엘 내부에 존재하는, 심지어 평화운동 내부에도 존재하는 팔레스타인인에 대한 부정적 인식을 바꾸려 노력하고, 실제로 바꾸는 일이에요. 지금 변화를 절박하게 원하는 건 바로 우리들이에요. …… 이스라엘인들에게는 기나긴 과정을 거쳐도 되는 시간적 여유가 있지만, 우리에겐 그럴 시간이 없어요."

라자 란티시 또한 팔레스타인 사람들의 목소리가 이스라엘인들에게 전달되기를 바랐지만, 경험상 "설령 상대가 나와 절친한 친구가 된다 해도 상황 자체는 변하지 않는다."는 것을 깨달았다고 했다. 대화만으로는 팔레스타인 사람들의 기대가 충족될 수 없다. "팔레스타인의 많은 사람들은 제2차 인티파다가 일어나는 동안 이스라엘 평화활동가들이 제대로 활동하지 않았다고 생각해요. 평화운동이 왜 약화됐을까 하는 이유에 대해서는 다양한 견해가 있어요. 무엇보다 평화운동이 난민들의 인권, 국경, 자살 폭탄의 정당성 여부 그리고 예루살렘의 상황과 같은 특정 사안을 중심으로 전개됐다는 것이죠. 이스라엘 평화운동은 단일한 목소리로 이루어진 것이 아니기에, 이러한 문제들을 놓고 그들 사이에 많은 논쟁이 벌어졌어요. 이러한 사안들은 대부분 현재 이스라엘 사람들을 근본적으로 위협하는 것들이에요. 이러한 문제들은 평화운동을 내부적으로 곤란하게 만들었죠. 다른 때 같았으면 공개적으로 논의할 수 있는 것들이지만, 이제는 배반자로 내몰리게 된답니다."

이 세 명의 여성들과 이야기하면서, 나는 국가와 '권리'를 가진 이스라엘 사람들과 그들이 이 두 가지 모두를 박탈시킨 팔레스타인 사람들 사이에 존재하는 거대한 힘의 불균형이 그들 사이의 협력 프로젝트를 얼마큼 약화시키는지를 분명하게 볼 수 있었다. 이 여성들이 느끼기에 이스라엘 활동가들은 늘 자신의 입장이 돼 이스라엘 사회에서 겪는 고충을 이해하길 바랐다. 정작 자신들은 팔레스타인인의 입장이 돼 정말로 그들이 들어야만 하는 내용들, 곧 1948년과 1967년, 그리고 작금의 침략을 수치스러워 해야 하는 이유를 이해하려 하지 않으면서 말이다. 나디아는 말했다. "실제로 그렇게 하는 사람도 있어요. 반면에, '예외는 있는 법이야.'라고 생각하는 사람도 있죠. 그들은 '점령에는 반대하지만 귀환권에 대해서는 우리에게 말하지 마.'라고 말하죠. 그래서 자의적으로 의제를 취사선택하지요. 우리와 대화를 원하는 이스라엘 사람들은 밤에 편히 잘 수 있어요. 그러나 팔레스타인인들이 대화를 원하면, 이스라엘인들은 밤에 잘 수가 없지요." 라자가 덧붙였다. "결국 우리가 이기는 셈이에요.(대화를 원하는 쪽은 대부분 우리 팔레스타인 사람들이니까.) 그들은 잠을 잘 이룰 수 없겠죠?" 이러한 힘의 불균형이 낳은 산물의 하나로서, 이스라엘에는 스스로를 '평화운동'이라고 부르는 사람들이 있다.(밧샬롬은 이에 해당되지 않으며, 이를 밝히는 것은 중요하다.) 팔레스타인 사람들에게 이 같은 개념은 아무런 의미가 없다. 라나의 표현을 빌리면, "팔레스타인에서 '평화' 활동가가 된다는 것이 무슨 의미가 있는가? 우리는 오직 **역압에 저항**

할 수 있을 뿐이다. 당연히 정의가 우선해야 한다. 평화는 그다음의
문제이다."

이스라엘 입장에서 본 대화의 어려움

  이스라엘 본토 내부에서도 팔레스타인 사람들과의 접촉이나 대화
의 정당성과 그 가치에 대해서 논쟁이 인다. 그러나 이러한 논쟁의 이
면에는 불편한 그들의 현실적 상황이 놓여 있다. 곧, 대부분의 유대인
들은 평생 동안 단 '한명의 아랍인'조차 알고 지내지 않은 채 살아간
다는 것이다. 그들이 아는 아랍인이라면 기껏해야 한두 명의 (대개는
남성) 이름도 없는 막노동자인 경우가 많다.〔이와 반대로 팔레스타인인은
유대인에 대해 잘 안다. 나디아 나자(Nadia Najja)는 피억압자들은 언제나 그
들의 억압자들에 대해 잘 안다는 사실을 상기시켜 주었다. 피억압자는 억압자
가 자신에 대해 아는 것보다 억압자에 대해 더 잘 안다. 그럴 필요가 있기 때문
이다.〕 심지어 분리가 극복되기를 바라는 유대인들에게도 팔레스타인
사람들을 만나는 것은 일상이거나 '당연'하고 자연스러운 일이 아니
다. 예후딧 케셋(Yehudit Keshet)이 내게 말했다. "팔레스타인인을 만
나는 것은 노력이 필요한 일이에요. 그 만남은 언제나 인위적인 행위
이지요. 혼잣말로, '나는 팔레스타인 사람을 **만나러 갈 거야**.'라며
의지를 다져요." 그들이 만났을 경우, 유대인과 팔레스타인인 사이의
우정은 근본적 불평등에 의해 계속해서 침해받는다. 팔레스타인인들
에 비해 유대인들은 언제나 특권을 누리는데, 좀더 구체적으로 표현

하면 유대인들은 부정의가 만들어 낸 특권의 수혜자이다. 그래서 예 훗딧의 말처럼 "그들의 만남은 상대의 발을 밟지 않고자 노력하고 조심하면서 상대방 감정의 주변을 돌며 추는 춤과도 같다." 그러므로 정치를 변화시키는 데 깊은 사명감을 가진 유대인들만이 팔레스타인들과의 만남을 추구한다.

심지어 밧샬롬과 예루살렘링크라는 환경 속에서조차 유대인 여성들은 때때로 감정이 복잡해지고 망설이게 된다. 그들 가운데 일부는 그들과 '다른' 예루살렘여성센터 여성들이 일반 이스라엘 여성보다 이스라엘 엘리트 여성들, 곧 정계와 연줄이 있는 이들과의 만남에 더 관심이 있는 것은 아닐까 하는 의구심과 싸워야 한다. '그들이 함께 일하고 싶은 사람은 변화를 이끌어 낼 수 있는 여성들이나 권력과 가까운 여성들일 것이다.'라는 의구심. 동시에 그들은 팔레스타인 여성들의 의혹, 곧, 이스라엘 여성들은 자기들의 마음이 편해지기 위해, 그들의 죄책감을 누그러뜨리고 이스라엘 사람들이 '다 나쁜 것은 아니다.'는 것을 보여 주고자 만난다는 의혹이 어느 정도 사실이라는 것을 인정해야 한다. 몰리 마레카(Molly Marekar)에 의하면, 팔레스타인 인들이 "당신들은 우리를 점령하고, 이제 와서 우리에게 당신들의 아픈 마음을 알아 달라고 바랄 수 있는가!"식의 불평을 하는 것도 무리는 아니다. 그녀는 이스라엘 여성들이 스스로와 팔레스타인 여성들에게, 이스라엘 여성들 역시 만남에 정치적 이해가 있음을 분명히 밝혀야 한다고 강조했다. 이는 단지 동정하는 식의 '지지'나 '연대'가 아니다. "나는 감히 팔레스타인 사람들에게 지금 당신과 **연대해서** 일한다고 말할 수 없어요. 어떤 경우라도 그것은 사실이 아닙니다. 나는 점령으로 야기된 갈등의 일부분이며, 나는 그들과 만남으로 얻고 싶은 정치적 이해가 있어요." 이러한 현실주의를 기반으로, 몰리는 링크의 앞날을 긍정적으로 봤다. "링크가 언제까지 존속될지는 알 수 없어요. 그러나 두 진영에는 서로를 정치적으로 신뢰하는, 말하자면 개인의 커리어를 위해서가 아니라 대화에 진정성을 가졌다고 믿는 여성들이 있어요. 대부분의 여성들은 우리가 갈라설 경우 잃을 것이 많다는 것을 알아요. 이스라엘인이나 팔레스타인인으로서 뿐만 아니라 페미니스트 여성으로서 말이에요."

밧샬롬에 사는 팔레스타인계 이스라엘 여성들은 경계선 양쪽에 사는 사람들을 연결하는 데 도움을 준다. 경계선의 어느 쪽에 살든 팔레스타인인들은 나크바, 대재앙의 상처를 공유한다. 당시 많은 사람들은 이산가족이 됐기에, 지금은 경계선 너머에 친인척을 두었다. 반세기 동안 떨어져 살면서 서로 소통하는 데 큰 어려움이 있었는데도, 그들은 같은 민족이라는 생각을 강하게 간직한다. 물론 두 집단 사이에 서로 신뢰할 수 없던 시기도 있었다. 이스라엘에서 팔레스타인인들이 군사 통제 하에 비참하게 지내던 초반에는, 점령지 사람들도 그들이 함께 억압받는다고 느꼈다. 그러나 첫 번째 인티파다 동안, 팔레스타인계 이스라엘인들은 적극적으로 가담하지 않았다. 또한 유대인들과 지속되는 불평등에도 불구하고 일부 팔레스타인계 이스라엘인이 이스라엘의 번영에서 이익을 얻게 됨에 따라, 점령지 사람들은 두 집단 사이의 차이를 느끼기 시작했다. 아이다 쉬블리의 표현을 빌리면, 점령지의 팔레스타인인들은 "'이스라엘에 사는 다른 반쪽의 사람들이 도대체 어떻게 사는지 알 길이 없다.'고 느낄 것이에요. '그들은 이스라엘 생활수준으로 사니 좋겠지!'라고 생각할 수도 있으며, 사실, 맞는 말이긴 하지만, 점령지보다 이스라엘에서 사는 게 더 편할 것이라고 생각할 수도 있어요." 그러나 제2차 인티파다는 그린라인 양쪽의 팔레스타인인들을 한데 불러 모았다. 또한 이스라엘 우파 정치인들이 주장하는 '강제 이주'의 위협은 팔레스타인계 이스라엘인들을 명확히 외부의 '적'으로 규정한다. 따라서 오늘날에는 두 집단 사이의 연대에 대한 신뢰가 크다.

밧샬롬 이사회 위원인 쿨루드 바다위는 팔레스타인계 이스라엘인으로서, 예루살렘링크에 긍정적이다. 그러나 그녀는 링크를 이루는 두 집단, 곧 서예루살렘에 위치한 유대인 단체와 점령지 동예루살렘의 단체 사이에 불가피하게 존재하는 불평등을 지적한다. 심지어 그 불평등은 밧샬롬 내에서도 재생산된다고 한다. 서예루살렘의 밧샬롬에는 팔레스타인계 실무자가 하나도 없으며, 앞서 살펴본 것과 같이, 이사회에서 팔레스타인인은 단지 25퍼센트에 불과하다. 이런 상황이지만, 쿨루드는 링크가 중요하다고 생각한다. 이는 링크를 통해 "우리는 어려운 문제들—예루살렘, 정착, 1967년의 국경, 그리고 무엇보다 가장 어려운 문제인 '귀환권' 같은 문제를 함께 의논하기 때문이죠. 우리는 손쉽게 합의를 이룰 수 있는 문제들을 선택하기보다는 길고 험난한 과정들을 통해 조금씩 합의를 이뤄요."

'여성'
: 대화를 위한 토대인가?

그렇다면 예루살렘링크에서 그들이 '여성(being women)'이라는 점이 정확히 어떻게 작용하는지의 문제가 남는다. 여성은 이스라엘과 점령지에서, 유대교나 기독교, 무슬림 문화 모두에서 불이익을 받는 주변적 존재이다. 그들은 여성으로서 성 특정적인 방식으로 무력 분쟁을 경험한다. 이러한 사실은 그 자체만으로 여성들 사이의 대화를 유효하게 하는가? 꼭 그렇지만은 않다. 여성들은 각기 다양한 방식으로 저항한다. 유대 여성과 팔레스타인 여성이 젠더 규범을 깨기 위해서는 상당히 다른 대가를 치러야 한다. 유대 여성과 팔레스타인 여성들이 설령 '여성'이라는 것에서 공통분모를 찾으려 해도, 그것을 실현 가능하게 할 수 있는 정치 환경에서도, 그들은 서로 다른 상황에 놓여 있다.

나타샤는 처음엔 이스라엘 링크에 대해 다음과 같은 언급만 했었다. "우리는 두 민족에 메시지를 전해요. 여성으로서 우리는 일련의 원칙을 가지고, 중요한 사안들을 토론하며 서로가 필요한 존재라는, 말하자면 여성으로서 공통된 의견을 가졌지요." 이어서 그녀는 여성들이 비슷한 삶의 경험 속에서 공통점을 찾을 수 있을 것이라 지적했다. "여성으로서 우리는 사물을 다르게 봅니다. 여성들이기 때문에 더 잘 이해할 수 있는 주제들이 있으며, 그에 따라 주류 담론을 새롭게 형성하는 데 기여할 수 있지요. 우리는 점령이 일상생활과 가족생활, 우리의 미래에 어떤 영향을 미치는지 이해해요. 우리는 인종차별, 억압 그리고 권력의 폐해에 대해 잘 알아요. 여성으로서 각기 사회 내에서 억압을 경험하기에, 우리는 문화를 뛰어넘어 서로 연합할 수 있습니다. 그렇지만 조심해야만 하죠! 그동안 연합의 관계는 쉽지 않았거든요. 여성이라는 사실만으로 장애를 피해갈 수는 없지요. 양쪽 모두 뿌리 깊은 인습에 얽매인 사회에서 자랐기 때문이에요."

여성으로서의 경험은 대화에 동기를 부여할 수 있었지만, 여성들의 경험 자체는 링크 내 이스라엘 여성과 팔레스타인 여성들 사이의 **직접적인** 토론의 주제는 아니었다. 나타샤는 다음과 같이 밝혔다. "일반적으로 사회에 대해 얘기할 때 여성들의 경험에 대해 얘기하는 것은 당연하지만, 우리는 그들과, 예를 들어, 밧샬롬의 이스라엘 여성들과 우리의 '가족법'에 대해 이야기를 할 수는 없어요. 이탈리아 여성이나 다른 나라의 여성과는 그것에 대해 얘기할 수 있지만, 나는 그런 주제를 통해 유대 여성과 아랍 여성을 연결하고 싶지는 않아요."

나는 이것에 대해 어떻게 생각하는지 라자와 라나, 나디아에게 의견을 물었다. 라나는 일부 유대 여성운동가들의 인식을 규정해 온 특정한 페미니즘적 사고를 경계했다. 서구의 페미니스트들은 팔레스타인 여성들이 '아주 다른 상황에서 시작한다.'는 사실과 그들의 우선순위를 존중해야 한다는 것을 깨닫지 못 해요. "서구의 페미니스트들은 우리의 상황을 이해하지 못 해요." 그들은 동일노동 동일임금 원칙과 '개인적인 것은 정치적인 것이다'와 같이 (특히 가부장제가 여전히 규범인 곳에서는 꼭 필요한) 여성들에게 너무나 중요한 이슈들을 다루었다. 그러나 문제는 그러한 원칙을 행동으로 옮기는 데서 발생한다.

어떤 이슈들을 우선시해야 하는가? 어떤 수준에서, 누구를 목표로 삼아야 하는가? 이것은 복잡한 문제이다. 나는 원칙적으로 모든 억압은 동일한 수준에서 이해돼야 한다, 곧 '억압들 사이의 위계'는 존재하지 않는다고 믿는다. 그러나 팔레스타인의 경우, 점령 상황보다 먼저 가정 폭력에 대해 이야기할 수 있겠는가? 더 급한 일, 모든 폭력의 조건을 만들어 내는 것은 바로 점령이다. 이것이 우리 사이의 가장 큰 의견차이다. 서구 페미니스트들은 (이곳에서 일어나는) 강간을 규탄하지만, 점령의 문제에 관해서는 모호한 태도를 취한다. 내 생각엔, 강간을 규탄하고자 한다면 점령도 규탄해야 할 것이다. 점령 그 자체도 강간이기 때문이다. 강간과 점령은 둘 다 우리의 정체성을 소멸시키고 우리를 하급자의 지위로 몰아내려는 의도로 행해지는 일이기 때문이다.(Nashashibi 2003)

그들은 이스라엘 여성이나 외국 여성들이 너무나 진지하게 다음과 같이 물어보는 것이 오히려 신기했다고 한다. "강점 하에서 **여성으로서** 당신들이 겪는 고통에 대해 말해 주세요." 나디아는 이렇게 말했다. "검문소를 보면 나는 이른바 페미니스트가 될 수 없습니다. 이스라엘 군인들은 팔레스타인 남자나 여자나 똑같이 취급하죠. 차라리 나는 민족이라는 시각에서 그 장면을 보게 되지요. 우리는 남자, 여자 할 것 없이 모두 고통을 겪어요. 검문소에 있는 이스라엘 여성 군인들을 어떻게 내 자매들이라고 부를 수 있겠어요?"

팔레스타인 여성들에겐 이스라엘 여성과 페미니즘에 대해 이야기하는 것은 피상적인 것이 될 수밖에 없다. 왜냐하면 가장 중요한 문제들에서 그들은 이스라엘 여성들보다는 팔레스타인 남성과 더 많은 공통점을 갖기 때문이다. 팔레스타인 여성들은 자기들의 남성을 비판하고, 또 양쪽의 여성들은 각기 자신들의 사회가 얼마나 남성 중심적인지 당연히 함께 이야기할 수 있다. 그러나 현재 상황에서 그러한 비판은 아직 자신들의 공동체 안에서만 이루어져야 한다.

라나와 라자, 나디아는 좌파 출신이며, 현재 정당 활동을 하지는 않지만, 학창 시절 팔레스타인 공산당에 참여하면서 발전시켰던 생각들을 여전히 가졌다. 따라서 이스라엘 여성들과 이야기 할 때, 나디아는 다음과 같이 느낀다. "그들과 논의하고 싶은 것은 정치적인 사항들이에요. 나는 점령에 대한 그들의 입장과, 점령에 대항해 우리와 함께 일하려는 그들의 계획을 알고 싶어요." 대화가 정치에 관한 것이든 여성 문제에 관한 것이든 마찬가지이다. "과거 이스라엘이 저질렀고, 또 현재 하는 일들에 대해 그들이 기꺼이 사과할 것인가의 문제예요. 만약 그들이 그렇게 할 수 있다면, 우리는 이야기를 나눌 수 있지요." 마찬가지로, 밧샬롬의 입장에서 몰리 마레카 역시 다음과 같이 지적했다. "설령 우리가 여성 문제에 동의한다 해도, 페미니즘 자체가 우리를 테이블의 같은 편으로 이끌지는 않을 것입니다. 우리 사이에는 해결해야 할 민족이란 이슈가 남았기 때문이죠."

이스라엘 안에서
: 유대 국가의 팔레스타인 주민

어느 누구나 예루살렘에 있다면 점령이라는 현실을 느끼지 않을 수 없다. 특히 유대인들의 키부츠와 집단농장이 있는 넓은 농경 지대 안에 팔레스타인 사람들의 크고 작은 마을이 자리 잡은 북이스라엘에 서라면, 이스라엘 사회에 존재하는 유대인과 팔레스타인 사이의 근본 적 불평등은 잊으려야 잊을 수가 없다. 팔레스타인계 이스라엘 사람 들은 이론상으론 이스라엘 시민이다. 그러나 기본적으로 그리고 공식 적으로 유대인들의 국가인 이스라엘에서 그들은 사실상 온전한 시민 의 지위를 갖지 못한다. 이스라엘 내 팔레스타인 사람들에 대한 심각 한 차별 양상은 몇 가지 형태로 나누어 볼 수 있다. 우선 소유지와 관 련된 것이다. 많은 팔레스타인 사람들이 1948년에 강제로 이주하거 나 토지를 강탈을 당했지만, 여전히 그들은 재산을 되찾거나 정해진 지역 밖의 토지나 건물을 살 수 없게 돼 있다. 대부분은 도시 생활에 적응해야 했다. 한때 자영농이었던 그들의 경제활동 기회는 심각하게 제한됐기에, 많은 사람들이 유대인 밑으로 들어가 일한다. 일련의 토 지법은 고도의 물리적·신체적 집중 현상을 초래했다. 곧, 아랍인들의 작은 촌락들은 마을이 되고 마을은 도시가 됐으며, 이 모든 곳들엔 고 도로 인구가 밀집했다.

팔레스타인계 이스라엘 사람들의 이등 시민권은, 그들에게 군복무 가 의무 사항이 아니라는 사실을 통해서도 알 수 있다. 물론 군복무를 원하는 팔레스타인계 사람은 그리 많지 않다. 그런데도, 유대인들에 게 군복무는 시민의 지위를 인정받는 통과의례의 하나이지만, 팔레스 타인 사람들은 거기에서 제외됐다. 또한 팔레스타인 사람들은 이스라 엘에서 문화적 주변화를 경험한다. 아랍어는 이스라엘의 두 공식 언 어 가운데 하나이지만, 그 사용은 장려되지 않는다. 유대인 아이들은 학교에 다니는 동안 아랍어를 배우지 않는다. 텔레비전 프로그램들은 이스라엘 국가 내에 아랍 문화가 존재한다는 사실을 거의 인정조차 하지 않는다. 아이다 쉬블리는 어느 날 스크린에서 아랍어로 "좋은 하루 보내세요."라는 메시지가 깜박이는 것을 보고 매우 놀라고 반가웠다고 했다. 그것은 이스라엘의 한 평등권 운동 비정부단체가 만든 광고로 밝혀졌다. "화면에서 아랍어를 본다는 사실 자체가 너무 놀라웠어요. 전에 전혀 그런 적이 없었거든요. 평소에는 우리에 대해 언급하지 않아요. 우리에 관한 것은 없지요. 전무합니다."

경제적 차별도 존재한다. 팔레스타인인과 유대인이 함께 섞인 단체는 얼마 되지도 않지만, 그곳에서 팔레스타인계 사람들은 마치 남성 중심 조직에서 여성들이 겪는 것과 똑같은 차별을 경험한다. 아무리 능력이 있어도 무시당한다. 일을 직접 하고도 그 업적은 다른 사람이 차지한다. 마날 마쌀라의 말에 따르면, 심지어 좌파 진영과 페미니스트 단체에서조차 권력이 어떻게 작동되는지 주의를 기울여야만 한다. "밧샬롬 내에서조차 이스라엘 사회에 작동하는 권력관계가 축소판으로 재생돼요. 예를 들어, 누가 의제를 정하는가, 누가 무엇을 당연한 일로 취급하는가 하는 의문을 제기해야 해요. 그건 아쉬케나지 유대인들의 패권주의가 작동하는 거예요(아쉬케나지 유대인은 이스라엘을 설립하는 데 크게 기여한, 이스라엘 내의 상층, 주류 집단—옮긴이). 평등해진다는 것은 **특수하고 독특한** 나, 내가 속한 집단, 독특한 내 경험이 포함될 때에야 가능한 거죠."

쿨루드 바다위는 말한다. "이등 시민이란 지위 때문에 이스라엘 내 팔레스타인 사람들은 늘 평등을 보장해 줄 권리와 법을 찾습니다. 이

246

를 통해 국가에 우리의 권리 확보에 대한 의무를 요구하기 위해서죠. 그러나 그들은 항상 문제를 뒤집어서 국가에 대한 우리의 의무를 강조하며, 오히려 우리의 충성심을 문제 삼습니다."

유대인들의 국가로서 국가 차원에서 행해지는 구조적 차별만큼이나 개인들 역시 인종차별주의에 심각하게 물들었다. 쿨루드는 이렇게 말했다. "주류 세력인 유대인들은 우리를 완전히 무시해요. 그들은 우리를 그저 '아랍인'으로 취급하며, **우리**에 대해 알 만큼 안다고 생각하죠. 그들은 '이집트인'이나 '요르단인'과 같은 아랍인들을 이해하는 것과 다른 방식으로 우리를 취급해요. 예를 들어 그들에게 우리는, 마치 이스라엘과 함께 만들어진, 뿌리도 없는 그저 '아랍인'일 뿐이죠. 이스라엘 유대인들은 오직 고용주로서 피고용자 '아랍인'과 관계를 맺어요. 유대인들의 의식 속에 더러운 일은 아랍인들의 몫이라는 인식이 깊게 깔렸어요. 그 관계는, 인간적 차원에서조차, 평등에 기반을 둔 것이 아닙니다. 그들은 언제나 위에서 우리를 내려다봐요."

많은 유대인들이 팔레스타인인들을 **인간 이하로 취급**한다. 검문소에서 일하는 예후딧 케셋은 그녀가 동료들과 함께 종종 검문소 군인들로부터 듣게 되는 말을 전해 주었다. 팔레스타인 사람들에게 물과 음식을 주지 않고 화장실도 못 가게 하면서, 군인들은 "걱정하지 않아도 된다. 저들은 (못 먹고 못 자고 화장실에 가지 못해도) 당신이나 나와는 생각하는 게 다르니까." 한다는 것이다. 또한 팔레스타인 사람들은 **무자비한 존재**로 여겨진다. 샤론 돌레프(Sharon Dolev)는 이렇게 설명했다. "많은 유대인들은 인종차별주의를 현실주의라 생각해요. 유대인들은 흔히 말해요. '한 가지 분명한 사실은, 아랍인들은 생명을 존중하지 않는 인간들이다.'라고 말이죠." 아이다 쉬블리는 병원 응급실의 수간호사로 일한다. 그러나 그녀의 능력과 지위에도 불구하고 환자들은 아무 때고 "너 아랍년!"이라고 면전에서 그녀를 모욕할 수 있다. 북부의 밧샬롬에서 활동하는 마리암 유서프 아부 후세인은 다음과 같이 표현했다. "아랍인들과 유대인들은 모두 셈 족으로, 서로 미워해서는 안 되지만, 지금의 위기 때문에 두 민족 간에 증오가 넘쳐나는 환경이 됐어요. 하지만 내가 볼 때 대부분 유대인은 **아랍인 자체를 미워하는 것** 같아요. 반면에 대부분 아랍인들은 **유대인이 하는 일을 미워하죠**. 내 아들은 내 아버지 때와는 다른 상황에 있기를 바라면서 나는 유대인들과 함께 일해요. 내 아버지는 그들을 증오했지만, 내 아들은, 밑에서 올려다보는 것이 아니라, 자신의 능력에 걸맞는 지위에서 그들을 바라볼 수 있기를 바랍니다."

쿨루드는 이스라엘에 사는 팔레스타인인들과 유대인들 사이의 실존적 거리를 잘 보여 주는 경험담을 소개했다. 이 사례를 통해 더 큰 차별의 현실을 짐작할 수 있을 것이라며, 그녀는 이 경험담의 중요성을 강조했다. 어렸을 때 그녀는 오슬로협정 당시 유행하던 '사람 대 사람(people-to-people)의 만남'이라는 프로그램에 참가했었다. 그녀가 다니던 팔레스타인계 고등학교 (이스라엘에서 교육은 민족별로 분리돼 있다) 학생들은 그 지역 유대인 학생들을 만나고자 한 유대 학교를 방문했다. "그 학교를 보는 순간부터 우리는 충격을 받았어요. 우리 학교와 달리, 대학교라 해도 좋을 만큼 크고 시설도 으리으리했거든요! 그다음에 놀란 것은, 그 만남에 대해 우리는 너무나 그들과 다른 기대를 했다는 거죠. 그들이 원했던 것은 기껏해야 만남의 자리를 통

248

해 자신들의 고정관념이 맞는지 틀린지 확인하는 것이었어요. 마치 우리가 사람인지 아닌지 체크하는 것 같았어요. 그들은 '너희는 결혼 전에 섹스를 하니?' 이런 식의 질문들을 던졌어요. 우리는 그런 게 있는지조차 몰랐어요! 우리 입장에서는 국가나 우리의 정체성, 나크바와 점령에 대해 이야기를 나누고 싶었죠. 그런데 그런 질문을 하려 해도 그들은 아랍어를 전혀 알지 못했어요. 우리도 히브리어 실력이 썩 좋지는 않았지만, 그 모임에서 우리는 언어상으로도 너무나 불평등했어요. 나중에 나는 우리가 교육부에 이용당했다는 것을 깨달았죠. 우리는 프로그램의 일부였던 거죠. 이는 내게 개인적으로, 지속적으로 상처를 주는 경험이에요."

북부 밧샬롬이 팔레스타인/이스라엘의 갈등을 종식시키는 데 기여한 바는, 그들의 '반전' 활동이 이같이 이스라엘 내에 같이 사는 팔레스타인인들에 대한 유대인의 인종차별에 도전했다는 것이다. 인종차별주의가 지속되는 한 무장 갈등 역시 지속될 것이기 때문이다. 인종차별이 지속되는 한 유대인들은 점령지 팔레스타인인들에 대한 억압을 정당하게 생각할 것이며, 이스라엘 내 팔레스타인 시민들 역시 계속해서 추방 위협을 받게 될 것이다.

북부 밧샬롬은 1993년 메지도(Megiddo)와 나사렛, 그리고 협곡 지대(the Valleys)에 사는 유대인과 팔레스타인 여성들이 설립했다. 그 지역은 갈릴리 하구 삼각주로 알려진, 이스라엘 영토의 일부이지만 대부분 1948년 부당하게 점령된 곳으로, 팔레스타인 사람들이 많이 산다. 앞서 언급한 것과 같이, 밧샬롬은 아풀라의 유대인 거주지에 사무실이 있으며, 두 명의 시간제 유급 프로그램 코디네이터가 있다.

그중 예후딧 자이덴버그(Yehudit Zaidenberg)는 유대 여성으로 키부츠에서 태어나고 자랐다. 또 한 명은 나사렛 출신 팔레스타인 사람인 니즈린 마짜위(Nizreen Mazzawi)로, 최근에 일을 그만두었다. 팔레스타인인과 유대인이 똑같이 일을 나누는 것이 중요하기 때문에 현재 니즈린을 대신할 팔레스타인인을 구하는 중이다. 유대인인 릴리 트라우브만은 밧샬롬의 정치 담당 코디네이터이다. 그녀는 평생을 메지도의 키부츠에서 살았고, 예루살렘에서와 마찬가지로 이곳 밧샬롬 북부 사무소에서 활발하게 활동한다. 이번 장의 나머지 부분은 예후딧과 릴리, 그리고 사미라 코우리(Samira Khoury)와 마리암 아부 후세인을 인터뷰한 내용을 토대로 했다. 사마리아와 마리암은 각각 나사렛과 움멜 팜(Umm el-Fahm)에 사는 팔레스타인계 이스라엘 사람으로 둘 다 북부 밧샬롬에서 활발한 활동을 한다.[23]

대화를 넘어서

초창기 5~6년 동안 북부 밧샬롬의 주요 활동은 '대화 워크숍'이었는데, 이를 통해 아랍인 거주 지역의 팔레스타인계 이스라엘 여성들과, 와디 아라(Wadi Ara), 갈릴리 하구(Lower Galilee), 협곡 지대(the Valleys)의 키부츠와 집단농장(moshavim)에 사는 유대인 여성들이 함께할 자리를 마련했다. 예후딧 자이덴버그는 이렇게 말했다. "그것은 '서로를 알아 가는' 과정이었어요. 서로 친숙해지고 상대를 알게 되면 서로에 대한 두려움은 줄어들고 관계를 만들어 나갈 수 있으리라 믿었죠. 실제 그랬고요." 일단 자신감이 생기자, 사회적·문화적인 활동만으로는 만족할 수 없게 됐다. 그들은 이제 정치적인 이슈들을 다룰 때가 됐다고 느꼈다. 예후딧에 따르면, 그들은 목적을 재설정했으며, 이에 따라 그곳 사람들의 정치적 사고를 바꾸고, 궁극적으로는 정치 현실을 바꾸려는 노력을 목표로 삼게 됐다.

2000년 10월의 사건들은 이스라엘의 많은 좌파들과 마찬가지로 밧샬롬에게도 전환점이 됐다. 당시 그 지역 팔레스타인 사람들도 자극을 받아 저항 활동을 벌였다. 많은 좌파 유대인들은 팔레스타인 사람들의 새로운 급진주의에 실망한 반면, 예후딧과 밧샬롬의 유대인 여성들은 오히려 팔레스타인계 사람들과 깊은 연대감을 갖게 됐다. 예후딧은 설명했다. "나는 당시에 일어난 일들을 보고 놀랐어요. 우리는 팔레스타인 사람들이 불평등과 불의를 끝까지 당하고만 있을 것이라 생각하지 않았기 때문이죠. 오히려 키부츠 친구들이 팔레스타인인들에게 배신감을 느꼈다는 사실이 나는 더욱 놀라웠어요." 당시 그녀는 키부츠의 동료들에게서 이질감을 느꼈다. 결국 2000년 10월은 일부 북부 밧샬롬 회원들 사이에도 선을 그어 놓았다. 유대인과 팔레스타인인 회원들이 완벽하게 조화를 이룰 수 있다는 것은 이제 더 이상 당연한 사실이 아니었다. 적극적으로 활동하는 여성들의 수도, 밧샬롬 행사에 참여하는 사람도 줄어들었다.

남은 회원들 사이에는 급진주의적 입장이 부상했다. 이제 토론 주제를 선택하는 것도 보수적 시온주의가 우세한 이 지역 유대인들의 전통적 생각과 사사건건 부딪칠 수 있는 위험천만한 일이 됐다. 1996년 이래로 북부 밧샬롬의 중요한 행사 가운데 하나는 수코트(Sukkot)

라는 유대인들의 축제이다(수코트는 장막절로 불리며 출애굽하여 광야에서 장막을 치고 살았던 일을 기념하는 추수감사절—옮긴이). 밧샬롬에서는 장막인 수카(sukkah)를 설치하고 사람들을 불러 모아 토론 행사를 갖고, 이후에 거리 집회를 한다. 2002년 밧샬롬이 선택한 수코트의 주제는 '인종차별'이었다. 그것은 대담하면서도 심한 논쟁을 불러일으킬 만한 행동이었다. 그 같은 주제를 선택한 이유에 대해 예후딧은 다음과 같이 설명했다. "이스라엘 사람들의 의식을 급진적으로 변화시킬 필요가 있어요. 해결책은 여러 가지가 있을 수 있겠죠. 그러나 의식을 바꾸기 위해선 무엇보다 먼저 팔레스타인인들을 인간으로 볼 수 있어야 합니다." 이로 인해 전직 이사이자 아직까지도 북부 밧샬롬에서 헌신적으로 활동하는 베라 조단(Vera Jordan)과 같이 시온주의에 어느 정도 공감하는 일부 회원들은 크게 당황했다. 베라의 느낌은 이랬다. "인종차별 문제를 끄집어내는 것은 매우 도발적인 일이에요. 인도주의 유대인들 입장에서는 민족주의가 곧 인종차별주의라는 주장을 받아들일 수 없어요. 그들에게 인종차별은 '나치가 했던 일'이기 때문이죠. 그들은 자신들이 그 정도로 나쁘다고 생각할 수는 없지요. 사실 유대인들이 그만큼 나쁜 사람도 아니잖아요. 그들은 결코 자신을 나치와 동일시하지 않을 거예요."

예후딧에 의하면, 그런데도, 그들은 "점점 더 반시온주의자가 됐다." 일부 유대인 여성들은 밧샬롬을 떠났다. 팔레스타인 여성들 가운데서도 밧샬롬을 떠난 이들이 있지만, 그 이유는 달랐다. 2000년 10월 이후의 정치 상황 속에서 그들은 더 이상 유대 여성들과 함께 일하는 것이 생산적이지 못하다고 느꼈기 때문이다. 여성들이 함께 일하기 위해선 팔레스타인 여성과 유대 여성 양쪽 모두 각자의 공동체에서 더욱 더 열심히 일해야만 했다. 이제 밧샬롬은 팔레스타인인들과 유대인들의 관계와 회원 수가 더욱 대등해진 활동 본부가 됐다. 단체의 주된 활동도 크리스마스나 하누카, 라마단을 같이 기념하는 식의 문화 공존 차원의 작업에서 벗어나게 됐다. 그들은 일련의 '정치 카페'라는 프로그램을 시작했는데, 예를 들어, 세계화나 경제 동향이 여성에 미치는 영향과 같은 주제들을 다루었다. 선거 기간에 그들은 다양한 정당의 연사들을 초대해 여성 문제에 대한 의견을 물었다. 그들은 또한 팔레스타인 사람이나 여성 문제에 관한 영화들을 상영하고, 영화감독을 초대해 관객과 토론하는 시간을 마련했다. 그들은 '잊혀지고' '사라져 버린' 팔레스타인 마을들을 돌아보는 버스 기행을 조직했다. 무엇보다도 이 프로그램은 극심한 빈곤에 시달리는 팔레스타인 마을을 난생 처음 보는 유대인들의 마음을 뒤흔들어 놓았는데, 이를 통해 그들은 팔레스타인 마을의 황폐함이라는 토대 위에서 이스라엘 키부츠가 번영하고 있다는, 곧 자신들의 번영은 팔레스타인 사람들을 착취하는 데 기반을 둔 것이라는 현실에 직면하게 된다.

밧샬롬의 이 같은 최근의 활동 내용은 마리암 유서프 아부 후세인을 통해 알게 된 것이다. 마리암은 간호사로서 움멜 팜의 한 학교에서 아동 보건을 담당한다. 그녀는 2001년 수코트 축제 때 메지도 사거리에서 밧샬롬을 처음 알게 됐다. 텐트 안에서 어떤 일이 벌어지는지 궁금해서 행사장에 들어간 것이다. 그녀가 밧샬롬에 매료된 이유는 두 가지 사실 때문이다. 첫째는 그곳의 페미니스트 여성들이 아랍인들을 공동 투쟁의 (동등한) 파트너로 여긴다는 점, 두 번째는 그들이 점령에 반대했으며 '다른 모든 뜨거운 이슈들'에 대해서도 적극적으로 활동한다는 점이었다. 마리암은 북부 밧샬롬에 새로운 바람을 일으켜 온 '신세대' 팔레스타인 여성활동가 가운데 하나가 됐다. 그녀의 입장은 명확했다. "팔레스타인 사람들은 밧샬롬의 일원으로서 자신이 얻은 만큼만 기여할 거예요." 그녀의 명쾌한 답은 내게 '위치성(positionality)' 개념을 환기시켜 주었다. "내게 왜 밧샬롬에 있는지 묻는다면, 그건 릴리와 예후딧, 그리고 다른 유대 여성들이 나와 **비슷하기** 때문이에요. 그렇다고 해서 그들과 내가 **동일한 것은 아닙니다**. 그들은 내 입장에서 살지 않으니까요. 그러나 내가 없다면 그들은 내 입장을 알 수가 없지요." 어쩌다 이 말을 듣게 된 릴리는 "전적으로 동감해!"라고 응수했다.

마리암의 입장에서 유대인들이 파트너가 되기 위해선 몇 가지 조건이 필요하다. "유대인들은 먼저 현재 그들이 사는 땅이 모두 과거에 팔레스타인 사람들의 것이었다는 점을 인정해야 해요. 그런 다음에야 우리는 이야기를 할 수 있어요. 애초에 그들이 우리가 사는 곳에 오지 않았다면 더 좋았겠죠. 지금 그들은 여기에 있고, 우리는 그 사실을 받아들여야 해요. 그러나 나는 그들이 잘못을 인정하기 바랍니다. 그래야만 우리는 해결책에 대해 얘기할 수 있어요." 자신의 입장이 그런 만큼, 마리암은 밧샬롬을 높게 평가한다. 그곳에서 그들은 원칙적으로 무엇이든 토론할 수 있고 실제로도 그렇게 하기 때문이다. 너무 민감해서 토론할 수 없는 이슈란 없다. "우리들의 차이점들이 모두 해결돼야 한다고 기대하는 것은 아니에요. 그보다 중요한 것은 최소한 우리가 차이들에 대해 이야기할 수 있다는 거죠." 유대인과 팔레스타인인들이 만날 수 있는 곳이 그리 많지 않은데도, 그녀는 밧샬롬에 대해 매우 솔직하게 말했다.

밧샬롬의 원칙들을 높이 평가하면서도, 마리암은 몇 가지 새로운 생각과 지향점을 제의했다. 예를 들어, 그녀는 밧샬롬의 주된 연례행사가 수코트 기간에 이루어진다는 사실을 지적했다. 그 행사는 팔레스타인 회원과 유대 회원들이 함께 준비해 왔음에도 불구하고, 행사 날짜는 늘 유대 달력에 맞추어 정해진다는 것이다. 물론 그때가 공휴일이기 때문에 자녀가 있는 여성들을 위해 선택된 것이다. 그러나 어떤 엄마들을 염두에 두었다는 것인가? 마리암은 팔레스타인 여성들에겐 이 유대인 장막절이 공휴일이 아니라는 사실을 지적했다. 따라서 날짜를 선택할 때 밧샬롬은 양쪽 여성 모두의 상황을 고려해야 한다는 것이다.

이스라엘이 탄생하는 과정에서 1차로 팔레스타인은 토지를 박탈당했는데, 이후에도 토지 강탈은 계속됐다. 이스라엘 내 팔레스타인 사람들은 특별히 3월 30일을 욤 알 알드(Yom al Ald, 토지의 날)로 기념한다. 1976년 3월 30일에 이스라엘 정부는 '갈릴리의 유대화' 프로그램의 일환으로 아라바(Arraba), 사크닌(Sakhnin), 그리고 데어 한나(Deir Hanna) 부락에서 토지를 몰수했다. 이때 처음으로 마을 사람들은 일어나서 저항했다. 여자 한 명을 포함해 여섯 명이 경찰 폭력으로 죽었다. 이런 맥락 속에서 토지의 날은 본질적으로 팔레스타인인들의 행사였다. 이후 이스라엘 좌파 유대인들이 그날을 인정한 이후에 토지의 날은 팔레스타인 사람들을 지지하는 데 활용됐다. 마리암과 밧샬롬의 팔레스타인 여성들은 이제 유대인 여성들도 이날을 '우리뿐 아니라 자신들의 날'로 보아야 한다고 제기했다. 토지의 날은 양 집단, 곧 억압자와 피억압자 양자에 의해 기억되기는 했지만, 이제는 당시 일어난 일들을 함께 기억할 필요가 있었다. 마리암은 말했다. "나와 다른 팔레스타인 여성들에겐 밧샬롬의 모든 사람들이 욤 알 알드를 자신들의 문제로 받아들이는 것은 매우 중요한 일이죠." 이에 대해, 릴리 트라우브만은 설명을 덧붙였다. "욤 알 알드를 팔레스타인뿐 아니라 이스라엘의 관심사로 인정하는 것은 매우 급진적인 발상이에요. 양쪽의 관심사가 된다는 것은 양쪽 모두가 그것에 책임져야 한다는 인식을 뜻하니까요."

이와 관련해 또 다른 측면에서 급진적 발상의 전환이 이루어졌다. 토지의 날 활동을 하면서 밧샬롬은 토지 강탈을 여성의 문제로 부각시킨 것이다. 그동안 욤 알 알드 관련 활동은 늘 남성들이 주도했다. 여성들은 집회에 참석해 따라가는 정도였지, 한 번도 그 행사를 주관하는 지도부에서 일한 적이 없었다. 마리암은 다음과 같이 비판했다. "밧샬롬은 페미니스트 단체라고 자처해요. 그런데 토지 문제를 여성의 문제로 이해하지 못한다면 페미니스트 단체라 할 수 없어요. 여성은 땅과 특별한 관계를 가져요. 여성들은 땅에서 일하고, 씨를 심고, 우물에서 물을 길어요. 우물이나 샘은 여성성의 상징이죠. 이들은 생명을 보호하고, 품어 주며 사람들이 살 수 있도록 물을 제공해요. 팔레스타인 여성들은 우물가나 샘에서 서로 만나곤 했어요. 여성들에게 우물가는 드물지만, 합법적이고 공적 공간이었어요. 그래서 팔레스타인 공동체들이 강제 이주 당하고 도시 생활을 해야만 했을 때 여성들은 또 다른 방식의 고통을 겪어야 했어요. 욤 알 알드는 여성들에게 막대한 손실을 야기했죠."

현재 밧샬롬은 움멜 팜과 나자렛 등 팔레스타인 지역에서 매년 토지의 날 행사를 연다. 그들은 토지의 날을 기념하는 최초의 여성단체이다. 행사는 이틀에 걸쳐 진행되는데, 팔레스타인 여성 노인들이 나크바와 토지의 날 사건들에 대해 경험담을 얘기하고, 지역 마을을 방문하며, 초청 강연회를 개최한다. 이러한 행사들에는 100명에 이르는 여성들이 참가하며, 유대인 여성들도 많이 포함됐다. 젊은 세대 팔레스타인 여성들 가운데는 이 행사들을 통해 처음으로 그러한 역사적 사건들에 대해 듣는 경우도 종종 있다.

　북부 밧샬롬은 가능한 한 히브리어와 아랍어 둘 다를 사용하고자 한다. 그들은 여성 노인들의 증언을 모아서 출판했는데, 이렇게 여성들의 이야기를 신중하게 듣는 것이야말로 '페미니스트가 해야 할 일'의 하나라고 믿기 때문이다. 최근 그들이 진행하는 프로젝트는 근교 팔레스타인과 유대인 지역 젊은이들에게 인터뷰 방법을 교육시키는 일이다. 훈련을 통해 젊은이들은 친인척 여성 노인들이 기억하는 '1948년에 일어난 일'을 기록할 수 있게 된다. 또한 두 집단의 아이들이 모여 그러한 증언들을 바탕으로 한 연극도 함께 준비한다. 릴리는 이와 같이 기억을 수집하는 작업은 여성들의 '희생'을 강조하기보다는 오히려 이스라엘 정부가 팔레스타인 사람들을 종속시킨 그와 같이 잔인한 과정에 맞서 여성들이 얼마나 적극적으로 투쟁하고 저항했는지를 보여 주기 위한 것이라고 힘주어 말했다. "우리는 기존의 영웅주의를 대체할 수 있는, 군사주의적 영웅주의가 아닌 대안을 제시하고자 합니다."

　앞서 살펴본 것 같이, 두 여성단체 밧샬롬과 여성센터는, 여성으로서 공감할 수 있는 것이 있다는 막연한 인식을 바탕으로 함께 예루살 렘링크를 이뤘다. 링크의 원칙들은 "여성은 현재의 갈등을 평화적으로 해결하기 위해 힘쓰고", "평화를 이루어 가는 과정에 중심 세력으로 참여해야 한다."(JCW 2005)는 점을 명시한다. 그러나 링크의 원칙들은 갈등을 해결하기 위한 공명정대한 방법을 찾는 것에 초점이 맞춰 있고, 더 이상 젠더 관계나 여성들의 권리에 대한 구체적인 내용은 언급돼 있지 않다. 우리가 살펴본 바와 같이, 현재 정치 상황에서는 그린라인 양쪽의 여성들이 여성의 억압을 그들의 대화 토대로 삼는 것은 불가능하다. 이스라엘 **내부에** 있는 유대인과 팔레스타인인의 관계에서도 상황은 마찬가지이다. 그러나 이 같은 상황은 '각자의' 민족과 가족 구조에 내재한 가부장적 억압을 부인한다는 것이 결코 아니다. 실제로 북부 밧샬롬에서 이루어지는 작업은 모두가 그러한 가부장적 억압을 겨냥한다. 단지 여성억압에 관해서는 더 명백하고 공적인 비판이 다른 곳에서 따로 이루어질 뿐이다.[24] 북부 밧샬롬 내에서 유대인과 팔레스타인 여성들은 각자 자신들 사회의 가부장적 억압을 비판할 때 서로 상대에게 암묵적 지지를 보낸다. 그러나 침공이라는 역사적 사건과 그들 사이에 현존하는 힘의 불균형 때문에 상대 민족 내부의 여성억압이란 문제에 대해 더 명시적인 입장을 취하는 것은 지금으로선 정치적으로 무분별한 행위가 될 것이다.

이와는 달리, 여성들은, 비록 명확하게 표현하는 경우가 많지는 않지만, 일상생활에서 상대에 대한 적대감을 만들어 내는 인종차별주의와 여성을 타자로 만드는 성 차별주의가 서로 연결돼 있다는 점을 분명하게 인식한다. 여성 간의 대화를 추구하는 노력 속에서 여성들은 이같이 인종차별과 성 차별을 연결시키는 것이 정치적으로 활용된다는 사실에 주목했다. 예를 들어, 이스라엘 페미니스트 반군사주의 단체인 뉴프로파일은 이스라엘의 군사주의화에 대한 글에서, 이는 '타자화'를 중심축으로 진행돼 온 과정이었다고 설명한다.

> 이스라엘 정부는 두 가지 이미지화 전략에 집중했다. 하나는 상대방을 위협적인 적의 모습으로 만들어 유지함으로써 그들이 '유일한 세력으로 보여 지게' 만들고, 또 한편으로는 아무런 방어 능력이 없는 수동적인 '여성과 아이들'의 이미지를 만들어 이들을 보호한다는 명분하에 국가 폭력을 정당화시킨다는 전략이었다. '적군'과 '여성과 아이들'은 군사주의가 만들어 낸 '타자'들로서, 각기 전쟁을 정당화하고 남성 엘리트들의 패권을 유지하는 데 이용된다.(New Profile 2005)

뉴프로파일의 입장에서 볼 때 정책상으로 팔레스타인은 이스라엘 정부와 똑같은 과정을 밟지는 않았다. 그러나 그들이 이스라엘을 묘사할 때 사용한 표현은 팔레스타인 사회 내부의 모습에도 쉽게 적용될 수 있을 것이다. 곧, 그곳에도 걱정과 근심 속에 전투태세를 갖추고 점점 더 과격해져 가는 남성들과, 그들이 안전과 명예를 지켜 주어야 할 의무가 있는 여성과 아이들이라는 이미지가 팽배해 있다.

예루살렘에서 아이다 쉬블리와 나눈 이야기 속에서 나는 성 차별과 인종차별 사이의 관계를 더욱 명확하게 이해할 수 있었다. 아이다는 밧샬롬 이사회 위원이자 팔레스타인계 이스라엘인이다. 그녀는 여성억압과 팔레스타인인들에 대한 억압, 그리고 더 나아가 과거와 현재 제국주의의 영향이 밀접하게 연결됐다고 확신했다. 아이다가 말했다. "인구 일부에서, 예를 들어 인구의 20퍼센트를 차지하는 팔레스타인인들의 정통성을 인정하지 않는다면, 인구의 50퍼센트, 곧 여성들의 권리를 빼앗는 것은 너무나 쉽게 이루어질 수 있습니다. 당신이 어떤 사람을 타자로 여긴다면, 이는 다른 모든 타자화 과정과 차별에 정당성을 부여하는 것과 같지요. 우리는 여성에 대한 폭력, 팔레스타인 사람들에 대한 폭력, 그리고 세계 도처에서 벌어지는 전쟁의 폭력 속에 똑같은 메커니즘이 작용한다는 것을 강조해야 합니다. 우리는 이 세 가지 모두에 맞서서 싸워야만 하지요."

5장

성취와 모순: 월프와 유엔

†

초국가 네트워크에 관해 다시 이야기할까 한다. 우리는 2장에서 위민인블랙과 코드핑크:평화를지지하는여성들, 군사주의에반대하는 동아시아-미국-푸에르토리코여성네트워크를 만났다. 이러한 단체 들은 평화와자유를위한여성국제연맹(월프)과 비교해 볼 때, 소규모이 며 새로운 초국가적 현상인데, 월프는 제1차 세계대전의 혼란 속에서 탄생했고 오늘날 제네바에 사무실을 두고 유엔에 자문을 하는 지위를 가졌으며 37개 국가에 지부를 둔 중요한 비정부단체로 번성했다.

월프의 여성평화활동가들에게는 선배들이 있었다. 질 리딩턴(Jill Liddington)은 영국에서 퀘이커가 주도한 평화운동이 나폴레옹 전쟁의 여파로 일찍이 1816년에 어떻게 시작했는지 들려준다. 초기부터 많은 회원들이 여성들이었고 1820년까지 여성보조평화회(Female Auxiliary Peace Societies)가 영국의 몇몇 도시에 존재했다. 또한 1840년대에 평 화에 관심을 가진 여성들이 올리브잎모임들(Olive Leaf Circles)을 형성 했는데, 1850년대 초기까지 3000명으로 추정되는 회원을 가진 150개 의 모임이 있었다(Liddington 1989). 조이스 버크먼(Joyce Berkman)은 스웨덴 페미니스트 프레데리카 브리머(Frederika Bremer)가 평화에 전 념하는 여성만의 국제 동맹이라는 견해를 주장한 첫 번째 사람이라고 생각한다. 크림전쟁(Crimean War)이 시작된 해는 1854년이었다. 몇 년이 지나고 대규모 사상자가 발생한 미국 시민전쟁 바로 직후인 1867 년 제네바에서, 유제니 니보예(Eugenie Niboyet)는 이러한 자율적인 여성평화조직을 창설했는데, 그것이 국제평화자유연맹(the Ligue Internationale de la Paix et de la Liberté)이었다. 윌프 프랑스 지부는 오늘날 이 이름을 여전히 유지한다. 니보예는 국제 평화를 위한 투쟁을 '경제적·사회적 정의와 분리될 수 없는' 것으로 생각했는데, 이러한 신념은 윌프 내에서 지속됐을 것이다(Berkman 1990: 145). 유럽에서 25만 명의 군인 사상자와 50만 명의 시민 사상자가 발생한 프로이센-프랑스 전쟁(Franco-Prussian war)이 종결된 1872년 영국에서, 영국평화회(British Peace Society)를 돕는 보조여성평화와중재(Women's Peace and Arbitration Auxiliary)가 설립됐고 많은 퀘이커 여성들이 1880년대에 평화 문제를 둘러싸고 지속적으로 활동했다(Liddington 1989). 버크먼은 다음과 같은 결론을 내린다. "여성들은 모든 여성평화회들의 설립자이자 남성을 포함하는 평화 집단들의 적극적인 구성원으로서, 아마 노예제 폐지론을 살리는 어떤 다른 개혁 운동보다는 19세기 평화운동에 참여하고 더 많은 영향을 미쳤다."(같은 책)

그러나 19세기 후반, 참정권 운동이 부상하면서 여성들의 관심은 국제 관계에서 참정권으로 쏠렸다. 세기의 전환에 태평양과 카리브에서 죽음과 파괴를 야기한 아메리카-에스파냐 전쟁(Spanish-American War)과 남아프리카에 잔학 행위를 가한 보어전쟁(Boer War)이 일어났다. 개별적으로 많은 여성들은 이러한 사건들에 계속 몰두했지만, 추진력은 이제 참정권 운동에 있었다. 많은 여성들은 투표권을 쟁취하고 여성이 정치적 결정 과정에 나서도록 하는 것이 전쟁을 종식시킬 가망성이 가장 큰 것이라고 믿었다. 제1차 세계대전의 발발은 이러한 두 관심 사이의 긴장을 고조시켰고 프랑스, 영국, 미국의 참정권

론자들을 분열시켰다. 대다수는 전쟁을 지향하는 정부를 지지하는 쪽을 택했다. 애국심의 고조에 저항할 만큼 충분히 용감한 아주 적은 소수만이 전쟁 거부와 여성의 대표권을 계속 연결시켰다(같은 책).

평화와자유를위한여성국제연맹

1915년 2월, 네덜란드, 벨기에, 독일, 영국에 사는 여성들의 소모임은 전쟁에 반대하며 이를 종식시킬 방법을 찾으려 교전국의 여성국제회의를 소집했다. 그 회의는 중립적인 네덜란드의 헤이그에서 개최되곤 했다(Bussey and Tims 1981). 미국여성평화당(Women's Peace Party)에 소속된 여성들이 참여 명단에 이름을 올렸고, 1915년 4월 13일, 47명의 여성들이 뉴욕에서 승선했다. 출항한 다음 날, 평화 정착을 논의하는 여성전국대회(National Conference on Women)가 런던 웨스트민스터의 센트럴 홀에서 열렸다. 영국 정부는 이 일에 간섭해 그 당시 우연히 영국 밖에 있었던 세 명을 제외하고는 모든 사람들의 참석을 방해했지만, 참석한 여성 가운데 180명은 헤이그회의에 등록했다(Liddington 1989).

여성국제회의(International Congress of Women)는 1915년 4월 28일에 개회해 4일간 지속됐는데, 독일과 오스트리아 등 12개국의 1136명의 대표단이 참석했다. 이날 마지막 세션에는 2000명 이상의 여성들이 참석했다. 되돌아보면, 그 사건은 거의 믿을 수 없는 성공처럼 보이는데, 아마 그 당시에도 그렇게 여겨졌을 것이다. 바로 국경을 건너면, 이미 독일군에 의해 점령된 벨기에가 있었다. 두 군대 남쪽으로 겨우 100마일만이 이프레스(Ypres)의 참호로 파헤쳐져 있었다. 그 회의에서 전쟁의 상대적 책임 문제를 제기하지 않는다는 합의가 있었다. 대신 초점은 대외 외교정책을 민주적으로 다루는 일, 협상된 평화를 실제 활용하는 일, 그리고 여성 의제로서 여전히 관심이 높은 여성 참정권에 있었다. 흥미롭게도 헤이그에서 채택된 결의안 가운데 하나는 앞으로 논의할, 평화 정착에 여성의 목소리를 포함하도록 촉구하는 유엔 안보리 결의안 1325의 전조가 됐다(Bussey and Tims 1981).

여성국제회의는 영구적인평화를위한국제여성위원회(International Women's Committee for Permanent Peace)의 설립으로 이어졌고, 유럽과 미국의 두 사절단으로 하여금 교전국과 중립국의 국가원수에게 이 회의의 결의안을 직접 전달하도록 했다. 사절단들은 존중의 의미로 이를 받았지만, 교전국 사이를 중재하기 위해 중립국 회의를 요청한 것에 대해서는 어떠한 반응도 보이지 않았다(Liddington 1989). 휴전한 지 오래되지 않은 1919년 5월에, 승전한 편과 패전한 편, 양편의 여성들은 베르사유에서 평화조약 안을 만들기 위해 열린 정치인들의 회의에 맞추어서 두 번째 회의를 개최했다. 전쟁 후 정착을 위한 세부 조항들은 베르사유에서 나왔기에, 여성들은 회의에서 이의 징계 조항을 강하게 비판하는 결의문을 발표했다. 여성들은 그 조항이 패전국의 가난과 기아를 발생시키고, 민족 적대감을 심화시키며 전쟁을 다시 부추길 것이라고 정확히 예견했다. 이제 여성들의 평화와 사람들의 평화를 옹호하려면 상설 조직이 필요하다는 것이 분명해졌다. 그 조직의 이름은, 평화와자유를위한여성국제연맹이었다.

해릿 아론소(Harriet Alonso)는 전쟁 후의 윌프 이야기를 들려준다. 취리히 회의 바로 직후, 한 사무소가 제네바에서 문을 열었다. 1920년대 중반까지 40개국에서 5만 명의 회원을 조직했다. 미국에서, 윌프는 벌써 라틴아메리카 여성들과 접촉했으며, 그 지역에서 현재까지 그렇게 지속적으로 행동할 만한 이유가 있는 것처럼, 미국의 군사적 간섭에 항의했다. 유럽에서 윌프는 특별히 군축에 활발한 활동을 보였고, 평화를 위한 방편으로서 국제연맹(the League of Nations)을 강화하는 일에 적극적이었다. 그러나 1930년대에는 윌프만이 아니라 평화운동 전반에 심각한 딜레마들이 발생했다. 이 시기는 일본이 아시아를 침략했고, 무솔리니가 아비시니아를 침공했으며, 프랑코 군대가 스페인 민주주의를 붕괴시키고, 독일 나치즘을 피해 유대인 피난민이 이주하던 시기였다. 동시에 이런 정세 앞에서 단결과 결합을 유지하고자 하는 투쟁이 필요한 시기였다. 윌프의 회원과 지부는 세계적으로 군축을 계속 요구해야 한다는 여성들과, 전쟁의 대가를 치르더라도 사회적·경제적 개혁을 이루고 파시즘에 저항할 것을 강조하는 좌익 성향의 여성들로 분열됐다(Alonso 1993; Bussey and Tims 1980). 나는 7장에서 '정의'와 '평화' 간의 이 쓰라린 긴장을 다시 이야기할 것이다.

제2차 세계대전이 끝나자 냉전이 시작됐다. 윌프는 어려운 입장에 처했다. 윌프가 핵무기에 반대하는 운동을 전개하고 '평화와 자유'라는 슬로건을 내걸기에, 많은 사람들은 윌프가 중립적이지 않고 소련과 제휴를 맺은 단체라 여겼다. 미국에서 윌프는 공산주의자들에 대한 매카시적 숙청으로 괴롭힘을 당했다(Swerdlow 1990). 그러나 한편으로는, 아이러니하게도 1960년대에 신좌익이 등장하면서, 월프가 너무 반공산주의적이라고 (그리고 회의나 청원서, 강연 스타일이 너무나 위계적이며, 너무나 보수적이라고) 여기는 여성들이 월프를 버렸다. 미국에서 대표적인, 새로운 국제조직이 형성돼 월프의 좌파로 있었다. 평화를위한여성파업(Women's Strike for Peace, WSP)이라 불리는 이 조직은 핵실험과 베트남전쟁으로 인한 징병에 반대했다. 어떤 대표들은 베트남에 미군이 주둔하는 것을 반대하는 성명서에 서명하고, 1965년 7월에 인도네시아로 가서 민족해방전선(National Liberation Front)과 북베트남의 공산주의 정부에서 일하는 베트남 여성들을 만났다(Alonso 1993).

페미니즘 제2물결은 이와 유사한 시기에 일어났다. 유엔은 이 운동의 응답으로서 1975년부터 1985년까지 글로벌한 여성 10년(Decade for Women)을 선포했다. '여성'은 세계적으로 그 모습을 갖추기 시작했다. 월프와 평화를위한여성파업은 적극적으로 이 운동을 전개했으나, 1970년대 유럽과 미국 페미니스트들은 재생산권과 성적 자율권의 투쟁에 비해 평화에는 별로 관심을 두지 않았다. 그런데 1980년 11월 17일에 주목할 만한 사건이 미국에서 발생했다. 2000명의 여성들이 냉전과 군비 경쟁, 핵실험에 반대하며 펜타곤을 향해 행진했는데, 이들 가운데 많은 여성들이 월프의 여성들이었다. 여성들은 거대한 탈을 쓰고 드라마틱하게 행동했다. 그들은 전쟁 기계의 피해자들인 알려지지 않는 여성들을 추모하는 '묘지'를 만들었다. "소년들의 장난감을 빼앗자."고 쓴 현수막을 들었다. 이러한 여성들의 펜타곤 행동(Women's Pentagon Action)은 다음 해에도 계속됐다(같은 책).

1981년, 영국 정부가 미국의 크루즈와 퍼싱 미사일 배치에 동의했다는 소식이 영국에 알려지자, 여성들은 웨일즈에서부터 미사일 배치 지역으로 예정된 버크셔 주 그린햄 커먼에 있는 왕립공군기지까지 행진하며 항의 시위를 했다. 여성 시위자들은 미국 여성들이 선언한 대로, 전통적으로 남성들이 전쟁에 진격하고자 집을 떠났던 것처럼, 이제 여성들은 평화를 위해서 집을 떠난다고 말했다. 이는 미국-영국의 전쟁 정책에 반대하는 영국 여성들의 대중운동, 곧 미사일 철수를 위해 언어적·법적·육체적 노력이 끊임없이 요구됐음에도 불구하고, 10년 이상 지속했던 그린햄 캠프운동을 포함한 대중운동의 출발이었다. 미국 여성들은 세니카폴스에 여성들의 평화 캠프를 세우고, 미국의 월프 지부는 캠프의 후원자로서 그 지역의 농장을 구입하고자 자금을 모았다(같은 책). 유럽에서는 대규모 항의 시위가 있곤 했는데, 여러 도시에서 대규모 거리 시위가 일어난 1983년 10월 22일 행동의 날에 그 절정을 이루었다. 월프는 1년 동안 100만 명의 서명을 받아 나토에 전달했다. 이러한 행동 가운데 어느 것도 첫 미사일 수송을 중단시키지 못했고, 미사일은 11월 12일에 도착했다. 그래서 소련에 대한 적대적 관계를 청산하는 운동을 벌이면서, 여성들은 1980년대의 군비 경쟁과 핵 위협에 맞서 서로의 냉담함을 극복하고 이전의 분열을 치유하면서 평화운동의 경험을 강화시켰다. 월프는 걸프전쟁, 이란에 대한 지속적인 공격과 제재, 유고슬라비아의 민족주의 전쟁, 그리고 르완다의 대학살에 반대하는 운동을 전개하면서 1990년대에 하나의 세력으로 출현했다. 오늘날 새 천년의 시대에, 월프는 세계적인 반전운동과 마찬가지로 '테러와의 전쟁'을 반대하는 데 전념한다.

윌프의 조직과 범위

윌프는 국가별 단위와 그 국가 내 지역단체로 구성된, 피라미드형 조직 형태를 가졌다. 원칙적으로 의사 결정 기구는 회원들로 구성된 국제 의회인데, 국제 의회는 3년마다 개최되며, 국가 지부들은 회원 규모에 비례하여 선출된 대표단을 이 의회에 파견한다. 여기서 결의된 사업은 유효기간 안에 실행하도록 국제집행위원회의 연례회의가 추진하며, 이 위원회는 국가 지부들이 선출한 회원들로 구성되는데, 이 대표들은 국제 윌프의 자격으로 활동한다. 각국 지부는 또한 공개 연례 총회, 여기서 선출된 의장, 재정 담당, 집행단으로 이루어진다. 국제위원회는 향후 매 3개년 계획에서 합의된 주제에 대한 작업을 진척시킨다. 따라서 윌프는 위민인블랙과 코드핑크보다 규모가 더 크며 훨씬 더 광범위하게 알려지고 인식될 뿐 아니라 더 공식적이다.

연맹(League)의 행정 운영은 제네바의 사무소가 한다. 이 사무소는 국제집행위원회의 결정을 실행하고 국가별 단위에서 오가는 정보 유통을 보장하며 합의된 활동 계획을 지원한다. 연맹은 정기 회보인『국제평화 최신정보(International Peace Update)』를 발행하고 윌프의 유엔 사무소와 함께 일을 한다. 연맹은 1948년 이래로 경제사회이사회(ECOSOC)를 통해 유엔에 자문하는 위치에 있고, 이와 더불어 로마에 있는 식량농업기구(FAO), 제네바에 있는 국제노동기구(ILO), 뉴욕에 있는 유엔아동기금(UNICEF)과 특별 자문관계를 맺었다. 윌프는 평화·안보 관련 문제와 다른 구체적인 관심사를 가지고 유엔을 압박할 뿐만 아니라 유엔 그 자체의 개혁과 민주화를 위해 끊임없이 압력을 가한다(WILPF 2006a).

뿐만 아니라 윌프의 관심 폭만 보더라도 주목할 만하다. 1915년 창립할 때 이미 여성들은 "국가가 국내에서 그리고 국제적으로 폭력을 행사하도록 하는 모든 문제들은 연관됐으며, 지속 가능한 평화를 성취하기 위해서 이 모든 문제는 해결할 필요가 있다."(WILPF 2006b)라고 이해했으며, 윌프는 여전히 이러한 이해에 준해 조직화한다. 이것은 실제로 운동을 전개할 때, 조직이 전쟁과 평화, 군사화와 무장해제라는 문제에 국한되지 않는다는 것을 뜻한다. 비록 이러한 관심사들이 여전히 핵심에 놓였다 하더라도 말이다. 윌프의 2004~2007년 활동 계획을 보면, 환경의 지속 가능성과 글로벌한 경제·사회 정의에 대한 주요한 캠페인들이 포함됐다. 이러한 제목 하에, 윌프는 깨끗한 물과 건강한 환경에 대한 권리뿐만 아니라 토착민의 권리, 지속 가능한 발전을 위한 교육, 기후변화에 대한 교토 의정서와 다른 국제 협약들의 이행, '유엔과 초국가적 기업과의 글로벌한 협약'에 관해 비판하는 일을 한다. 윌프는 기본적으로 필요한 공동 자원을 사유화하거나 상업화하는 것에 반대하고, 가난한 국가의 부채 무효화를 위한 캠페인을 벌이며, 공정 무역과 빈곤 퇴치를 지원하고 인권과 민주주의를 위해 일한다. 윌프는 세 가지 프로그램 분야가 서로 중첩되거나 보강하는 것으로 이해한다. 또한 광범위한 세계사회포럼운동에 적극적이다(WILPF 2006c).

윌프의 또 다른 강점은 인종주의 반대를 위해 헌신적으로 활동한다는 점이다. 1915년 창립 바로 직후에, 미국 윌프의 전조인 여성평화당에는 아프리카계 미국인 여성활동가들이 있었다. 물론 그들은 소수였다. 왜냐하면 오늘날 윌프 여성들에게 친숙한 일일 것인데, 인종차별은 미국 백인들 사이에서는 만연했으나, 대부분의 미국 흑인들에게 여성평화는 우선적인 문제가 아니었던 것이다. 윌프의 백인 지도부는 인종간위원회(Interracial Committee)를 설립했지만 이것은 오히려 논란이 됐고, 인종의 공평성을 개선하는 데 거의 성공하지 못했다(Blackwell 2004). 제2차 세계대전 이후, 몇몇 새로운 아프리카계 미국인들이 윌프에 등장했다. 그들은 평화에 대해 독특하게 이해했는데, 그것은 인종적 정의(racial justice)에 확실히 뿌리 둔 것이었다. 메리 처치 터렐(Mary Church Terrell)은 1919년 여성평화당 국제회의에서 모든 백인 청중에게 말했다. "백인들은 최후의 심판 날까지, 영구적인 평화를 이야기해야 할 것이다. 그러나 그들은 검은 피부의 인종들이 공정하고 공평하게 대우받을 때까지 그 평화를 갖지 못할 것이다."(같은 책: 188) 오늘날 윌프가 반인종차별주의를 캠페인의 핵심에 두는 것은 확실히 윌프의 아프리카계 미국인 선구자들 덕분이다.

'여성·평화·안보'를 유엔의 의제로[25]

오늘날 윌프는 웹사이트(〈www.wilpf.org〉, 〈www.wilpf.int.ch〉와 다양한 지역 사이트)와 특히 '평화-여성' 호스팅을 통해 회원만이 아니라 여러 여성들과 만난다. 이렇게 널리 알려진 웹 포탈(〈www.peacewomen.org〉) 사이트는 윌프의 역사에서 또 다른 전기를 맞아 얻게 된 성과이다. 이제 나는 그 전기에 관해 이야기하려 한다. 그것은 여성들의 반전운동으로 이룬 가장 주목할 만한 제도적 성취로서, 2000년 10월 31일에 여성·평화·안보에 대한 유엔 안보리 결의안 1325를 획득한 일이다.

내가 이 책에서 계속 이야기하는 군사주의와 전쟁을 반대하는 여성운동을 글로벌한 관점에서 볼 때, 그 결의안은 몇 가지 방식에서 뜻깊은 것이다. 그 결의안이 채택되기까지 여러 나라 여성들이 많은 노력을 했는데, 어떤 여성들은 자신을 페미니스트로 여기는가하면, 또 그렇게 생각하지 않는 여성들도 있었다. 여성들은 권력 구조 안에서나 전쟁과 관련해서 서로 다른 위치에 있었지만, 여성들 간에는 서로 협력하는 분위기가 있었다. 이 협력으로 인해 여성들은 국제기구의 메커니즘을 성공적으로 다룰 수 있었다. 국제기구 가운데 유엔안전보장이사회는 가장 영향력 있는 것으로 보였을 것이다. 이것은 광범위한, 익명의, 초국가적인 비상 네트워크인데, 앞 장에서 본 것과는 매우 다른 성격을 띤다. 또한 비공식적이고 유명하지는 않지만, 특정한 프로젝트의 이익 차원에서 지역과 국제 비정부단체들, 정부, 그리고 유엔과 대학교의 여러 분야에서 활동하는 여성들이 맺은 매우 생산적인 동맹이었고, 지금도 그렇다.

네트워크가 이룬 성과는 개별 여성들 덕분이다. 여성들이 있는 기관들이 얼마만큼 성과를 이루었는가에 관해서는 말하기 쉽지 않다. 역사를 추적하다 보면, 우연히 발견하는 어떤 것을 볼 수 있다. '이러저러한 일'이 바로 그 순간 거기에 있었다는 것은 그냥 일어난 일이다. 그런데 여성이든 남성이든 한 개인이 조직의 후원 없이 혼자서 성과를 이룰 수는 없을 것이다. 나는 두 가지 다 중요하다고 여기며, 이런 이유로 나는 아래에 많은 개별 여성들의 이름들을 언급한다. 그렇다고 해서 내가 언급한 여성만이 관련됐다고 생각해서는 곤란하다. 그 이름을 다 열거하려면 몇 백, 또는 몇 천 명에 이를 것이고 뉴욕 유엔 플라자에서부터 전쟁에 시달리는 많은 나라들의 대량 학살 현장까지 미치는 여성들의 연결망까지 언급해야 한다.

유엔 안보리 결의안 1325는 간결하고 이해하기가 쉽다.[26] 결의문 전문은 무력 분쟁이 여성에게 특별하게 미치는 결과와, 분쟁을 예방하고 해결하는 데 필요한 여성의 역할을 알려 준다. 그리고 이러한 일들을 국제 평화와 안보를 유지하는 안전보장이사회의 책임 하에 둔다. 대략 보자면, 이 결의안은 세 가지 원칙적 주제를 담은 열여덟 개의 짧은 항으로 이루어져 있다. 첫 번째는 **보호**이다. 이는 여성의 권리를 인지하고, 전쟁 시에 젠더에 입각한 적절한 욕구를 더 분명하게 이해하며, 젠더를 기반으로 한 폭력, 특히 강간과 성 학대와 같은 기타 유형의 폭력으로부터 여성과 소녀를 보호하며, 이러한 범죄들이 면책되지 않도록 하는 내용이다. 둘째는 **참여**이다. 평화를 위해서 일하는 여성들의 활동은 인정돼야 하고, 여성들은 유엔의 주요 직위를 포함해 국가와 지역 기관들, 분쟁을 예방하고 관리하는 제도적 과정, 그리고 평화 협상 등 모든 차원에서 일어나는 의사 결정 과정에 포함돼야 한다. 세 번째 주제는 **젠더 관점**이 유엔평화유지군, 그리고 전쟁 후에 군대 해산, 재통합과 재건설을 이루는 조치 안에 개입하는 것이다. 결의안 채택은 이틀간의 논쟁으로 이룬 성과였다. 유엔 조직의 최고점에 있으며 세계 안전보장을 위한 책임을 부여받은 안전보장이사회가 회의 전체를 분쟁과 분쟁 이후 상황에서 여성들이 겪는 경험을 논의하는 데 할애했다는 것은 유엔 창설 이래로 처음이었다(Cohn 등 2004).

어떻게 이런 일이 일어났는가? 연속적으로 개최된 유엔세계여성회 의에 참석한 여성들이 이러한 토대를 만들었다. 전쟁과 평화와 관련된 여성 문제는 1985년 제3차 나이로비 회의에서 강렬하게 알려졌다. 1995년 제4차 베이징 회의의 결과로 나온 행동 강령은 12개 '비판적 인 관심 영역'을 담았는데, 그 가운데 한 영역이 '여성과 무력 분쟁'이 다. 그 후 유엔경제사회이사회의 위원회 가운데 하나인 여성지위위원 회(Commission on the Status of Women, CSW)는 1998년 회의에서 '여성과 무력 분쟁' 장을 논의하면서 베이징 문서를 상세히 심의했다. 이러한 제안들이 어떻게 움직여질 수 있었는가? 2주간의 긴 회의에 참석한 몇 백 명의 여성들 가운데는 세계 각 분쟁 지역의 여성단체에 서 온 여성들이 30명 내지 40명 있었다. 여성과무력분쟁코커스 (Women and Armed Conflict Caucus)라고 자칭하는 국제 비정부단체 들의 한 모임은 윌프가 그 운영을 담당했는데, 회의 결과 문서 안을 잡 는 과정을 주도했다. 이 모임에서 활동가들은 무력 분쟁을 유엔의 '여 성 의제'로서 다루는 것에서 '여성과 무력 분쟁'을 주 의제로서 다루는 것으로 미세하게 그 강조점을 옮겼다. 그들은 유엔 권한의 중심이자 국제 평화와 안보 유지를 책임지는 안전보장이사회를 목표로 했다.

2000년 유엔총회 제23차 특별 회의에서 정부 대표단은 베이징 선 언과 행동 강령을 이행하는 데 필요한 더 진전된 활동이 무얼까 살펴 보았다. 그것은 베이징＋5였다. 이 행사는 결과적으로 여성과 무력 분쟁 분야의 정치 선언이 됐다. 의미심장하게도 그해 3월에 열린 여성지위위원회 회의가 전환점이 되었다. 유엔의 방글라데시 대사인 안와룰 초우드우리(Anwarul Chowdhury)는 당시 안전보장이사회의의 의장이었다. 회의 기간 가운데, 3월 8일 세계여성의 날에 그는 젠더와 평화, 안보가 서로 교차한다는 점을 살펴보는 것은 매우 중요하다는 연설을 강도 높게 했다. 안와룰은 동일한 주제를 담은 안전보장이사회의 보도 성명서를 발표하도록 하고, 안전보장이사회의 공개회의가 코커스가 추구하는 바대로 진행되도록 계속 지원했다.

전쟁 지역에서 온 많은 여성들이 여성지위위원회로 와서 거침없이 말하고 점잖게 요구하면서, 코커스는 여성과무력분쟁비정부단체실무단(NGO Working Group on Women and Armed Conflict)이 됐다. 실무단의 구성원은 국제엠네스티[플로렌스 마틴(Florence Martin)은 뉴욕의 열렬 분자이다. 그리고 바바라 로흐빌러(Barbara Lochbihler)는 곧 월프를 떠나 엠네스티로 갈 것이다], 국제감시[International Alert, 유저니아 피자-로페즈(Eugenia Piza-Lopez)와 사남 나라기 앤더리니(Sanam Naraghi-Anderlini)가 종종 대표를 맡았다], 헤이그평화회의[Hague Appeal for Peace, 코라와이스(Cora Weiss)], 난민여성과아동을위한여성위원회[Women's Commission for Refugee Women and Children, 마하무나(Maha Muna)], 세계평화학회[International Peace Research Association, 베티 리든(Betty Reardon)이 대표로 있다]로 구성됐다. 나중에 젠더정의를위한여성코커스[Women's Caucus for Gender Justice, 론다 코플론(Rhonda Copelon)]가 합류했을 것이다. 그리고 마지막으로 월프가 있었다. 26년 동안 연맹의 사무총장이었던 에딧 밸런틴(Edith Ballantyne)은 이제 월프의 유엔 문제 특별 자문이 됐다. 에딧은 여성을 평화의 행위자로서 인지하도록 나이로비회의 때, 그리고 그 이전부터 압력을 넣었다. 펠리시티 힐(Felicity Hill)은 유엔 윌프 사무소의 책임자였다. 그녀는 회의를 소집하고, 비정부단체의 활동을 조정했다. 펠리시티는 다음 몇 달간 있을 치열한 로비와 외교 활동에 관해 들려주었다.

비정부단체 여성들은 지금까지 유엔이 했던 관행과는 다른 식으로 일을 진행했다. 이는 페미니즘 특유의 배짱이었다. 결의안 1325는 기초 작업부터 외교와 로비, 그리고 초안을 쓰고 다시 수정하는 일이 거의 완전히 시민사회의 작품으로 이루어진, 유일한 유엔안전보장이사회 결의문일 것이다. 그리고 처음으로 이를 진행시킨 행위자가 거의 모두 여성이라는 점 또한 유일한 일일 것이다. 그런데 비정부단체들은 이 체제 안에 우방들이 필요했다. 그들은 유엔 조직 내에서, 특히 여성발전부(Department for the Advancement of Women), 사무총장의 젠더 문제 특별 고문〔Secretary General's Special Adviser on Gender Issues, 안젤라 킹(Angela King)〕그리고 노린 헤이저(Noleen Heyzer) 대표와 평화와 안보 고문인 제니퍼 클롯(Jennifer Klot)이 핵심적으로 활동하는 유엔여성발전기금(UNIFEM)에서 이를 지지하고 대변하는 여성들을 양성하는 데 중점을 두었다. 처음에는 안전보장이사회의 회의에 이 문제를 상정하려 한다는 비정부단체의 전망에 대해 회의적이었던 사람들이 점점 비정부단체들을 지원하는 일에 열의를 보였다.

유엔안전보장이사회 의장직은 매월 각 나라가 돌아가면서 맡는다. 의장이 원한다면, 각 의장들은 의제 토론을 주재한다. 이때 '여성과 무력 분쟁' 의제를 상정할 대사가 필요했다. 누가 그 일을 할 수 있을까?

펠리시티 힐은 이렇게 회상했다. "우리는 분명히 '5개 상임이사국' 가운데 한 나라가 이 일을 맡는 것을 원하지 않았어요. 그들 모두는 갈등을 일으키고, 군비경쟁에 참여했죠. 우리는 정말 서구 국가는 아니라고 생각했어요. 이상적으로는 갈등을 경험했고 이러한 문제를 끌어내기 위해 권위를 가지고 말할 수 있는 국가가 돼야 한다고 생각했죠." 그래서 그들은 나미비아(Namibia) 대사인 마틴 앤자바(Martin Andjaba)를 찾아갔다. 때마침 나미비아 대표단은 무력 분쟁에서 일어나는 젠더 문제를 전부터 주시하던 터였다. 그해 초에 윈트후크(Windhoek)는 평화 유지군 내 유엔부가 조직한 다각적평화지원군(Multidimensional Peace Support Operations)에 젠더 관점을 주류화하는 문제를 심의할 위원단 회의를 주재했다. 그 모임은 평화 유지 활동에서 발생하는 젠더 문제를 포괄적으로 심의하고 구체적인 권고안을 내놓았다. 앤자바 대사가 안전보장이사회 의장직을 맡을 10월이 다가오고 있었다. 그는 여성·평화·안보(Women, Peace and Security)에 관한 공개회의를 지원하겠다고 했다. "윌프 사람들은 환호를 지르며 기뻐했어요. 그날은 굉장했어요!" 펠리시티는 당시 분위기를 전했다.

그러나 비정부단체실무단은 안전보장이사회의 공개 주제 회의만을 원한 것은 아니었다. 그들은 이사회가 제공할 수 있는 가장 강력한 표현이자 의장 성명보다 훨씬 더 강한 결의문이 회의의 결과로 나오길 바랐다. 1997년 유엔은 '젠더 주류화(gender mainstreaming)'(모든 사회 영역에 젠더 관점을 통합하는 성 평등 전략—옮긴이)를 채택했지만, 안전보장이사회는 여전히 매우 남성 중심적이고 남성 우월적 성격을 가졌다. 당시 15명의 구성원 가운데 여성은 한 명이었는데, 그녀는 자메이카 대사인 패트리샤 듀랑(Patricia Durrant)이었다. 패트리샤는 남성 동료들이 여성 문제가 중대하다는 점을 축소시킬 수 없음을 보증해 주는 위엄 있는 여성으로 여겨지곤 했다. 그러나 남성들은 교육이 필요했다. 실무단은 자신들의 논의가 신중하게 요약된 주제가 담긴 주요한 페미니즘 서적들—마지못해 공부하는 학생들을 위한 참조용—을 한 아름씩 각 대사관에 제공했다. 그들은 대사관들이 필요할 때 의논할 전문가 목록을 나누어 주었다. 또 유엔 문서에 등장하는 젠더와 분쟁 문제에 관한 모든 자료들을 수집해, 자신들의 의제에 적절하거나, 대사들이 여성·평화·안보를 논의하는 데 유용할 수 있는 친숙한 유엔 언어가 담긴 합의된 문서들을 제공했다. 그들은 이사회를 구성하는 국가와 그 대표들이 주목할 수 있도록 외교 관행을 익혔고, 지역 비정부단체에 이사회 회원 국가들의 지역으로 가서 정부의 해당 부서와 관계를 맺도록 했다. 그동안에 그들은 결의문 안을 만들고 또다시 수정하는 작업을 했다. 그들은 결의문 안을 앤자바 대사에게 주었고, 그는 유엔여성발전기금에 그것을 넘겼으며, 그 후에 안전보장이사회 구성원들에게 사전 논의를 위해 전달했다. 각 단계에서 결의문 안은 수정됐다.

10월 23일, 안전보장이사회 회의가 예정되었던 전날에 실무단은 소위 '아리아 식(Arria formula)' 회의(1992년 베네주엘라의 아리아 대사가 비공식 모임을 주선한 것에서 시작—옮긴이)를 조직했는데, 이것은 안전보장이사회 구성원들과 시민사회 대표들이 만나는 행사였다. 이 회의에는 비정부단체 손님으로 아프리카대학교협회에서 온 이논게 므비쿠시타-르와니카(Inonge Mbikusita-Lewanika), 월프 시에라리온지부에서 온 이샤 디판(Isha Dyfan), 과테말라전국여성연합(National Union of

Guatemalan Women)에서 온 루즈 멘데즈(Luz Mendez), 케냐에 소재한 지금평등(Equality Now) 아프리카사무소에서 온 소말리아 대표 파이자 자마 모하메드(Faiza Jama Mohamed)가 있었다(Hill 등 2003). 그들은 오랜 전쟁으로 황폐해진 국가들 간의 분쟁 속에서 여성과 소녀들이 겪는 경험을 생생하게 묘사했고, 일반 대중 여성들이 전개한 평화 만들기 활동에 관해 설명했다. 이는 10월 24일과 25일에 40개 회원국에서 온 대표들이 모여 의제에 관해 말할, 안전보장이사회 공개회의의 첫 출발이었다. 안전보장이사회가 여성에게 온전히 초점을 맞춘 것은 유엔 반세기 동안 처음 있는 일이었다. 그리고 방청석은 가득 찼고 때때로 열광적인 박수가 터져 나왔다. 이러한 일은 이 신성한 회의장에서 그 이전에는 목격될 수 없는 것이었다. 그다음 주, 2000년 10월 31일(마녀 축제인 할로윈)에 유엔 안보리 결의안 1325가 채택됐다. 펠리시티의 말을 빌자면, "유엔에서 젠더를 고려하지 않는 마지막 보루"가 무너진 것이다.

수사에서 실행으로 가는 험한 길

결의문을 어떻게 현실화할 것인가? 이제 새로운 문제를 풀어야 한다. 비정부단체들에는 유감스럽게도 '여성·평화·안보'는 안전보장이사회 일정표에 정례적인 연중 회기로 명시되지 않았다. 이 의제를 유엔의 현안으로 계속 놓는 것은 부단한 작업을 뜻했다. 그런데 유엔 안보리 결의안 1325는 보이지 않게 시민사회 운동으로 이루어진다는 점에서 이례적이고 아마도 독특한 것이었다. 펠리시티는 다음과 같이 지적한다. "이것은 살아 있는 문서예요. 유권자를 가진 문서인 거죠. 이 문서는 매일 전쟁을 경험하는 여성들에게 공감을 주며 퍼져 가니까요."

결의안 1325(이하 1325─옮긴이)가 유엔 안에서 제도적으로 확실한 위치를 잡지 못했으므로, 비정부단체실무단은 그 힘을 지탱하기 위해서라도 존재해야 했다. 그들은 포드재단(Ford Foundation)에서 자금을 받아 코디네이터를 두었고, 펠리시티는 다시 월프로 돌아가 자신의 일을 할 수 있도록 했다. 포드재단은 또한 위에서 언급했던 평화여성포탈(《www.peacewomen.org》)을 운영할 수 있도록 월프를 지원해, 월프는 열정적이면서도 숙련된 젊은 여성들로 이루어진 작은 팀을 자신들의 유엔 사무소에 두었다.

1325가 나오기까지 이를 가능하게 했던 행위자들의 네트워크를 지도처럼 펼쳐 놓을 때, 우리는 그 길을 따라 지원하며 기부하는 자금 후원자들을 분명히 포함시켜야 한다. 특히 포드재단과 활동적인 비정부단체들에 자금 후원이 얼마나 중요하지를 인지했던 포드재단의 간부인 마나즈 이스파하니(Mahnaz Ispahani)를 언급해야 한다.

평화여성포탈(Peace Women portal)은 결의안을 채택하고 1년 후 시작됐는데, 참고 문헌들, 연락 목록, 유엔 체제에 관한 소개, 조직 운동의 자료와 방법 등, 전쟁 지역의 여성들로부터 추려 낸 정보 저장고였다. 이 포탈은 새로운 소식과 입장을 서로 교환하는 장이 되고, 격주로 e-뉴스레터를 발행하면서, 세계 곳곳에서 일어나는 여성반전운동의 요긴한 자원이 됐다. 2년 후, 유엔여성발전기금은 여성, 전쟁 그리고 평화(Women, War and Peace)(《www.womenwarpeace.org》)라는 보완적인 웹 포탈을 개시해, 분쟁이 여성에게 미치는 영향과 여성들이 전개하는 평화 만들기 활동들을 기록하면서 국내와 국제 활동가들에게 분쟁 중인 국가의 '젠더 프로파일(gender profiles)' 가운데 최신 정보를 제공한다. 이는 유엔 체제가 모든 안보 관련 사업에서, 특히 안전보장이사회의 정책 결정을 알리기 위해 사무총장의 이름으로 제출되는 유엔 보고서에서 젠더를 인지하도록 촉진할 것이다. 비정부단체실무단의 구성원인 각 조직들도 결의문 이행이 가능하도록 개별 활동을 전개했다. 예를 들어, 국제감시는 1325의 핵심 문제를 위해 측정 가능한 지표를 가진 감시 틀을 고안했다(International Alert 2002).

물론, 이 결의문은 유엔 기관과 국가 정부가 주로 이행해야 한다. 여성평화안보에관한부처간특별대책반(Inter-agency Task Force on Women, Peace and Security)은 유엔 조직 내 전반에 걸쳐 미치는 전략을 조정하려고 설치됐다. 여성들이 이룬 가장 주목할 만한 성공은 군축국(Department of Disarmament Affairs)의 경우이다. 사무차장인 자얀타 다나팔라(Jayantha Dhanapala)는 전문 고문들에게 젠더 행동 계획을 만들 것을 의뢰했고, 이 계획에 따라 지뢰와 소형 무기를 다루는 부서 업무와 젠더 문제를 연결시켰다. 여성들에게 가장 우울했던 실패는 결정적으로 중요한 평화유지군국(Department of Peacekeeping Operations)의 경우인데, 이 부서는 인력이 잘 갖추어진 젠더 부서를 통해 희망을 보여 주기보다, 부서 전체 내에서 일어나는 젠더 문제를 관리하는 자리, 그것도 낮은 직급의 자리를 마련하는 데 거의 4년이 걸렸다. 가능하지 않을 법한 이 직무를 위해서, 컴포트 램프티(Comport

Lamptey)가 고용됐다. 다행스럽게 평화 유지 분야의 몇몇 활동들은 젠더 담당 사무관들과 젠더 부서 구성을 선구적으로 이미 개척했다. 일례로, 셰릴 위팅턴(Sherrill Whittington)은 동티모르의 기구(UNTAET)에서 모범적인 활동을 수행했다. 그 분야에서 그녀와 젠더 사무관들은 뉴욕에 있는 유엔평화유지군국에 가치 있는 경험과 동기를 보여 주었다.

정부 차원에서도 행동이 있었다. 캐나다 정부는 모든 점에서 긍정적인 힘이었다. 실제로 여성들이 1325를 제안하기 전, 캐나다 대사관은 군사 중심의 경향이 있는 안전보장이사회에 인간 중심의 '인간 안보' 개념을 도입했다. 캐나다는 베아트리체 마일레(Béatrice Maillé)라는 사람이 정부 후원회인 유엔안보리결의안1325친구들(Friends of UNSC Resolution 1325)을 구성하도록 추진했는데, 이제 20개 정부를 포함할 만큼 성장했다. 이렇게 한 것은 (좀처럼 현실화되지 않더라도) 정부가 블록을 이루어서 활동하면, 유엔이 이 문제를 발전시키는 데 영향을 줄 것이라는 생각 때문이었다. 이를테면, 1325를 지원하는 예산 배정을 하려고 노력할 수 있을 것이다.

그동안 비정부단체실무단은 관련자들을 쫓아가서 귀찮게 하고 일이 성사되도록 몰아붙였다. 결의문을 복사해 2만 부를 뿌렸다. 그들은 결의문을 여러 다양한 언어로 번역하도록 추진했다. 결의문 이행에 관한 연례 평가 보고서를 작성했다. 또한 새로운 정보 공유 네트워크를 발전시키면서 아프리카, 남아시아, 유럽에서 지역 회의를 개최했다. 그들은 2000년 10월 31일 첫 기념일에 의장의 두 번째 언론 성명서를 냈고, 두 번째 아리아 식 회의를 열어 안전보장이사회 회원들로 하여금 동티모르의 나터시아 고딘호-아담스(Natercia Godinho-

Adams), 코소보에서 온 핵스히어 베셀리(Haxhere Veseli), 그리고 아프가니스탄 활동가인 자밀라(Jamila, 그녀는 하나의 이름만을 사용한다)를 만나게 했다. 이제 여성들은 1325를 지역적으로 활용하기 시작했다. 코소보/바, 멜라네시아, 이라크, 러시아에서 보고서가 나왔고, 결의문에 따라 행동하는 여성들의 기타 다른 국가들에서도 보고서가 나왔다. 그리고 콩고민주공화국 여성들은 유엔평화유지 임무가 거기서 고려하지 못하고 실패했던 젠더 사무소와 젠더 관점을 요구했다(그리고 얻었다).

이 복합적인 네트워크를 이루는 또 다른 구성원들은 대학교에 있는 페미니즘 학자들이었다. 콜롬비아 대학교에 있으면서 국제평화연구회(International Peace Research Association)에서 활동하는 베티 리든과 같은 몇몇 학자들은 베이징 이후의 사례를 출판했다. 베티 리든, 클락 대학교의 신시아 인로(Cynthia Enloe), 서던 캘리포니아 대학교의 앤 티크너(Ann Tickner) 등 학자들은 비정부단체들이 안전보장이사회 회원국에 대략적으로 설명하는 데 사용할 책들을 저술했다. 그들 가운데 몇몇은 2002년 4월 평화여성이 조직한 학자, 활동가, 유엔 사무관 간의 대화에 참석했다. 그날 시카고 대학교의 아이리스 마리온 영(Iris Marion Young)과 웰슬리 대학교의 캐롤 콘(Carol Cohn)도 참석했다. 캐롤은 국제 평화와 안보 기관들의 젠더 주류화를 연구한 학자이다. 그리고 포드재단의 동일한 핵심 프로그램 담당 간부에게 재지원을 받아, 연구자들의 모임인 젠더와안보,인권에관한보스턴컨소시엄(Boston Consortium on Gender, Security and Human Rights)을 창설하는 데 기여한 주요 인물이기도 하다. 컨소시엄을 창설한 것은 대학교, 유엔, 비정부단체 간의 상호 작용을 강화하고, 정책 입안자들에게 필요한 더 많은 관련 연구물들을 생산하기 위해서였다. 9장에서도 보겠지만, 국제관계학이야말로 몹시 개조가 필요한 학문이다. 캐롤이 이해했던 것처럼, 국제관계학에서 "여성이나 젠더 문제를 다루는 것은 일반적으로 현명치 못한 경력 관리이다!"

학자들도 문장가만큼이나 중요했다. 결의문을 획득하는 과정에서 책과 신문이 쏟아져 나왔다. 1995년과 2005년 사이에 전쟁과 평화, 그리고 안보와 평화 유지와 관련된 여성과 젠더에 관한 글들이 대량 생산됐다. 어떤 글들은 상업적으로 출판됐다(Whitworth 2004; Mazurana 등 2005 참조). 어떤 글들은 자문 역할을 하는 페미니즘 학자들을 채용하면서 국제감시와 같은 비정부단체들이 발행하기도 했다(예: El-Bushra 2003). 그런데 두 개의 주요 보고서가 결의안을 따라 직접 발행됐다. 첫 번째는 1325에 맞춘 사무총장의 공식 보고서였다. '여성·평화·안보(Women, Peace and Security)'라는 제목의 이 보고서는 터프츠 대학교의 다이안 마주라나(Dyan Mazurana)와 토론토 요크 대학교의 산드라 휘트워스(Sandra Whitworth)가 초안을 잡았다(United Nations 2002). 두 번째는 유엔여성발전기금이 그 무렵 동시 출판한 보고서인데, '독자적인 전문가들의 보고서'라고 볼 수 있다. 현장을 더욱 기반으로 해, 제니퍼 클롯, 팜 딜라지(Pam DeLargy), 아이나 이얌보(Aina Iiyambo), 수미 나카야(Sumie Nakaya), 사우다미니 시그리스트(Saudamini Siegrist)와 펠리시티 힐이 작성한 글을 바탕으로, 공식적인 저자는 엘리자베스 렌(Elizabeth Rehn)과 엘렌 존슨 설리프(Ellen Johnson Sirleaf)였다(Rehn and Sirleaf 2002).

사실, 실제 삶을 사는 현장에서는 여성들을 범주화하기 어렵다. 더욱이 이러한 이야기들을 꾸려 가는 여성들은 종종 다른 세계로 넘어오기도 했다. 따라서 유엔여성발전기금에 의해 현장에 나간 '독자적인 전문가들', 두 여성은 보고서를 작성하고자, 여성 인사가 드문 정치 세계에서 이쪽으로 옮겨 왔다. 엘리자베스 렌은 세상에서 유일한 (핀란드) 여성 국방부 장관이었고, 엘렌 존슨 설리프는 유일한 (라이베리아) 여성 재정부 장관이었다. 2006년에 설리프는 라이베리아의 대통령으로 선출됐는데, 첫 흑인 여성 국가원수일 것이다. 펠리시티 힐 또한 혼합된 정체성을 가졌는데, 그는 2001년 후반에 자신이 일했던 비정부단체인 월프를 사임하고, 국제공무원인 유엔여성발전기금의 평화와 안보 고문이 됐다. 아이나 이얌보는 나미비아 대사관 시절부터 비정부단체실무단을 적극적으로 지원했는데, 아이나 또한 유엔여성발전기금에 끌려 자리를 옮겼다. 쉐리 기빙스(Sheri Gibbings)는 월프에서 인턴으로 출발하여 학계로 갔는데, 1325를 둘러싼 유엔과 월프의 관계를 분석하는 석사 논문을 썼다(Gibbings 2004). 이어서 펠리시티 힐 또한 안전보장이사회를 넘어선 1325의 영향에 대해 석사 논문을 썼다(Hill 2005).

이러한 초국가적 애드보커시 네트워크[그 용어는 마가렛 케크(Margaret Keck)과 캐서린 시킨(Kathryn Sikkink)의 1998년 저작에 의해 대중화됐다]는 복합적이며, 여성들과 기관들을 유동적으로 이동시켰다. 월프는 그 핵심에 있었지만 자신을 리더로 세우지 않으려 했다. 펠리시티 힐은 이렇게 말했다. '너무나 많은 사람들이 연루돼 있었어요. 누가 운전자이고 누가 승객인지 말하기 어렵죠. 모든 사람들이 각기 다양한 시기에 운전자의 역할을 했죠. …… 어떤 사람들은 네트워크의 행위자로 눈에 띄지 않았으며, 비가시화될 필요가 있었어요. 이를테면 나미비아 대표단과 자메이카 대표단에서 일하는 사람들은 유엔여성발전기금과 비정부단체에 있는 우리들과 은밀하게 일을 진행시켰거든요. 비정부단체는 빛났어요! 우리는 정말 정신을 바짝 차렸어요. 지지자를 찾았고, 문을 두드렸으며 관심 있는 사람들을 어디에서든 만났어요. 그런데 우리는 서로 연결됐더라고요. 우리 모두는 서로 열정을 주고받으며 성장했어요. 그것은 정말 감동이었고 고무적인 일이었어요."

제도적 노선의 한계

윌프가 1325의 통과를 경축했지만, 조직에서 활동하는 많은 여성들은 한편으로 뭔가 허전함을 느꼈다. 윌프는 비정부단체실무단의 다른 다섯 개 조직 가운데서 페미니즘 성향이 더 강한 편이다. 또한 헤이그평화회의처럼, 그러나 다른 조직과는 다르게, 윌프는 명백히 반군사주의적이다. 엠네스티는 주로 인권에 초점을 두고, 젠더정의를위한여성코커스는 국제법에 중점을 둔다. 난민여성과아동을위한여성위원회는 자신의 관심사를 분명하게 인도주의로 견지하고, 국제감시는 주로 평화 구축에 관심을 둔다. 이들 모두는 1325가 자신들이 목적한 바대로 꽤 잘 만들어졌다고 만족할 수 있었다. 그러나 윌프는 결의문에서 두 가지 주요한 주제가 빠진 것을 애석하게 여겼다. 그것은 전쟁을 방지하는 데 필요한 여성의 역할은 쓱 지나가듯이 언급되고, **전쟁**

그 자체의 종식은 전혀 언급조차 되지 않았던 것이다. 전쟁 종식은 궁극적으로 유엔이 설립된 주요한 이유이고, 바로 안전보장이사회의 존재 이유 그 자체인데도 말이다. 또한 결의문은 전시에 여성들이 희생당하고 평화 구축 과정에서 여성이 배제되는 젠더 체제에 관해서도 어떠한 언급을 하지 않았다.

결의문이 반군사주의 조항을 충분히 담지는 않았지만, 그때의 상황에서 결의문은 그 정도에서 선택한 것으로 보인다. 결의문은 여성의 보호와 대표성, 이 두 가지 주요한 주제를 담았다. '보호'는 여성의 수동성과 피해자인 여성을 강조한다고 말할 수 있다. 결의문에는 전쟁을 반대한다는 강한 진술이 없으므로, 이는 단순히 '여성을 위해 전쟁을 더 안전하게 만들려는' 것으로 보일 수도 있다. 더 나쁘게는, 국가들이 (아프가니스탄 침략 당시 그랬던 것처럼) 자신들의 군사주의적 목표를 그럴듯하게 정당화하려고 여성 보호를 언급할 수 있다. 두 번째 주제는 모든 차원의 의사 결정 단계에서 여성들이 더 나은 대표성을 가지며 협상과 평화를 구축하는 여성의 능력을 인지한다는 내용인데, 이는 행위성을 가진 여성으로서, 여성이 행위자임을 강조한다. 다르게 보면 이 주제는 유엔이 하는 일에 여성이 유용한 자원이 될 수 있다는 생각을 유엔이 알게 된 신호로 해석할 수 있다. 결의문의 세 번째 주제는 전쟁 상황을 조정할 책임이 있는 유엔과 회원국의 다양한 부서들에 젠더를 주류화시키는 내용인데, 기본적으로 여성들이 민감하게 감시해야 하는 일이다. 이는 젠더 질서의 혁명을 요구하는 것은 아니었다.

사실 울프가 담고자 했던 페미니즘적이고 반군사주의적인 메시지는 실무단 가운데 일부 구성원들이 묵살해, 더 이상 주장되지는 못했다. 그리고 실무단의 입장으로 정리된 메시지는, 비록 여성들이었긴 했지만 활동가들이었던 사람들에게 매 단계마다 현실주의를 요구했던 유엔 관료들과 회원국 관리들과의 공동 작업 과정에서 희석됐다. 그들은 안전보장이사회가 회의에서 최고로 잘 감당할 수 있을 정도의 수위를 강조했다. 만약 원하는 바가 결의문이었다면, 의심할 여지없이 그들이 옳았을 것이다. 자신의 권한 밖에 있다고 여겨지는 사안에 대하여 그들이 정서적으로 요구하거나 호소함으로써 안전보장이사회 회원들을 소외시키는 것은 매우 쉬운 일이다. 모든 사람이 이 점을 알았다. 펠리시티 힐이 자신의 논문에 썼던 것처럼, 유엔 직원, 공무원, 관련 외교관들이 관심을 갖도록 정보를 주고 설득하며 '수사학적으로 매료시키는' 방법을 사용하면서, 비정부단체는 표면에 나서지 않고 자기 검열 속에서 이 일을 진행했기에 성공했다(Hill 2005). 4년 뒤, 캐롤 콘은 워릭 대학교(University of Warwick)의 한 강의에서 그 당시 일어났던 일들을 깔끔하게 정리했다. 캐롤은 다음과 같이 말했다.

> 전쟁**에서(in)** 여성들을 보호하는 일, 그리고 각 전쟁을 **종식**시키는 과정과 협상에 여성들이 동등하게 참여할 권리를 가진다고 주장하는 일, 이 모두는 **전쟁**을 그 자리에 방치하는 일입니다. ……
> (1325는) 전쟁을 막거나 전쟁을 양산하는 체제가 합법적이라는 것에 이의를 제기하려고 개입하는 일, 말하자면 '전쟁을 끝내는 것'에 있지 않습니다. 이러한 의미에서 결의문은 안전보장이사회가 이미 확장한 개념과 종잡을 수 없는 실천에 잘 들어맞습니다. 안전보장

이사회의 지배적인 패러다임은 **군사적** 수단을 통해 **국가** 안보를 '방어'하는 국가들로 세계를 구성하고 유지하는 것입니다. ……
(몇몇) 여성들을 정책을 결정하는 위치에 있게 하는 일은 전쟁 체제를 근본적으로 방해하지 않도록 하기 위해 약간의 대가를 지불하는 것처럼 보입니다.(Cohn 2008)

결의문의 불충분한 두 번째 차원은 젠더의 쓰임새에 관한 문제였다. 펠리시티 힐이 인터뷰에서 말했던 것처럼, 결의안 원문은 "여성의 과소 대표성에 머물렀다. 남성의 과잉 대표성에 대해서는 언급하거나 설명하지 않았다. 결의문은 여성이 안전하지 못한 원인이 되는 남성과 남성성에 대해서는 전혀 다루지 않았다." 그녀는 『국제 페미니즘 정치학 저널(International Feminist Journal of Politics)』에 실린 원탁토론에서 이렇게 말했다. "1325에는 혁명적인 요소가 잠재했어요. 왜냐하면 안보가 어떻게 인식되고 지켜지고 강화되는가 하는 이해 방식을 변형할 수 있기 때문이죠. 그것은 평화 협상 테이블에 남성 지도자들만 있는 사진을 완전히 시대에 뒤떨어진 것으로 만들 수 있어요. 그러나 이러한 일이 일어나도록 하기 위해서는 여성에서 남성으로 초점을 바꾸어야 하는데, 여전히 달라지지 않았어요."(Cohn 등 2004)

캐롤 콘은 이러한 문제점을 설명했다. 실제적인 효과를 내기 위해서는 "각각의 전쟁만이 아니라 전쟁 체제 전체를 받친 치명적이면서도 만연한 젠더 체제의 복합성"을 말해야 한다. 일례로 강간 문제를 살펴보자.

당신은 …… 사람들이 강간을 '자연적인 것'이라고 말하기보다 전쟁범죄라고 정의를 내릴 때 …… 어느 정도 전쟁을 억제하는 효과가 있으리라고 기대할 수 있습니다. 그러나 젠더와 인종의 상호 작용에 관해 말하지 않고서, 그리고 여성에게 가하는 물리적이고 성적인 공격을 남성과 남성 공동체의 '명예'에 대한 타격으로 만드는 젠더 체제를 말하지 않고서, 어떻게 강간이 하나의 무기로 이용되는 것을 멈추게 할 수 있을 것 같나요? 당신은 또한 (군대 성매매의 경우에) 평화유지군이 지역 여성과 '친교'를 맺는 것을 엄격히 금지한다는 행동법(Code of Conduct)을 작성할 수 있을 것입니다. 그러나 군사화된 권력관계/남성성의 구성/임금노동에서 보이는 젠더화된 불평등/그리고 글로벌한 경제 불평등을 말하지 않고서, 행동법이 어떻게 의미 있는 차이를 만들 수 있을 것 같나요?(같은 책)

사실, 유엔이 미국이나 자본주의, 군사화를 비판할 수 없는 것처럼, 남성성에 대해서도 어떠한 비판을 하지 못한다. 산드라 휘트워스는 나중에 1325 이후 유엔 평화 유지에 관한 연구 논문을 쓰려고 한다. "유엔 문서에는 군사주의나 군사화된 남성성, 또는 이 문제를 위한 일반적인 남성성에 관한 전반적인 논의가 없기"(Whitworth 2004: 137) 때문이다.

2005년 6월, 캐롤 콘과 펠리시티 힐은 '블릭스위원회(Blix Commission)' 곧 스웨덴이 후원하는 대량살상무기위원회(Weapons of Mass Destruction)에서 강연하도록 초대를 받았다. 그들은 1325 과정에서 배제됐던 이 문제를 포착했다. 그들이 위원회에 전하는 메시지는 '남

총을 소유한 자와 남성성이 연결된다는 것은 널리 알려졌다. 런던에서 여성들은 신속하게 판매되는 수출 상품으로서 소총과 소형 무기들이 2년마다 전시되는 국제 무기 '박람회' 반대 시위를 한다.

핵무기의 소유 또한 남성 우월적 태도를 부추긴다. 영국에서 여성들은 종종 앨더만슨에 있는 핵무기연구소(위의 사진 1987)와 RAF 그린햄 커먼과 같은 미사일 창고 지역(아래 사진 1983)에 대해 집중적으로 반대 시위를 한다.

성성에 주목하는 것'이었다. 결의안이 통과된 후, '1325 운동'이 성공한 내용 가운데 하나는 소형 무기 분야에서였다. 이는 뛰어난 비정부 단체인 국제소형무기행동네트워크(International Action Network on Small Arms, IANSA)가 상당 부분 역할을 했기 때문이었는데, 이 단체의 대표인 레베카 피터스(Rebecca Peters)라는 여성은 단체 웹사이트에 여성 포털을 만들었고 여성들이 총기 문화에 반대해 브라질, 아프리카, 태평양과 같이 멀리 떨어진 나라의 무기를 모으는 활동을 하도록 독려했다. 그러나 한편 그것은, 현장 어디서든 총기와 남성은 연관돼 있기 때문이기도 했다. 펠리시티는 인터뷰에서 이렇게 말했다. "남성과 무기의 밀착 관계, 남성의 정체성과 남성이 무기를 포기하지 않으려는 태도가 연결돼 있다는 것은 군축, 군대해산, 사회 적응 과정을 통해 평화로 가는 길에서 최대 장애 가운데 하나로 인식돼요." 이제 두 여성은 블릭스위원회에서 무기와 남성성을 연결하는 연설로 활동을 시작했다. 그들은 권총으로 시작해, 젠더가 전혀 언급되지 않는 분야인 핵 장치와 핵확산금지조약(NPT)으로 재치 있는 한걸음을 내디뎠다. 그런데도 "무차별적으로 파괴적인 핵무기의 본성은 젠더가 중단시킬 수 있는 수준을 능가하죠."라고 펠레시티는 말했다.

캐롤은 핵 연구자와 과학자들 틈에서 참여 관찰자로서 조사 연구를 했다. 그녀는 어떻게 남성 우월적인 상징주의가 핵무기를 둘러싼 전문적이고 지적인 담론에 중심이 되는지를 보여 주었다(Cohn 1987). 핵 이야기는 남자의 이야기이고 심지어 사내의 이야기이다. 그러하기에 '감정적인 것, 구체적인 것, 특정한 것, 인간의 몸과 취약성, 인간의 삶과 주관성 — 젠더 담론의 주요한 이분법 내에서 여성적인 것으로 표기

되는 이 모든 요소는' 핵 문제와 국가 안보를 사고하는 것에서 제외된다(Cohn 등 2005). 두 페미니스트들은 블릭스위원회에 다음과 같이 말했다.

> 정부와 국제기구들은 소형 무기와 경무기들(SALW)이 여러 문화 내에서 남성성과 실제 연관되고, 이 무기들을 구매하고, 소유하고, 사용하는 대다수의 사람들이 남성이라는 점을 점차 받아들입니다. …… 우리가 더 크고 더 많은 대량 살상 무기들에 관해 이야기할 때, 이러한 연관이 갑자기 무의미해진다고 가정하는 것은 순진한 생각입니다. 뭐가 문제냐고 아직도 생각하는 것은 더 순진한 일입니다.(Cohn 등 2005)

여성반전활동가들을 위한 중요한 디딤돌

유엔 안보리 결의안 1325는 취약점을 가졌으나, 많은 것을 딛고 선 하나의 성취였다. 55년이 지나고, 4213차 안전보장이사회 회기를 맞이하고 나서야 마침내, 전쟁에서 고의적으로 여성들에게 가해진 고통이 젠더에 입각해 이루어졌다는 점을 최대한 이해할 수 있는 수준에서 공식적으로 인정받게 됐다. 이제 여성들의 행위성과 능력이 드러났고, 정부와 국제기구는 여성들의 평화 사업을 보증해 이를 더 많이 지지했다. 이는 여성운동의 요구와 페미니즘 이론가들의 사유가 글로벌한 정책에 영향을 미칠 수 있다는 증거였다. 어떤 활동가들과 페미니스트들은 '1325 과정'을 의미 있게 분석하고 비판할 수 있는 학계로 자리를 잠시 옮기거나 정착할 수 있었다. 한편, 세계 곳곳에서 여성들은 다른 목표를 이루기 위한 수단으로서 기꺼이 이 결의안의 존재를 활용했다. 이 점을 잘 보여 주는 두 가지 사례는 내가 이 연구를 위해 방문한, 서로 멀리 떨어진 나라에서 일어난 일이다.

우리가 앞에서 살펴본 대로, 콜롬비아의 라루따빠시피카(La Ruta Pacifica)가 심각한 공격에 처했던 풀뿌리 여성들을 공적 영역으로 나오도록 했다면, 또 다른 여성조직인 평화를위한콜롬비아여성연합행동(Alianza Iniciativa de Mujeres Colombianas por la Paz, IMP)은 유엔 안보리 1325의 1, 2조항에 근거해 여성 의제들을 공식적 평화 과정에 상정하면서 '권력과의 협상'에 전념했다.[27] IMP는 스웨덴 여성들과 여성 노동조합의 지지 속에 스웨덴 재단의 자금 후원을 받으면서, 콜롬비아 정부가 앞으로 게릴라나 준군사조직과 함께 착수할 어떠한 평화 협상에도 개입할 준비를 했다. IMP는 젊은 여성, 여성 농민, 여성 원주민, 여성 노동조합원, 아프리카계 콜롬비아 여성, 학자, 공무원, 페미니스트 등 일곱 분야의 사회 부문에 종사하는 일곱 지역의 여성들과 논의했다. 그들은 1년 동안, 경제적·정치적·문화적·영토적·사회적, 이 다섯 가지 영역에서 배제된 내용들을 아우르는 600건의 요구 사항들을 총합했다. 그리고 부문과 지역에 따라 직접 선거에 의해 선출된 230명의 여성들이 모여 4일 동안 가진 협의회에서, 이 요구들을 12개 항목으로 정리해 기본 협상의 의제로 구체화했다. 로씨오 삐네다(Rocío Pineda)는 "이것은 우리의 여행 가방이었어요."라고 했다. 그것은 그들이 개입하지도 모를 평화 과정에 여성들이 가져갈 수 있는 여성들의 여행용 가방이었다. 첫째, 여성들은 선거를 앞둔 시장 후보와 지역 후보자들에게 로비 활동을 할 때 이를 활용했다. 그런 다음 2003년, 정부가 주요 준군사조직인 콜롬비아자체방어연합군(Autodefensas Unidas Colombianas)의 최고사령부와 평화 협상을 할 의사가 있음을 발표했을 때, 여덟 명의 여성으로 구성된 IMP정치위원회는 현실적인 면책 협정과 여성들을 위해 개입할 제도적 장치를 마련하는 데 관심을 표명하는 글을 정부에 쓰기로 했다. 그들은 요구 사항을 다음과 같이 분명하게 말했다. 시민사회는 평화 회담에 온전하게 참석해야 한다. 준군사조직의 범죄행위로 희생된 피해자들의 목소리가 담겨야 한다. 그리고 의제로서 진실위원회(Truth Commission)를 논해야 한다. 결국, 여성들은 평화 회담에 옵서버로서 자리를 얻었다. 오랫동안 많은 협상이 있었던 콜롬비아 역사에서 처음 있는 일이었다.

이스라엘과 팔레스타인 여성들은 결의안 1325를 눈여겨보았다. 유엔여성발전기금이 '도구 바구니(basket of tools)'를—결의안을 진척시키기 위해 어떻게 단체들을 조직할 것인가, 그리고 이를 법제화하기 위해 국회를 어떻게 움직일 것인가를 안내하는 내용이며 이를 칭하는 용어이다.—창안했을 때, 하이파(Haifa)에 있는 여성을위한여성(Isha l'Isha)은 이를 포착하고 지역 언어로 번역도 하면서 자신들의 활동을 전개하는 데 활용했다. 그런데 가장 실제적인 움직임은 앞으로 언제든지 닥칠 이스라엘/팔레스타인 평화 협상에 개입할 수 있을 국제여성위원회(International Women's Commission)의 설립이었다. 위원회의 목적은 협상 과정에 젠더 관점은 물론이고 시민사회의 관점을 개입시키는 것이고, 여성들이 실제로 협상 테이블에 참여하는 데 있다.[28] 예루살렘링크(Jerusalem Link)에서 이 위원회를 조직했고, 팔레스타인 측에서는 마하 아부-데이예 샤마스(Maha Abu-Dayyeh Shamas), 이스라엘 측에서는 당시 밧샬롬(Bat Shalom)의 대표였던 테리 그린블라트(Terry Greenblatt), 이 두 사람이 창립자였다.(우리는 4장에서 이 조직들을 만났다). 후에 테리가 그만두고, 크네세트(Knesset) 의원인 나오미 차잔(Naomi Chazan)이 그 자리를 맡았다. 2002년 5월, 테리와 마하는 뉴욕으로 가서, 비정부단체인 지금평등(Equality Now)이 주선한 모임에 참석해, 안전보장이사회에서 연설했다. 그리고 그해 8월에 그들은 유럽연합, 유엔, 러시아, 미국으로 구성된 '4강'에 호소문을 보냈다. 이들과 나누었던 그들의 생각은 이러했다.

> 우리가 군사적 고조와 광기 어린 폭력과는 다른 차원에서 중동 지역에 관한 담론들을 어떻게 새로이 격상시킬 수 있을까 하는 문제이다. …… 이는 정의롭고 지속적인 평화의 성취를 위해, 팔레스타인과 이스라엘 시민사회, 특히 여성들의 통찰력, 관점, 그리고 관심사를 정치적 차원에서 쇄신해야 할, 정치적인 대화와 협상을 말하는 것으로 가능하다.(Equality Now 2002)

마하 샤마스(Maha Shamas)는 이 일을 진전시킨 조직들에 관해 나중에 설명해 주었다. 위원들은 이스라엘인 20명, 팔레스타인인 20명, 국제 여성들 20명을 포함한 '저명한 정치가들과 페미니스트'일 것이다. 국제 여성들이란 북반구와 남반구 모두에서 온 사람들로, 자신들의 정부에 압력을 행사하는 역할을 했다. 2005년 8월에는 국제여성위원회(IWC)의 사업을 진전시키려는 모임이 있었는데, 유엔여성발전기금의 후원 하에 팔레스타인 여성 10명과 이스라엘 여성 10명이 이스탄불에서 만났다. 이스라엘에서 준비단은 6월, 크세네트가 통과시킨 여성 평등법 수정안을 활용해 국제여성위원회를 이스라엘의 합법적 실체로 설립하는 데 성공했다. 위원회는 팔레스타인 법과 대통령령으로 승인도 받았다. 2005년 11월 초에, 마하는 "우리는 이제 인가증을 가졌어요. 아직 개봉하지 않았지만, 공식적인 출범과 함께 곧 발표할 겁니다."라고 말했다. 그는 이렇게 강조했다. "우리가 내다보는 것은 단지 갈등을 관리하는 것만이 아니에요. 지속 가능한 해결책을 찾아요. 그리고 우리는 같은 방향으로 가는 평화 과정을 추구하는 것도 아니에요. 우리가 하려는 것은 실제로 협상에 도달하는 거예요."

평화 과정에 여성들이 개입하려는 이 두 가지와 또 다른 활동들은 위험성이 없는 게 아니다. 그들은 이상주의라고 비판을 받을 수 있다. 결국 평화 회담은 이스라엘과 팔레스타인에서 군사적이고 호전적인 성향의 최후를 보여 주는 셈이다. 그들은 타협적 선택이라고 비판을 받을 수 있다. 콜롬비아 경우에, IMP의 여성들은 콜롬비아 우익 정부가 공모해 자신의 해로운 권력을 정치 영역으로 확대하면서 준군사조직을 이름뿐인 형벌로 면책해 주는 위험을 보았다. 그런데도 많은 여성들은 무력 분쟁을 해소하고 전쟁 자체를 종식시키려면 자신들의 손을 더럽힐 위험을 감수해야만 한다고 믿는다.

6장

여성들의 저항 방법론

✝

이 책에 등장하는 여성들은 조직하는 방식, 관계를 만드는 과정, 행동 스타일, 말하는 표현에 있어서 자신들이 주류 반전운동과는 다르다고 확신한다. 여성들이 이렇게 생각하는 것은 대부분 주류 반전운동을 겪으면서 경험한 근거 있는 견해이다. 나는 2004~2005년 동안 두루 여행을 다니면서 만난 다양한 여성들에게 "당신이 확신하는 당신들의 공통점은 무엇인가?"라고 물었는데, 그때마다 "우리가 하는 방식"이라는 답변을 듣곤 했다. 어떻게 보면 **여성으로서** 조직한다는 것 자체가 반전운동을 펼치는 방법들 가운데 이미 구별되는 접근이라 할 수 있다. 그것은 하나의 선택이다. 당신이 생각건대, 최선을 다해 일할 수 있고, 가장 효과적일 수 있는 상황을 선택하는 것이다. 거기에는 위안을 주는 요소도 있다. 게다가 여성이기 때문에 대중에게 특별히 주목받는, 말하자면 효과적으로 활용될 수 있는 점들도 있다.

내가 만났던 여성들 가운데는 많은 여성들이 좌파 계열에서 정치적 활동을 시작한 경우가 많았다. 일례로, 방갈로르 비모차나(Vimochana)의 여성들은 자신들이 1970년대에 좌파로서, 모든 투쟁을 좌파 운동 안으로 포섭하면서 운동을 얼마나 권위적이고 교조적으로 보았는지 들려주었다. 여성들은 좌파 운동과 사회정의, 평등의 정치학을 공유했지만, 아시아에서는 부적절한 서구의 '진보'와 '개발' 개념을 무비판적으로 채택했다는 점에서 인도 엘리트와 좌파 운동 간에 별반 차이를 느끼지 못했다. 그들은 남성 동료들과 함께 지역과 지방 담론을 존중하고, 집단적 책임을 개인의 자율성과 창조성에 결합시킨 대안적 철학을 발전시켰다. 1979년까지 일부 여성들은 자칭 '사회주의 페미니스트들'이었다. 그러나 시간이 지나 그들은 "우리는 좌파를 넘어 건넜다."거나 "표현은 그렇게 했으나 우리 자신은 정작 그렇지 않다."고 말했다. 오늘날 비모차나는 여성에 대한 가부장적 폭력과 공동체의 폭력, 인도의 군사화, 파키스탄과의 핵 경쟁, 그리고 저항운동을 잔인하게 탄압하는 것을 포함해 인도 사회에서 일어나는 폭력 문제에 중점을 둔 여성조직이다. 복합적이면서도 성공적으로 성과를 이룬 단체이다(참조: 86~87쪽 사진).

책임 있는 과정과 최소한의 구조

이탈리아 위민인블랙인 돈네인네로 여성들은 관계 맺는 '방식 (modalitá)'이라는 용어를 사용한다. 예를 들면, 또리노(Torino) 돈네인네로에서 활동하는 아다 치나또(Ada Cinato)는 좌파 운동에서 경험했던 '공격적 가부장제 방식'을 현재의 돈네인네로와 비교했다. "구정치학에서 '다르다' 는 것은 어렵다는 것이었죠. 우리는 행동할 때 여성들이 하는 일상적인 방식을 사용할 수 없었어요. 예를 들면, 노조에서 말이죠. 그들은 '차이'에 관해 말하지 않았고 받아들이지도 않았어요. 우리에게는 관계성이 중요했고, 각자 직접 책임지는 것이 중요했어요. (돈네인네로에서) 토론할 때, 그냥 일상에서 다른 사람들과 말하듯이 하는데, 난 그런 방식이 참 편해요."

아다는 여성들의 '일상적인 방식으로 행동하기'라는 말을 쓴다. 다른 여성들은 이것을 의식적으로 페미니즘 접근과 동일한 '방식'이라고 주장한다. 브뤼셀의 콜레티프팜므앙느와르(Collectif Femmes en Noir)라는 단체는 자신들의 활동을 그렇게 평가한다. 그들은 위민인블랙의 다른 단체들이 해 왔던 것처럼 거리에서 반전시위를 하지 않고, 대신 전쟁 생존자들, 곧 벨기에로 망명하려는 여성들과 함께 일하는 것을 활동 영역으로 삼았다. 그들은 위계질서가 없고 책임감이 있으며 포용적인 동료 집단을 창출한다는 뜻에서 그러한 멋진 가치를 페미니즘 윤리와 관련시킨다. 그들은 널리 퍼져 있는 가부장적 권력과 생색내는 '인도주의'의 위험성을 알기에, 그들이 '도와주어야' 할지도 모를 '미등록(sans papiers, 또는 '불법적인')' 여성들과 자신들 간에는 절대적 동등성이 있다고 확언한다. 그들은 간단히 이렇게 말한다. "우리는 그저 **서류가 있는 여성들과 없는 여성들**(등록된 여성과 미등록된 여성들—옮긴이)로 구성된 단체예요."

내가 만난 모든 단체들은 공동의 활동 사업과 능력, 합의로 이루어지는 결정, 투명한 과정, 책임감 있는 관계 맺기를 간절히 소망한다. 그러나 자신들이 만족할 만한 수준으로 일을 실행하기 위해서는 이를 가장 잘 지속시켜줄 수 있는 어느 정도 일관된 회원 의식으로 이루어진 소규모 단체들로 운영돼야 한다는 점을 알았다. 샌프란스시코의 베이 지역 위민인블랙은 13명의 여성들로 구성된다. 이들은 주로 유대인들이고, 이스라엘이 부당하게 팔레스타인 문제에 개입하는 것에 대해 지역 유대인들의 여론을 만드는 일에 중점을 둔다. 한동안 그들은 단체를 개방하지 않았다. 새로운 회원들에게 개방하기란 매우 쉽지 않았을 것이다. 그들은 그 이유에 관해 "의욕을 잃지 않고 동기부여를 하려면 어떤 이야기를 재빨리 공유하고 쉽게 이해하고 서로 신뢰할 필요가 있거든요."라고 말한다. 샌디 버틀러(Sandy Butler)는 깊은 영적인 삶을 도모하고 실천하는 사람인데, 자신이 믿는 종교 내부에 현존하는 가부장제와 투쟁하면서, "오늘날, 유대인이라고 했을 때, 그리고 미국인이라고 했을 때 내재한 그 깊은 수치심"을 예민하게 느낀다. 그녀는 이렇게 말했다. "내가 정치적 운동을 하는 것은 개인적으로, 정치적으로, 영적으로 깊게 맺어진 여성들과 함께할 때만 가능해요. 그런 어려운 시대에도 일을 할 수 있는 것은 우리가 상호 작용하면서 얻는 충만감, 우리 모두의 존재를 집단화한 역량에서 오지요."

공동체를 표방하며 함께 일한다고 해서 단체들이 항상 우호적이거나 갈등이 없는 것은 아니다. 의견이 일치하지 않는 것에 대해서는 오히려 생산적으로 인식하고 처리하도록 한다. 셀린 수가나(Celine Sugana)는 비모차나에서 겪었던 경험을 들려준다. "우리는 함께 공유하고 나누어요. 싸우기도 하죠. 그건 자연스럽게 일어나는 일이에요. 우리의 타고난 권리예요. 그렇다고 해서 회피하며 달아나지 않아요. 서로의 곁을 떠나거나 잠시라도 그만두려하지 않아요. 우리는 다시 사람들을 한데 모으지요."

관계의 질에 우선을 두고 자발적으로 행동하려 하기에, 내가 만났던 대부분의 단체들은 아주 최소한의 구조를 가지고, 활동할 때도 명확한 분업을 하지 않으려 했다. 이런 단순함을 잘 보여 주는 단체가 벨기에의 루벵(Leuven)에 있는 위민인블랙(Vrouwen in 'T Zwart)일

것이다. 그들은 '페미니즘을 지향하는 반군사주의 레즈비언 활동가'로서 우의를 다지는 네트워크이며, 약 10명에서 11명으로 구성된 여성 회원들이 매주 수요일 점심시간에 만나서 시청 정문 근처에서 시위를 벌인다. 30분 동안 전쟁에 반대하는 '늘 깨어있음(stille wake)'이라는 집회가 끝나면, 가까운 카페에 가서 밥을 먹고 후속 사업과 연대 사업 그리고 네트워킹에 대해 논의한다. 그러고 나서 각자 일하러 흩어진다. 그러면 이메일을 보내는 일만 남는다.〔그들이 실내에서 하는 일도 굉장히 효과적이라는 것에 주목할 필요가 있다. 회원인 리브 스넬링스(Lieve Snellings)가 세계적인 위민인블랙의 주요 이메일 목록의 운영자이기에, 세계 곳곳의 여성들로 하여금 서로 연락을 지속케 한다.〕 조직 구조의 차원에서 이와 다른 모습을 보이는 단체는 평화와자유를위한여성국제연맹(Women's International League for Peace and Freedom)이다. 연맹은 국가별 지부들과 대표 회의로 구성된 세계적 조직이다. 그러나 조직적 구조를 필요로 하는 규모의 크기가 항상 문제가 되지는 않는다. 우리가 보았듯이 코드핑크는 세계적인 운동이 됐지만, 아직도 표가 날 정도로 격식 없고 일시적 성격의 조직을 가졌다. 이탈리아에서 44개의 돈네인네로 지역단체들은 각각 완전한 자율성을 가지면서, 자신들의 영향력을 전국적으로 증가시킬 수 있는, 전체적으로 동등한 운영을 어느 정도 도입한다는 느낌을 강하게 받았다. 이러한 경우들은, 여성들이 자신들에게 가장 잘 맞는 방식으로 조직의 요구에 어떻게 대응하는지를 보여 준다. 그러나 내재한 모순은 또한 피할 수 없다. 해결책은 나름대로 한계를 가졌다.

베오그라드의 제네우스르놈(Žene u Crnom)은 다소 적은 여성들로 이루어진 반전단체 가운데 하나이지만 자신들의 사무실을 소유했다. 다른 일부 위민인블랙 단체들은, 특히 스페인과 이탈리아의 위민인블랙은 여성의집에서 공간을 함께 나누어 쓴다. 이와 다르게 다양한 사업 목표를 가지고 활동하는 조직의 경우, 여성들은 자신들의 활동을 진행하는 사무실을 마련하는 것에서부터 반군사주의 활동을 준비한다. 비모차나도 그 가운데 하나이고, 또 다른 단체는 이스탄불에 있는 여성아마르기아카데미(Amargi Kadin Akademisi)이다. 아마르기는 사무실이 중심이 돼 일하며, 사무실세는 개인들이 내는 구독비로 충당된다. 여기서 그들은 비판적 페미니즘과 젠더학 프로그램을 진행하고 지역적인 의식 고양도 하며, 남성들로부터 폭력 피해를 받은 생존자들을 지원하는 일도 한다. 동시에 그들은 터키의 군사주의에 간여하고, 터키와 쿠르드의 갈등에 대해 이야기하면서 터키와 쿠르드 여성들을 연결하는 사업도 한다. 그들은 여성들의평화테이블(Women's Peace Table)이라는 활동을 조직해 이를 몇몇 마을에서 시행했고, 마침내 남서 쿠르드 지역에서 '쿠르드인에게 가하는 가부장적 폭력 정치학을 평화 회담으로 대치하는 목적'을 가지고 이 사업을 진행했다. 피나르 셀레크(Pinar Selek)는 힘주어 말했다. "우리는 전쟁이 위협하는 때에 그냥 군사주의를 반대한 것이 아닙니다. 전쟁은 예정됐고 계속돼요. 여성에 대한 폭력과 쿠르드인과의 계속되는 전쟁은 우리들에게 중요한 문제예요."

여덟 개 국가에서 활동하는 위민인블랙 단체들을 각각 방문하고 보니, 대부분의 단체들이 최소한의 조직 구조를 가지고 시위를 조직하며 여러 다른 활동을 전개한다는 것을 알았다. 대부분의 단체들은 비공식적으로 함께 결정하는 여성들의 전화 연락망이나 인터넷 목록 외에는 조직 구조라는 것이 거의 없었다. 작은 변종들은 있다. 뉴욕의 유니온광장단체에서는 결정 과정의 비공식성 때문에 서로 합의에 이르지 못하는 일이 터졌다. 앞서서 일했던 다른 여성들처럼, 그들은 구조 없이 일하는 데서 생기는 위험에 맞닥뜨렸다. 그래서 결정권을 대신 행사할 5명의 운영단을 구성했다.(물론 운영단도 완전히 개방적이고 그 구성원도 돌아가면서 맡았다.) 볼로냐의 여성들은 자신들의 회원 가운데서 코디네이터를 임명하는 것이 현실적이라는 것을 알았다. 대부분의 위민인블랙 단체들은 토론과 결정을 위한 회의를 아주 간간이 여는 것 같다. 또리노는 매주 정기적인 모임을 갖는다는 점에서 예외적이다. 하지만 이것도 지금 진행되는 과제에 달려 있다. 때때로 조직화된 활동량이 폭발적으로 많아질 때도 있다. 집단 방문을 하거나 세계 여성의 날에 다른 나라에서 집단적으로 방문을 오거나 전쟁이 터지거나 했을 때 말이다.

위민인블랙이 최소한의 규모로 이루어진 조직이라면, 행정 운영이 더 요구되는 여성반전운동도 있다. 이는 특별한 경우인데, 복합적이고 지속적인 활동을 하려면 조직들 간에 서로 관계를 맺고 국경을 넘어 연결돼야 하기 때문이다. 윈피스(Women's Initiative for Peace in Greece and Turkey, 그리스와 터키의 평화를 위한 여성행동)의 경우를 보자. 윈피스는 무엇보다 정치 운동을 중시하는 단체이다. 그리스와 터키는 국가가 성립된 이후 지금까지 적대적 상태였다. 윈피스는 두 정부에 군사 예산을 축소하도록 요구한다. 특히 서로 적대적인 상태를 조성하는 군사 프로그램을 줄이도록 촉구한다. 뿐만 아니라 어린이와 성인 도서를 양국 언어로 번역하는 '문학 교류', 학교에서 활용 가능한 커리큘럼이 포함된 평화교육 프로그램, 터키와 그리스, 키프로스 학생들의 상호 이해와 갈등 해결 능력을 고양시키는 청소년 캠프들, 그리고 터키의 세 마을과 그리스 에게 섬에서 온 농촌 여성들의 협력을 포함한 '농촌 체험' 프로젝트 등의 실제 사업도 운영한다. 이런 종류의 운동은 행정적 요구가 따른다는 점에서, 단순하게 거리로 나가 매주 시위를 갖는 것과는 매우 다르다.

시위와 거리 행사를 하면서

위민인블랙은 여러 가지 일을 하는 시위자로서 가장 잘 알려졌다. 위브의 시위는 기간이나 빈도 그리고 규모 면에서 다양하다. 시위를 하는 각 단체들은 완전히 자율적으로 움직이는데, 이는 하나의 전통으로 자리 잡았다. 위브의 국제적인 웹사이트는 어디에 있든 모든 여성들을 초대해 여성들이 자신의 것으로 시작하도록 간단한 안내서를 제공한다. 보통 시위자들은 시내 중심 금융가에서 시위를 한 샌프란시스코 위브처럼 통행자들이 많은 공공장소를 선택한다. 어떤 단체는 울타리를 치고 경계병을 세운 지역 군사기지와 이웃한 경우도 있다. 걸프해 위브는 중동 지역에서 군사훈련을 지휘하는 미국중앙사령부 지역인 맥딜 공군기지 근처에 있는데, 위브는 이 위압적인 이웃에 신경을 쓴다. 내가 아는 시위 가운데 가장 작은 규모는 캘리포니아 버클리에서 7년 동안 이어진 시위 중, 2명의 여성으로 구성된 시위였다.

한 주도 빠질 수 없다는 생각에 현수막을 들 최소한의 숫자인 2명이 참석했던 것이다. 가장 대규모 시위는 1995년 베이징에서 열렸던 네 번째 유엔여성국제회의나 최근 코린 쿠마르(Corinne Kumar)와 인도 여성단체 비모차나의 여성들, 아시아여성인권협의회(Asian Women's Human Rights Council), 그리고 국제엘따예(El Taller International)가 조직한 대규모 국제 행사인데 수천 명의 여성들이 참석한 일회성 집회였다. 어느 곳이든 여성들은 자신들이 왜 이 집회에 참석하는지 표현하고, 바로 그 몇 개의 단어들로 자신이 주장하고자 하는 취지를 플래카드에 조심스럽게 쓴다. 더 많은 정보를 알리고자 종종 리플릿도 나누어 준다.

나는 여행 중 흠뻑 젖은 우산을 뉴욕 여성들과 함께 쓰면서, 플로리다 탬파만에 있는 반얀나무 그늘 아래에서, 베로나의 역사적 중심지에서 부드러운 저녁 햇살을 받으며, 앵무새들과 검은 솔개들이 머리 위를 돌고 사람들이 일을 끝내고 돌아가는, 낮이 저무는 벵갈로르의 시청 계단에서 여성들과 함께 서 있었다. 이러한 각각의 경험들은 내가 런던에서 시위하는 것처럼 매우 편안하게 느껴졌다. 내가 갔던 어느 곳이든지, 여성들이 말하는 시위 의도는 서로 너무나 많이 닮았다. 방법론은 사람들이 좋은 정보를 환영하고, 사고하고, 자신들의 마음을 변화시키고, 자신들의 이야기에서 행동하도록 고무될 수 있다는 이념에 기반했다. 사람들이 서로에게 영향을 미치듯, 거리에서 오가는 사람들에게 주는 영향은 잔잔하게 파장을 일으킬 수 있다는 하나의 모범적 사례를 뜻한다. 누가 알겠는가. 이것이 투표 성향과 정치적 행동에 영향을 미칠지 말이다. 당신과 이미 생각을 나눈 사람들이 공공연하게 저항하는 당신을 보는 것만으로도, 당신은 고무되고 힘을 얻을 수 있다. 사람들은 때로 "감사합니다. 나를 위해 이러한 일을 하다니요."라며 인사한다. 반면 의구심을 보이고 반대하는 의견도 환영한다. 볼로냐의 끼아라 가뚤로(Chiara Gattullo)는 이렇게 말했다. "나와 생각이 다른 사람들을 만난다는 것도 좋은 기회예요. 나는 모든 사람들을 설득시키려고 하지 않아요. 그냥 사람들이 걸음을 멈추고 스스로 생각하길 바라요." 어떤 뜻에서는 여성들이 자신의 이익을 위해 시위를 한다고 말했다. 끼아라는 이어서 말했다. "관심을 주면 우리에게 도움이 되지요. 우리가 다른 장소에서 실천할 때 필요한 헌신성을 다시 일깨우니까요." 많은 여성들이 내게 말하길, 자신들이 생각하는 **바를 정확하게** 표현하는 플래카드를 들고 거기에 서 있는 것은 심오한 방법으로 자신을 만족시키는 것이라 한다. "이오 돈나 콘트로 라 궤라(Io Donna Contro la Guerra, 나, 여성은 전쟁을 반대한다)."

어떤 여성에게 시위가 일종의 영적 수행이라면, 그래서 잠시 빠지면 아쉬운 그런 것이라면, 다른 여성들에게는 임무에 가깝다. 기운이 빠질 수도 있다. "너무 벅차요! 한 시간은 너무 긴 것 같아요." 또리노의 마르게리따 그라네로(Margherita Granero)는 "우리는 대중과의 연결이 약하다고 생각해요. 우리는 마치 다른 세계에서 온 것 같아요. 우리가 대중과 얼마나 떨어져 있는지 알게 됐어요. 이런 문제로 고민스러웠어요." 어떤 여성들은 시위하는 것이 지루하다고 한다. 그러나 어떤 상황에서는 겁이 날 때도 있다. 민족주의자들의 공격으로 전쟁이 발발하고 무장한 남성들의 긴장감이 그득한 도시, 베오그라드의 리파블릭 광장으로 나가 서 있다는 것은 대단한 용기가 필요하다. 야스미나 테샤노비치(Jasmina Tešanović)는 첫 번째 시위에 대해 이렇게 말했다. "우리는 처음으로 시위를 하고 그 이후에 시위에 대해 생각해 봤어요. 거리에 서 있으면서 우리 모두는 우리가 무엇을 하는가 생각했지요. 그건 마치 첫 섹스를 경험할 때와 비슷했어요. 아팠어요. 그러나 생각하죠. '좋아, 다음엔 즐기는 거야'라고요."

일부 시위 단체들은 그 방식이 다양할 필요가 있다고 느꼈다. 베오그라드 제네우스르놈(Žene u Crnom)은 그렇게 생각하는 단체 가운데 하나이다. 2004년 10월 내가 그들과 함께 시위에 참여했을 때, 그들은 시각 효과를 위해 어마어마하게 큰 천으로 만든, 무지개 빛 실크와 반투명의 현수막들을 사용했다(참조: 200~201쪽 사진). 도쿄 여성들은 거리에 가만히 서 있기보다는 거리 행진을 하고, 예술적인 검은 모자와 옷차림을 했다. 마드리드 무헤레스데네그로는 거리 연출을 가끔씩 했다. 그들은 줄무늬 나체의 모습으로 있거나 몸을 빨간색으로 칠하고, 도시에 있는 분수에 '피'를 붓기도 한다.

학교에서 법정까지

전반적으로 보면, 여성들의 반전운동 단체들은 광범위하고 다양한 운동 방식을 구사한다. 대부분의 운동 방식은 여성들이 느끼기에 유별나지 않다. 물론 그 방식이 실행되는 과정은 독특할 수 있지만 말이다. 나는 1장에서 콜롬비아의 라루따빠시피카가 대규모로 대중을 동원했고, 2장에서 코드핑크가 탄원서에 십만 명의 서명을 세계적으로

여성들은 사람들이나 환경을 괴롭히지 않는 시위 방식을 취하려고 한다. 이 사진은 여성들이 런던 사우스뱅크 거리에 파우더로 메시지를 '그리는' 모습이다. 이 파우더는 발로 밟으면 흩어져 금방 사라지거나, 첫 비에 씻겨 없어진다.

받았던 일에 대해 말했다. 그리고 코드핑크가 이라크 전쟁 후 재건에 끼어든 미국 회사들을 상대로 주주 개입을 했던 활동도 살펴보았다. 스페인의 일부 여성들은 군사비에 쓰일 세금의 납부를 거부하는 '예산 거부(objeción fiscal)' 운동을 조직한다. 어떤 국가의 여성들은 소형 무기들을 수거하고, 그 제작을 중지시키는 일을 하기도 한다. 일부 단체들이 군사주의와 전쟁이 연결된 지역 문제, 이를테면 이주자들에 대한 인종차별이나 여성들에 대한 폭력에 관한 일을 하면서, 자신의 지역 사회에도 이러한 폭력이 만연했다는 것을 느끼는 것은 중요하다. 반면 다른 사람들은 다른 나라의 여성들을 알고, 또 그들을 지지하고자 두루 여행을 다닌다. 우리가 살펴보았듯이, 그들의 이름처럼 바르셀로나의 도네스뻬르도네스는 '거기에 있는 여성들을 지지하는 여기의 여성들'을 뜻한다. 그들은 팔레스타인과 이스라엘 여성들과 마찬가지로 콜롬비아, 아프가니스탄, 러시아 여성들과도 접촉을 갖는다. 샌프란시스코 위민인블랙의 회원인 제니퍼 비치(Jennifer Beach)는 필리핀 여성단체인 가브리엘라(Gabriela)와 연대하는데, 필리핀과 캘리포니아 지역, 두 곳 다 연계돼 있다고 말한다. 그녀는 설명했다. "이런 왕래는 측정할 수 없는 효과를 가져요. 활동가들에게는 여행이 필요해요. 예술가들처럼, 영감이 필요하지요. 미국의 지배를 반대하는 페미니스트들을 세계 다른 곳에서 만난다는 것은 환상적이에요. 제국주의가 어떻게 여성들에게 특정한 영향을 미치는가를 이해한다는 것은 중요해요. 그것을 보면, 안전지대는 없지요. 그건 우리 모두에게 영향을 미쳐요."

인도의 남아시아평화를위한여성행동(Women's Initiative for Peace

in South Asia)에서 일하는 서이다 하미드(Syeda Hameed)를 만났다. 서이다는 인도, 파키스탄, 방글라데시의 여성들이 방문 교류를 어떻게 성사시켰는지 들려주었다. 그들이 '적'으로 간주하는 사람들을 방문하는 일이 '제정신이 아닌 것'처럼 보였던 때, 버스로 여행하면서 긴장된 경계들을 넘는 것은 힘든 여정이었을 것이다. 이 여정을 가진후, 여성들은 이렇게 서술했다.

> 여성으로서 우리는 관계 맺는 방식이 새롭게 시작함을 느꼈다. 그 새로운 방식이란 두 국가의 일반 사람들을 다 함께 모으는 것이다. …… 우리는 가족과 지역 사회, 그리고 국가 간에 일어나는 논쟁을 해결하는 데, 폭력을 하나의 수단으로 계속 삼는 것에 대해 반대한다. 남아시아 지역의 여성들이 단결한다면, 정부들에 대해 파괴적인 정치적 권력 게임을 중단하라고 압력을 넣을 수 있다. 마음과 정신이 만나면 국경이나 경계들은 무의미해진다.(WIPSA 2003 : 50)

여성활동가들의 이야기를 들어 보면, 세 가지 방법들, 곧 정치제도를 작동시키고, 교육하고, 법을 활용하는 일이 뚜렷이 눈에 띈다. 재차 말하지만, 이러한 접근들은 여성조직들에는 그렇게 독특한 것이 아니다. 그러나 여성들의 방식은 실제로 있다.

| 정치 로비 |

우리는 앞 장에서 국가 지도자들을 공략하는 데 특별한 관심을 두는 시에라리온의 마노강여성평화네트워크(Marwopnet)의 활동을 보았다. 반면 다른 단체들은 정치가들과 국회를 대상으로 한 활동이 그리 많지 않다는 것도 보았다. 대부분의 단체들은 특별하게 좋아서가 아니라, 실제로 효과가 나타나는 것이기에 이러한 정치 활동을 하는 것 같다. 조지 W. 부시를 낙선시킬 기회인 2004년도 미국 대통령 선거가 다가왔을 때, 베이 지역 위민인블랙까지도 정치 유세에 나서기로 결정했다. 그들은 여성 한 명 한 명이 잠재적으로 부시를 반대할 유권자라고 여겼다. 프란시스 리드(Frances Reid)는 사람들이 투표 등록을 하도록 유도하는 5분용 비디오를 만들었다. 선거 날에는 단체의 모든 회원들이 가가호호 방문하고, 여성들이 투표소로 가도록 카풀제를 운영했다. 샌디 버틀러는 애처롭게 말했다. "내 인생에서 처음으로 선거 정치학을 행사하는 거예요. 얼마나 우울한 실용주의인지!"

시대와 장소를 막론하고, 여성들은 자신들의 견해를 정치화하는 기반을 만들고자 직접 선거에 나서기도 한다. 1980년대 그린햄 커먼 여성평화 캠프에서 시위 활동을 하면서(자세한 내용은 나중에 서술할 것이다), 일부 여성들은 모든생명을지지하는여성(Women for Life on Earth)의 회원으로서 국방부 장관직과 보수당 장관직에 도전하려고 국회의원 선거에 출마했다. 2004년, 오키나와의군사폭력에반대하는 여성들의행동(Women Act aginst Military Violence)은 이 단체의 코디네이터인 다카자토 수주요(Takazato Suzuyo)를 나하시의 시장으로 당선시키고자 열심히 뛰었으나 낙선하고 말았다. 그 자리는 오키나와 내 미국 군사화에 관한 문제를 제기할 수 있는 지위였다.

| 정보와 교육 |

내가 만났던 여성단체와 조직의 대부분은 글쓰기를 하고 소책자를 간행했다. 그리고 미디어, 특히 지역 라디오의 주목을 끌고자 애썼다. 일부 단체들은 대항 정보의 차원에서 무슨 일을 하는지 말한다. 어떤 단체들은 다른 단체보다 더 집중적으로 그리고 지속적으로 미디어 활동을 한다. 영국 버크셔의 올더마스턴(Aldermaston)에서 열린 여성들의 평화 캠프는 20년 이상 계속된 핵무기연구소(Atomic Weapons Establishment) 밖에 상주하면서 지금도 차세대 핵무기 개발을 도모할 새로운 시설의 건설을 감시한다. 2005년 9월 영국 국방부 장관은 현 트라이던트 미사일 시스템의 갱신과 관련해 공개적 토론을 하겠다고 약속했다. 다른 조직도 있지만 여성들의 평화 캠프 활동으로 이 문제는 대중적 관심을 받기 시작해, 이 사실들을 조사하고 출판하면서 대중의 눈으로 문제화시켰다.

스페인과 이탈리아의 어떤 무헤레스데네그로 일부 단체들은 지역 학교에서 평화교육을 실시한다. 이미 말했듯이 윈피스는 그리스와 터키 학생들을 위한 평화 커리큘럼을 만든다. 미국 오레곤에서 만난 캐롤 반 호우턴(Carol van Houten)은 CALC(Community Alliance Lane County)가 하는 일에 관해 들려주었다. 2001년 9월, 부시 행정부는 새 교육법을 통과시켰는데, 여기에는 학교 행정가들은 군대 신병 모집관들이 학교로 오는 것을 승낙하고, 부모가 특별히 거부 의사를 밝히지 않으면 그들에게 학생들의 이름을 공개하고 상세한 사항을 볼 수 있도록 하는 조항이 포함됐다. CALC는 학교 업무에 용이하게 접근할 수 있다는 확신이 들고, 학생들의 상세한 사항들이 공개되는 것을 거부할 수 있다는 내용을 CALC가 부모들에게 통지할 권리를 가질 때까지 지역 학교위원회에 '자리를 차지했다'. 캐롤은 학교를 떠날 나이가 된 소년과 소녀에게 자신의 생각을 전하고자 학교를 방문하는데, 그 이유를 이렇게 설명했다. "신병 모집관들은 아주 영악해요. 그들은 아이들이 원하는 바를 유심히 듣고 앞으로 너는 그것을 가질 것이라고 약속해요. 그들은 '너는 어떤 주제든 공부할 수 있어. 전자공학? 네가 원하는 것은 무엇이든지 공부할 수 있어.' 또는 '너는 가장 친한 친구와 함께 군사훈련을 받으러 갈 수 있어.' 또는 '넌 그냥 경찰에서 일할 수 있어.'라고 말해요. 그러나 그들이 아이들을 군대에 데리고 가면, 아이들은 군대가 결정한 대로 하도록 돼 있어요. CALC에서 우리가 달성하려는 바는 신병 모집관들이 말하지 않고 버려두는 사실들, 일례로 8년 동안 헌신적으로 병역에 임하겠다는 사인을 해야 한다든지 이런 것들을 학생들에게 보여 주는 거예요. 이러한 일은 젠더 관점만이 아니라 남성과 여성이 공동으로 협력해야 하는 것이죠." 캐롤은 자신의 전투 복무 경험을 소년들에게 신빙성 있게 말해줄 수 있는 남성 퇴역 군인을 동반해 학교에 간다.

| 법의 활용 |

여성들은 군사주의와 전쟁을 반대하는 운동을 하면서, 크게 세 가지 사법적 전략을 사용했다. 한 가지는 정치가들이 국제법에 비추어 실행하도록 법에 호소하는 것이다. 두 번째는 정치적 목적을 가지고 법을 위반하는 것이다. 세 번째는 부당함을 널리 알리고자 수사적으로, 또는 상징적으로 법을 활용하는 것이다.

우리는 1장에서 2002년 구자라트에서 일어난 대학살 때 강간당한 피해 여성들에게 정의를 안겨주고자 정의를위한국제활동(International Initiative for Justice)의 여성들이 어떻게 법적 쟁점을 만들기로 했는지를 살펴보았다. 인도 정부는 국제형사재판소(ICC)의 사법권을 인정하지 않으려 했으므로, 여성들은 대신 1948년 대학살 범죄의 금지와 처벌에 관한 국제 협정(International Convention on the Prevention and Punishment of the Crime of Genocide)에 호소했다. 인도 정부는 1959년 이에 비준했으나 효력을 발휘할 수 있는 법안을 결코 도입하지는 않았다. 정의를위한국제활동의 보고서는 국제 공동체가 구자라트에 관한 대학살 경보를 선언하고 비인간적인 범죄를 저지른 자들의 인도를 요구하도록 권했다. 레베카 존슨은 1984년 가을, 그린햄 커먼 여성평화 캠프에 참여한 12명의 여성들과 그 자녀 17명과 함께 뉴욕으로 갔다. 로널드 레이건 대통령, 캐스퍼 와인버거 국무부 장관, 미군 참모총장을 상대로 대법원에 헌법 소원을 청구하기 위해서였다. 두 명의 미국 국회의원과 헌법권리센터(the Center for Constitutional Rights), 그리고 미국 여성활동가들의 지원을 받아, 선제공격 무기인 핵탄두 크루즈미사일이 미국 헌법과 국제법을 기준으로 볼 때 불법이라는 점을 논증하고, 이를 영국에 배치하는 것에 대해 금지명령을 신청했다. 그들은 성공하지 못했다. 그러나 이 소송은 반크루즈 운동이 의미 있게 주목을 받는 계기가 됐다.

법을 위반하거나 법의 문제점을 드러내는 사회운동을 하다가 여러 번 복역했던 헬렌 존(Helen John)은 위의 두 번째 전략이 무엇인지 보여 준 인물이다. 그린햄의 평화 캠프를 달구었던 기운은 법을 논박하는—일례로 국가가 캠프를 철거하려는 움직임에 맞서 공유지 사용을 관할하는 지역 조례를 검토—문제까지 갔다. 여성들은 또한 즐겁게 법을 어겼다. 헬렌이 지적했듯이 "법이 부당한 것을 합법화시킬 때, 위법이 정당화되는 것은 민주주의의 기본 원리이기" 때문이다. 1980년대에 많은 여성들은 그린햄에 가담했고, 영국의 다른 군사기지에 침입해 당국자들을 곤혹스럽게 하고, 때론 시설을 훼손하는 일을 하면서 반복해서 법을 위반했다. 그들은 핵무기와 운송 체제에 반대하는 소송을 대중적으로 알리고 이 문제를 처리하는 법정의 권위가 무시되는 것을 보여 주려고 법정 청문회를 활용했다.

많은 여성들은 유죄 선고를 받아도 그들에게 부과된 벌금 납부를 거부했고, 그래서 단기간의 징역형을 선고받았다. 헬렌은 영국 여성들에게 위법이 실행 가능한 운동의 전략이 될 수 있는 그런 국가에 산다는 것이 다행스러운 일임을 알았다. 영국이라는 국가는 살해당하거나 고문당하거나 몇 년을 감금당하지 않을 것 같고, 실제로 한겨울에 플라스틱 밑에서 캠핑을 했었던 여성들에게 감옥은 비교적 안락하고 따뜻한 장소로서 마치 별 다섯 개의 호텔처럼 보일 수 있는 곳이었다. 헬렌은 감옥에 가는 일이 '매우 광범위하게 정치화'하는 것임을 자각했다. "많은 수인들은 매우 빈곤한 사람들이에요. 그들은 다양한 범죄를 저지르고 감옥에 왔지요. 그러나 대개의 경우 기회 부족 때문에 여기에 있어요. 그들 가운데 많은 사람들은 다른 사람을 대신해 온 경우도 있고요. 그들에게 다가가 말을 걸 기회를 가진다면, 그들은 우리가 무엇을 위해 시위를 하는지, 우리가 요구하는 변화들이 그들의 자녀들에게 더 많은 기회를 증대시킬 수 있는 일이라는 것을 알 수 있어요."

내가 볼 때, 여성들이 법을 활용하는 세 번째 전략은 시나리오를 쓰는 작업과 같다. 여성들은 가끔씩 전쟁 지도자들이나 범죄자들을 심의하는 모의재판을 열었다. 가장 지속적이면서도 정치적으로 깊이 사려해, 법의 효력을 행사한 일 가운데 하나가 아시아여성인권협의회(AWHRC)가 조직한 여성 법정이었다. AWHRC에 따르면, 여성 법정은 "아시아와 태평양 지역 국가들의 군사화와 핵무기화가 증대하는 배경에서 여성에 대한 폭력이 급증하는 일, 그리고 지역을 둘러싼 전쟁과 근본주의, 종족 갈등"에 관심을 둔다고 설명한다(미간행 소책자).

1993년과 2004년도에 여성들은 아시아-태평양 지역, 아랍 세계, 아프리카, 중앙아메리카와 지중해에서 스물 두 곳의 법정을 조직했다. 그리고 이는 이어져서 계속된다. 판사들의 배심원단은 여러 다양한 국가에서 자신의 이야기를 하러 온 여성들의 증언을 듣는다. AWHRC의 마두 부산(Madhu Bhushan)은 이 법정의 목적을 이렇게 설명했다. "대안적인 정치적 공간들을 창조하는 데 있어요. 이 공간들은 주도적인 인권 담론과 사상, 이를테면 소유 개념을 기반으로 하는 개인주의와 합리성 그리고 객관성과 같은 계몽주의적 가치를 받치는 이념을 비판하고 그 비판에 근거한 비전에서 비롯됩니다." 그래서 법정은 검찰 심문과 변호 시간을 배치하지 않는다. 증언자는 대질심문을 받지 않으며 그들의 증언은 신뢰 속에서 이루어진다. 배심원단은 지혜와 경험을 가진 여성들로 구성됐는데, 유죄인가 무죄인가를 가려내려 하지 않는다. 오히려 그들은 증언자들이 말하는 바를 경청하고 이해하며 숙고하고 종합한다. 코린 쿠마르는 아시아여성인권협의회에서 핵심적 인물이다. 또한 튀니스에 터를 잡고, 남반구에서 활동하는 비정부단체인 국제엘따예의 중심인물이기도 하다. 코린은 법정을 추동한 원동력이 됐던 그 정신에 관해 이렇게 기술한다.

여성 법정들은 여성들의 주관적 증언과 객관적 현실을 (문제들의 분석을 통해) 함께 엮으려 한다. 개인적인 것을 정치적인 것과 그리고 논리적인 것을 감성적인 것과 (비디오 증언들, 예술적 이미지와 시를 통해) 함께 엮으려 한다. …… (여성 법정은) 여성들이 고통을 언어화하며 범죄라고 명명하고 부정의를 바로 잡으려고 하는 그리고 배상까지 요구하는 신성한 공간이다.(미간행 소책자)

물론, 이 현상을 '군사주의와 전쟁에 반대하는 여성운동'으로 두려는 경계들, 안쪽과 바깥쪽으로 규명하려는 활동들은 자의적이다. 나는 전쟁으로 인해 생긴 과장된 적대감을 전문적 기술로 치유하려는 장기간의 활동이나 이에 초점을 둔 화해라는 수백 개의 기획을 여기에 포함시키지 않았다. 나는 전쟁 희생자와 생존자에 관심을 두고 이들을 취약한 사람으로 보는 인도주의의 입장에서 진행되는 수천 개의 기획들을 검토하는 일도 배제하기로 했다. 내가 말했던, 브뤼셀의 꼴레티프팜므앙느와르 단체와 같은 반전여성활동가들은 망명자들과 함께 일하면서 '인도주의적'이라는 용어 사용을 꺼린다. 그들은 반전활동을 하다가 자연스럽게 이어진 일이자 정치적인 것이라고 말한다.

그러나 갈등이 아주 격심한 나라에서는 인도주의 사업이 때로 평화운동을 대신해야 한다. 일례로, 인도 카슈미르에서 자유를 박탈하는 법률, 곧 1958년과 1972년의 군대(특권)법, 난지역법(Disturbed areas law), 그리고 2002년 이후에는 테러리즘방지법(the Prevention of Terrorism Act) 하에서 무슬림의 반란을 저지하고자 인도 군대가 배치됐다. 카슈미르 분쟁 중, 여성들이 야만스러운 인도군의 존재와 폭력적인 반란자들의 전략에 반대하는 정치 활동을 드러내 놓고 한다는 것은 너무 위험한 일이다. 인도 시민들은 분쟁 지역 밖에서는 국가의 포악한 폭력에 대항해 항의할 수 있다. 그러나 카슈미르의 상황에서 가장 의지할 수 있는 최선은 인도주의적 기획이다. 이 딜레마에 대한 해답을 주는 모범적인 사례는 델리에 터를 둔 비정부단체 아만(Aman, 평화)의 사업이다. 이 조직의 목적 가운데는 생존자들을 위한 인도주의 차원의 사업뿐만 아니라 폭력적 갈등을 줄이는 것도 있다. 그러나 카슈미르에서 페미니스트 심리학자이자 아만의 일원인 사바 후사인(Sahba Husain)은 실용적이면서도 실현 가능한 일을 한다. 사바는 마을 여성들과 함께 '젠더, 정신병과 갈등'이라는 프로젝트를 진행한다. 그녀는 "카슈미르에서 경험했던 정도의 죽음은 파멸적인 트라우마를 낳습니다. 정신적으로 허약한 건강 상태는 일종의 전염병이에요."라고 말했다. 2003년도에 병원의 정신과에 등록된 외래환자만 해도 4만 8000명이었다.

| 의식과 상징주의 |

여성평화운동의 두드러진 특징은 의식과 상징주의를 창조적으로 활용하는 것에 있다. 때로는 기존 문화에서 지금 일어나는 영적 실천을 순수하게 표현하거나 각색한다. 더 나아가 문화를 재창조하기도 한다. 이 바탕에는 사람들이 자연과 더 친밀하게 살았던 또는 여성들과 여성들의 지식이 더 가치 있었던 과거의 모호한 개념들이 깔렸다. 그린햄 여성들은 때때로 마녀 상징을 사용했다. 그때가 1983년이었는데, 여성들은 마녀처럼 옷을 입고 순전히 사람들의 무게를 이용해 4마일이나 되는 경계 벽을 무너뜨리려 하면서, 할로윈과 같은 화려한 대중행동을 이끌었다. 역사적 사건은 그린햄의 마력으로 기념했다. 그들은 영국의 마지막 마녀들 가운데 하나가 커먼에서 핍박을 받았다고 믿었다. 또한 중세의 마녀사냥에서 박해를 받고 화장된 이들은 여성 치유자였고 예언자였음을 기억하면서, 여성들의 전통적 지식과 힘을 소생시켰다. 마녀 의식은 한편으로, 아이들의 단순한 할로윈 파티처럼, 축제적 마녀 이미지라는 좋은 정치적 효과를 가져왔다.

위민인블랙의 시위는 드라마(도시 공간에서 자신을 하나의 상징으로 동원하는 일)와 의식(침묵), 상징주의(여러 나라에서 애도의 색인 검정 옷을 선택하는 일)를 사용한다. 코드핑크는 또한 자신들의 은유를 섞어서 상징적으로 핑크색을 사용한다. 그들은 상업적으로 고도화된 '소녀들의 색깔'이자 여성적인 색 코드로 알려진 '핑크'를 패러디한다. '코드핑크'라는 말은 '코드레드' 등 안보 경보들을 표시하는 군사 체계를 풍자한 것이다. 앞에서 보았듯이 여성들은 또한 자신들의 정치적 의도를 '핑크슬립' —해고통지서—이라는 비유로 산뜻하게 번역한다. 그러니까 '슬립'은 여성들의 부드러운 속옷인 '슬립'이 말놀이로 재창조된 단어이다. 슬립이란 것도 현대적으로 상품화돼 여성적인 것을 막

무가내로 착취한다.

상징주의가 옛 것이든 현대의 것이든, 내가 보았던 국제회의에서 단체들은 상징주의를 곁들인 작은 축제를 즐겁게 선보인다. 일례로 군사주의에반대하는여성네트워크(Women's Network against Militarism)가 개최한 마닐라 회의에서 하와이 원주민인 테리 케코라니(Terri Keko'olani)라는 여성이 우리와 함께 존재하는 조상들을 위해 기도를 하면서 회의가 시작됐다. 어떤 날 저녁에는 한국 여성들이 한지로 만든 전통 의상을 입고 종과 촛불을 들고 의례를 인도했다. 그리고 참여자들은 나무에 메시지를 쓴 종이를 묶어 장식했다. 우리는 푸에르토리코 여성들이 만든 크고 다채로운 퀼트에 표현된 것처럼 하나 안에 다양성을 만끽했다(참조: 156쪽 사진).

베이 지역 위민인블랙은 위민인블랙 집회를 열 때, 평소에도 유대인들의 관례를 창조적으로 차용해 현 종교의식을 살렸다. 그들은 이미 해변가에 있는 군중들을 거대한 인형 주변으로 모이게 해 타슐리크(Tashlich)라는 새해 축제를 두 번째 거행했다(참조: 131쪽 사진). 2003년에 그들은 이스라엘의 분리장벽을 상징하는 높은 모형 벽을 골판지로 만들었다. 사람들은 벽에서 조각들을 떼어 내어 거기에 메시지를 쓰고 인형들에게 가져간다. 그러면 인형들은 이를 받고 물 위에 던질 빵을 준다. 페니 로젠왓서(Penny Rosenwasser)에 따르면 전통적으로 이런 행위는 지나간 해에 이루지 못한 것들은 다 흘러가게 하는 것을 상징한다. 샌디 버틀러는 말했다. "우리는 새로운 의식을 창조해요. 사람들은 말보다는 의례 양식을 정치적으로 사용할 공간을 몹시 원해요. 우리가 유대인으로서 얼마나 괴롭고 고통스럽고 복잡하

고 분노하고 헌신적인지, 이런 것들을 느끼고 표현하려는 것, 물론 이
스라엘 정부는 무언가를 하지만 …… 내게 이런 의례들은 창의적 페
미니스트들이 개념화하는 형상과 양식인데, 유대인이라고 하는 영적
이고 정치적 차원을 명예롭게 하는 하나의 수단이지요. 내가 중요하
다고 느끼는 영적이고 정치적인 삶은 거기에 있어요."

콜롬비아의 라루따빠시피카(La Ruta Pacífica)도 의식적이고 지속
적으로 상징주의를 사용한다. 그들은 여성들의 고대적 전통과 영성을
불러내어, 소신 있게 분석한 경제적이고 정치적인 내용에 혼합하는
능숙한 방법을 안다. 그들이 발행한 185쪽 분량의 책(La Ruta Pacífica
2003)은 참 인상적인데, 그들은 상징주의를 원칙적인 전략의 하나로
서 나열하며, 한 섹션 전부를 상징주의에 관해 할애한다. 그들이 의도
한 바는 "폭력과 전쟁에 관해 널리 퍼진 상징주의를 해체해, '여성들
이 이 세계로 가져왔던 것들을 회복하는', 가시적이고 텍스트적인 언
어와 창조적 의식, 그리고 여타 실천들로 대체하는 일이다." 라루따가
상징주의를 사용한다고 해서 합리성을 폐기하는 것은 아니다. 가부장
제와 군사주의, 그리고 권위적인 남성성과 배타성을 막고 거스르기에
충분한, 경이롭고 투명하고 힘이 넘치는 표현들을 창조하는 직관과
정서를, 합리성과 혼합한다. 말하자면 말들이 자신들의 감각을 상실
하게 했다고 느낄 정도로 언어의 정치학이 난무하는 세계에서, 비언
어적 이미지를 사용한다는 뜻이다. 그리고 종속되고 침묵되며 묻혔던
여성적(feminine) 지식을 발굴하고 회복한다는 뜻이다. 또한 그것은
콜롬비아 내 기독교적 전통들 사이의 경계를 넘는 것이고, 아메리카
원주민과 아프리카인들의 비기독교적 전통들을 존속시키는 것이다.

라루따는 폭력과 죽음을 거스르고 생명과 소생을 깊이 믿으며 연결성과 자매애(sororidad)를 선언하는 일을 주요 주제로 삼는다. 그들은 읊조리고 노래하고 북치고 춤추면서 운과 리듬 그리고 음악을 활용한다. 또한 땅은 파종과 씨들로, 불은 불의 사용과 횃불들, 그리고 물은 강에서 다 함께 목욕하기라는 식으로 언급한다. 색깔도 상징적으로 사용한다. 진실은 노란색, 정의는 하얀색, 희망은 초록색, 보상은 파란색. 또한 흑백으로 된 옷도 사용한다. 손과 접촉을 의례화한다. 단어들이나 이미지들이 담긴 퀼트와 배너를 한 땀 한 땀 바느질해 꿰맨다. 무엇보다도 엮는 것(tejer, tejido)에 관한 비유는 한편으로 연결성을 재현한다. 그들은 때때로 거미줄 같은 망의 이미지를 사용한다. 또 다른 한편으로, 엮는다, 풀다, 다시 새롭게 엮는다는 개념은 생명, 죽음, 소생이라는 창조적 삶의 순환을 상징한다. 뿐만 아니라 가장 중요한 파괴와 재건의 의미도 상징할지 모른다.

라루따빠시피카를 포함해 매우 다양한 여성들은 조직의 전략적 차원으로서 이러한 상징에 대해 상이한 반응을 보이는데, 어떤 여성들은 한층 효과가 있다고 생각하는 반면, 어떤 여성들은 별로 타당하지 않다고 여긴다. 때때로 상징주의 자체는 이를 서술했던 단어들이 더 그렇긴 하지만, '여성'을 본질화하고 낭만화하는 것처럼 보인다. 그러나 상징주의와 의식을 창조적으로 사용하는 조직들은 이것들이 서로 다른 지역과 전통을 가진 콜롬비아 여성들을 다 함께 끌어 모을 수 있는 대단한 가치를 지닌다며 이런 생각을 부정한다. 우라바(Urabá)에서 시작해 가장 최근에 갔던 초코(Choco)까지, 상징주의는 지방 곳곳에서 사람들을 모으면서, 공동의 삶과 자매애라는 정서를 생산하고 군사주의와 폭력, 죽음이라는 매우 부정적인 현상에 대한 저항을 이와는 정반대되는 경험으로 전환하는 강력한 효과를 발휘했다.

정치적 행위로서 침묵

침묵을 정치적 매개로 삼는 단체는 위민인블랙만 있는 것이 아니다. 하지만 위민인블랙 단체들은 침묵을 요긴하게 사용한다. 인도 여성들은 자신들을 둘러싼 정치적 환경 때문에 분노하고, 이 분노에서 아이디어가 나온다. "더 이상 소리치지도 고함지르지도 마세요." 이어서 셀린 수간나는 "모든 수사적 표현에 귀 기울이는 사람은 없어요."라고 말했다. 여성들의 말없는 침묵은 현수막과 소책자에 활력 있게 쓰인 가시적 메시지와 대조된다. 걸프해의 위민인블랙과 미국 플로리다의 위민인블랙 여성들은 침묵을 설명하는 선언문을 크게 읽는 것으로 시위를 시작한다. 침묵시위는 그들이 의도하는 메시지를 압축할 뿐 아니라, 말들이라는 것이 얼마나 과다하고 장황한지를 깨닫게 한다.

스스로 말할 수 없는 사람들, 침묵당한 자들이 있다. 여성, 어린이, 어머니, 아버지, 자매, 형제, 이모, 조카 …… 모든 인간에게는 말할 능력이 부여됐다. 그러나 '이미 충분하다—이제 그만!' 침묵하면 새들, 귀뚜라미들, 다람쥐들, 도마뱀들의 소리가 들린다. 이제 그들의 소리를, 평화로운 음악을 들어 보자. 우리가 침묵하면 우리

330

가 매일 파괴하는 주변이 지닌 아름다움이 보인다. 침묵하면 땅들은 스스로 공명한다. 인간으로서 내는 모든 소음이 정신 집중을 방해하면서, 욕심 사납게 이루어지는 파괴 행위들을 은폐한다는 것을 우리는 분명히 깨닫는다. 산만함은 모든 사람에게 피해를 준다. 산만함은 망각한 것들을 아무것도 아닌 것처럼 만들어 버린다. 침묵은 이 지구상에 잘못된 모든 지도자들에게 전달하려는 요란한 소리이다. 우리는 이 침묵을 계속할 것이다.

여성들은 침묵이 주는 정치적 효과를 진정 신뢰하기에, 3000명의 반전 시위자들이 맥딜 공군기지 정문에서 집회를 가졌을 때, 그리고 걸프해의 위민인블랙 단체에 대중 연단에 올라 말할 기회가 주어졌을 때, 시위자들은 5분 동안 완전히 침묵할 것을 받아들였고 실제로 그렇게 했다. 그때 침묵은 외부에서 들려오는 끔찍한 소리들과 맞부딪혔다. 그들은 이라크 침략이 시작됐을 때, 활주로에서 이륙하는 비행기의 요란스러운 소음을 들을 수 있었다고 말한다. "우리는 몇 시간 후에 이라크 여성들이 듣게 될 바로 그 소음을 들었어요. 걸프에서 또 다른 어딘가로!"

그러나 모든 여성들이 침묵을 선호하는 것은 아니다. 공공도서관에서 시위를 하는 위민인블랙 단체들은 침묵을 강력하게 고수하지만, 그들의 동료인, 유니온 광장에서 시위를 하는 위민인블랙 단체는 다르게 느낀다. 쉐리 고레리크(Sherry Gorelick)는 내게 이런 말을 썼다. "이스라엘과 팔레스타인은 너무나 많이 무시당했기에, 우리가 침묵을 하면, 오히려 미디어가 조성하는 그러한 무시에 의해 시위의 의미가 변색될 거예요. 서로가 소통해서 그 빈 공간을 채우지 않으면, 결국 침묵은 공모하는 것과 같아요." 게다가 그들은 시위하면서 떠드는 수다스러움이 지나가는 행인들에게도 전달된다고 느낀다. 헬렌 존도 자신의 느낌을 분명하게 말한다. "우리가 왜 스스로 침묵해야만 하죠? 남성들은 몇 년 동안 우리를 침묵케 했어요. 침묵은 말해야 할 의미 있는 것들이 남아 있지 않을 때 사용하는 거라고 생각해요. 하지만 우리는 말할 수 없는 것들을 아직도 이해하지 못하는 사람들에게 말해야 하고 설명해야 해요. 침묵은 당신의 영향력을 약화시킬 수 있어요."

여성들의 평화 캠프

나는 '캠핑'운동의 사례를 영국에서 찾으려고 한다. 그렇다고 해서 영국이 이 전략을 활용한 유일한 곳은 아니다. 여성들의 평화 캠프운동은 미국의 시네카 폭포에서도 있었고, 호주의 파인 갭 등 다른 곳에서도 있었다. 그런데 1981년부터 1994년까지, 영국의 버크셔 주 그린햄 커먼에서 있었던 여성들의 평화 캠프는 가장 오래 지속됐고, 가장 널리 알려진 운동이다. 1985년부터 올더마스턴에 있는 핵무기연구소 밖에서, 그리고 1994년부터는 요크셔에 있는 맨위드 힐(Menwith Hill)에 있는 미국정보시설에서 여성들의 캠프운동은 간헐적으로 계속됐다. 여기서 기술한 캠핑과 비폭력 직접행동에 관한 내용은 헬렌 존, 레베카 존슨 그리고 시안 존스(Sian Jones), 이 세 명의 여성들과 인터뷰를 한 성과이다. 이 세 여성들은 이러한 캠프운동이나 관련 활동에 대해 매우 폭넓은 경험을 가졌다.

1979년 12월 12일, 마가렛 대처 수상은 미국 정부가 크루즈미사일(적의 레이더망을 피해 저공이나 우회로 비행 가능한 미사일—옮긴이)의 본거지를 영국에 둘 것이라고 발표했다. 많은 사람들은 국회의 논의도 없이 내각이 그러한 결정을 수용할 수 있다는 것에 충격을 받았다. 1981년 8월, 이미 5장에서 언급했듯이, 웨일 주의 카르디프에 사는 여성들은 정치제도를 통해서 이를 막는 전통적 방법은 이미 실패한 경험이 있었던 터라, 그들은 마지막 보루로서 첫 미사일이 유치될 그린햄 커먼에 있는 왕립공군기지(RAF)까지 125마일을 걷기로 결정했다. 그들은 기지 사령관에게 텔레비전 토론을 요청하면서 탄원서를 그냥 전달할 생각이었다. 거절을 당했을 때, 일부 여성들은 기지 담에 자신을 사슬로 매었다. 헬렌 존은 그렇게 했던 시위자 가운데 한 사람이었다. 헬렌은 결국 미국 장교가 나와서 이상한 투로 거들먹대며 자신들의 시위를 어떻게 얕보았는지 들려주었다. "내가 보건대, 여러분들은 원하는 만큼 거기에 있을 수 있어요." 일부 시위자들은 그가 말한 대로 하기로 했다. 헬렌도, 비록 남편과 아이들은 웨일즈로 돌아갔으나, "그래, 좋아. 여기 있는 게 말이 되는구나."라며 무릎을 쳤다. 삶의 진로가 급진적으로 바뀌는 순간이었다.

세계 곳곳의 여성들이 카르디프 여성들의 시위에 동참하고자 모여들었다. 처음에는 남자들도 몇몇 있었다. 그런데 마약과 술 문제가 등장하기 시작했다. 게다가 여성들은 캠프에서 매일 생활하며 일상 시위를 하는 사람들인데, 사람들 앞에 성가시게 나서서 연설하는 사람은 종종 남성들임을 얼마 가지 않아서 보게 됐다. 꽤 힘들고 괴로운 토론이 이어졌고, 결국 여성들만 캠프에 있기로 결정됐다. 그 이후로 13년 동안 커먼은 군사 영역이라는 남성적 세계와 어깨를 나란히 하면서, 독특한 여성들의 공간이 됐다. 여성들이 재차 쫓겨나고 텐트와 물건들이 압수당하자, 가는 나뭇가지들을 함께 묶어 '임시 피난처'를 만드는 것도 알았고 토지 관리인이 없을 때 쉽게 다시 새로 만들 수 있는 플라스틱 깔판으로 덮어 숨겼다.

캠프운동이 한참일 때는 9마일로 이어진 경계담의 각 출구 밖에 다섯 개의 캠프를 설치하고 상시적으로 거주하는 여러 명의 여성들도 있었다. 기지 안에서는 건설업자들이 미사일을 수용할 격납고를 준비하기 시작했다. 캠프 시위자들은 기지 출구를 봉쇄하고, '기지를 껴안자(Embrace the Base)'라는 내용의 대중 시위를 제안했다. 1982년 12월 12일, 3만 5000명의 여성들이 응답했다. 그들은 손과 손을 잡고, 기지 전체를 에워쌌다. 다음날, 그리고 그 이후에도 간헐적으로 몇 년 동안 여성들은 드러눕고 출입문을 막는 시위를 하곤 했다(참조: 412~413쪽 사진). 많은 여성들은 머리 위 공중에서 대량의 수송 비행기들이 요란한 굉음을 내며 미사일을 들여오는 광경을 보았다. 중거리 미사일을 유럽에서 제거하자는 조약을 고르바초프와 레이건이 체결하자, 바로 그 여성들이 수송 비행기가 다시 미국으로 돌아가는 광경을 거기서 여전히 보아야 했다.

캠핑은 군사 제도에 반대하는 비폭력 직접행동의 한 유형이다. 시안 존스는 캠핑에 대해 이렇게 말한다. "그것은 물리적 근접성을 다루는 문제예요. 국방부 땅, 바로 거기에 우리가 있는 거죠. 그것은 바로 국방부의 공간을 점유하고, 그 공간에 거주한다는 뜻이에요." 그러나 만만치 않았다. 집 밖에서, 몇 년 동안 원시적 환경에서 어렵게 사는 것은 그렇다 치더라도, 경찰, 토지 관리인들, 군인들, 그리고 화난 동네 남성들로부터 심각한 피해를 입을 수도 있었다. 레베카 존슨은 그린햄 캠프에서 많은 시간을 보냈고 종종 연설도 하고 이 캠페인에 관해 사람들에게 널리 알리기도 했다. 이 방법론을 통해 무엇을 성취했는지를 설명하는 레베카의 말에는 시사하는 바가 있었다. 우선, 그린햄 커먼에서 캠프 생활을 시작한 것은 영국 곳곳에서 온 많은 여성들이 이 운동에 참여하도록 하는 데 있었다. "그것은 우리 가운데 일부가 기본적으로 장기간 체류해야 하고, 매일 반복되는 철거 문제를 해결해야 할 누군가가 있어야 한다는 것을 뜻했어요. 그러나 또한 그렇게 해서 다른 여성들이 이 일에 참여했다가 빠질 수도 있고, 일정 기간이나 주말, 또는 참여할 수 있는 어떤 날이든지 와서 머물 수 있었어요. 일도 할 수 있고 가족과 함께하면서, 동시에 그린햄의 일원이 될 수 있었어요."

방문객들은 먹을거리나 필요한 물품 등을 가져왔고, 비폭력 직접 행동에 관한 여러 가지 참신한 아이디어를 주었다. 이를테면, 기지의 경계를 절단하고 기어오르기, 미사일 격납고 위에서나 비행 활주로에서 춤추기, 운반 차량에 올라타서 운전하기, 건물을 점거하기, 법정 관련 일거리를 계속 만들어서 경찰이나 치안 판사들을 분주하게 만들기 등이 제안됐다. 시안은 덧붙였다. "캠프는 우리를 함께 모아 하나가 되게 하고, 생각하고 행동할 능력을 주며, 그래서 이 저항을 끈질기게 지속할 능력을 주는 하나의 실과 같지요." 캠핑을 하면서 자연스럽게 이루어지는 뜻깊은 사회적 사귐도 있다. 사람들은 캠프파이어를 돌면서, 침묵시위와 다르게 직접 **말한다**(talk). 거기에는 줄거리도 있고 구상도 있다.

캠핑은 또한 **보는 것**(seeing)과 **보이는 것**(being seen) 이다. 그것은 기지 안에서 무슨 일이 일어나는지를 증언하고 그러한 활동을 감시하며 그것이 무엇을 의미하는지 정확하게 파악하면서, 기지에 관해 가능한 한 더 많은 대중들에게 가시화시키는 일이다. 레베카는 말했다. "그들을 지켜보는 것은 우리였어요. 그러나 한편으로는 그들이 우리를 보도록 하는 측면도 있었죠." 여성들은 군사 문제의 정면에 있기를 원했다. 그들은 기지 안에 있는 자기네 집에서 차로 들락날락하는 미국 병사들과 그들의 아내와 자녀들이 이 시위자들을 목격하고 이해하기를 원했다. 세 번째, 캠프는 배움과 대항 정보에 관한 것이다. 레베카는 계속해서 말했다. "그린햄에서 우리는 기지를 **읽는 것**(reading)에 능숙해졌어요." 여성들은 군사 '안보'가 얼마나 비안보적인가를 폭로했다. 지상기지에서 발사돼 유연하게 비행하는 크루즈 미사일의 비밀스러운 전국적 배치는 위치를 숨기려는 의도를 가졌다. 그런데 여성들은 미사일 발사대가 군사 훈련 중 그 모습을 드러내는 조짐을 감지하는 법을 배웠다. 그래서 그 조짐이 보이면, 여성들은 크루즈감시(Cruisewatch, 남성과 여성으로 구성된 혼성 조직)에 알려서 미사일 발사대가 부대를 떠나는 순간부터 호위대를 붙이고, 진행되는 모든 단계를 방해한다. 결국 크루즈 미사일에 관한 비밀은 아무것도 아닌 게 된다. 영국의 모든 대중은 (그리고 소련 연방도) 그것이 어디에 있는지 수시로 알 수 있다.

앤 리(Anne Lee)와 헬렌 존 등 일부 사람들은 맨위드 힐에 위치한 왕립공군기지 안팎을 면밀하게 조사했다. 매우 거대한 골프공 글로브들이 있는 미국의 현장 기지는 미국의 초기 경보 시스템과 '스타워즈' 미사일 방어 프로그램의 한 영역이다. 여기서 여성들은 1994년부터 캠프운동을 간헐적으로 벌였다. 여성들은 지역단체인 우주평화를지지하는시민들(Citizens for Peace in Space)과 함께 긴밀하게 일했다. 그리고 헬렌이 아홉 명의 사람들과 공동 대표로 활동하는 우주의무기화와핵전력을반대하는글로벌네트워크(Global Network against Weapons and Nuclear Power in Space)의 정보를 유용하게 활용했다. 맨위드 힐 여성들은 그린햄과 올더마스턴에서도 그랬듯이, 가시철사로 된 담장 너머 무엇이 비밀리에 진행되는지 이것이 우리의 안전에 어떻게 영향을 미치는지에 주목하며, 세계의 이목을 집중시키려고 했다. 그래서 여성들에게 라디오와 다른 미디어를 이용한 대중과의 소통은 주요한 자원이었다.

몸으로 하는 비폭력 직접행동

군사주의와 전쟁 문제를 중심으로 활동하는 여성단체들을 만나 보니, 어떤 여성단체든지 비폭력이라는 원칙에는 수긍했다. 그러나 비폭력을 어떻게 **적극적으로**(active) 펼치는가, 그리고 어떻게 **직접적으로**(direct) 행동하는가에 대해서는 항상 논란이 많았다. 좌파 남성 돌격대원들은 비폭력 직접행동(NVDA)을 부드럽고, 엘리트적이고, 중산층의 것으로 간주해 탐탁지 않아 한다. 반면, 평화주의를 지향하는 여성들은 그 반대로 폭력에 시비를 걸거나 폭력을 조롱하는 것쯤으로 생각한다. 철야 시위는 비폭력 행동에 속하지만, 직접적인 행동은 아니다. 공군 비행장 전시장에서 하는 '다이-인'(죽은 것처럼 땅에 드러눕는 저항 시위 방법—옮긴이)은 직접적이면서도 유쾌한 극적인 요소가 있으나, 상대적으로 수동적이다. 어떤 여성들은 불온하게 여성의 피해 의식을 연상시킨다고 본다. 한편, 지금 일어나는 일을 실제로 중지시키려고 도로나 출입문을 봉쇄하는 행위는 비폭력 직접행동 가운데에서 적극적인 형태이다. 비폭력 직접행동은 때로 육체적으로나 정서적으로 많은 에너지가 소요되기에 분기탱천하거나 생생한 두려움으로 선뜻 촉발돼야 한다. 시안 존스가 지적했듯이, 냉전 시절이었던 1980년대에 많은 사람들은 핵전쟁이 곧 일어나지 않을까 염려했다. 그러면서 동시에 여성단체들은 한결같이 사람들이 원하지 않는다면, 누구도 비폭력 직접행동에 끌어들이면 안 된다는 것을 강조했다. 이것은 여성단체의 특징이었다. 사람들은 각자 생각하고, 자신이 편하게 느끼는 바를 해야 한다. 헬렌은 여러 해 캠핑도 하고 비폭력 직접행동에 참여한 경험에 관해 이렇게 말한다. "내가 그것을 하는 건, 그건 혼자서 하는 일이예요. 개인적인 것이죠. 그건 정말로 '내 이름으로는 안 돼.'라는 것을 말하죠. 내가 하는 일은 내가 볼 때, 올바른 것이어야 해요. 이 거대한 세력이 나를 온통 짓밟으며 위협하는 이 길을 가로막으려 애쓰는 일이예요. 내가 어떻게 이룰 수 있는지 잘 모르겠어요. 그렇다고 해서 그냥 그들과 타협할 수는 없어요."

비폭력 직접행동은 노력이 필요한 방법론이다. 미리 준비도 하고, 훈련과 지원도 필요하다. 시안은 이것이 다른 접근들과 지적으로 딱

들어맞아야 한다고 믿는다. 올더마스턴 여성들은 군대 기지 안에 예정된 빌딩 개발 추진 건에 대해 이의를 제기하는데, 비폭력 직접행동을 하면서도 동시에, 지역협의회의 기획위원회를 활용하거나 또 다른 방법을 통해 문제화하고 있다. 시안은 "회의에서 사례를 가지고 논쟁할 때가 가장 생산적이에요. 그런데 그 과정이 너무도 시원찮을 때는, 비닐로 된 시체 운반 자루를 그들의 문지방에 이리저리 놓아서 행동으로 보여 주는 것이 더 나아요."라고 말한다.

여성이든 남성이든 정치적 변화를 위한 투쟁을 위해 자신의 몸을 활용한다는 것은 매우 위험스럽긴 하나 효과적인 전략이다. 그러나 몸으로 유희하는 방법은, 여성들을 종종 몸으로 환원하고 일상적으로 성애화해 온 방식들이 있었기에, 여성들에게 특별한 의미를 띤다. 내가 2004년도 인도에 막 도착하려고 할 즈음, 마니뿌르(Manipur) 주에서 한 사건이 발생했다. 인도군에 소속된 남성들이 밤중에 쳐들어와서 탕잠 마노라마(Thangjam Manorama)라는 한 여성을 살해했다. 메테이(Metei) 독립을 위한 무장투쟁에 적극적으로 개입된 인물로 오인한 것이다. 그녀는 강간을 당했고, 토막난 몸은 반라가 된 채 아침에 발견됐다. 그녀는 성기를 관통한 것까지 해서 여섯 발의 총을 맞았다. 7월 15일, 마니뿌르에서 폭력 줄이기를 위해 활동하는 마이라빠이비(Meira Paibi)라는 여성운동단체에서 12명의 여성들이 사적지인 칸글라 포트(Kangla Fort)에 있는 아삼 리플레스(Assam Rifles) 본부로 갔다. 여성들은 발가벗었다. 그들은 출입문을 흔들었다. 주로 나이 많은 여성들이었는데, 그들은 "우리 모두는 마노라마의 어머니들이다.", "인도군이 우리를 강간했다."라고 쓰인 플래카드를 들었다. 거기에 있었던 사진사들과 기자들을 통해, 그때의 광경은 다음날 신문과 텔레비전을 통해 유포됐다. 처음에는 지역에서 시작해 점차 인도 전역으로 퍼져서 충격을 주었다. 뿐만 아니라 인도 북동 지역에서 인도 군대가 무엇을 하는지 그 활동에 대한 관심을 불러일으키는 계기가 됐다.

시안 존스는 여성들이 자신의 몸을 정치적으로 활용하는 것에 대해, "그건 모순적이기 때문에 강력한 힘을 발휘해요. 금기와 조신함을 깨는 것이지요."라고 평했다. 시안은 여성들의 비폭력 직접행동에 관해 곰곰이 생각하더니 이어서 말했다. "비폭력 직접행동을 하면 확실한 느낌이 와요. 저항해 일어서는 느낌, 남성 권력의 매우 실제적 관계에 직접적으로 끼어드는 느낌이 분명히 들지요. 그린햄 시위 때 초기에는 무장한 군인들로 가득 찼어요. 우리는 세상을 파괴하려고 음모하는 사람들의 바로 반대편에 있었어요. 그런데 남성들의 권력 행사를 막으려고 자신의 몸을 사용한다는 것, 여성으로서 그렇게 한다는 것은 참 흥미를 끄는 일이지요. 남성들의 위협을 최고조로 보여 주는 핵전쟁에 반대하려고 남성이 우리를 해칠 수도 있는 상황에 우리 자신을 두는 일, 이것은 참 묘한 것 같아요. 혼자서는 할 수 없어요. 그러나 다른 여성들과 함께, 매우 철저하게 서로 지원하는 방법으로는 할 수 있어요. 그러면 땅에 드러누워 있는 순간에도 우리는 하나구나, 실제로 힘을 가진 하나라고 느낄 수 있어요. 그리고 그것은 매우 집단적인 느낌이지요."

예시적 투쟁

　여성들의 반전운동을 받쳐주는 원칙이 있다면, 스페인 여성들이 말하는 '꼬헤렌시아 엔뜨레 피네스 이 메디오스(coherencia entre fines y medios)'가 아닐까 싶다. 문자 그대로 해석하면, 목적과 수단의 일관성, 또는 활동가들의 실천을 보면 운동을 통해 이루고자 하는 사회가 어떤 종류의 사회인지 알 수 있다는 뜻이다. '예시적(prefigurative) 투쟁', 이것은 1960년대와 1970년대 좌파들이 거론한 말이다. 이 말은 비폭력을 포함하나, 그 이상의 의미를 가진다. 이 말의 뜻은 저항자로서의 당신과, 국가나 군대를 대표하는 군인과 경찰 공무원들이 때로 어쩔 수 없이 적대적 대립을 가지더라도 최소한 서로 존중한다는 것이다. 그리고 언제든지 당신과 그들이 하는 일이 함께 변화할 수도 있다는 뜻도 수반한다.

　또 다른 뜻은 운동을 하면서 남성과 여성의 관계는 동등해야 하고, 여성들이 종종 남성의 통제 안에서 경험하는 억압과 부정의에 민감하다는 것이다. 나는 이러한 사례를 한 단체에서 일하는 여성들의 경험을 통해 설명하려 한다. 나는 스페인 바르셀로나에서 엘레나 그라우(Elena Grau)와 이사벨 리베라(Isabel Ribera), 이 두 명의 여성과 인터뷰를 했고, 사라고나에서도 까르멘 마가욘 뽀르똘레스(Carmen Maga-llón Portolés)와 몬세 레끌루사(Montse Reclusa)라는 두 명의 여성과 흥미로운 인터뷰를 가졌다. 이 여성들은 15년 동안 반군사주의 저널로서 호평을 받아온 『엔 삐에 데 빠쓰(En Pie de Paz)』〔직역하면, '평화를 위해 발로(On Foot for Peace)'〕를 출간한 단체에서 일했다. 이 저널은

'집단들 속의 집단(collective of collectives)', 말하자면 여덟 곳의 각 도시에 있는 작은 모임들이 발행했다. 편집이 어느 한 곳에서 이루어지면, 디자인은 또 다른 곳에서, 제작은 세 번째 다른 곳에서, 저널을 배포하는 일은 또 다른 어딘가에서 진행됐다. 저널이 발행될 때마다 작은 모임에서 일하는 각 사람들이 모여서 두 번의 회의를 가졌다. 이 출판 회의에는 보통 15명 또는 그 이상이 참석하는데, 참석자의 반 이상이 여성들이었다. 때로 아이들을 동반했다. 엘레나와 이사벨은 『엔뻬에 데 빠쓰』 출간 일을 하면서 딸들을 출산했다. 그들은 젖을 먹이고 토론하고 글을 쓰는 이 모든 것을 한꺼번에 하곤 했다. 까르멘이 "우리는 변혁을 위한 어떤 기획이든 사회관계들을 담아내야 한다고 믿었어요."라고 말한 것처럼, 여성들은 저널이 만들어지는 과정과 조직 구조에 관해 여러 질문을 끊임없이 던졌다. 일부 남성들은 기관장과 편집위원회와 같은 잘 조직된 위계 구조를 원했다. 분명하게도 여성들을 포함해서 다른 사람들은 전문적인 분야를 나누지 않고, 모두가 공동 제작자가 돼 공동 합의로 일을 하는 수평적 조직을 원했다. "어떤 남성들은 이러한 운영을 **어떻게**(how) 하는지 모르더군요."

여성들은 단체 내에서 평화 문화를 고집했다(그린햄 커먼은 여성들에게 영향을 미쳤다). 한 번은 바스크(Basque)의 민족주의 문제로 격앙된 남성들이 두 패로 나뉘어 사납게 싸운 적이 있었다. 까르멘은 그때를 이렇게 전했다. "그때, 우리 여성들은 단호했어요. 우리는 미리 서로 입을 맞춘 적도 없었는데 '우리는 이렇게 일하고 싶지 않아요.'라고 분명하고 신랄하게 말했어요." 그들은 남성들에게 논쟁에서 이기는 것이 능사가 아니라는 점을 주장했다. 여기서는 어떠한 생각도 할 수 있는 곳이어야 한다. 해답이 없는, 불분명한 생각도 용인돼야 한다. 남성들은 결단성과 속도, 명령을 우선적으로 생각했다. 여성들은 관계성을 우선시했다. "우리는 일을 하는 데 모든 것이 달랐어요. 엘레나는 한 편의 글에서 '우리는 서로 사랑하므로 저널을 발행해요.'라고 말했어요. 일부 남성들에게 이 말은 과분한 것이었죠. 나약한 소녀 같은 발상이라고 했으니까요! 그들은 우리가 무엇을 말하고자 하는지 이해를 못 한 거죠. 기획의 힘은 사랑과 우정에서 나온다는 것, 그것은 우리들 사이에 있다는 것을 말이에요."(까르멘) 그래서 이사벨에 따르면, 여성들은 저널 분야에서 "주도권을 잡게 됐다." 결국, 몇몇 남성들은 떠났다. 남은 자들은 양육과 요리에 온전히 참여했다. 처음에 그들은 "일과 더불어 아이를 생각하고 돌볼 수는 없어요."라고 말했으나, 곧 그 일을 어떻게 하는지 알게 됐다. 아이 돌보기는, 여성들이 저널을 만드는 일에 핵심적 역할을 하기에 분담해야만 했다. "그들은 우리와 매우 달랐어요. 그 사람들은 처음에 우리의 선택을 의심했어요. 그런데 이렇게 활동하는 방식을 좋아하게 되고 존중했어요. 우리는 여성과 남성을 잇는 다리를 만들 수 있었고 따스한 우정을 만들 수 있었어요. 결국 우리는 우리들 사이에 놓인 난제들에 관해 토론할 수 있었지요."(엘레나)

여성들은 어떤 성격을 가진 저널을 출판할 것인가에 대해서도 문화적 주도권을 잡고 있었다. 까르멘은 "처음부터 우리는 아름답게 보이는 간행물을 원했어요."라고 말했다. "우리는 이런 문제에도 신경을 많이 썼어요. 우리는 매우 조심스럽게 단어들을 고르고 이미지를 선택해요. **모든 것**은 소통한다고 생각했어요."

말하자면, 이러한 여성들에게 '평화를 위해 일한다는 것'은 국제정치학 못지않게 개인 생활과 단체에서의 비폭력을 뜻했다. 몬세는 이렇게 말했다. "정치사를 보면, 두 가지 흐름이 있어요. 하나는 삶에 관한 거죠. 또 하나는 권력에 관한 거예요." 여성들이 만드는 예시적 투쟁의 정치학은 어디에서 비롯했을까. 나는 그 후 몬세나 까르멘이 말한 것을 조합해, 다음과 같은 뜻을 얻게 됐다. "우리는 자신의 삶에서, **집단에서**(entorno) 그리고 우리 부모와 가족의 관계에서 시작했어요. 우리는 우리 엄마들처럼 전통적이고 종속적인 것을 원하지 않아요. 1960년대 스페인에서는 모든 것이 금지됐어요. 우리는 자유를 얻고자 프랑스에 대항해 투쟁해야 했죠. 우리는 정치적·개인적 관계들을 포함하는 사회 전반의 질서에 저항하며 일어났지요. 우리는 모든 것을 원했어요. 전부요! 그런데 좌파들은 이러한 목적을 나누지 않았다는 것을 알게 됐어요. 그들은 권력에 사로잡혀 있었죠. 오히려 그들은 일상의 삶을 하찮은 걸로 여겼어요. 그래서 여성들은 항상 부차적이 됐어요. 국가나 가족이 했던 것과 다를 바가 없다는 것을 알았어요. 그들은 모든 것을 금지했어요. 혁명적인 미래를 성취하고자 현재 일어나는 일상의 삶과 개인의 관계를 정말 희생해야 하나요? 우리는 지금 자유를 원했어요. 우리가 성취하려는 것과 이를 위해 사용하는 수단은 일관적이어야 해요. '꼬헤렌시아 엔뜨레 피네스 이 메디오스'. 우리는 평화주의에서 한결 포괄적인 해답을 찾았어요. 우리가 아는 평화주의는 좌파들이 하는 도구적인 접근으로서 평화, 혁명을 위한 전술일 뿐인 평화와는 완전히 달랐어요. 평화는 그들에게 배신을 당한 셈이죠!"

7장

일관성을 향하여:
평화주의, 민족주의, 인종주의

✝

내가 온라인에서 여성들의 세계적 반전운동을 연구하고 싶다고 첫 운을 떼었을 때, 이를 격려하는 이메일이 많이 왔다. 그중 도쿄 위민 인블랙의 여성들은 우정 어린 경고를 보냈다. 세계적 운동을 감안할 때, 여성평화활동가들 사이에, 심지어 국제네트워크인 위민인블랙의 여성활동가들 사이에서조차 통일된 입장이 있으리라는 전제를 넌지시 시사해서는 안 되며 이에 대해 매우 신중한 접근을 요한다는 조언 이었다. 존재하지 않는 정치적 '라인'을 내가 가정하고, 기정사실화 할 수도 있다는 점에 주의해야 한다는 것이다. 처음에는 정말 걱정이 됐다. 그런데 연구가 진전되자 나는 이와는 반대되는 상황을 보면서 더 염려되기 시작했다. 우리 모두는 너무나 다양하고 상반된 입장을 취하기에, 여러 국가들을 연결하며 연대했던 여성운동의 개념들이 어쩌면 사라질 수도 있을 것이라는 우려가 들지도 모르겠다.

그러한 두려움은 이 책의 제목에서 나타난다. 무엇보다도, '우리가 서 있는 곳에서'라는 말은 우리 가운데 누구이든, 전쟁과 평화와 관련 해 취하는 입장은 상대적이라는 점을 암시하고, 우리의 위치성(positionality)에 부분적으로 의존한다는 의미를 내포하는 미완성의 문장이 다. 그러나 많은 사람들은 공동 목적으로 음악 연주를 하듯이 행동하 기를 원한다. 과연 이것이 가능한가? 논쟁적인 말들은 내가 한 인터뷰 와 토론에서 연이어 거론됐다. 각 말들은 다른 말들을 의미의 장으로 끌어들이고, 그 의미들은 서로 연결된다. 그런데도 나는 편의상 그것들을 두 범주로 나누어 생각했다. 하나는 '평화주의'이고 다른 하나는 '민족주의'이다. 나는 여기 7장에서 이들을 어떻게 볼 것인지 서술한다. 이 논제들은 비단 여성들에 관한 내용만으로 이루어지진 않는다. 더욱이 평화주의와 민족주의를 결합하는 주류 반전운동도 있다. 그러나 어떤 여성들과 페미니스트들은 자신만의 관점으로 이 두 가지를 바라본다.

평화, 정의, 연대

평화주의에 관한 문제에 그 어느 때보다도 천착했을 때, 나는 이탈리아에 있는 위민인블랙의 네 단체들과 이야기를 많이 나누었다. 그때 난 그 단체 사람들이 애매하게 흐리는 신중한 표현 몇 가지에 솔깃했다. 어떤 여성들은 처음부터 과거와 대조하면서 말할 때조차도 자신을 평화주의라고 말했다. 몇몇은 1970년대를 언급하면서 "나는 **그 때** 평화주의자가 아니었어요."라며 마치 "**지금은** 평화주의자이지만."이라고 말하는 것 같다. 그러나 대부분은 재빨리 말을 수정했다. 그것은 자주 인용되는 표현, "나는 페미니스트는 아니지만……(I am not a feminist, but……)."이라는 어법과 매우 유사하다. 그런데 이 경우에는 페미니스트들과는 반대로, "나는 평화주의자지만……(I am a pacifist, but……)."이라고 말하는 전형적 특징을 보여 준다.

사실, 여성들이 "나는 평화주의자예요."라고 말하거나, 마리엘라 제노베제(Mariella Genovese)처럼 "나는 평화주의자가 아니에요. 평

348

화적이지도 않아요! 난 그냥 전쟁과 폭력을 반대할 뿐예요."라고 말하거나, 엘리자베따 도니니처럼 "우리 가운데는 평화주의자가 되려는 여성도 있지만, 문제가 더 많은 여성도 있어요."라고 말하거나 어떻게 말을 하든지 간에, 그들 모두는 폭력에 대한 노골적인 비난이 여의치 않을 때, 특정한 시간과 공간을 언급하면서 자신의 말들을 특정하게 한정하려고 했다. 일례로, 엘리자베따는 "어떤 곳에서는 무기가 없다면 살아남을 수 없거나 문제를 해결할 수 없어요."라고 설명했다. 이와 비슷한 맥락에서, 가브리엘라 까펠리띠(Gabriella Cappellitti)는 어떻게 결정할 것인가는 사례에 따라 다르다고 말했다. "볼로냐에 있는 우리 단체 회원들은 모든 폭력을 반대해요. 우리는 모든 전쟁은 옳지 않다고 생각해요. 인도주의적인 전쟁은 정말 없어요. 폭력은 폭력을 낳지요. …… 그러나 다른 성격을 가진 전쟁은 있어요. 각 상황은 개별적으로 고려해야 하고, 해답은 그 자체 사안을 보면서 찾아야 하는 거죠. 팔레스타인은 팔레스타인에서, 남아메리카는 남아메리카에서요. 나는 거기에 살지 않아요! 사람들은 각자 결정해야 해요."

그러나 나와 대화를 나눈 대부분의 여성들은 폭력이란 (그저) 비윤리적일 뿐만 아니라 거의 **유용**하지도 않다는 믿음을 결론으로 가진 듯했다. 폭력은 정의를 위한 투쟁의 수단이 돼서는 안 된다. 폭력이란 결국에는 망하는 길이거나, 여전히 폭력이 잠재한 그릇된 평화로 이끈다. 마리엘라에게는 이것이 현실적으로 고민스러운 문제이다. "2005년 현재 무력 갈등을 군사적인 방법으로 해소하는 것은 실패한다고 확신해요." 그래서 나는 물었다. 그렇다면 우리는 전쟁을 통해서는 평화에 이를 수 없다는 말인가요? 마리엘라는 "그 이상이죠. 전쟁

은 분명히 자기 파괴적이에요."라고 말했다. 이러한 생각을 엿볼 수
있는 사례가 팔레스타인의 경우였다. 일례로 가브리엘라는 팔레스타
인 폭력을 충분히 이해할 수 있었다. 심지어 자살 폭탄까지도 말이다.
그러나 그것을 합법적이라고 여길 수는 없었다. 그녀는 어린이와 청
소년들이 돌을 던졌던 지난 1987년 인티파다에는 많은 여성들이 적
극적으로 동참할 수 있었다고 생각했다. 반면, 이스라엘의 대규모 억
압에 대해 팔레스타인이 저항했던 두 번째 인티파다에서는 전보다 더
심한 무장 폭력이 난무한 상황에서 여성들이 거의 거기에 있을 수 없
었다는 사실을 보고 모종의 느낌이 왔다. 당신이 실제로 비폭력적인
방법들을 찾는다면, 그래서 자신이 위험에 빠질 각오가 섰다면, 아직
검토되진 않았지만 비폭력적 방법들은 더 있을지도 모른다. "비폭력
저항의 가능성은 흔히 있다. 우리는 그 공간을 개발할 수 있다."

　이탈리아의 돈네인네로 단체에서 활동하는 나이든 몇몇 여성들은
평화주의, 정의, 폭력에 관해 곱씹으면서, 지난 30년 동안 또는 지난
40년 동안 자신들이 느끼기에 무엇이 변화한 걸까 궁금해했다.〔나는
과거 활동에 대해 이렇게 반추하는 사람들을 스페인의 무헤레스데네그로
(Mujeres de Negro)에서도 만났다.〕 빠뜨리지아 첼레또(Patrizia Celetto)
가 말한 것처럼, 1970년대는 이랬다. "우리 페미니스트들은 어떠한 평
화운동에도 관여하지 않았어요. 오히려 국제적 전쟁을 '해방'이라는
관점으로 봤어요. 예를 들면 라틴아메리카 같은 데 말이죠. 그러니까
베트남의 저항을 포함해, 의로운 전쟁의 신화를 믿었던 거죠. 우리는
저항을 폭력으로 보지 않았어요. …… 지금은, '해방'에 관해 더 이상
말하지 않지만요."

마리아니따(Marianita) 또한 이렇게 말했다. "그때 내 맘에 비폭력에 대한 생각은 없었어요." 그렇다면, 이러한 물음은 어떠한가. 니카라과의 독재자 소모사에 저항한 산디니스따(Sandinista) 혁명과 쿠바의 바띠스따(Batista) 전복과 같은 그 당시의 전쟁들은 오늘날 경험하는 것과 본질적으로 다른가? 아니면, 여성들의 분석이 변화했다는 말인가? 오늘날 그들이 하는 활동이 '**평화**와 정의'를 위한 운동에 해당한다면, 그 당시 **해방**운동과 연대를 표했던 활동은 어떠한 성격을 띠는가? 또리노(Torino)의 여성들은 이러한 물음들의 답을 곰곰이 생각하고자, 제2차 세계대전 당시 독일 나치즘과 이탈리아 파시즘에 무장으로 대항한 이탈리아 빨치산의 역사를 살펴보았다. 그들은 그 전쟁에서 양편에 다 있었던 여성들의 역할을 새로이 탐색했다. 그리고 눈을 돌려 잊힌 시민들의 비폭력 저항 사례들을 찾아보았다. 엘리자베따는 주목했다. "우리는 매우 중요한 것을 알게 됐어요. 결국 마지막에는 여성과 남성들이 무기를 다 내려놓고, 전쟁은 더 이상 국제 관계의 한 방식이 아니라는 원리를 확언하려 했다는 거죠." 제2차 세계대전은 평화주의자들을 시험하는 시대였다. 우리는 명백한 악이자, 의도적으로 무장 정복했던 나치와 파시스트 정권의 부상이 평화와자유를위한여성국제연맹(월프)의 여성들과 다른 '평화여성들'을 어떻게 혼란에 빠뜨리고 분열시켰는지 5장에서 보았다. 이것은 평화주의의 한계를 시험했다. 전쟁이 발발할 때, 월프의 미국 지부는 회원의 반을 잃어버렸다. '너무도 평화주의적'이었지만, '충분히 평화주의적이지' 않아서였다(Bussey and Tims 1981).

1990년대 옛 유고슬라비아에서 일어난 전쟁들은 인종 문제로 맹공격에 시달리는 사람들(말하자면, 보스니아-헤르체고비나에 있는 무슬림들)과 (세르비아에서처럼) '자신의' 극단적 민족주의자들의 정권을 격렬히 반대했던 사람들에게 여러 가지 역경을 주면서, 평화주의 윤리학을 가늠하는 또 다른 시험대를 제공했다. 제네우스르놈(Žene u Crnom)의 회원이자 또 그렇기에 반전활동가인 레파 므랏예노비치(Lepa Mladjenović)는, 전쟁이 시작될 무렵, 베오그라드에서 평화주의적인 입장이 무엇을 의미하는가에 관해 열띤 논쟁을 펼쳤던 자신들의 이야기를 서술했다. 모든 페미니스트들은 평화주의자가 됐는가? 평화주의자들은 항상 어떠한 무기도 사용을 완전히 금하는가? 우리는 전쟁사에서 평화적 저항으로 전쟁이 멈춘 사례를 본 적이 있는가? 그러나 또 한편으로 전쟁은 전쟁으로 종결되는가? 그리고 후에 그녀는 '만약 군인이 문 앞에서 당신에게 총을 겨눈다면, 또는 당신 딸을 쏜다면, 어떻게 할 것인가? 맞받아 쏠 것인가 아닌가?'라는 상상의 질문을 서로에게 했던 과정을 서술했다.

그때, 페미니스트들은 적절한 대답을 제시할 윤리학을 문화적으로 경험한 적이 거의 없었다. 옛 유고슬라비아는 종교를 탄압했다. 그래도 어찌됐든 유고슬라비아 페미니스트들은 몇 가지 생각들을 종교적 도덕성에서 끌어냈다. 마르크스주의 정치학은 '피를 부른다 할지라도' 자신의 생각을 변호해야 한다고 논했다. 그러나 1991년에 이르러 마르크스주의는 대중성을 잃어버려서 유고슬라비아인들의 일상생활에 영향을 미치지 못했다. 그리고 결국 옛 유고슬라비아 제도는 인권 개념을 무화시켰다. 그래서 페미니스트 활동가들은 인권 역사나 국제적인 평화 정치학에 관해 짧은 지식을 가진 채 정치적 공백 상태를 경험했다.(Mladjenović 2003 : 160)

베오그라드에서 이렇게 난처한 토론이 벌어지는 동안, 지역에서 전쟁이 발발했다.

> 총을 쏘지 않을 것이라고 선언한 페미니스트들은 **쏘겠다**고 말했던 사람들에게 상처를 받았다. 총을 쏘는 것에 대해 예스라고 긍정적으로 말했던 사람들은 **쏘지 않겠다**고 말했던 사람들에게 배신감을 느꼈다. 말하자면, 평화주의자들은 누구든 살해되는 것을 각오해야 한다고 믿었기에 그들을 신뢰하지 못했다. 페미니스트 평화주의자들은 방어하고자 총을 쏘는 것과 살해하고자 총을 쏘는 것 사이의 경계가 무엇인지에 대한 확신이 없었다. 그래서 총을 쏠 것이라고 말했던 페미니스트들을 신뢰하지 못했다.(같은 책)

레파는 유고슬라비아 공산주의자에게 그러한 윤리적 선택을 안내해 줄 종교가 없었다는 점을 지적했다. 그러나 종교가 반드시 도움을 주는 것은 아니다. 나는 평화주의에 관해 더 알아보고자 퀘이커교인 친우종교회(Religious Society of Friends)를 살펴보려고 한다. 그들은 기독교에서도 예외적으로 평화 지향적 정신을 가진 사람들이었다. 저작물들을 모아 편집한『퀘이커의 신앙과 실천(Quaker Faith and Practice)』이라는 책을 훑어보면, 교조적이지 않은 퀘이커의 견해를 구체적으로 볼 수 있다. '딜레마들(dilemmas)'이라는 제목으로 '평화주의'를 논하는 부분은 직설적인 표현을 담았다. 일례로 1661년에 이삭 페닝톤(Isaac Penington)은 아래와 같이 기술했다.

나는 외국의 침략에 맞서 자신을 방어하는 사람들을 반대하지 않는다고 말한다. 국경 안에서 난폭한 자와 악한 자를 진압하려고 검을 사용하는 사람들에 대해 반대하지 않는다고 말한다. 사물의 현 상태는 이를 요구할 것이고 또 요구하기 때문이다. 검은 곧바로 결말에 이르게 한다. 또 검을 사용하는 것이 명예로운 곳에서 검을 사용하는 것은 큰 복이다. 그러나 더 나은 상태가 있다. 주님이 이미 사람들을 이끌어 왔고, 국가들은 이를 예상해 그것을 향해 간다. '국가가 국가를 향해 검을 들어 올리지 않을 때가 있다. 그들은 더 이상 전쟁을 배우지 않을 때도 있다.' …… 이것은 복 받은 국가다. 하느님의 시대에 널리 일어날 것이며 고유하게 시작해야만 한다.(Religious Society of Friends 2006)

역대 퀘이커교는 뜻을 분명하게 하기 위해 이 구절을 편집했다. 페닝턴이 뜻했던 '널리 일어날 것'이라는 말을 '전반적으로 사회에서'로 한 반면, '고유하게'는 '개별적으로'라는 의미로 편집했다.

울프 멘들(Wolf Mendl)은 1974년에 쓴 기고문에서 초기 퀘이커교는 악의 실재를 부인하지 않았다는 것에 주목했다. 그에 따르면 갈등이 없는 것을 평화라고 보고 이에 절대적 가치를 두는 사람들은 "현대의 평화주의를 불명예스럽게 만들며, 비평가들로 하여금 이를 '수동자'라고 언급하며 무시하도록 했다." 퀘이커교는 딜레마의 현실을 알아차렸다. 그래서 그들은 원칙에 맞게 모든 전쟁에 반대하며 저항하는 것이 아니라, 갈등을 해결하고 개인적으로 인도주의 구제에 참여하며 명상과 화해 사업이라는 대안적 방법을 열심히 모색하는 것으로 자신들의 평화주의를 실천했다. 그들은 각 개인들이 이룰 수 있는 '고유한 것들', 기여, 목격과 증언을 중시했다.

'정당한 전쟁' 이론은 기원 후 4세기의 성 아구스티누스(St Augustine)에서 시작된다. 정당한 전쟁은 현대 외교를 이끌어 가는 '현실주의'와 '신현실주의' 국제관계론을 구성하는 여전히 중요한 요소이다. 당대 정부는 사람들을 전투에 동원하고자 자신들의 전쟁은 의롭다고 주장해야만 한다. 하지만 이 주장의 근거들이 때로 미심쩍기에(비안보적이기에) 정당한 전쟁 개념은 평화활동가에게 악명이 높다. 마이클 왈쩌(Michael Walzer)는 1977년 첫 발행한 『정의로운 전쟁과 정의롭지 못한 전쟁(Just and Unjust Wars)』이라는 책에서 '정당한 전쟁'을 재검토한다. 그는 도덕적 전쟁이란, 전통적으로 전쟁은 정당하게 사용해야 한다는 전쟁 목적의 정당성(jus ad bellum)과 전쟁을 수행하는 전투 과정은 정당해야 한다는 전쟁 행위의 정당성(jus in bello), 두 가지 모두를 충족해야 한다는 것에 주목한다. 1992년판 서문에서 왈쩌는 문제가 되는 물음들을 해명하려고 최근 페르시아 만에서 종결된 전쟁을 예로 들었다. 사담 후세인이 쿠웨이트를 침략한 것은 군사력으로 대응해야 할 만큼 도덕적인 분노였는가? 미국이 주도한 동맹국은 눈독을 들였던 석유산업의 이익과 세계 통제권을 장악했다. 이러한 점은 쿠웨이트를 해방시킨 이유를 덜 '정당하게' 만들었는가? 쿠웨이트를 자유롭게 하기 위한 수단으로서, 비폭력적인 방법은 우선적으로 모두 시도됐는가? 외교술도 있었고 봉쇄 조치도 제안됐다. 그런데 이러한 무차별적 봉쇄는 군사 공격보다 더 도덕적인가(실제로 계속 제재가 가해져 치명적인 경제 제재가 된다.)? 스마트폭탄은 시민 사상자를 최소화하는 데 유용한가? 폭탄은 그렇게 할 만큼 영민했는가? 바스라 지역을 호위하는 차량을 파괴한 것은 정당했는가? 아니면 과도했는가? 이라크의 경제적 하부구조는 합법적인 표적이었는가? 왈쩌의 책에서, 걸프전쟁은 정당한 전쟁인지를 시험하는 테스트를 통과한다(그냥!)(Walzer 1992). 그러나 런던에 있는 우리를 포함해, 전쟁을 반대하는 많은 여성활동가들은 전쟁을 반대하고자 거리로 나갔다.

이 모든 것은 오늘날 반전활동가들의 몫으로 남겨진다. 전쟁은 빠르게 계속 이어지고, 전쟁마다 고유의 윤리적 딜레마를 안고 있는데, 반전활동가인 여성과 남성, 페미니스트와 그 외 사람들은 **지금** 자신의 입장을 어렵게 결정해야 하는 상황에 직면하며 이 모든 것을 떠안고 있다. 합법성이나 정의에 관한 대중적 견해는 각각의 새로운 상황에 따라 대응하기에, 반전운동은 전쟁에 관한 하나의 이야기에서 다음 이야기로 확장되고 극적으로 관여한다. '평화주의의 딜레마'가 생기면, 한편으로는 '개입'일수도 있고, 또 한편으로는 '해방', '개혁', 또는 '혁명'을 위한 무장 운동일수도 있는 구체적 형태를 선택한다. 서구와/또는 상대적으로 강대국인 지역에 위치한 반전 또는 평화주의 활동가들에게는 때론 딜레마가 없다. 어떤 전쟁은 때로 서구의 이익을 챙기기 위한 군사적 모험으로 보일 수 있다. 2003년 미국이 주도한 동맹국의 이라크 침략의 경우는, 많은 사람들이 확신을 가지고 반대 운동에 참여했는데, 이 침략이야말로 바로 그러한 면을 보여 준다.

정치가들이 '개입'을 정당화하려고 인권 문제를 들추거나, '인도주의적' 전쟁이라는 명분에 호소할 때, 더 자주 딜레마에 부딪힌다. 주권을 위반하면서 이웃 국가의 내정에 군사적으로 '간섭'하는 행위는 많은 생명을 구했기에 종종 묵인됐다. 1970년대 후반, 캄보디아 내정에 간섭했던 베트남과 우간다에 개입했던 탄자니아의 경우를 보라. 1994년, 르완다의 대학살을 중단시키기 위해 개입했으나 실패하자, 세계 여론이 심히 불안하게 됐다. 또한 걸프전쟁 후에, 미국이 이라크의 쿠르디스탄(Kurdistan)에 개입한 것에 대해, 그리고 사담의 맹공격으로부터 남부의 쉬하(Shia)를 보호하려고 개입했으나 실패한 것에 대해 우리는 무엇을 느꼈는가?

문제는 누가 개입하는가에 따라 다르게 보인다. 아프리카연합기구(OUA)나 유엔과 같은 국제기구들이 전개한 평화운동은 개별 국가들보다 신뢰를 더 중요하게 여긴다. 그러나 유엔의 지속적인 개입이나, 서아프리카국가경제공동체(Economic Organization of West African States, ECOWAS)의 지원을 받는 소군대인 서아프리카평화유지군(ECOMOG)이 시에라리온에서 보여 준 것은 무장한 국제평화유지군의 활약이 정당하지 않았던 경우이다. 그러자 영국인들은 일방적으로 손을 쓰려고 했다. 그런데 1장에서 소개했던 마노강여성평화네트워크(Marwopnet)의 여성들은 이러한 탈식민지적인 권력이 개입한 것에 대해 고마움을 느꼈지만, 영국과 다른 지역의 많은 반전페미니스트들은 여전히 갈등 분쟁의 해답처럼 여겨지는 영국의 군함과 헬리콥터들을 생각하면 몸이 오싹해졌다. 일부 반전활동가들은 유엔평화유지군의 탈군사화에 관해 논의하며 비무장한 시민의 개입이 훨씬 더 신

어떤 상황에서 단순하게 '전쟁은 안 돼.'라고 말하는 건 쉽다. 위의 사진 - 서구 군사주의자들의 야욕을 담은 폭탄이 중동 지역으로 이동하는 영국 공군 페어포드(RAF Fairford)에서 의지에 찬 반대 행동을 보이는 여성들. 이스라엘-팔레스타인 분쟁과 같은 경우에, 폭력 줄이기는 분명하게 부정의가 종식되느냐 아니냐에 달렸다.

뢰할 만하다고 주장했다. 그러나 세르비아 극단주의자들이 1994년 스레브레니차에 있는 유엔보호군(UN Protection Force)의 용인 아래 수천 명의 보스니아 무슬림 남자들을 대학살하자, 네덜란드 군인들이 지급받은 무기를 사용했으면 하고 바랐던 반전활동가들도 많았다.

레파 므랏예노비치와 베오그라드의 여성들은 자신과 자녀들을 방어하고자 살인을 하는 행위가 과연 합법적인지 아닌지를 토론했다. 그들의 토론은 계속 이어졌다. 만약 외부의 군사적 개입이 전쟁을 멈추게 한다면, 이 군사적 개입을 지지할 것인가에 관해 서로 물었다(Mladjenović 2003). 이런 질문은 1995년 보스니아의 세르비아 민족주의 군대와 세르비아 비정규군이 사라예보를 포위 공격하고, 이어서 1999년 밀로셰비치 정권이 코소보/바를 공격하자 예민한 사안이 됐다. 여성들은 어떤 위치에 있는가, 또는 어떤 가치를 추구하느냐에 따라 그 선택을 달리했다. 어떤 경우에는 여성들이 폭력적인 결과를 받는 쪽인지 주는 쪽인지에 따라, 어떤 경우에는 민족주의의 신념을 찬성하느냐 반대하느냐에 따라, 또는 양심적인 반군사주의자인가 아닌가에 따라 견해는 나뉘었다. 한편으로는 그 결과가 어떻게 나타났는가에 따라 선택 또한 달라졌다. 지난 3년 동안 겪었던 사라예보의 고통을 나토가 7일 만에 세르비아 총좌를 깔끔하게 '제거하면서' 종결하자, 나토의 무장 개입을 계속 반대하는 사람은 거의 없었다.

그런데 1999년, 나토는 세르비아 민족주의 정권이 코소보의 알바니아인들을 공격하자, 이를 반대하는 행동을 취했고, 별개의 문제가 됐다. 표면적으로는 인도주의라는 이유를 표방했으나, 이는 부분적으로 다른 동기들을 은폐했다. 미국은 포스트공산주의 시대에 나토가 그 가치를 입증하길 내심 바랐고, 완고하게 남아 있는 공산주의자 밀로셰비치를 축출하고도 싶었다. 그래서 나토는 계획하길 융단폭격을 통해 베오그라드와 세르비아, 코소보/바의 여러 지역들을 장악했다. 그 결과는 애매했다. 세르비아인들은 폭격을 피해 피난했던 외국 목격자들이 없었던 점을 기회로 삼아 코소보/바의 인종 청소(ethnic cleaning)를 철저하게 했다. 대폭격 후에 알바니아인들의 피난은 그 반대의 효과를 가져왔다. 여전히 군사행동은 갈등 분쟁의 근본적인 해결책이 되지 못했다.

따라서 세르비아와 코소보/바에 있는 페미니스트들은 1999년 나토 개입을 둘러싸고 각기 반응이 달랐다. 친민족주의계 페미니스트들은 나토의 군사개입을 반대하면서, 세르비아 민족주의자들의 공격은 간과하고 나토만을 비난했다. 반면 제네우스르놈을 포함한 반파시스트 페미니스트들은 3장에서 이미 본 것처럼, 종족 공격에 대한 책임과 나토가 국민들의 머리에 퍼부은 폭탄 공격에 대한 책임을 밀로셰비치에게 물었다. 3장에서 보았듯이, 결정적인 순간에 세르비아 정권에 대한 항의 시위를 경찰에게 저지당하기도 했으나, 여성들은 밀로셰비치와 나토 모두 다 비난할 것을 다른 지역의 위민인블랙 단체들에 요청했다. 나토 개입에 대해서 어떤 입장을 취할 것인가에 대한 문제로 여성들은 이렇게 나뉘었지만, 이는 비단 세르비아에게만 국한된 문제가 아니다. 이탈리아나 다른 나라 여성들의 반전운동에서도 볼 수 있다. 레파는 이렇게 이야기를 끝맺었다.

총을 쏘지 않는 평화주의 입장에 항상 있는 우리가 군사개입 후

보스니아나 코소바에서 살아남은 한 친구를 만나면, 그녀와 마주하는 순간 당혹스럽다. 그 친구는 우리의 입장이 이상적이라면서 자신이 처한 현실은 뭔가 다르다고 말한다. 우리는 군사주의 없는 세계가 가능하다고 여전히 믿었다. 우리의 친구도 우리를 이해할 수 있고, 우리와 동일한 정치학을 스스로 믿기까지 한다. 그녀는 전쟁 속에 줄곧 있었기에 전쟁을 혐오한다. 그러나 그 친구의 현실은 다르다. 우리는 그 친구의 눈을 보고, 결국 윤리적 문제이구나 싶었다. 우리가 서 있는 위치는 그 친구의 현실을 담아내지 못했으니까 말이다.(Mladjenović 2003: 166)

때때로 강자의 개입에 대해 어떠한 선택을 할 것인가라는 문제가 그 자체로 딜레마를 가진다면, 지역 준군사조직의 해방운동이나 혁명운동을 지지할 것인가의 여부도 선택의 문제로 우리 앞에 놓이게 된다. 여기서, 무력 분쟁이 중지된 상태이거나 윤리적인 선택에 관해 따져 보는 일을 멈춘 정황을 살펴보는 것도 유용할 것이다. 과테말라가 바로 그런 경우이다. 몇 십 년 동안 지속된 분쟁이자 대량 학살로 이어진 갈등은 1996년에 평화조약으로 종결됐다. 1장에서 이미 살펴보았던 것처럼, 콜롬비아에서 게릴라는 남부에 대한 합법성을 상실했다. 오랫동안 개혁 정부를 넘겨주는 일에 실패했고, 야만적인 방법으로 인해 위상이 실추했기 때문이다. 그래서 콜롬비아 여성들은 **모든** 군사 파벌과 준군사조직들에 대항해야 하고, 할 수 있다고 감지했다. 그러나 1970년대와 1980년대에 과테말라의 분쟁은 더 복잡하고 모호한 방식으로 게릴라 '해방' 전선의 정의 실현 문제로 해석됐다(Taylor

1998; Manz 2004). 과테말라에서 주로 다수자를 차지하는 마야 원주민은 절망적인 빈곤 상태에 있었다. 그들의 산야는 벌거숭이가 돼 고갈됐으며, 석탄 광산지에서 계절노동자로 매우 지독하게 착취를 당했다. 그들이 사람이 거주하지 않는 열대우림의 농장을 제거하는 협동조합 운동을 시작하자, 국가, 대농장 지주들, 다국적기업, 미국은 그들을 위험스러운 좌파이자 사회 전복을 꾀하는 자로 보았다. 노동계급은 적법한 자본주의의 임금 관계를 기피했다. CIA는 과테말라의 정부 내 수상한 부대들을 지원했고, 아메리카스 훈련소에서 반란 진압용 기술을 훈련을 시켰으며, 과테말라에서 군사행동을 감축하려는 정치적 시도가 수년 동안 확실히 등장하지 않도록 했다.

농부들과 노동자들은 자기 보호를 위해 그리고 과테말라에서 사회 정의를 이루겠다는 장기적인 목적을 가지고 1982년에 과테말라민족혁명연합(Unidad Revolucionaria Nacional Guatemalteca)으로 발전될 무장 집단을 조직했다. 그러면, 여성들은 게릴라 운동을 어떻게 생각했어야 하는가? 합법적이었는가? 과테말라 빈민들이 확신하는 것처럼 정말 필요한 자기 방어였는가? 그렇다면, 게릴라 운동에서 선별적으로 암살을 하고 그들을 지지하지 않는 마을 사람들을 처벌하는 것은 면제가 되는가? 무장 대응이라는 방법을 선택해서 실제로 마야에 대한 대학살을 막았는가?

국제 운동이 빈곤과 부정의에 맞서는 더 빠르고 강한 행동을 취한다면, 폭력적 봉기에 대한 요구는 없어지는가? 1996년의 평화조약 이후, 과테말라에서 토지개혁은 아직 실행되지 않았다. 부자와 빈민의 간격은 예전보다 더 커졌다. 초국가적 페미니스트들의 반군사주의

운동은 이토록 오래되고 심화된 부정의를 종식시킬 수 있으며, 이전에는 시도되지 못한 대안적 방법을 과거에나 지금이나 가졌는가?

여성들은 이러한 문제들을 접하면서 더 근본적인 물음을 던졌다. 폭력이란 무엇인가? 평화란 무엇인가? 나와 인터뷰를 하고 대화를 나눈 대부분의 여성들은 폭력을 연속선으로, 그리고 몇 가지 차원으로 나누어서 이해했다. 첫 번째, 폭력은 가정, 거리, 공동체, 국가, 대륙에서 발생하는데, 그 공간들은 서로 연결됐다(Moser 2001). 두 번째, 시간의 측면에서도 연속적이다. 폭력은 군사화된 사회에 현존한다. 곧, 전쟁이 일어나도록 됐고, 전쟁 중이며, 평화 협상을 하는 동안에 그리고 전후 상황이 무질서한 사회에서 일어난다. 폭력이 직접적이거나 광범위하게 나타나지 않아도 경제적·사회적·정치적 강제는 있었다는 견해가 일반적이다. 그래서 물리적 폭력에서부터 문화적·행정적 또는 사법적 폭력에 이르는 폭력의 연속선은 존재한다. 남성이 여성에게 가하는 젠더화되고 성애화된 폭력은 이러한 연속선을 따라 각 지점들을 연결하는 하나의 실이다(Cockburn 2004b).

우리는 요한 갈퉁(Johann Galtung)이 이론화한 구조적 폭력이라는 개념에 주로 의존한다. 그는 폭력을 인간의 기본 욕구, 더 일반적으로 표현하면 **생명**에 대한 '피할 수 없는 온갖 종류의 모욕'이라고 부른다. 그는 생존, 복지, 정체성과 의미, 자유, 이 네 가지가 인간의 기본 욕구라고 설명한다(Galtung 1996: 197). 이런 관점으로 본다면, 폭력은 불가피한 기아, 곤궁함, 돌봄의 결핍, 질병, 생명 보존 가능한 환경의 파괴, 소외와 배제를 포함한다. 따라서 이러한 질병들을 낳는 우리의 생산 시스템과 통치 제도를 폭력으로 인식해야 한다. 종교와 이념,

과학과 예술을 생산하는 제도는 이러한 통치 방식을 정상화하고 합법화하는데, 이를 문화적 폭력이라고 말한다. 폭력이 이런 관점으로 이해되면, (과테말라의 게릴라처럼) 폭력을 종식시키려 무기를 취하는 자들은 폭력을 주도하는 것이 아니라, 대응하는 것처럼 보일 수 있다.

반전운동 연대 조직들은 모택동 주석이 주로 즐겨 강조했던 '주요 모순'이 무엇인가에 관해서 항상 같은 의견을 가지진 않는다. 어떤 좌파 활동가들은 전쟁을 착취적 생산양식에 내재한 가난과 불평등의 수반 현상으로 보면서 자본주의적 지구화와 신제국주의에 맞서 투쟁하는 데 전력하려 한다. 다른 이들(특히 평화운동을 터로 하는 사람들)은 자신의 정당한 권리라는 입장에서 군사화와 호전성을 전 세계적인 문제로 진단하고, 이에 저항하는 운동을 움직인다. 우리는 이 두 경향이 대규모 반전 연합 조직을 구성하고 캠페인을 하면서, 때로는 어정쩡하게 동맹을 맺은 과정을 보았다. 시위자들이 들고 가는 플래카드에서 좀 정신분열 같은 조짐을 보는 건 크게 놀랄 일은 아니다. 여성들은 종종 좌파들이 내건 슬로건에 담긴 폭력성을 혹평하고, 그들이 전개하는 평화운동이 좌파의 마초 스타일일 때도 비난한다. 운동을 할 때, 전략적인 동맹 조직도 만들지만, 한 사람이 여러 조직에 중복 참여해 다중적 회원 의식도 갖는다. 여성들은 양편 모두에서 활발한 역할을 한다. 그러나 무엇을 우선적으로 보느냐 하는 문제는 사람마다 다르고, 이는 끊임없는 토론과 논쟁을 일으킨다.

그리고 평화, 평화란 무엇인가? 우리가 폭력의 연속선을 믿는다면, 군부대가 막사에 여전히 진을 친 군사화된 나라에서 이를 평화롭다고 말할 수 있는가? 우리가 구조적 폭력을 믿는다면, 평화협정에 합의는 했으나 이행하지 않고, 부당함을 바로잡지 않는 과테말라와 같은 국가가 정말로 '평화롭다'고 말할 수 있는가? 다시 생각하면, 평화는 갈등의 부재만이 아니라 차이를 없애는 것, 곧 규정된 '타자성'의 소멸이 이루어질 때 가능한 것 같다. 우리는 그렇게 이루어진 평화를 원하는가? 이조차도 시답잖다면, 평화란 당연하고 무한하며 파악하기 어려운 건가? 진 베이커 엘쉬타인(Jean Bethke Elshtain)은 평화를 '존재론적으로 의심스러운' 개념이라고 기술했다. 그녀가 말하길, 평화는 항상 수사학적으로 전쟁의 또 다른 면으로 활용됐다. "평화는 음지에 잠복한, 폭력적인 도플갱어(doppelgänger, 나와 외모가 흡사한 사람—옮긴이)로서, 전쟁 없이는 결코 등장하지 않는다. 평화는 전쟁을 동반하는 틀의 바깥이 아니라 내부에 있다."(Elshtain 1990: 258) 지금 어떤 이들은 '평화'보다는 '안보'를 모색하는 데 열중한다. 다른 이들은 우리가 추구하는 바는 단순히 전쟁이 없는 상태가 아니라 평화로운 시대에도 우리의 삶을 뒤틀리게 하는 폭력을 종식하는 데 있다고 하면서, 우리 운동의 공간을 '비폭력'으로 확대하는 것을 더 선호한다. 이러한 의미론적인 전략은 논리적이겠으나, 이 전략을 따라가다 보면, 우리는 평화의 아름다움을 상실한다. 나는 '화려한 것'을 말하려 했으나, 그러다 보면 평화가 우리 꿈 안에서 차지하는 특별한 자리를 부인하게 된다.

민족의 귀속감과 종족의 타자성

'우리의 반전운동은 반민족주의를 의미하는가?' 이 물음은 위민인블랙의 국제적 만남에서 촉발된 만만찮은 논쟁거리이다. 여성들은 전 세계 곳곳의 만남에서 이 논쟁에 부딪혀야 했다. 여성들은 종족, 민족, 국가 그리고 그들이 공식적으로 어떻게, 무엇으로 '명명되고', 규정되는가에 따라 굉장히 다양하다. 이는 경우에 따라 자신이 누구인지를 주관적으로 느끼는 바와 다를지도 모른다. 상대적으로 강한 '민족' 국가의 색채를 띠는 곳에서 온 여성도 있고, 상대적으로 약한 색채를 띠는 국가에서 온 여성도 있다. 그러한 국가에서 어떤 이들은 소수 종족 집단에 속하고, 어떤 이들은 다수 집단으로 태어났다. 그들은 전쟁에서 무엇을 경험하고, 그 속에서 자신이 어떤 종족과 민족주의 입장에 있었는가에 따라 다양했다.

유고슬라비아가 해체되자, 세르비아에서 위민인블랙(제네우스르놈)으로 활동했던 여성들은 잠시 동안 자신이 느끼는 민족 정체성과 귀속감에 대해 애매하게 느꼈다. 그들은 자신들에게 무슨 일이 일어났는지 분석한 다음, 재빨리 철저한 반민족주의자로서 '출현'했다. 그들 모두는 "누군가가 나에게 국적을 물으면 나는 '반군사주의자'예요."라고 말한다는 크세니야 포르차(Ksenija Forca)의 말에 동감했을 것이다. 내가 만약 공문서에 내 국적을 써야 한다면, 난 그냥 'xxx'라고 기입할 것이다. 그들은 지역을 휩쓸었던 대참사의 책임이 원칙적으로 극단적 민족주의자들, 말하자면 '세르비아인'으로서 '그들' 민족의 이름으로 행동하기를 주장하는 극단주의자들에게 있음을 감지했다.(크로아티아의 경우는 달랐다. 페미니스트들은 의견이 갈라져서, 크로아티아의 민족 정체성을 주장한 사람도 있었고, 이를 버린 사람도 있었다.) 제네우스르놈은 1990년대 위민인블랙이 전개한 국제 운동에서 주요한 위치에 있었던 만큼, 반민족주의는 위민인블랙에서 으레 내정된 입장이 됐다.

그러나 전쟁 초반에, 스타샤 자요비치(Staša Zajović)는 스페인에서 순회강연을 다니면서, 바스크(Basque) 자치 지역에서 반전운동을 하는 여성들이 민족주의 문제로 분열됐다는 것을 알았다. 스타샤처럼 민족주의적 감정을 철저하게 거부하는 여성들이 있는 반면, 폭력적인 방법은 반대해도, 바스크 민족주의자들의 분리주의를 진보적이면서도 합법적인 운동으로 생각했던 여성들도 있었다. 그래서 제네우스르놈의 입장은 호응을 얻지 못했다. 까딸루냐(Cataluna)에서는 민족주의가 다시 대중적 운동이 됐다. 이것은 바스크 민족주의보다 덜 투쟁적이고 덜 폭력적이었다. 또한 대부분의 까딸란 민족주의자들은 스페인으로부터 독립을 요구하지는 않았다. 그런데도 자율성을 요구하는 그들의 주장은 강하게 진압됐다. 이것은 강력한 문화 운동이고, 제1언어로서 까딸란을 쓰자는 열렬한 지지도 있었다. 그래서 바르셀로나의 일부 페미니스트들은 반민족주의를 위민인블랙의 정통적 신념으로 보는 것을 꺼렸다. 바르셀로나의 도네스뻬르도네스의 여성들은 위브 국제 모임에서 내게 이렇게 말했다. "민족주의를 근본주의자들의 어떤 것, 그러니까 공격적이고 가부장적인 것으로만 경험했던 여성들(예를 들면 세르비아)보다, 존재할 권리와 언어 사용을 위해 투쟁해야만 했던 이스라엘, 팔레스타인, 크로아티아 여성들의 민족주의를 이해하는 방식이 더 낫다고 우리는 항상 느꼈어요."

반면 스페인 페미니스트들은 민족주의에 대해 부정적으로 생각하는 베오그라드 여성들과 같은 입장에 있었다. 그들은 스페인의 통합을 위협하며 분열을 일으키는 '하위 민족주의들'에 대해 동감하지 않았다. 여성들은 자신들만의 집단성인 민족주의, 곧 스페인의 민족주의에 대해 의식하지 않으려 했다.〔자치권(the autonomías)의 몇몇 여성들이 그렇게 생각한다.〕 그렇다고 해서 도네스뻬르도네스가 자신을 반민족주의자라고 말하지는 않는다. 대신 이렇게 말한다. "우리는 페미니스트들, 반군사주의자들, 그리고 **반근본주의자들**이라고 부른다. 이러한 말들은 가장 우리를 잘 드러내는 단어들이라고 생각한다. 덧붙여서 우리는 스페인이든, 까딸루냐 자치권이든 우리 정부들이 군사주의적이고 가부장적 태도를 취하는 것에 대해 강하게 비판한다."

시온주의는 전 세계 유대인의 민족적 기획이다. 유대인의 민족주의와 팔레스타인 민족운동이 부딪혀 일어나는 분쟁이기도 하다. 팔레스타인 민족운동이란 팔레스타인 영토권을 주장하는 시온주의자들을 방어하려는 투쟁이다. 이는 민족주의자들의 모든 전쟁 가운데서 세계 반전운동을 전개하는 여성들에게 가장 곤혹스러운 사안이다. 웨스트뱅크, 가자, 골란고원에 대한 이스라엘 점령을 반대하며, 여러 지역에서 이와 관련해 활동하는 유대인 활동가들조차도 시온주의에 관한 해석과 견해에는 거의 동의하지 않는다. 일례로 평화를위한여성연맹(Coalition of Women for Peace)에서 일하는 길라 스비르스키(Gila Svirsky)는 시온주의가 보통 민족주의나 심지어 제국주의로까지 이해되는 것을 보고, 민족주의를 이렇게 평한다. "민족주의는 종종 극단적인 행동으로까지 가지요. 그러나 정체성으로서 민족주의는 다릅니다.

나는 내 자신을 민족주의자라고 부르지 않으나, 때때로 내가 이스라엘인이자 유대인이라는 점이 자랑스럽다고 말해요. 내가 성장하면서 들은 시온주의는 유대인들의 해방을 뜻했어요. 본래 비전은 인간적인 국가의 건설이었어요. 그런데 그것이 팔레스타인인들의 희생을 가져왔죠. 나는 이 점이 유감스러워요. 이제 영토 협상에 동의한 팔레스타인 사람들에게 고맙지요."

북부 밧샬롬에서 활동하는 베라 조르단(Vera Jordan)은 길라처럼 자신을 시온주의자라고 여기며 더 적극적으로 민족주의를 지지한다. "내가 생각하는 민족주의는 자기 결정에 관한 것입니다. 나는 내 국가, 유대인의 국가를 가져야 합니다. 나는 그것을 오랫동안 부정했었죠. 나는 우리 국기, 우리 애국가를 원합니다. 나크바(Nakhba)(이스라엘의 국가 건립은 팔레스타인들에게는 대재앙을 가져왔다.)의 인정은 합법적이지만, 그렇다고 해서 우리가 더 이상 이스라엘 독립의 날을 축하할 수 없다는 것을 뜻해서는 안 되지요. 우리는 너무도 생생하게 기억합니다. 홀로코스트에 관한 기억들, 팔레스타인에서 이스라엘 국가를 건설하기 전에 유대인들이 공격을 받았던 기억들을 말입니다. 반세기로는 충분하지 않습니다."

그러나 문제는 남았다. "민족적인 유대 국가가 아니라면, 어떤 성격의 국가인가?" 민주주의란 무엇인가? 민주주의는 시온주의 또는 민족주의와 조화를 이루는가? 이는 이스라엘 국민의 5분의 1을 차지하는 팔레스타인인과 (4장에서 보았듯이) 개인적으로나 제도적으로 인종차별을 겪는 사람들에게 매우 중요한 문제이다. 길라는 "이스라엘은 모든 시민들에게 동등한 권리를 주어야 합니다. 모든 이민자들을 동일하게 대해야 합니다."라고 말한다. 그리고 여성들은, 유대인이든 팔레스타인이든 누구든, 이스라엘로 '귀환할 권리'를 어떻게 해석할 것인지 그리고 이를 존중할 것인지 관해 끈질기게 토론한다.

오늘날 사람들, 말하자면 그린라인의 양편에 있는 좌파들과 점령을 반대하는 활동가들은 팔레스타인/이스라엘 문제를 해결할 가능성에 관해 논의하는데, '두 국민을 위한 두 개의 국가'보다는, 현 이스라엘과 점령된 영토 위에 하나의 국가를 세우는 방안에 더 집중한다. 그들은 팔레스타인과 유대인, 그리고 다른 모든 사람들이 동등한 시민들이 될, 하나의 민주국가를 미래상으로 그린다. 이스라엘이 웨스트뱅크(정착과 분리의 장벽)를 침략하자, 사람들은 어떠한 팔레스타인 국가가 그 영토 위에 가능할까 하는 절망감을 느꼈기 때문에, 지금은 주로 하나의 국가라는 해결책이 거론된다. 그러나 이는 어떠한 민족주의든 민족주의를 비판하는 사람들, 그리고 모든 사람들 위에 군림하며 하나의 민족 집단성을 이루려는 국가에 대해 비호감을 느끼는 사람들이 지향하는 해결책이다. 하나의 국가라는 생각이 시온주의 유대인들을 배척하는 성격을 가진다면, 이스라엘에 이미 사는 팔레스타인 소수자들에게는 자연스럽게 매력적인 것이다. (4장에서 이미 만난 바 있는) 아이다 쉬블리(Aida Shibli)는 팔레스타인과 이스라엘, 두 가지 정체성을 다 가졌다. 그녀는 일상생활에서 분열되는 자신을 느낀다고 말한다. 그녀의 정신 분열을 치유할 수 있는 유일한 미래는 두 가지 이름을 가진 국민들을 통일하는 하나의 국가이다. 아이다는 이렇게 말한다. "나는 팔레스타인에 관한 내 환상, 더 위대한 팔레스타인에 대한 환상을 포기할 거예요. 대신 유대인들에게 위대한 시온주의에 입각한 국가 건설의 환상을 포기하라고 요구할 거예요. 동등한 권리를 누리는 하나의 국가. 그건 선호의 문제가 아니에요."

민족주의는 실행하는 과정에서 여러 가지 형태를 지닌다. 게다가 이론가들마다 민족주의를 어떻게 평가할 것인가에 대한 의견이 다르다. 일반적으로 민족주의는 하나의 이데올로기로 간주된다. 이는 일정한 사람들이 '국민'으로 정체화될 수 있는 사회적 원리와, 그러한 국민은 '자신의' 영토에서 살 거주권과 '자신의' 국가 내에서 자치권을 가진다는 정치적 원리에 관한 신념을 포함한다. 그러나 '국민'에 대한 귀속감, 종족 정체성의 보유가 항상 민족주의라고 번역되지는 않는다. 어떤 특정한 문화나 종교 집단들은 경합 없이 그냥 공동 정체감을 지속한다. 그들은 자율성이나 '자신의' 영토가 없이도 다른 사람들의 억압을 받지 않는 상태에서 행복하게 산다. 그러나 때때로 어떤 이들은 자신의 권리를 변호하거나 찾기 위해, 또는 다른 사람을 지배하거나 추방하거나 살인하고자 다른 사람들을 동원하거나 내몰기도 한다(Pieterse 1997). 18세기 후반 이후로 점차 종족 활동가들은 자신의 집단성을 하나의 민족으로 정의하려 하고, 독립적 민족국가에 만족했다.

여성의 관점으로 볼 때 각 민족이 결정적으로 다른 점은 민족이 어떻게 민족주의 이념들에 의해 구상되고 재현되는가 하는 것이다. 어떤 종족 집단들은 혈통이나 역사적 문화—종교 전통, 언어, 사회적 관습과 금기, 의복과 예술, 승리 또는 재난의 결정적인 전환기를 공유한 경험—를 강조하면서 과거로 돌아가서 이를 찾는다. 이런 식의 원시적 민족주의는 남성성과 여성성을 고정적이고, 환원주의적이며 불평등하고 보완적인 방식으로 구성하면서 매우 강하게 가부장적인 사회제도를 갖는 경향이 있다. 남자들에게는 리더와 전사로서의 자질이 더 가치 있게 여겨지며, 이러한 남성들에게 권위가 부여된다. 반면 여성들에게는 가정적이고 보조적이며, 또한 생물학적이면서 문화적으로 민족을 재생산하는 어머니로서의 가치가 부여된다(Anthias and Yuval-Davis 1989). 그러한 민족주의에서 군사주의와 호전성은 억압적인 성별 관계와 서로 협력한다. 독일 나치는 종종 그 사례로 인용된다(Koonz 1989). 존 호른(John Horne)은 나치즘과 이탈리아 파시즘이 민족적 공동체감을 재구성하려고 전쟁에서 연마한 과격한 남성성을 어떻게 활용하는가를 보여 준다(Horne 2004).

민족주의의 기원에 관한 신화들이 얼마나 신빙성이 있는가는 민족주의 분석가들에 따라 다르다. 그들은 현존하며 실제로 인식할 수 있는 혈통이 있는가라고 묻는다. 문화적 지속성이 정말 그렇게 대단한가? 아니면 이러한 개념들은 일부 정치가들이 자신들의 정치적 권력을 위한 기획으로서 결속시키고자 선택한 단순한 수단인가(이와 관련해 대조적인 접근을 보기 위해서는 Smith 1995; Gellner 1983 참조)? 일례로 유고슬라비아 공산주의 지도자였던 슬로보단 밀로셰비치의 경우를 보자. 그는 공산주의가 소련, 동유럽과 중유럽에서 세력을 잃기 시작했을 때, 분명히 자신의 개인적 권력 기반을 강화하려고 세르비아 민족주의를 채택한 것으로 보일 수 있다. 또 계보와 문화를 언급하고, 과거의 영광을 상기시키면서 세르비아의 민족적 감정을 일으켰다. 그리고 오토만제국이 1389년 블랙버즈 평원(the Field of Blackbirds)에서 자신들의 조상을 어떻게 패배시켰는가를 상기시켜서, '무슬림'에 대한 혐오감을 자극했다. "세르비아의 땅 어디든 세르비아인의 뼈가 묻혀 있다." 베오그라드 지식인들과 정교회 지도자들은 이렇게 선언했다. 역사를 재서술하는 데 '진실'은 어느 정도인가? 얼마나 많은 조작과 창작이 있는가? 어떤 면에서 이러한 점은 거의 문제가 되지 않는다. 문제는 그러한 수사가 세르비아로 하여금, 그 영토에서 온 크로아티아인, 보스니아의 무슬림과 코소보의 알바니아인들에 대해 연이어 인종 청소를 가능하게 한 토대를 마련했다는 점이다.

오늘날 어떤 학자들은 오래전 동일한 기원을 갖는 이러한 민족주의 이야기들을 '신화'로 격하시킨다. 그리고 '국가'의 시작을 단지 18세기 후반과 19세기에 유럽과 라틴아메리카에서 제국들이 붕괴되면서 생긴 부산물로서 부상한 어느 정도 근대적인 것으로 본다(Gellner 1983; Hobsbawm 1990). 이러한 관점으로 본다면, 국가들은 사회적으로 구성된 실재이다. 실로, 국가란 상상된 공동체로 여겨진다. 국민은 상상된 공동체 내에서 공동의 언어, 공동의 미디어, 그리고 과거와 미래를 관통하는 영향력 있는 정치적 담론을 통해 형성돼 자신들을 단일한 '국민'으로 상상한다(Anderson 1983). 실재하는 몇몇 민족국가들은 이러한 '구성주의적' 관점을 보여 주는데, 혈연이나 유구한 전통에 거의 기대지 않고, 대신 '시민적 민족주의(civic nationalism)'로 알려진 양식으로 자신을 나타내며, '시민권'의 개념을 강조한다. 그러한 국가들은 이론적으로 권리의 동등성과 모든 시민들의 책임감을 선언하며, 서로 다른 인종 집단을 아우를 수 있는 가능성이 많다.

페미니즘 이론가들은 시민적 민족주의가 여성들에게 더 우호적이라고 본다. 시민적 민족주의에도 여전히 가부장적인 성격이 있으나,

남성의 권력은 군주, 귀족계급, 성직자들, 그리고 가장에 국한되지 않는다. 권위는 일반적으로 공적 영역과 기업을 지배해 온 남자들에게 분산돼 있다. 여성들은 아내와 어머니이지만, 유권자이며 피고용자이기도 하다(Werbner and Yuval-Davis 1999). 그러나 시민권은 자유의 영역을 향해 열려 있는 반면, 무엇이 정상인지 규범화하고 경계를 그리며 공과 사의 영역을 규정하며 허용 가능한 '차이'를 제한하는 법을 부과하기도 한다. 권리는 민족주의 틀 안에서는 시민적 민족주의라 할지라도 안전하다고 장담할 수 없다(Fine 1999). 분명히 시민적 민족국가에서조차 개인은 그 사람의 위치성에 따라 권리와 자격이 여러 방법으로 정해지는 것 같다. 연령과 능력, 피부색, 출생 지역과 같은 요소들은 불평등의 토대가 될 가능성이 많다. 특히 젠더는 계속적으로 억압의 요소가 됐다. 많은 국가들이 이주 정책과 국적법에서 여성을 어떻게 다루었는지를 보라. 페미니스트로서 논의하는 프니나 웰브너(Pnina Werbner)와 니라 유발-데이비스(Nira Yuval-Davis)는, 여성은 어떠한 형태이든 민족국가의 경계를 넘어서, '민족적' 정체성만이 아니라 동등하게 중요한 여러 차원들의 것에 대한 소속감을 포함하는 초국가적인 미래의 시민권을 검토해야 한다고 감지한다(Werbner and Yuval-Davis 1999). 그러한 세계는 이주자들, 피난민들, 망명자들, 그 중에서도 여성들에게 분명히 우호적일 수 있을 것이다. 실제로, 이는 그러한 범주를 풍부하게 만들지도 모른다.

이는 오늘날 반전운동을 하는 여성들이 민족주의를 둘러싸고 매우 다른 견해를 가진다는 점을 드러낸다. 어떤 여성들은 세르비아의 민족주의나 힌두의 공동체주의와 같은 극단성을 경험한다. 그러한 문화에서 대다수 여성들은 수긍하고 비록 종속적이긴 하나 가부장적 가족 내에서 상호 보완적인 역할에 기쁨을 느끼기도 한다. 그들은 (명목상 의) 보호에 대한 교환으로 사적 영역에 제한되고, 어머니로서 존경, 자녀 양육에 주요한 영향을 미치는 힘, 사회적 관행의 가르침을 포함해 자신의 자율성에 대해 의미 있는 한계성을 받아들이면서 '가부장적 협상'에 참여한다(Kandiyoti 1988). 당대의 힌두 민족주의를 표방하는 극단주의의 경우에 보았듯이, 여성들은 적대적인 타자들과의 전투에 남성들이 나서도록 촉구하기도 한다. 그러나 반면, 그러한 사회에서 젠더 관계는 때때로 충성스러움에 역행하도록 부추기기도 한다. 페미니스트이면서 반민족주의를 지향하는 활동가가 되는 여성은 소수이다. 그들은 여성들이 (유아에게 젖을 먹이는) '모국'이거나 (저울의 균형을 맞추는) '정의'를 나타내는 고도의 상징적 지위를 가지지만, 일상생활에서는 여전히 남성의 소유물로 여겨지는 이중적인 기준에 분개한다. 국가란 이런 것이라고 페미니스트들이 경험에서 우러난 이야기를 할 때, 자신이나 어떤 다른 사람을 위해 국가 정체성과 연루된 어떤 일을 하고 싶지 않다 해도 놀라운 일은 아니다.

버지니아 울프(Virginia Woolf)는 1930년대 후반에 가부장적 민족족의를 강하게 비판하는 논의를 일으켰는데, 후대에 자주 인용됐다. 여성들은 제국주의이자 전쟁 발발자인 영국에서 여성들이 이등 시민으로 위치된 방식을 감지하면서, "나는 여성으로서 조국을 원하지 않는다."라고 선언하며 민족 정체성을 버렸다(Woolf 1977: 125). 그러나 다른 여성들은 그렇게 쉽게 민족적 귀속감을 버릴 수 없었다. 많은 사람들은 어떤 억압적 권력에서 해방되는 독립을 추구하면서, 영웅주의를 통해서나 약속된 대망의 순간에 민족주의를 경험한다. 필리핀의 긴 저항의 역사를 보라. 처음에는 스페인에 저항하고 나중에는 미국에 저항했다. 모잠비크에서는 포르투갈 식민주의자들을 없애려는 힘든 투쟁이나 영국으로부터 독립하려는 인도 사람들의 투쟁이 있었다. 그러한 시대에 여성들은 때때로 적극적 역할을 했으며, 페미니즘은 민족주의를 정의하는 데 잠시나마 조그마한 영향을 미쳤다(Jayawardena 1986). 승리를 이루고, 새로운 국가를 세우는 자들은 빈번히 여성들을 여성들의 자리로 돌아가게 하지만, 민족주의와 사회주의, 페미니즘이 이루는 파트너십에 대한 기억이나 인종, 계급, 젠더의 평등성에 관한 서약은 하나의 이상적인 것으로 남을 것이다.

그래서 오늘날 민족주의에 관한 의견이 서로 갈리는 것은 여성들의 위치가 다양하기 때문이다. 가부장제와 민족성이 하나로 결합하는 것은 널리 퍼져 있고 해로울지도 모르나 예외들도 있다. 나는 군사주의에반대하는동아시아─미국─푸에르토리코여성네트워크의 마닐라 회의에서 만난 테리 케코올란 레이먼드(Terri Keko'olani Raymond)로부터 새로운 것을 알았다. 하와이에서 군사주의에 대한 투쟁은 곧 민족적 권리를 위한 투쟁이다. 그런데 민족에 관한 하와이의 의미는 고대 여성적 원리를 갖기에 곳곳에 만연한 가부장적 민족주의들과는 매우 다르다. 하우나니─카이 트라스크(Haunani-Kay Trask)는 다음과 같이 서술한다.

> 오늘날 여성들이 민족주의 전선을 이끄는 주요한 이유는 **라후이** (lahui), 곧 민족을 간과하지 않으려는 데 있다고 믿는다. 하와이인

들에게 민족에 대한 보살핌이란 우리의 영토와 국민들을 포함한 가족에 대한 보살핌이 확장된 것이다. 우리의 어머니는 우리의 땅, 파파하나우모쿠(Papahanaumoku)이고, 그녀는 섬들을 낳는다. 그래서 여성 지도자들은 민족을 선도하도록 계보학적으로 힘을 부여받는다. …… (그래서) 우리 여성들은 최전선에서, 대중들은 달가워하지 않지만, 분명하게 말하며, 치열하게 문화적인 근거를 가지고 싸운다. 여성들의 신비스러운 힘이 한데 어우러져서, 전통 하와이의 신념에 기초한 힘(power)이 새로운 형태로 탄생한다. 그것은 곧 민족을 위해 자신의 지도력을 확실하게 주장하는 여성이다.(Trask 1993 : 94)

나와 이야기를 나누었던 여성들은 '인종주의'와 관련된 생각이 거의 다르지 않았다. 모두 다 인종차별은 사악하며, 전쟁과 연루된 것으로 여겼다. 이론가들이 많은 시간을 소요하고 많은 글들을 출간하면서 규명하려고 했던 개념들에 이미 익숙한 여성들이었다. 첫 번째는 '인종(race)'이라는 개념이 그 자체로 인종차별적이라는 이해이다. 왜냐하면 어떠한 과학적 근거 없이 겉으로 보이는 형질에 따라 사람을 범주화하기 때문이다. 개인의 피부색, 생김새, 몸의 체격은 세밀한 차이에 따라 다르다. 인종주의는 사람들이 어느 정도 임의적으로 '우리'를 '그들'과 구별하는 표식에 따라 이해하려는 정신적 과정이다. 이런 행위는 단순히 '타자'를 '자아'로부터 구분하는 것만이 아니라 열등하거나 위험한 것으로 규정한다(Miles 1989). 두 번째는 오늘날 '인종주의'라는 말이 육체적인 외모(특히 피부색)뿐 아니라 문화적 의미를 띠는 종족성

(ethnicity)에 따라 타자화하는 것에도 해당된다는 이해이다(Balibar 1991). 실제로 인종차별은 '여기에서 온 사람이 아닌', '타국인', 이방인이라는 이유로 누군가를 타자화하고, 그래서 이주자, 피난민 그리고 망명가 같은 사람들을 낙인찍는 데 적용된다. 나아가 이러한 이해는 인종차별이 단지 재현을 통한 이데올로기만이 아니라 배제하는 행위와 구조의 문제로 이어진다. 사유와 행위는 군대와 이주 체계와 같은 제도에 깊이 새겨졌다. 플로야 안시아스(Floya Anthias)와 니라 유발–데이비스는 인종이 계급과 젠더와 어떻게 교차하고 어떻게 표현되는가를 조심스럽게 탐색한 연구에서 이 점을 강조했다(Anthias and Yuval-Davis 1992).

　인종주의에 관한 이러한 이해는 반전활동의 맥락에서 반인종차별을 이야기하는 모든 여성들에게 큰 논란 없이 지금도 유효하다. 나는 2003년, 이스라엘에 사는 유대 여성, 에드나 자레츠키(Edna Zaretsky)의 이야기를 기억하는데, 그녀는 유대 국가가 팔레스타인 영토를 40년간 점령하고 유지하는 데, 팔레스타인에 대한 인종차별이 어떠한 역할을 했는지 분명하게 설명했다. "너희들은 이스라엘에서 인종주의를 **가져야만 한다**. 우리가 우리끼리, 우리의 관례대로 살아가려면, 타자는 열등하고 낙인찍힌 존재**여야만 한다**." 그러나 각 집단의 활동에서 인종주의에 대한 특징에는 두드러진 차이가 있었다. 밧샬롬과 같은 사람들은 인종차별을 적극적으로 반대했다. 어떤 사람들에게 인종차별적인 타자화를 문제화하는 것은 폭력과 전쟁을 반대하는 자신의 활동에서 중요한 부분이다. 그러나 인종차별은 다른 이름으로 행해진다. 일례로, 인도에서 인종차별은 카스트제도에 따른 배제라든가 원주민 부족들을 억압하는 식의 '공동체주의(communalism)'로서 표현된다.

　인종주의를 노골적으로 어떻게 다룰 것인가는 조직에 따라 다르다. 국제 네트워크들 가운데 월프는 반인종주의를 운동의 원리로 계속 상정하는 것으로 유명하다. 아프리카계 미국인 회원들은 꽤 일찍이 자신의 제도적 인종차별에 대해 도전해(Blackwell 2004), 오늘날 경제 정의와 평화를 이루는 주요한 사명 가운데 하나로 인종적 정의를 만들었다(WILPF 2006c). 예를 들면, 그들은 대서양 노예무역에 대한 배상금을 요구한다. 또한 원주민들의 권리를 위해 캠페인도 한다. 위민인블랙은 덜 제도화되고 구조화된 조직이라서 명료하게 해명하지 않은 만큼, 반인종차별에 관해서도 표면적으로는 명시하지 않았다. 그러나 위민인블랙 단체들은 법 제정, 권리 박탈, 그리고 2001년 9월 11일 이후 국제적으로 펼쳐진 전쟁 국면, 말하자면 미국과 동맹국에 대한 공격의 대응으로서 미국이 주도하는 '테러와의 전쟁'과 관련해 이주자들에 대해 태도가 매우 경직된 것으로 변화하는 것을 주시했다. 9·11 이후, 세계가 일깨워 준 것은 서구의 국가가 국외에서 일으킨 전쟁이 이제는 동시에 국내에서도 일어난다는 점이다. '적'(또는 적으로 간주되는)국이나 적대적인 종족 문화 집단의 사람들이 국내 대도시에 늘 거주한다. 어떤 이들은 몇 세대를 이어 거주하기도 하고, 어떤 이들은 현재 진행되거나 최근에 일어난 전쟁으로 인해 떠돌아다닌다. 어떤 사람들은 경제적 이주자이고, 어떤 사람들은 거주권이 있는 정치적 피난민이고, 어떤 사람들은 망명자이다. 이 생각을 하니, 나는 아이다 쉬브리가 떠오른다. 아이다는 이스라엘에 사는 자신과 같은 팔레스타인들의 상황을 언급하면서 "우리를 '타자' 곧, '적'으로 표현하는 정부와 공공연한 프로파간다에 대해 저항 행동을 해야만 해요."라고 말한다. 이스라엘의 유대인들에게 연설할 때, 아이다는 "여러분의 타자는 여러분 안, 바로 여기에 살아요. 우리는 분리될 수 없어요."라고 말했다.

나는 6장에서 이미 살펴본, 벨기에 브뤼셀에 있는 '비공개된강제수용소와추방'을반대하는위민인블랙(Collectif Femmes en Noir contre les Centres Fermés et les Expulsions, CFEN)으로부터 특별한 감명을 받았다. 이 여성들은 아이다가 무슨 말을 하는지는 당연히 들었을 것이다. 그건 바로, "당신이 그녀를 볼 눈이 있다면, 당신의 타자는 바로 여기에 있다."는 말이다. CFEN 여성들은 국가 이민정책을 바꾸고자 페미니즘 캠페인에 전념하기로 했다. 그래서 정치적 투쟁도 불사하고 여성 망명자 개개인에게도 지원을 아끼지 않았다. 이러한 일들은 반전 거리 집회를 하는 위브의 평상 활동과는 다르지만, 브뤼셀 여성들은 두 가지 접근이 다 가능하다고 본다. 두 가지 다 평화와 정의를 이루는 원칙에 관한 것이고, 전쟁과 폭력에 영향을 받은 여성들과 함께하는 연대의 실천이며, 정부의 인종차별 정책에 대한 비판이다.

CFEN은 세간의 이목을 끈 추방 사건들이 언론을 탄 후 구성됐다. 그 사건 가운데는 세미라 아다무(Semira Adamu)라는 나이지리아 여성도 있었다. 세미라는 나이지리아에서 억압적 결혼을 강요당해 이를 피해 벨기에로 왔고 망명을 요청했다. 그런데 그녀를 추방하려는 시도가 여섯 번째 강행됐을 때, 그녀는 경비원의 폭력으로 질식사했다. 뒤이어 일어난 정치적 사건을 보고 모든 항의 단체들은 분개했다. 그러나 세미라의 사건에서 미디어는 젠더적 측면을 보지 못했다. CFEN

의 회원인 파니 필로소프(Fanny Filosof)는 이렇게 설명했다. "이것은 특정하게 젠더와 연관된 행위예요. 여성들에게만 일어날 수 있는 일 이죠. 성적 학대, 가정 폭력, 명예 살인, 강요된 결혼, 음핵 제거, 돌팔 매로 인한 죽음 …… 이 모든 것은 오직 여성에게 영향을 미치는 폭 력적인 행동이에요. 이러한 폭력 행위는 망명을 가능하게 한 원인으 로서 인정되는 타당한 기준들이고, 제네바 협정을 근거로 고려해야 할 사안이라고 요청되는 것들이에요."

그래서 CFEN은 벨기에에 있는 여성 망명자들에게 관심을 두고 실 제적인 활동을 전개한다. 어떤 망명자들은 공공 강제수용소에 억류되 고, 어떤 사람들은 증명서를 기다리거나 조용히 은닉해 산다. CFEN 은 망명 권리를 얻거나 합법적 생활을 하고 생활 방편을 찾으려는 이 주자들이 변호사들과 협상하는 것을 돕는다. 거주할 장소를 물색하는 데 도움도 준다. 또한 여성 정치가들과 비정부단체에 그들을 지지하 도록 요청한다. 성적 학대를 포함해 여성들이 망명을 하면서 겪은 자 신의 경험에 대해 이야기하도록 격려한다. CFEN은 벨기에와 유럽이 펼치는 '냉혹하고 이기적이며 구속적인 망명 정책들'을 열렬히 반대 한다. "전쟁 지역과 인접한 빈곤한 나라들은 수백만 명의 피난민을 받 은 반면, 부유한 유럽은 많은 여성과 남성들을 은닉하게 만들고 인색 한 방식으로 사람들을 가두고 추방하고 단속한다." CFEN은 이러한 정책을 펴는 "유럽의 반발을 받기도 하고, 착취와 인신매매에 관여하 는 사람들에게 시달리기도 한다."(CFEN 2004: 11) CFEN는 이주 여성 이 출신국에서는 피해자일지 모르나 그곳을 떠나 벨기에로 오면 저항 자가 된다고 말한다. 이주 여성은 강하다. 그녀는 자신이 속한 사회와 자신에 관해 들려줄 이야기가 많은 사람이다.

창조적 논쟁을 위해

내가 2004~2005년 동안 여행하며 만났던 여성과 여성단체들은 어떤 지역이든지 세 가지 기획에 깊이 관여했다. 그들은 젠더화된 군사주의와 전쟁의 현실을 대중들에게 알리고 교육하는 프로그램을 진행했다. 그들은 군사주의와 전쟁에 대한 자국의 정부 정책뿐 아니라 다른 나라의 정부와 국제기관의 정책에도 이의를 제기했다. 또한 타자화를 실제 생활에서 거부하며, 전쟁 때문에 착취의 근거가 된 차이를 넘어서 연대하려 했다. 이러한 모든 활동들은 각 지역의 여성운동을 초국가적이면서도 심지어 글로벌하게 연결하도록 촉진시켰다. 여성들은 이를 위해 기술적 수단을 점차적으로 활용했다. 단체 내 각 개인 모두는 아니지만, 대부분의 단체들은 컴퓨터를 가졌고, 인터넷에 접근할 수 있었다. 놀랄 만큼 풍부한 정보와 의견, 유머, 분노가 전 세계를 돌고, 페미니스트와 반전운동을 지속적으로 연결하려는 여성들의 컴퓨터 모니터에 순식간에 뜨고 퍼졌다. 그래서 각 여성들은 다양한 방법으로 정보와 의견을 접한다. 여성들은 각자가 정보를 주고받는 여러 여성들의 주소록에 자신의 주소를 두어서 간단하게 뉴스를 얻는다. 여성들은 〈zmag.org〉와 〈indymedia.org〉와 같은 독립 전자 뉴스 미디어에서 속보를 찾기도 한다. 지역이나 전국 위민인블랙과 코드핑크 네트워크를 포함해 다양한 메일링 리스트에 자신의 이름을 남기기도 한다. 여성들은 ⟨peacewomen.org⟩에 실린 윌프의 전자뉴스를 읽거나 여성발전기금(UNIFEM)의 포털 사이트 ⟨womenwarpeace.org⟩, ⟨feministpeacenetwork.org⟩, ⟨madre.org⟩, 또는 여성들의 웹사이트인 세계행진(⟨marchofwomen.org⟩) 등 다양한 사이트에 접속한다.

앞 장에서 우리는 초국가 네트워크로서, 또는 서로 다른 위치성을 가진 개별 단체들의 연대 활동에서 효과적으로 경계를 횡단하는 사례들을 보았다. 제네우스르놈, 라루따빠시피카 그리고 마노강여성평화네트워크와 같은 지역단체들은 유명한 국제적 평화상들을 수상해 글로벌한 명성을 얻게 됐다. 2005년, '1000명의 평화여성'이라는 노벨평화상 후보는 각 대륙별로 협의를 거쳐 여성들의 명단을 모은 것이다. 그러나 우리가 국제적으로 미치는 효과와 영향력은 여러 한계들로 인해 한정된다. 지역적 요구가 우선적으로 고려될 때는 시간이 부족하다. 거기에 외국 여행 준비와 컴퓨터 장비를 갖추어야 하는 데는 재정도 부족하다. 그리고 의사소통에서 겪는 의외의 걸림돌들이 있으며, 언어는 어디에서든 어려움을 준다. 영어는 글로벌한 언어로 확장됐지만, 전쟁, 평화와 안보에 관심 있는 수많은 여성활동가 가운데서 영어를 편안하게 읽고 말하는 사람은 아주 소수이다. 영어를 모국어로 사용하는 특권인들 가운데는 번역이 우리들의 문젯거리라는 점을 자주 놓친다. 벨기에와 같은 작은 국가도 플라망어와 불어, 이 두 가지 언어 사이를 통역해야 한다. 서아프리카의 마노강여성평화네트워크도 불어와 영어, 이 두 언어의 간격을 좁히려는 노력을 아끼지 않았다.

하지만 이러한 것들은 의사소통을 위한 기술과 노력, 선의가 있다면 극복될지도 모를 단순한 방해물이다. 매개보다 좀더 중요한 문제는 말하고자 하는 내용이다. 이 장에서 내가 집중해서 보려고 선정한 주제는 '평화주의'와 '민족주의'라는 개념을 중심으로 집중된 이슈들이다. 이들은 흥미롭게도 서로 다른 길을 가는 사례들을 보여 준다. 젠더 이슈는 다음 장에서 좀더 살펴볼 것이다. 특히 이탈리아 여성들은 여전히 입증되지 않은 정체성을 가정하는 것에 대해 조심스러움을 표했다. 엘리자베따 도니니는 위민인블랙의 아이디어가 세계 곳곳에 매우 신속하게 퍼지는 '상징적인 전염'에는 흥분되는 것이 있다고 말했다. "그런데 이메일 네트워크보다 전 세계적인 사회운동에서 더 그래요."

페미니스트들의 반군사주의는 어떤 중요한 문제를 하나로 획일화된 관점으로 보지 않는데, 유일하게 이 운동만 그런 것은 아니다. 세계사회포럼운동의 활동가들은 '또 다른 세상이 가능하다.'라는 매우 간결한 슬로건을 신중하게 정했다. 이 슬로건은 마치 민족국가에 대한 태도와 국제 금융 제도들의 개혁 사이에 벌어진 틈을 다 묶으려 하고, 무엇보다 자본주의를 반대하는 흐름과 자본주의의 신자유주의 현상만을 반대하는 흐름으로 나누어지는 것을 피하려는 뜻을 담은 것 같았다. 전투적인 좌익 성향과 다양한 성격을 가진 평화운동이 동맹한 주류 반전운동은 또한 내부의 긴장과 차이를 갖는다. 많은 좌익 단체들은 부시와 그의 동맹국들이 행하는 '테러와의 전쟁'을 날카롭게 비판하고, 적의 적(소위 테러리스트들)을 당연히 자신의 친구로 본다. 대부분의 평화조직들은 잠재적인 동맹을 더 신중하게 차별적으로 구분한다.

페미니스트 반전운동들 내에, 또는 그 사이에 발생하는 차이들은 이러한 운동들과 비교하면 좀 미미하다. 그리고 어떤 공동의 가치에 대해서는 옳다고 말할 수 있는 신뢰가 그들 사이에는 있다. 그래도 분열되지 않을까 하는 두려움으로, 우리의 차이들을 분명하게 드러내는 데 소극적이며, 우리 자신의 사고에 대해 검열하기까지 하는 위험성이 있다. 내가 볼로냐에 있을 때, 끼아라 가뚤로(Chiara Gattullo)는 이렇게 말했다. "우리는 하나의 **움직임, 운동**(movement)이에요. 규칙도 없어요. 그래서 좋아요. 하나의 노선일 필요는 없어요. …… 그래도 전 세계적인 운동이 되기 위해서는 우리의 차이들을 의식해야 해요. 우리 각자가 생각하는 바를 분명하게 할 필요가 있지요. 이를 위해서 우리는 토론을 좀더 많이 해야 해요." 끼아라는 정치적 '노선(line)'에 대한 열망과 정치적인 **일관성**(coherence)에 대한 열망이 어떻게 다른지 구체적으로 보여 주고 싶어 했다. 하나의 노선을 갖는다는 것은 모든 이들이 똑같이 생각하고 통일된 목소리로 말해야 한다는 것을 뜻한다. 그러나 내 생각에, 일관성이란 폭넓은 공통 가치들을 기반으로 논쟁에 적극적으로 가담하는 것을 뜻한다. 논쟁은 일종의 특별한 경험을 만들 것이다. 반대가 아닌 토론을 즐기는, 창조적이고 변증법적인, 움직여 나갈 수 있고, 새로이 등장하는 모순들을 드러내며, 이 모순들을 넘어서려고 새롭게 다시 일하는 것일 게다.

나는 '평화주의'와 '민족주의'가 일치하지 않는 것에 관해, 이를 해결해야 할 필요가 굳이 없고, 또한 결코 해결할 수 없지 않겠느냐고 말해 왔다. 처음에는 이러한 격차가 위협적으로 보이나, 면밀하게 들여다보면 '상황적인(situated)' 지식들, 곧 다양한 인식들을 드러내는 여러 위치와 입장성, 그리고 정치적 결합이라는 문제로 판명된다. 불일치에 대해서도 대화(dialogue)나 다화(multi-logue)를 해보면, 현실이 그만큼 복잡하고 미묘해서 일어나는 것으로 그 이해 방식을 바꿀 수 있다. 원칙적 평화주의자들과 '정당한 전쟁'이라는 개념을 묵인할 수 있는 사람들은 '폭력 줄이기'라는 개념에서 두 집단의 접점을 찾을 수 있을 것이다. 반민족주의자들과 민족 정체성의 필요성을 느끼는 사람들은 '타자화의 거부'에 천착한다는 면에서 공통점을 가질지 모른다.

논쟁을 일으키는 사안들에 관해 뜻깊고 솔직한 토론을 하기 위해서는 이에 상응하는 숙련된 행위가 필요하다. 이러한 행위에는 반전운동을 하는 여성들에게는 새삼스러울 게 없는 이해력이 요청된다. 이는 정체성의 정치학에 관심 있는 이론가들 사이에는 흔한 것이며, 또한 갈등을 해결하고 변형하는 일에서 여성들이 취하는 최선의 방안으로 나타나기도 한다. 이러한 점은 무엇보다 우리가 하는 일에서 찾아 볼 수 있다. 우리는 이미 3장에서 '횡단의 정치학(transversal politics)'이라는 개념이 진화하는 것을 보았다. 이 개념은 1991년, 팔레스타인/이스라엘과 이탈리아 여성들이 서로 오가는 활동을 통해 등장했다. 1990년대 중반에 이 여성들, 그리고 그들과 지속적인 연락했던 우리 가운데 몇 사람들이 이 개념을 취해 이론화했다(Yuval-Davis 1997 ; Cockburn 1998). 그리고 거의 10년이 지난 즈음, 나를 포함한 여성들은, 그 이론을 '이중적으로 다른' 여성들, 곧 상이한 갈등에 처해서 서로 다른 입장에 위치한 여성들이 그 경계를 넘어 횡단하는 복잡한 움직임을 분석하는 데 재적용했다. 그래서 우리는 아래와 같이 횡단의 정치학을 기술했다.

특별한 종류의 민주적 실행, 한편으로는 오만한 보편주의자가 되지

386

않으면서도 공통점을 모색할 수 있는 과정, 또 한편으로는 그것에 의해 고정되지 않은 채 차이를 확언하는 과정이다. 횡단의 정치학은 상당히 정치화된 차이들을 표시하는 경계를 창조적으로 넘는 (그리고 재구성하는) 실천이다. 이것은 동일함에 기초하지 않는 공감(empathy)이자 당신의 근원들(roots)을 뿌리째 뽑지 않는 이동(shifting)을 뜻한다.(Cockburn and Hunter 1999: 88)

횡단의 정치학이 중요한 것은 다음과 같은 가치 있는 통찰력 때문이다(참조: Yuval-Davis 1999). 첫째, 입장론적 인식론은 우리가 어디에 위치해 있는가에 따라 세계가 다르게 보인다고[29] 인식한다. 거기에는 대화를 통해서만 성취할 수 있는 많은 진실과 화해 또는 근접성이 있다. 둘째, 당사자들이 처한 현실과 그들이 산출하는 관점을 존중하는 것은 기본이다. 또한 존중에는 서로 다른 위치들에 내재한 불평등한 권력을 인지하는 일도 포함돼야 한다. 셋째, 그 사람의 위치성이나 '이름'을 보고 그 사람에 관해 전부 파악할 수는 없다. 뿐만 아니라 연대 행동을 가능케 하는 것은 (공동의 '정체성'이 아닌) 공동의 가치들에서 비롯된다. 내용이나 메시지의 합의를 이끌어내기 위해서는 고유의 위치성이나 정체성에 관한 성찰적 인정이 요청된다. 말하자면, 자신이 근거하는 곳에서 '거점 잡기(rooting)'와, 소위 '맥락에서 상상하기(situated imagining)'를 통해 다른 사람들이 근거하는 곳에서 공감하는 '이동하기(shifting)'가 바로 그것이다(Stoetzler and Yuval-Davis 2002). 이것은 많은 노력을 요하는 과정이다. 지름길은 없다. 군사주의와 전쟁에 반대하는 다중적이고 광대한 운동들을 전개하면서, 여성들은 빈번하고 지속적이고 또 친밀하게 얼굴을 맞대고 만나는 기회를 많이 갖지는 못한다. 그러나 너무 분명하게도, 많은 여성들은 희망과 연민 그리고 이메일을 넘어서, 서로를 충분하게 인지하면서 공동 협력을 만들어 가는 방법들을 찾아갈 필요가 있다는 것을 안다.

8장

'여성' 되기를 선택하기:
페미니즘을 깨우는 전쟁

†

우리는 앞 장에서 여성들이 주류 반전운동과 더불어 몇 가지 사안에서 다양한 입장을 갖는다는 점을 살펴보았다. 이 장에서는 여성들 사이에서 논쟁이 되는 섹스/젠더에 관해 말하려고 한다. 이 논쟁은 앞 장에서 거론했던 여성들의 반전운동이 어떤 페미니즘에서 창출되는지 잘 보여 주기에 매우 흥미롭다. 여성들은 전쟁을 직접적으로 경험하고 전쟁에 관여하면서, 페미니즘에 대해 모순적 생각을 가지기도 한다.

어떤 경우에는 페미니즘과 단절하려고 한다. 연인이나 남편, 또는 아들이 전쟁에 관련됐거나 치명적 위험에 처한 경우, 여성들은 생각만큼 자신을 남성들과 분리시키지 못한다. 또한 잃어버린 애인이든, 공포스러운 적이든 남성들이 가진 어떠한 공통점도 보려고 하지 않는다. 그러나 한편으로 페미니즘과 가까워지기도 한다. 전쟁 시에 많은 여성들은 홀로 직면해야 하는 새로운 역경에 처하기도 한다. 혼자서 가족들을 돌봐야 하고 해보지 않은 낯선 일을 맡기도 하며, 집을 떠나 생존해야 한다. 여성들은 새롭게 자기를 존중하는 법을 배우고 때때로 이를 통해 페미니즘을 접한다.

무력 분쟁 지역 밖에 있는 여성들은 전쟁을 직접 경험하는 여성들과 다른 위치에서 전쟁을 바라본다. 어떤 여성들은 별 동요 없이 잔인한 현실을 외면한다. 어떤 여성들은 전쟁의 영향, 특히 모든 가능한 범위에서 여성들이 받을 고통에 대해 섬뜩하게 느낀다. 예를 들면, 전쟁 지역과 멀리 떨어진 미국이나 유럽에 사는 몇몇 여성들은 어떻게 자신이 사회운동에 관여하게 됐는지 말한다. 텔레비전이나 신문을 통해 다른 나라에서 일어나는 일들을 보고 엄청난 고통을 느끼고 깨달은 바가 있어 시작했다고 한다. 그러나 공감(empathy)한다고 해서 꼭 사회운동으로 연결되는 것은 아니다. 공감은 인도주의적 반응을 즉각적으로 일으키면서 그 고통을 완화시켜 줄지도 모른다. 하지만 **전쟁을 반대하는 일**에 개입하는 것은 다른 문제이다. 운명론에서 정치적인 분석으로 전이하는 것이고, 여성들을 전쟁 피해자에서 전쟁 생존자들로 변형시키려는 여성들의 강인한 노력과 같은 것이다.

내가 아는 수많은 페미니즘 개념들은 단순히 여성의 종속을 분석하려고만 하는 것이 아니라 적극적인 저항을 강조한다. 예를 들면, 페미니즘은 "가정, 사회, 경제, 정치적 차원에서 여성들이 억압됐다는 것을 인식하고, 그러한 억압에 대해 **기꺼이 투쟁하는 것**"이다 (Wieringa 1995: 3, 볼드체 저자 강조). 그렇게 본다면, 공감에서 사회운동으로 그 중심을 바꾸는 것은 결정적인 변화이다. 이스탄불의 아마르기(Amargi) 여성들은 이 점을 분명하게 말한다. 그들은 '여성이 전쟁으로 인해 가장 고통을 겪는다.'는 생각에 전적으로 동의하지 않는다. "그것은 우리가 말하려는 바가 아니에요. 왜 우리가 이 일을 하는지 이유가 되지 않아요. 우리는 군사주의와 성 차별주의가 어떻게 연관되는지에 관심이 있어요." 그들은 군사적인 것에 반대하는 페미니즘운동을 지향한다. 왜냐하면 '군사주의는 국가주의와 이성애주의처럼 남성성을 생산하는 메커니즘'이기 때문이다.

그럼에도 불구하고, 우리는 먼저, 모든 여성들이 이러한 이야기로 시작하는가, 모든 기획과 조직, 네트워크들이 실제로 페미니즘 성격을 가졌는가를 자문해야 한다. 많은 논쟁이 있었던 만큼, 페미니즘은 매우 다양하게 사용되는 용어이기에, 어떤 여성들이 페미니즘과 일정 정도 거리를 둔다 해도 놀라운 일은 아니다. 반전활동에 매우 적극적인 몇몇 여성들은 자신들이 조직적으로 한 일이 분명하게 페미니즘임에도 불구하고 "난 페미니스트가 아니에요."라고 말했다. 이건 바로 벨 훅스(bell hooks)가 지적했던 것처럼, 많은 여성들은 페미니즘을 하나의 정체성으로 택하기보다 프로그램으로 사용하거나 옹호하는 것이 문제를 덜 일으킨다고 보는 것이다(hooks, 2000).

분쟁 상황에 있는 여성과 특정 국가의 여성들은 개인적으로 페미니스트일 수 있지만, 현재의 정치적 환경에서는 이런 식으로 자신을 명명할 수 없다고 말한다. 이런 이야기는 사회가 전체적으로 억압적이거나 정의롭지 못한 특정 지역에서 주로 듣게 된다. 하지만 이 조사를 하면서 내가 만났던 사람들은 개인이든 조직이든 분명하게 페미니스트들이었다. 내가 만약 "당신들은 페미니스트가 아닌 것 같아요."라고 넌지시 말했다면, 오히려 그 여성들은 "아, 내가 잘못 보이고 있구나."라고 생각했을 것이다.

그러나 그러한 경우에도, 반전활동가들은 페미니즘이라는 말로 다 **설명할 수 없는** 것들을 신중히 서술해야 한다고 말한다. 결국은 많은 페미니즘들이 있다는 것이다. 제도를 비판하지 않는 개인주의적이고 경쟁적인 페미니즘이 선진 자본주의사회에 널리 퍼졌는가 하면, 여성은 남성보다 본래 낮다고 생각하는 본질주의적이고 자의적인 페미니즘도 있다. 또한 새롭게 개발됐으나 혼선을 빚게 하는 섹시한 페미니즘도 있다. 그들은 소프트 포르노를 해방된 것으로 보며, 남성들의 즐거움을 위한 '화끈한' 연출을 성 평등이라고 표현한다(Levy 2005). 제국주의의 효과를 인식하지 못하는 서구의 페미니즘도 있고, 인종차별주의를 염두에 두지 않는 페미니즘도 있다.

여행 중에 내가 만난 페미니즘 가운데는 이와 유사한 페미니즘은 없었다. 그렇다면 반전운동에서 생성되는 페미니즘은 어떤 페미니즘인가? 이 답을 찾고자 내가 만났던 여성활동가들의 의제들을 살펴보고, 최근의 페미니즘 분석 틀을 가지고 고찰하려 한다.

일상생활의 소중함

전쟁은 '일상생활'을 잔인하게 파괴한다. 일상이란 사람들이 수고스럽지만 용기를 내어 살아가며 평범하게 거주하고 영위하는 생계와 생존의 복잡하고 미묘한 시스템이다. 우리는 콜롬비아(1장)에서 여성들이 '일상(la cotidianidad)'을 사소하게 만드는 게릴라와 비정규군 그리고 군대를 어떻게 비난하는가를 보았다. 콜롬비아를 방문한 지 몇 달 후, 라루따빠시피카(La Ruta Pacífica)는 많은 여성들을 소집해 초코(Choco)로 갈 계획이라고 알렸다. 그 지역에 감금된 공동체들과 연대한다는 것을 보여 주기 위해서였다. '감금'은 일상적 삶을 침범하는 새로운 형태의 공격이다. 이것은 무장한 사람들이 공동체의 자유를 '제한해', 허가 없이는 누구도 출입이 자유롭지 못하다는 것을 뜻한다. 의약품과 음식은 제한적으로 공급돼 사람들은 영양실조 상태였다.

스페인의 마드리드에 있는 무헤레스데네그로(Mujeres de Negro) 뿐 아니라, 여러 국가의 페미니스트들도 콜롬비아 여성들과 연대해 참여했다. 마드리드로 돌아오는 길에, 스페인 여성들은 스페인에 있는 콜롬비아 대사에 편지를 보냈다. M. 꼰셉씨온 마르띠네스 산체스 (M. Concepción Martinez Sánchez)는 이렇게 썼다. "대사님, 지난 11 월 내내 콜롬비아에서 당신 나라의 친구들과 함께 일상생활을 보냈습니다. 위민인블랙의 우리 모두는 곤란한 처지에 있는 우리의 친구들이 어떻게 생활하는지 알고 싶습니다." 산체스는 여성들이 일상생활을 지키고자 능력을 발휘한 수많은 인권 문제를 대사가 처리하도록 촉구했다. 이것이야말로 여성들의 공감이 연대 안에서 어떻게 페미니즘 행동으로 전환되는지를 보여 주는 모범적 사례이다.

전쟁에서 여성들이 성적으로나 젠더의 측면에서 겪는 특별한 경험은, 미디어에서 정치가들이나 심지어는 반전운동에 의해 무시되거나, 잘못 재현되거나, 악용되는 경우가 종종 있다. 그래서 많은 여성들은 '일상생활'에 확고한 발판을 두고 말하는 여성들이야말로 정치적 과정이나 평화 협상을 위해 공헌할 어떤 참신한 것을 가졌다고 느낀다. 여성활동가들은 자신들이 수집한 정보를 돌리고, 분석을 통해 재구성해 다른 여성들과 공유하고, 거리 집회에서 대중에게 알린다. 그리고 무헤레스데네그로가 하는 것처럼 실제적인 이행을 위해 정치가들에게 로비한다.

또 다른 좋은 예는 인도 여성들의 활동이다. 남아시아의평화를위한여성행동(Women's Initiative for Peace in South Asia, WIPSA)은 '적'대국가였던 인도와 파키스탄의 국경을 버스로 오가는, 전례가 없었던 방문 교환을 조직했다. 그러나 국가 사이에 긴장감이 매우 높아서 "아대륙(sub-continent) 지역의 여성들이 함께 고안한 지혜는 실행되지 못했다. 그러나 여성활동가들은 이러한 여성들의 목소리를 드높일 것이다. 그래서 모든 지역에서 정치 결정권자들이 여성들의 의견을 무시하지 않도록 말할 것이다. 여성들은 평화와 진보, 번영을 위해 거대한 두 국가의 운명을 좌우하는 하나의 힘이 될 것이다."(WIPSA 2000 : 8) 이러한 일은 여성들이 일상생활을 정치적으로 보고, 이를 국가와 국제 관계의 차원으로까지 끌어올리도록 한다. 아니면 [도로시 스미스(Dorothy Smith)가 말한 대로] 국가가 도리어 지역과 개인, 가족, 그리고 '특정한 땅뙈기'까지도 주목하도록 여성들이 요구한다(Smith 1988).

남아시아 지역의 페미니즘 작가이자 활동가인 리타 만찬다(Rita Manchanda)는 "여성의 관점은 주변에서, 또는 '아래로부터' 시작한다. 그렇기 때문에 더 나은 통찰력으로 집단 간의 불균형적인 관계를 변형시킬 것"이라고 말한다(Manchanda 등 2002 : 7). 여기서 도너 해러웨이(Donna Haraway)가 한 말이 다시금 생각난다. 지식은 항상 **어딘가에서** 시작된다. 그리고 "종속된 사람들은 더 적절하고, 지속적인 그리고, 객관적이고, 변화 가능한 관점으로 세상을 전망한다."(Haraway 1991 : 9) 경계를 넘는 버스 창에서 본 WIPSA의 세계관이 뉴델리나 카라치의 정부 공무원보다 더 믿을 만한 유익한 것일지도 모른다.

모성이라는 수사

여성반전운동을 추동하는 동기가 무엇일까를 논할 때, 나는 '모성', 일반적으로 말하면, '다른 사람에 대한 양육과 돌봄'이라는 얘기를 여성들에게서 종종 듣는다. 그러나 '모성'이 반전운동을 불러일으킨다고 말하면, 엄마가 결코 되지 않을 여성들, 양육과 돌봄을 여성의 특정한 책임이라고 느끼지 않는 여성들을 배제하는 것이라고 생각하는 여성들도 있다. 그린햄 커먼에서처럼 아이들의 옷으로 기지 담장을 장식하거나 자녀나 손자의 이름으로 평화를 호소하는 여성들을 탐탁지 않게 여기는 여성들도 있다. 모성을 강조하면, 자신을 자율적인 여성으로 말하기보다는 단지 어머니로 자신을 한정하거나 생물학적 기능과 정형화된 역할로 축소시켜서 사회가 여성들에게 부과하는 바를 강화하는 것처럼 보인다고 여기기 때문이다.

가부장적 가족제도에서 사실상 여성은 생물학적이고 자연적인 기능으로 간주되는 어머니로서만 가치가 있다. 가부장적 이데올로기를 담은 민족주의적이고 군사적인 맥락에서 임신과 양육의 중요성은 여성을 인간 재생산자와 집단 문화의 보존자로서 재현해 한껏 왜곡한다 (Anthias and Yuval-Davis 1989). 여성반전활동가들은 민족주의가 어떤 식으로 모성 중심의 사고를 맘대로 이용하는가를 보여 주는 이야기로 옛 유고슬라비아 전쟁을 조심스럽게 든다. 연방 국가가 분열할 즈음, 세르비아와 크로아티아 여성들은 처음에는 함께 모여 임박한 전쟁에 아들을 동원하려는 군 장성들에 반대했다. 이를 본 페미니스트들은 모성이라는 공통점을 근거로 인종의 벽을 넘어서 연합하는 여성들의 이러한 징조에 고조됐다. 그러나 세르비아와 크로아티아 간에 전쟁이 터지자 애국심은 곧 널리 퍼졌고, 어머니들의 동맹은 약하게 무너졌다. 더 이상 동족상잔이 아닌, 민족의 적을 무찌르는 전쟁이 되자, 여성들은 아들의 징병 반대를 중단했다(Nikolić-Ristanović 1998).

그런데 내가 만난 대부분의 여성들은 모성과 양육 성향을 여성들의 평화 지향성으로 본다고 해서 꼭 본질주의자라고 할 수 없다고 논했다. 여성들은 실용적으로든 합리적으로든 모성과 양육 성향은 여성들 대부분이 삶에서 경험하는 중요한 면을 반영하고, 여성을 하나로 만들 수 있으며, 저항을 위한 권위이자 강력한 수단의 원천이 될 수 있다고 말한다. 브뤼셀 위민인블랙에서 일하는 에딧 러빈스타인(Edith Rubin-stein)은 이렇게 말했다. "내가 볼 때, 여성들은 어머니로서 먼저 행동해요. 나는 이것이 여성들 안에 있는 평화주의 경향이라고 봐요. 모성은 여성들이 다르다는 것을 나타내는 근본적인 것이죠." 에딧은 모성을 강조할 때, 생물학적인 것을 끌어들이지는 않았다. "당신이 성매매를 반대할 때, 청교도로서 할 수도 있고 페미니스트로서 할 수 있는 것처럼, 모성에 가치를 두는 것은 가부장적 민족주의자도 할 수 있고 페미니스트 반군사주의자들도 가능해요."라고 말했다. 레베카 존슨(Rebecca Johnson)이 지적하길, 그린햄 커먼에서 '모성'은 과감하고 효과적 행동을 보인 페미니즘의 상당히 다른 표현들과 혼합됐다. 예를 들면, 1982년 12월 12일 '기지를 에워싸는' 행동을 조직할 때 그 방법을 비판한 여성들이 있었다. 수천 명의 여성들이 양팔을 연결해 기지 담을 '감싸 안는다(embrace)'는 생각은 엄마 노릇을 부추겼을지도 모른다. 그러나 이러한 선입견은 없었다. "우리는 이틀 동안 외치며 촉구했어요. 둘째 날에는 출구를 막아서 기지를 봉쇄했어요." 레베카는 사실 모성에 대한 강조는 여성 캠프가 아니라 미디어에서 시작됐음을 일깨웠다. 감동을 받은 기자들이 그린햄의 시위자들을 멋진 '어머니들과 할머니들'로 너무 자주 묘사했다. 시위자들이 불평 많은 '레즈비언들과 페미니스트들'이라고 불리는 불리한 평판을 바꾸어 보려는 바람이 오도된 것이었다.

그러나 모성과 가족 문제가 등장할 때, 본성에서 출발하는 논쟁을 거부하고 사회적 '역할들'에 관한 논의를 강조한다고 해도 그렇게 효과적이지는 않다. 제1차 세계대전 동안 「여성과 전쟁(Women and War)」이라는 논문을 저술한 캐서린 E. 마샬(Catherine E. Marshall)의 입장은 결정론적이고도 놀라우리만큼 순진하다는 것을 느낀다. 캐서린은 "여성성 가운데 어머니의 마음은 깊은 심연을 흔들어 왔다. 가족의 어머니이자 가장으로서 필요한 여성들의 경험과 정신적 습성은 더 확장돼 국가라는 위대한 인간 가족 문제에 새로운 빛을 던질지도 모른다."고 말했다(Kamester and Vellacott 1987 : 40). 캐서린의 글에서도 또한 여성들은 국기를 흔들며 전쟁에 참여하도록 남성들을 독려했다. 사라 러딕(Sara Ruddick)은 '모성적 사유'가 평화 정치학의 핵심이라고 논의한 것으로 유명하다. 러딕은 원칙적으로 여성과 남성 모두 엄마 노릇을 실행할 수 있다고 강조함으로써 생물학적인 문제로 취급하지 않으려고 항상 고심한다. 더 나아가 러딕은 돌봄만이 아니라 **아는 것과 행하는 것**에 대한 여성들의 힘(powers)을 증가시켜 모성적인 행동에 잠재해 있는 평화성을 현실화시키는 것은 오히려 **페미니즘**이라고 말한다(Ruddick 1989 : 242). 그래도 반전활동가들은 사라 러딕과 다른 페미니즘 저자들이 쓴 이러한 글들을 읽고 서로 토론하면서 입장이 나뉘었다. 모성을 정치적으로 활성화하는 것이 결국 여성의 자율성뿐만 아니라 평화를 위해 도움이 되는 것인지, 방해가 되는 것인지 때론 확신하지 못했다.

내가 볼 때, 페미니즘 사상가인 안나 호나스도띠르(Anna Jónasdóttir)는 더 진전된 논의로 우리를 이끈다. 호나스도띠르는 생물학/자연에 대한 호소나 여성의 사회화에 중점을 두는 논쟁의 방향을 바꾸어서, 여성들이 돌봄을 행하거나 섹스와 사랑을 할 때, 여성만의 특징이 있다는 지적은 **적절하지 않다**고 말한다. 중요한 것은 노동자의 노동력이 생산도구를 소유한 자들에게 **착취당하는** 것만큼 "여성이 가진 사랑의 힘(power)이 남성으로부터 착취당하는 것이야말로 오늘날 흔히 볼 수 있는 섹슈얼한 관계성의 사회적 형태"라는 점이다. 여성의 사랑은 여성을 존재하게 하는 조건으로 인해, 여성을 지배하는 남성 권력의 자원이 된다(Jónasdóttir 1994: 223).

남성의 섹스/성폭력

여성들이 또 다른 여성들로 하여금 군사주의와 전쟁에 반대하도록 추동하고 조직하는 다른 중요한 요인은 군사화된 맥락에서 일어나는 남성의 폭력, 특히 남성의 섹스/성폭력에 대한 경계심이다.[30] 1990년 중반에 보스니아와 르완다의 대학살에서 끔찍한 강간이 발생하자 세계적으로 반전운동을 하는 여성단체들은 강간을 저항의 중심에 두었다. **모든** 전쟁에서 통상적으로 지나쳤던, 남성이 여성에게 가하는 만연한 성적 학대 문제가 여성들의 항의와 미디어의 관심으로 대중적으로 알려졌다. 과거나 지금이나 많은 반전활동가들은 자신의 나라에서 일상적으로 일어나는 폭력의 생존자들을 지원했다. 전쟁과 전쟁 이후 상황을 연구하는 페미니스트들은 '군사화된' 상황과 '시민적' 상황에서 일어나는 여성에 대한 성폭력이 강하게 연관돼 있음을 보여 주었다. 조오르게트 물하이어(Georgette Mulheir)와 트래시 오브리언(Tracey O'Brien)은 1990년대 후반 북아일랜드와 크로아티아에서 사례 연구를 했다. 그들은 무력 분쟁이 일어나는 동안이나 전쟁 후에 사회적 폭력이 발생한다면, 여성에 대한 남성 폭력이 더 빈번해지고 더 심각해진다는 여타 연구 결과들을 확인해 주었다. 무기를 소지한 남성들은 아내와 파트너를 겁주는 데 이를 사용하곤 했다. 그들은 전쟁 시에 발생하는 여성에 대한 남성 폭력과 평화 시에 일어나는 남성 폭력 사이 연관성이 자연스럽거나 변화지 않는 남성성의 특징이 아니라 권력 구조의 표현이라는 점을 이론화했다. 곧 "전쟁이나 알코올, 스트레스, 경제적 빈곤과 같은 공동체 내의 갈등은 폭력을 유발하는 요인이 될 수 있다. 그러나 여성에 대한 폭력의 근원적 원인은 개인적 차원에서 여성에 대한 권력과 통제를 지속시키고, 또한 가부장적 체제에서 남녀의 집단적인 권력 불균형을 유지하려는 몇몇 남성의 필요에서 온다."(Mulheir and O'Brien 2000: 156)

여성에 대한 남성의 섹스/성폭력에서 자유로운 공간은 거의 없다. 영국의 경우를 보라. 영국은 가장 빈곤하고 스트레스가 많고 가장 군사화된 사회가 아니다. 그러나 경찰의 기록을 보면, 2004~2005년에 영국과 웨일즈에서 일어난 폭력 범죄가 103만 5046건이며, 성범죄가 6만 946건이었다. 대표적인 해를 보면, 폭력 범죄자의 90퍼센트, 성범죄자의 99퍼센트가 남성이다. 일주일에 평균 두 명의 여성이 남성 파트너나 옛 남자 친구에게 살해당한다(Home Office 2006). 이러한 통계 수치는 반복돼 발표되지만 의문스럽게도 여론에 거의 영향을 미치지 못한다(여기서 내가 익숙한 영국의 경우만 말한다). 남성 폭력의 현실은 여성의 개인적 삶을 형성한다. 우리는 어떻게 폭력적인 남성으로부터 우리 자신과 우리의 딸들을 최선으로 보호할 것인가를 지속적으로 생각한다. 물론 남성들도 염려한다. 그리고 남성과 소년들도 강간에 노출돼 있다. 그러나 그들이 두려워하는 강간 가해자들은 남성이다. 그들이 다른 유형의 폭력을 두려워할 때조차도 상상하는 가해자는 남성이다. 남성이 여성을 불안하게 하는 방식으로 여성이 남성을 불안하게 하지는 않는다. 그런데 사회적 차원에서 남성의 폭력은 삶의 엄연한 사실로서 당연하게 여겨진다. 그것은 변화할 수 없고, 그래서 도전할 만하지 않는 것으로 취급한다. 영국에서 활동하는 페미니스트 사회학자인 앤 오클리(Ann Oakley)는 아래와 같이 기술한다.

> 여성이 만약 남성이 하는 정도로 살인을 하고 피해를 준다면, 우리는 여성들이 정말 미쳤다고 말할 것이다. (아니면 호르몬의 대역병에 걸렸다고 말했을 것이다.) 과거라면, 우리는 여성들을 악마라고 부르고 마녀라며 불태웠을 것이다. 그러나 우리는 그렇게 하지 않을 것인데, 이는 그러한 행동을 평범한 인간 행동으로 용인하고 정당화하기 때문이다. 우리는 남성 범죄의 개별적인 사례들을 새로운 현상을

포착한 병리학으로 취급할지 모른다. 그러나 여전히 우리는 남성 집단이 왜 이런 식으로 행동하는지를 조금이나마 생각해 볼 시도도 하지 않은 채, 생활의 일상적 한 부분으로 그냥 받아들인다.(Oakley 2002 : 46)

미디어는 남성들이 여성들에게 가하는 강간과 성애화된 살인 사건들을 보고하고, 때로 선정적으로 다룬다. 또한 폭력에 관해서는 '난폭한 청년', '비디오 게임들', '인종차별적인 공격' 그리고 '권총 범죄'로 그저 그렇게 표현된다. 그러나 이러한 현상을 남성의 폭력으로, 특별히 성폭력으로 문제화하거나, 이를 양산하고 부추기고 면책하는 문화를 남성성이라고 보는 것에 대해 문제를 제기하는 사설을 우리는 보지 못한다. 남성성을 극복하려는 **정책적 관심**은 없다. 남성 폭력은 너무나 많이 일어나므로 이에 드는 사회적 비용과 사회적 불안이 높으나 행복한 삶의 질을 낙후시키는 일에 대한 정책적 관심은 부재한다. 이는 가부장적 권력을 휘두르는 사람들이 정치적으로 무능하기 때문이다. 가부장적 권력은 오래된 수단 가운데 하나인 남성 폭력을 병리적 현상으로 만든다.

런던과 같은 도시에는 여성에 대한 남성의 섹스/성폭력이 만연하기에, 전쟁 시 발생하는 남성의 성폭력을 비판하는 반전운동은 대중적인 항의 시위로서 설득력이 있다고 보일 수 있다. 그러나 현실은 다르다. 런던의 위민인블랙은 군사화된 남성성과 이러한 성향이 남성의 성폭력에 깃들어 있다는 점을 대중적으로 부각시킬 것인가 아닌가에 따라 입장이 나뉘었다. 대중이 관습적으로 기피하는 주제이기 때문이다. 분석이 부족해 사건을 이해하지 못해서가 아니다. 과거에 일어난 성적 학대(제2차 세계대전 때 일본군에 의해 조직된 일본군 '위안부' 제도)나 먼 옛날 '나쁜' 남자들의 성적 학대에 주목하는 것은 가능하다고 느낄지도 모른다. 예를 들면, 최근 몇 년 북멕시코와 현재 과테말라에서 유행처럼 일어나는 강간과 고문, 음핵 제거, 여성 살해에 관해 우리는 e-네트워크에서 문제의 진실을 규명하고 정의를 요구하는 운동을 세계적으로 연대해 펼쳤다. 그런데 당대 유엔평화유지군의 '좋은' 군인들이 전쟁 지대에서 여성을 학대한 일을 상세히 기록한 것을 보고 이 일을 문제 삼아 비판하는 운동에 대해선 주저되는 측면이 있다. 우리 '편' 군대에서 일어나고 우리 '편' 군인들이 저지른 강간과 성희롱에 대한 사안을 바로 우리 문제로 가져오는 일은 한결 더 어렵다. 가장 어려운 경우는 군사주의와 전쟁을 반대하는 운동 집단 내에서 일어나는 폭력 사건이며, 우리 도시에서 일어나는 강간과 성적 살해에 관한, 주간·연간 통계를 주시하는 일이다. 현실적으로 생각하면, 비판적 이목을 모으고자 남성과 남성성을 부각시키는 일이 불필요하게 행인들의 성질을 돋우고, 공감을 잃게 하며, 군사주의와 전쟁이라는 '주 메시지'에서 관심을 딴 데로 돌리게 할 수도 있지 않을까 두렵기도 하다.

다른 나라에서는 상황이 다르다. 인도의 여성활동가들은 집이나 지역사회, 그리고 국가 간 전쟁에서 일어나는 여성에 대한 폭력을 주저 없이 공개적으로 반대한다. 6장에서 언급한 여성조직 비모차나(Vimochana)는 위민인블랙 시위를 방갈로르에서 조직했다. 비모차나가 말했던 폭력의 규모와 성격은 그들이 최근 몇 년 동안 활동한 내용을 담아 인쇄한 여러 소책자를 통해서 분명하게 알게 됐다. 그들이 문제 삼는 폭력은 글로벌한 사회의 차원에서 일어나는 구조적 폭력과 전쟁에서부터 인도의 가정과 거리에서 일어나는 개인적이고 공동체적 폭력을 망라한다. 오늘날 인도에서는 나라의 자원을 통제하려는 시도가 외국 자본의 형태로 계속되기에, 비모차나는 제국주의의 폭력에 대해 강하게 비판한다. 비모차나는 인도와 파키스탄 국가들이 취하는 공격적인 태도와 핵무기 프로그램에 항의하며 군사주의와 전쟁 문제를 다룬다. 미국이 '테러와의 전쟁'을 선포하자 이에 협력하는 인도 정부의 반응에 대해서도 비판했다. 카슈미르와 동북 국가들같이 민족자결권 운동이 억압받는 지역에서는, 정부군과 무장 세력들에 의해 자행되는 강간 사건도 광범위하게 일어나는데, 비모차나는 인도 군대가 이 지역에서 몽땅 철수해야 한다고 요구한다. 그들은 무슬림, 타밀, 달리트(불가촉천민), 그리고 아디바시스(부족민)에 대한 폭력이 계속 일어나는 것에 대해 비난한다.

비모차나는 젠더 관점으로 국가와 공동체가 보여 준 폭력의 성격을 분석한다. 비모차나는 인도가 무기를 최고의 가치로 여기는 것에 대해 '마초'의 자세라고 묘사하며, 파시즘적인 힌두뜨와(Hindutva) 운동을 '초남성적'이라고 말한다. 비모차나가 가장 관심을 두고 그 이유를 잘 해명하는 분야는 다름 아닌 가족과 재생산 관계에서 일어나는 가부장적 폭력에 관한 것이다. 비모차나 여성들은 좌파 핵심 세력과 연계하면서 그들과 공동의 입장을 가지고 이러한 분석을 공유하나, 이들과 구별되게 여성들의 조직이라는 성격을 고수한다. 그래서 남성 폭력에 의해 희생된 여성 생존자들의 거주 센터를 앙갈라(Angala)라는 이름으로 운영한다. 강간과 어린이 결혼 문제 외에도, 비모차나와 앙갈라는 지참금 살해와 명예 살인 문제에도 전념한다. 그들은 자신들이 발행한 한 소책자에서 "소비적이고 공격적이며 마초적인 성향이 점점 강해지는 사회에서, 그리고 관용 없는 사회에서 폭력이 엽기적인 새로운 형태로 급증하는 현실"에 관해 주목한다.

그래서 방갈로르(Bangalore)의 이 여성들은 폭력을 연속선으로 보고, 폭력의 모든 영역을 다루는 비폭력적이고 창조적인 방법을 찾는다. 나는 마두 부산(Madhu Bhushan)이 다음과 같이 언급했던 것으로 기억한다. "우리는 전쟁에 반대하는 여성으로서 출발하지 않았어요. 여성에 대한 폭력을 반대하는 여성으로서 출발했어요. 이를 통해 우리는 더 넓은 사회 안에서 폭력에 반대하는 입장을 취하게 됐어요." 그들이 내건 슬로건 가운데 하나는 "폭력 없는 가정은 폭력 없는 지역사회를 만든다. 폭력 없는 지역사회는 폭력 없는 세계를 만든다."이다.

'여성들만으로' 조직하다

국제 네트워크인 위민인블랙은 그 이름이 말하듯이, 여성들의 네트워크라는 점을 공언한다. 그런데 위민인블랙 지역단체에서 활동하는 한 여성은 자기 나라에서 공개 시위를 할 때, 남성들도 얼마든지 여성들과 함께 거리에 서 있었다고 말한다. 2004년 12월에, 나는 위민인블랙이 거리 시위를 할 때 남성들을 가담시키느냐 아니냐에 대한 문제를 가지고 내 개인 웹사이트에 토론의 장을 열었다. 왕성한 논쟁이 잇따랐다. 나는 이 웹사이트에 게시된 글과, 다양한 집단들과 인터뷰하면서 들었던 이야기들을 여기에 서술하려 한다.

공적 영역에서 여성만의 공간을 유지하자고 주장한 사람들은 요즘에도 여성만의 공간이 드물다는 점을 일깨워 준다(웹사이트에 기고한 두 명의 남성도 이 입장이다). 그리고 그러한 공간은 수십 년 동안 여성들이 투쟁해 어렵게 성취한 귀중한 것이라는 점도 상기시켜 주었다. 주류는 이를 잘 용인하지 않으므로 우리는 이 공간을 고수해야만 한다. 오늘날 반전여성운동에서 많은 여성들은 처음에는 조직에서, 좌파 정당에서 그리고 계속해서 주류 반전운동에서 이를 경험한다. 여성들은 그들이 과시하는 방식으로 사안을 다루고 또한 페미니스트들이 선호했던 것과는 매우 다른 권력을 사용하면서 '가부장적 모델을 재생산한다'는 것을 알았다. 더욱이 주류 반전운동은 군사주의와 전쟁에서 드러나는 젠더 문제를 거론하지 않는다는 것도 보았다. 남자들은 문제를 해결하는 일보다 지도자가 되려는 데 더 관심이 있었다. 그리고 남성적인 태도와 문화를 비판적으로 살펴보는 데도 전혀 흥미가 없었다. 그들은 경찰이나 반대자들과 대립할 때 사용되는 폭력에 대해서 관대하거나 도리어 폭력을 유발했다.

이러한 일들을 겪으면서, 여성들은 (한 스페인 위민인블랙 단체가 내게 우스갯소리로 말했던) '가부장적 독소'를 피하고자 남성과 분리된 조직을 형성했다. 여성들이 운동을 할 때, 자율적으로 사유하고 그 방법과 수단을 자유롭게 선택하는 일은 (우리가 이미 6장에서 보았듯이) 여성들만의 단체에서 보장될 수 있었다. 게다가 남성들과 공간적 거리를 유지하니, 개인의 고민거리를 표현할 수 있는 안전한 공간을 창출할 수 있었다. 여성들 간에 차이가 나는 경험과 가치들에 관해 여성들은 더 자신 있게 받아들이고 그것이 무엇인지 탐색할 수도 있었다. 이러한 이유들로, '여성들만'의 조직이 되는 것을 차별이라고 이해해서는 안 된다.

마리아 에우헤니아 산체스(María Eugenia Sánchez)가 라루따빠시피카의 행보를 어떻게 묘사했는지(1장) 떠올려 보라. "여성들만의 조직이 되는 것은 정치적인 선택이다. 그것은 **배제**가 아니다."라고 기술했다.

그러나 반면, '남성 사절(no men)'이라고 말하는 것에 대해 불편함을 느끼는 여성들도 있다. '환영한다(welcome)'라고 말하는 것을 그냥 단순히 친절함의 문제로 보는 것 같다. 여성들이 말하길, 시위나 여타 행동을 하는 장소에 접근하는 대부분의 남성들은 때로 매우 도움이 필요한 참전 퇴역 군인들이다. 그들은 조용했다. 문제를 일으키지 않았다. 전쟁 때문에 상처를 받은 남성들에게 관대하게 응대하는 것은 옳은 일 같았다. 그것은 폭력의 순환을 깨는 데 기여하는 한 방식일 수도 있었다. 그러나 어떤 여성들은 남성들이 한편으로는 돌봄 노동과 애정을 소홀히 하고, 다른 한편으로는 적극적으로 비폭력을 행사하지 않는 것은 책임을 기피하는 일이라고 말한다. 제1차 세계대전이 한참 주창됐을 때, 헬레나 스완위크(Helena Swanwick)는 "남성들이 자신의 목적인 삶의 책임을 놓아버렸다."고 썼다(Oldfield 2000: 13). 이는 『엔 삐에 데 빠쓰(En Pie de Paz)』에서 일했던 여성들을 생각나게 한다(6장을 보라). 이 여성들은 반군사주의 저널을 남성들과 함께 발행하려 했다. 왜냐하면 "평화를 이루는 책임은 여성들에게만 있는 것도 아니고, 모든 과제를 여성들이 다 하고 싶지도 않기 때문이다. 그래서 남성들과 함께 일한다." 그러나 우리가 보았듯이, 역설적이게도 여성들은 남성들과 투쟁한다. 남성들은 평화를 위한 일은 맡으면서도 자녀 양육은 거부했기 때문이다. 오늘날, 일부 여성들은 남성을 배제하기보다는 독려해서 우리와 나란히 평화운동을 하고, **또한** 동시에 한층 평등하고 덜 정형화된 성 역할을 수행하도록 해야 한다고 느낀다.(이러한 문제에 대해, 남성을 포함해 여성만의 조직을 반대하는 사람들은 우선 남성 지배와 여성억압에 관한 사안을 가지고 **상호적으로 함께** 일한다면—남성들은 눈에 보이는 것들도 거의 하지 않을 것이지만—남성들의 의지를 보여 줄 수도 있지 않을까라고 제안한다.)

위브 단체들이나 일부 윌프 단체들에 참여하는 몇몇 남성들은 여성 회원들의 남편들이다. 그러다 보니 그 남성들의 지원과 존재를 거부하는 것은 인색한 것 같다.(어떤 여성들은 이것을 보고, 이성애 부부 관계가 여성이 독립적으로 행동할 능력을 치명적으로 약화시킨다고 비난한다.) 걸프만 위민인블랙에서 어떤 남편들은 다른 남성 지지자들과 함께 활발하게 활동했다. 여성들은 남성들을 입회시킬 것인가 아닌가를 둘러싼 어떤 긴장감을 느꼈다. 그러나 여성들은 남성들을 동맹자로 받아들여 긍정적으로 그 문제를 해결하기로 했다. 동시에 조직의 결정권은 여성들에게만 주었다.(그러나 다른 조직의 어떤 여성들은 결정권이 박탈된 회원이 있다는 것은 부당하다고 느끼며, 남성들이 온전하게 회원이 되든지 아니면 완전히 나가든지 둘 가운데 하나여야 한다고 말한다.) 걸프만 위민인블랙은 남성들이 단체에서 적극적으로 헌신한다고 평가했다. 그런데 여성들이 남성들에게 자긍심을 가질 또 다른 이유가 있었다. 마린 카운티(Marin

County) 여성들의 사진을 보고 우리 모두는 깜짝 놀랐다. 걸프만 남성들이 연푸른 초원 위에서 'peace(평화)'라는 글자를 전라의 몸으로 만들어 찍은 사진이었다. 소위 '발가벗은 목격자(Baring Witness)'로서 반전을 대중적으로 홍보하기 위해 이목을 끄는 행위였다. 이는 카메라 앞에서 (옷을 벗고) 여성들의 몸처럼 취약하고 여린(pink) 몸으로 자신의 간절한 열망을 표현하는 하나의 도전이기도 했다.

여성들이 단체에서 남성들을 아우르는 것에 찬성하는 두 번째 이유는 정서보다는 논리에 더 호소하는 것으로 완전히 다른 이야기이다. 이것은 젠더에 대한 포스트모던적인 이해를 반영한다. 여기에는 섹스가 생물학적인 남성과 여성이고 젠더는 문화적인 남성성과 여성성이라며, 섹스와 젠더를 엄격하게 분리하거나 보완적인 것으로 이해하는 전통적인 입장에 대한 비판이 담겨 있다. 반면 이러한 분석은 생물학적인 섹스를 불분명하고 모호하며 사회적으로 영향을 받는 주체로 재현한다. 그리고 젠더를 사회적으로 구성됐을 뿐 아니라 수행하는 주체, 고정되지 않고 유연하며 항상 다변적이고 종종 임의적인 주체로 나타낸다(Butler 1992).

이러한 관점에서 다양하게 자신을 정체화하는 개별 회원들은 내 블로그에서 '여성(woman)'이라는 범주에 대해 문제를 제기하며 위민인 블랙 단체들을 오직 여성들만의 조직으로 분명하게 한정해서는 **안된다**고 논쟁했다. 게다가 우리 단체들을 개방하면서, 본질주의의 또 다른 범주인 '남성들'만을 단순하게 포함시키는 것만으로도 안 된다. 우리는 자의든 타의든 레즈비언, 게이, 양성애자, 트랜스섹슈얼, 트랜스젠더 그리고 인터섹스(여성과 남성의 생물학적 특징을 다 가진 사람―옮긴이)를 염두에 두면서 누구든 환영해야만 한다. 뉴욕의 유니온광장 위 민인블랙에서 활동하는 나오미 브레인(Naomi Braine)은 이런 점을 아주 설득력 있게 논했다. 이 단체의 회원은 12명인데 그중 10명이 레즈비언이다. 그리고 내가 2004년에 그들을 만났을 때, 시위에 적극적으로 참여하는 사람들의 3분의 1도 역시 그랬다. 시위를 지지하는 남성들 가운데는 여러 명이 게이였다. 그렇다고 해서 그 단체가 레즈비언 정치학을 표명한다는 뜻은 아니다. 나오미는 이렇게 말한다. "우리 가운데 대부분은 유대인이에요. 우리를 추동하는 건 **유대인**으로서 겪는 경험이에요. 레즈비언으로서의 경험이 아니에요." 그리고 사실, 단체의 어떤 회원들은 나오미가 말하는 단체의 성격에 동의하지 않았다. 그러나 나오미는 "평화를 지구의 모든 엄마들이 가진 소질인 양 여기며 여성을 평화로 예찬하는 것"을 피하려 했던 특정한 정치학을 단체의 '퀴어 감수성(이성애주의 사회에서 성적 소수자들의 존재를 둘러싼 사회적 차별에 대한 의식—옮긴이)'이 보장하리라고 자평했다. 그리고 나오미는 전쟁에 관한 한결 정교한 젠더 논평을 생산하는 데 능했다.

  젠더 포괄성을 잘 보여 준 사례는 베오그라드에서 2004년도에 인터뷰를 했던 보반 스토야노비치(Boban Stojanović)의 경우이다. 그는 후에 제네우스르놈(Žene u Crnom)에서 겪었던 긍정적인 경험을 자세하게 내 블로그에 썼다. 보반은 젊은 게이인데, 어릴 때 폭력적 아버지가 무서웠고 자신이 세르비아 군대로 징집될 날이 임박하자 매우 두려웠다. 제네우스르놈에 연루된 몇몇 탈영자와 병역거부자들은 원칙에 의거한 '불복종'에 참여하도록 그를 도왔다. 보반은 입영만이 아니라 자신에게 요구된 모든 군사적인 것들을 거부했다. 그는 결국 '정

1981~1994년, 그린햄 커먼의 평화 캠프에서 남성을 배제하겠다는 결정이 만장일치로 이루어진 것은 아니었다. 그러나 여성들만으로 하자는 선택은 결정적으로 비폭력, 상호 신뢰, 효율성을 가져왔다. 위와 옆의 사진은 1983년 7월, 여성들이 차량 통행을 몸으로 막기 위해 핵무기연구소 안에서 그리고 연구소에서 나오는 길바닥에 드러누운 모습이다.

서적 미성숙자'로서 면역을 받았고, 이 결과를 얻기까지 얼마나 언어적·물리적 폭력을 당했는지 충격적인 이야기를 들려주었다. 그래서 보반은 위민인블랙의 활동가가 됐다. 그는 활동을 시작할 때, 책부터 읽었다. 그는 위민인블랙이 그냥 여성들에 관한 조직이 아니라 총체적인 시민적 가치에 관심을 가졌다는 것을 알았다. 처음부터 그는 이렇게 말한다. "여기 사람들은 나를 받아 주었어요. 날 안아주고 키스하고 말을 걸어오곤 했어요. 다른 세상 같았어요. 나는 내가 게이라는 것을 말하지 않았어요. 그러나 사람들은 그것을 알았고, 그래도 나를 이상하게 쳐다보지 않았어요. 나는 정말 이 단체를 돕고 싶었어요. 지원도 하고 상근자로서 일하고 싶었어요. 내겐 가치들이 매우 소중하죠. 내 삶은 완전히 변했어요. 내 삶을 위해서 그냥 여기 있고 싶다는 것을 깨달았죠. 위브는 활동가로서 내가 처음으로 일한 단체이자 마지막이에요. 다른 곳에 가고 싶지 않아요."

보반은 위민인블랙에 가입할 수 있는 전망을 처음 보았을 때, 스스로에게 이렇게 말했다. "난 남자인데 어떻게 여성단체에 있을 수 있지?" 이제 그는 이것을 '편견'이라고 부른다. 요즘 그는 페미니즘과 반군사주의가 절대적으로 여성들의 가치라고만 볼 수 없다고 생각한다.

> 여성들은 세계적으로 확실히 주변화된 집단이에요. 으뜸이죠. 여성들 다음으로 '다른' 남자들이 있고 …… 게이, 감수성 있는 남자, 반성 차별주의자, 반민족주의자 등으로 이어지지요. 지리학적으로 베오그라드 위민인블랙이 활동하는 공간은 10년 넘게 전쟁과 군사화에 오염됐어요. 그래서 다양성을 받아들이지 못하는 정도가 높

죠. …… 성적 지향의 문제이든 또 다른 문제에 헌신하든, 모든 활동가들은 가부장적 억압이라는 것을 다 느끼죠. 그래서 우리 위민인블랙에 다 함께 있는 거예요. (특히 자신이 직접 느꼈을 때) 가부장제에 저항하고 그 토대를 침식시키며 끊임없이 불안정하게 만드는 거죠. 그래서 가부장제를 지적하고 우리가 가진 다양성을 정치적 행동의 한 요소로 변형하는 겁니다.

보반은 "난 여성들 사이에서 더 안전하다고 느끼죠."라고 말한다. 그렇다고 해서 베오그라드 위민인블랙이 피해자화된 게이가 다른 남성으로부터 보호를 받을 수 있다고 느낄 수 있는 공간은 아니다. 제네우스르놈이라는 단체는, 주변 사람들을 그냥 **반민족주의자**들라고 생각하듯이 **동성애 혐오를 반대할** 사람이라고 믿으며, 여성들과 남성들이 똑같이 어떤 방법을 선택하든 자신의 섹슈얼리티를 개인의 관심사로 여기며 살아갈 수 있는 공간으로 존재한다.

여성들의 공간을 쟁취하려는 이 조용한 투쟁에서, 두 가지 다른 종류의 경험을 기반으로 하는 젠더 차별화를 볼 수 있다. 다르게 말하자면, 우리가 이미 잘 아는 것처럼 모든 여성들이 동일한 위치성과 관점을 가지지는 않는다. 어떤 이는 남성성과 여성성이라는 상호 보완적인 정체성에서 출발하는 삶을 살아야 한다. 이들은 이분법적인 젠더를 자연스러운 것으로 보지 않고, 빠져나갈 수 있고, 비웃을 수 있는 통치자의 규범으로 이해한다. 결국 많은 사람들은 자신의 정체성 때문에 고통을 받고 자신의 권리를 위해 투쟁해 왔다. 그러는 동안 대다수 사람들의 자아감은 여성과 남성으로서 스스로 정체화하거나 자기 동일시를 하도록 요구하는 사람들 틈에서, 많은 레즈비언과 게이들을 배제하지 않은 채 어쩔 수 없이 여성 아니면 남성이 된다. 여성은 남성에게 억압을 받은 경험을 가진다. 많은 여성들은 성적 학대를 경험한다. 그들이 자신의 위치성에 따라 제시되는 정체성을 확언하고, 여성으로서 자존감을 형성하며, 다른 여성과의 연대를 찾는 일은 의미가 있다. '정체성의 정치학'은 고정적이고 배타적인 범주에 의존하는 위험성을 가졌으나, 아이리스 마리온 영(Iris Marion Young)이 말한 '유사성에 대한 주관적인 확인'은 '여성(women)'과 같이 억압받는 집단의 경우에 적절히 들어맞다고 여성들은 생각한다. 젠더가 사회적 구성물이라는 점은 의심할 여지가 없다. 여성들은 젠더가 매우 다양한 방식으로 오랫동안 지속하리라고 여기며, 동성애 혐오에 대해서도 강하게 반대할 것이다. 그러나 이러저러한 이유 외에도, 실용적인 면에서 여성들은 정치적으로 효과적이고 생산적이기 위해 여성들만의 조직을 만들려 한다.(게다가 솔직하게 말하면, 그것이 더 편안하다.)

병역을 원하는 여성과 회피하는 남성

젠더를 어떻게 이해하는가?(본질주의 입장에서 보는가, 아니면 사회구성론적 입장에서 보는가?) 이는 병역 문제를 어떻게 다루는가 하는 문제에서도 나타난다. 꼭 남성만이 아니라, 일반적으로 여성이 군대와 상관없다는 점을 논증하고자 하는 사람들은 "남성들은 전쟁을 만드는 자이고, 여성은 다르다."라는 결론으로 쉽게 비약한다. 하지만 그렇게 단순하지는 않다. 물론 여성활동가들은 모든 국가의 군대는 대부분 남자들로 병력 충원이 이루어진다는 것을 안다. 그리고 소년들은 이것이 자연스럽고 바람직한 것으로 여겨지도록 길러진다. 군대에서 명령을 내리는 사람이나 전쟁을 일으키는 정치 결정권자들은 대부분 남자들이라는 점도 점차 중요하게 알려졌다. 그렇다고 해서 여성이 남성보다 타고난 평화론자라고 표현하는 여성활동가들은 없다. 오히려 군에 입대하는 여성의 수가 늘어나고, 소녀들이나 여성들 가운데는 개인적으로 폭력적인 여성이 있고, 호전적인 지도자들 가운데도 여성이 있다는 점을 종종 보았다. 신시아 인로의 글이 많이 읽혀진 만큼, 우리는 어떻게 군사주의가 사회에 만연했는가를 이해하게 됐다. 남성들만큼이나 여성들도 군사주의는 어쩔 수 없다는 것에 설득돼 우리에게 요구하는 많은 것들에 대해 자발적으로 반응한다(Enloe 2000).

군인이 되고자 하는 여성들의 열의를 생각해 보라. 서구 군대에서는 여성들의 비율이 증가한다(Isaksson 1998). 우리는 여러 세기를 걸쳐 러시아, 중국, 북베트남, 이란, 그리고 여러 혁명군이나 저항군에서 군복무를 했던 여성들의 이야기를 듣는다(Hacker 1998 ; De Groot and Bird 2000). 반군사주의자로서 이런 일을 보면, 반사적으로 유감스러운 마음이 생긴다. 그러나 페미니스트로서는 그 이유가 이해가 된다. 여성들, 특히 소수 종족 여성들은 남성들만큼이나 실직을 경험한다. 그래서 그들에게 군이 제공하는 급여는 중요하다. 어떤 여성들은 군복무를 하면서 부딪치는 모험과 자신을 증명할 기회를 간절히 원한다. 게다가 (우리가 아는 것처럼 이스라엘을 포함해) 많은 나라에서 병역의무는 문자적으로나 비유적으로나 온전한 시민권을 가질 수 있는 조건이다. 이러한 환경에서 여성들이, 시민으로서 해야 할 책임성을 동등하게 이행하고 있음을 논증해 차별적 권리 문제를 해소하려는 시도로 군인이 되려고 한다면, 이해할 수 있다.

이는 여성들이 생활에서 페미니즘 이론을 활용하는 또 다른 모순이다. 아이린 로즈 페인만(Irene Rose Feinman)은 페미니스트와 반군사주의자의 관점에서 여성들의 군사화가 지니는 의미와 그것이 군대에 미칠 수 있는 영향에 관해 조심스럽게 평가한다. 그녀는 페미니즘이란 여성을 군사주의와 가깝게도 멀게도 할 수 있다고 결론짓는다. 우리는 여성이 군복무를 하는 것을 금지해서는 안 되고, 그로 인해 여성의 주변화에 기여해서도 안 된다. 오히려 우리는 시민권을 재정의해야 한다(Feinman 2000). 게다가 군대에 들어가는 여성들을 보면서 페미니스트들이 모순적인 감정을 경험하듯이, 또한 군인이 되는 여성들도 다른 방식으로 모순된 경험을 갖는다. 카일라 윌리엄스(Kayla Williams)는 미국이 이라크를 침략한 2003년에, 이라크의 미군 정보기관에 합세했다. 미군의 15퍼센트가 여성이었는데, 윌리엄스는 그중 한 명이었다. 그녀는 후에 이렇게 기술했다. "나는 항상 남자들의 시선을 받은 여자였다. 그러나 나는 팔굽혀펴기를 1분 안에 55개를 한다. 터프, 난 터프한 것이 자랑스럽다. 나는 M-4를 좋아한다. 그 냄새가 멋지다. 청정액 냄새, 화력 냄새가 좋다. 그것은 힘의 냄새이다. 당신의 손에 총이 있다. 그러면 당신은 특별해진다." 그러나 카일라는 여성들의 현실이란 무엇인지를 보여 준다. 그녀는 시민으로 돌아간 지 한참이 된 지금까지도, 때로 말한다. "나는 동이 트기 전에 잠에서 깬다. 그리고 나는 내가 창녀가 아니라는 것을 잊는다." 그녀는 군복무의 기억에 사로잡혀 테스토스테론이 난무한 남성적 세계에서 허우적거렸다. 그녀는 여성 (sex)이라는 이유만으로, 누이로서, 또는 엄마, 마녀, 창녀로 취급을 받았다. "미국 군대에서 여군이라면 경험하는 일들은 섹스를 근거로 한다."(Williams 2005: 13, 18) 군대에서 우연히 성희롱과 학대를 당할 지도 모를 젊은 여성들이 자신의 의사를 분명히 표하도록 도와주는 몇 개의 여성조직을 앞 장에서 살펴보았다.

군대에 참여하려고 애쓰는 여성들이 있는가 하면, 보반처럼 그렇지 않은 남성들도 있다. 여성들이 남성 안에 있는 타고난 호전성에 안주한다는 믿음은 전투를 하지 않을 사람들을 만나면 달라진다. 징병제를 실시하는 대부분의 국가에서 양심적 병역거부를 지원하는 운동이 있다. 반군사주의 여성활동가들은 때로 남성 병역거부자 문제에 자신이 연루됐음을 알게 된다. 때로 이것은 혼성 운동에서 처음 발생한다. 어떤 나라의 경우, 반군사주의 운동을 하는 여성단체들은 양심적 병역거부라는 주류운동에서 활동해 왔다. 이는 제네우스르놈처럼, 개개인의 남성은 여성활동가와 동지로서 잘 어울려 왔다는 것을 뜻한다. 젠더 문제는 종종 농담이 된다. 터키의 전쟁 저항자들은 늠름한 터키 남성들을 군인으로 만드는 터키의 민족문화를 곧바로 문제 삼는다(Altinay 2004). 그들은 이러한 운동을 유머러스하게 펼친다. 남성성, 군사적 특성, 애국주의를 희롱하면서 탈권력화한다. 그들은 내게 '군기행축제(Militourism Festival)'에 관한 이메일을 보내왔다. 축제란 군대가 선호하는 모든 사이트를 방문해 관습적인 상징주의를 전복하는 일이다. 불복종운동을 하는 저항자들은 부모님들이 자랑스러운 마음으로 자식의 입영을 축하하고자 철도역에서 환송하는 관례를 패러

디해, 탈영자들을 비난하는 것이 아니라, "집에 돌아온 것을 환영"하는 축하 의식을 벌였다. 또한 그들은 신병 모집 센터 바깥에 맛이 간 사과 상자 더미를 쏟아 버렸다. 이는 군사적 남성성이라는 궤짝 안에서 '불량한 것들'을 골라내는 신병 모집으로 남성을 분류하는 군의 관례에 가한 쓴소리였다.

이스라엘에 있는 동안, 난 뉴프로파일에서 일하는 렐라 마잘리(Rela Mazali)와 탈리 러너(Tali Lerner)와 이야기를 나누었다. 5장에서 보았듯이, 그들은 뉴프로파일을 이스라엘 사회의 탈군사화에 초점을 맞추는 '남성과 여성으로 이루어진 페미니스트 조직'이라고 설명한다. 특히, 그들은 방위군(Defence Forces) 복무를 거부하는 이스라엘인들을 지원한다. 그들은 혼성 조직이다. 복무를 거부하는 대다수는 남성들이고, 이들 가운데 몇몇은 조직에서 적극적인 회원이 됐다. 남성들은 여성들과 페미니즘을 존중한다. 게다가 뉴프로파일에서 활동하는 여성들은 자신만만하며 운동의 목표를 세우는 틀을 잡고 분석을 주도한다. 나는 렐라와 탈리에게서, 그리고 페레츠 키드론(Peretz Kidron)이 쓴 『불복종 저항자(Refusenik)』라는 책에서 양심적 거부를 하는 방식에도 중대한 차이가 있다는 것을 알았다. 예쉬 그불(Yesh Gvul)이라는 조직은 주로 성인 직업군인들로 구성됐는데, 그들은 국가가 그들에게 요구하는 것 가운데 하나의 사항만을 선별적으로 거부한다. 그것은 점령지에서 복무하는 것이다. 페레츠 키드론(Peretz Kidron)은 이렇게 기술한다.

'선별적 거부'는 논란의 여지는 있지만, 반군사적 저항의 '병기고

420

(arsenal)'에 기여하는 이스라엘 평화운동의 가장 최초의 공헌이다. ······ 군인에게 어디에서든 그리고 명령으로서 병역을 요구하는 법에 도전할 때, 이스라엘 방어군의 불복종 저항자는 모든 면에서 항의하며 개입하지 않는다. 오히려 여타 군대에서는 들어보지도 못한 **뻔뻔스러운 태도**로 장군과 정치가들과 동등한 위치에 자신을 두고 전반적인 정책을 평가한다. 그리고 명령에 복종할 것인지 불복종할 것인지 선택할 특권을 군대가 아닌 자신이 갖는다.(Kidron 2004:55)

그러한 거부자들은 군사적 전통을 거부했든, 국가나 남성성을 거부했든 간에 자신을 반역자라고 생각하지 않는다. 실제로, 마이크 레빈(Mike Levine)은 키드론의 저술에 도움을 준 군인인데, 이렇게 말한다. "나는 이런 거부가 애국적 행위라고 생각한다." 이것은 보반이나 다른 세르비아 사람들이 자신을 '자랑스러운 반역자'로 보거나 무장한 가부장제와 군사화된 남성성을 즐거이 조롱하는 사람으로 말하는 것과는 다르다. 지난해 학교에서 젊은 사람들과 함께 작업을 한 뉴프로파일의 활동은 단순히 점령을 거부한 것이 아니라 이스라엘의 군사주의를 완전히 거부한 것이다. 징집 앞에서 그들은 심리적인 부적격함이나 평화주의적인 양심을 주장할지도 모른다. 그러나 어떤 이들은 그냥 두려워서 벗어나고 싶어 한다. 거부자들의 동기가 무엇이든, 페미니즘을 지향하는 뉴프로파일은 거부자 모두를 기꺼이 지원하는 반면, 예쉬 그불은 그러한 젊은이들을 '기피자'로 보고, 어려운 선택을 하는 군인들과는 구분해 호의적으로 대하지 않는다.

이스라엘에서는 여성도 군복무를 해야 한다. 최근에 처음으로 한 젊은 여성이 '페미니즘 이념에 기초한 양심이라는 이유로' 군 면제를 요구했다. 학교를 그만둔 열여덟 살인 이단 힐럴리(Idan Hilali)는 군 사위원회에 공손하게 아래의 글을 썼다.

> 나는 그냥 남성들이 하는 것처럼, 그리고 여성들이 입대하는 일은, 다른 어떠한 기관에 들어가도, 페미니즘 관점에서 일이 해결되거나, 남녀 동등성을 가져올 것이라고 생각했습니다. …… (그런데 그곳은) 가부장적인 조직입니다. 가부장제는 통제와 권력 지향, 정서 억제와 같은 '남성적인' 가치로 이루어진 위계적인 사회구조를 구성합니다. 군복무는 내 가치와 도덕적 신념과 매우 위배되는 삶의 방식을 강요합니다. 나는 내 가장 근본적인 신념을 부정하고 억압해야 할 것입니다. 나는 내 양심을 그렇게 명백하게 부정하며 살수는 없습니다. 나는 내 도덕관의 기초가 되는 가치를 짓밟는 조직에 복무할 수 없습니다.

이단은 "여성은 본질적으로 반군사적이지 않다. 그러나 군사주의는 본질적으로 반페미니즘적이다."(Oldfield 2000)라고 쓴 시빌 올드필드(Sybil Oldfield)의 말을 이해했던 것이다.

군사주의와 전쟁이 페미니즘을 깨우다

내가 만난 그룹들은 자신들의 행동력과 관련해 광범위하고 다양한 분석들을 했다. 어떤 그룹들은 독서하고 토론하는 일을 좋아한다. 그들은 일간신문과 텔레비전 뉴스를 주시하는 일이 사건을 따라잡고 사건에 대해 적절하게 대응할 수 있는 최선의 방법이라고 생각한다. 어떤 이들은 토론을 하면 할수록, 자신들의 초점을 확대하면 할수록 점점 동의에 이르지 못할 것 같고, 그래서 시급하게 행동해야 할 일들을 놓치지 않을까 염려한다. 또 어떤 단체들은 지적인 활동을 통해 즉각적으로 대응하는 일이 자신들이 반대하며 맞서는 특정한 체제를 이해하는 것으로 본다. 예를 들면, 올더마스턴(Aldermaston)에서 여성들의 평화 캠프를 진행한 여성들에게는 영국의 핵탄두 갱신 프로그램에 관해 계속 업데이트할 필요가 있었다.

한편 어떤 단체는 앞 장에서 보았듯이 페미니즘 이론을 이해하기 위해 많은 시간과 에너지를 들이기도 했다. 이탈리아와 스페인의 많은 여성들은 처음에는 좌파에서 활동했었다. 그들은 자본주의, 계급 관계들, 개혁과 혁명 전략들에 관해 독서하고 토론하고 논쟁해 왔다. 1970년대와 1980년대에 와서는 새로운 페미니즘 저작들에 즉시 눈을 돌렸다. 뉴프로파일은 이스라엘의 '시민화(civil-ization)'를 요구한다. 그들은 분석하고 글을 쓰는 활동을 하면서, 심하게 군사화된 국가에 관해 이야기하고 사유할 때 필요한 예리한 언어들을 이스라엘 여성들에게 제공했다. 베오그라드 여성들은 3장에서 보았듯이 자신을 압도하며 태풍처럼 다가오는 국가주의, 군사주의 그리고 가부장제에 맞닥뜨리자, 이것들에 관해 어쩔 수 없이 생각하고 토론해야 하는 상황에 놓였다. 여성들이 잇달아 그 단체에 가담했을 때, 자신의 삶을 변화시키는 사상을 만났다. 크세니야 포르차(Ksenija Forca)는 코소바 전쟁이 일어났을 때

십대였다. 그가 베오그라드에 있는 여성학센터와 제네우스르놈을 우연히 알게 된 때는 스물한 살에 불과했다. 크세니야는 그게 어떤 건지 이렇게 말했다. "가부장제 이론을 배우는 것은 …… 갑작스레 조각들이 조각 그림 맞추듯이 모이는 거예요. 깨어나는 느낌이었어요."

그렇다면, 어떤 페미니즘이 여성들의 반군사주의 반전운동을 추동하고 확장시키며 관통하는가? 이 연구에서 내가 발견한 페미니즘은 어떤 페미니즘인가? 20세기 초반에, 그리고 1980년대에 다시금 반전운동을 하는 페미니즘과 여타 페미니즘들 사이에 상당한 긴장이 있었다. 1970년대에는 페미니즘 제2물결의 전성기였는데, 여성의 재생산권과 성적 자율성, 남성 폭력을 반대하는 일에 역점을 두고 이를 요구한 시기였다. 그리고 1980년대에는 많은 여성들이 핵 군비경쟁을 반대하는 운동에 가담했다. 그린햄 커먼의 여성평화 캠프가 조직한 '기지를 포옹하라'라는 행동이 있은 후, 몇 달 사이에 약 3만 5000명의 여성들이 핵무기 반대 운동에 깊이 관여했다(6장을 참조하라). 그때 비평적인 소책자가 발행됐는데, 이는 급진적 페미니스트들이 1983년 4월 10일 런던의 여성공간(A Woman's Place)에서 워크숍을 개최한 결과를 모은 책이었다. 저자들은 자신들이 아는 여성해방과 이 여성평화운동 사이에 어떤 공통점도 찾지 못했다. 그들은 제1차 세계대전 초에 선거권 주창자인 일부 페미니스트들이 어떻게 평화운동으로 전환했는지를 상기하면서, 여성들이 1970년대의 역사적 시기에 대단히 큰 소득을 얻은 후 이제 그린햄 운동에서 급진적인 분석이라든가 비판주의, 의식 고양과 같은 '페미니즘 원리와 과정의 손실'을 목격한다고 느꼈다. 그리고 다시금 여성들은 '남성들의 투쟁으로 흡수되고' 있었다. 미래 전쟁이라는 가상적 위협에 쏠리면서 여성들은 여성에 대한 남성 폭력이라는 너무나 직접적인 현실에서 다른 곳으로 관심을 돌렸다. 여기서 여성들은 다시 '세계의 주부'라는 역할을 담당했다 (Breaching the Peace 1983). 그런데 좀 지나서, 캠핑에 참여한 사람들이 이에 대해 말하기 시작했다. 그들은 소책자에서 "페미니즘이 여성의 삶에 진실로 상응한다면, 페미니즘은 여성이 있는 곳에서 살아날 것이다."고 말했다. 한 저자는 "그때 그린햄은 내가 아는 한 세계에서 가장 왕성한 레즈비언 운동의 활력이 됐던 곳이다."라고 덧붙였다. 그린햄의 페미니스트들이 핵군축 운동을 전개하면서 반페미니스트들에게도 대항해야 했는데 우리는 지금도 어쩔 수 없이 여성해방운동을하는 일부 자매들에 대해 변호한다. 그래서 "여성들은 다시 분열됐고, 한 쪽은 남성을 지원했다!"(Raging Womyn 1984)

흥미롭게도, 나는 이러한 분열을 오늘날 감지하지 못했다. 나는 오늘날 활동가들이 가부장제에 대한 급진적인 인식과 군사주의에 대한 근본적인 저항, 이 두 가지를 서로 잘 짜인 구조라고 보며 이를 편하게 여긴다고 생각했다. 그런데 계속되는 전쟁에 직면해 지난 20년 동안 발전한 페미니즘은 어떤 성격을 갖는가? 여성들의 위치와 입장에 따라 차이가 만들어지므로, 페미니즘은 단일하거나 교조적이지 않고, 또한 결코 그렇게 될 수도 없다. 한편, 전쟁 자체를 반대하는 정치적 입장은 어떤 가능성을 그리고 있다. 첫째, 이것은 당연히 **사회구성론**의 입장에 있는 페미니즘이다. 그들은 여성과 남성의 차이가 모든 개인들에게 똑같이 적용되거나 생물학적으로 결정된다고 보지 않는다. 당연히 폭력적 남성성들에 대해 비판을 했지만, 우리는 생활에서 모든 남성들이 폭력을 행사하거나 폭력 문화에 안주한다고 보지는 않는다. 여성들도 폭력적이라는 것을 안다. 어떤 남성성은 군사주의와 전쟁과 인과적으로 얽혔다. 그리고 동시에 우리는 평화를 지지하는 활동가이다. 우리가 남성성(과 여성성)을 단수로서 자연적이고, 천성적이라고 말하며 피할 수 없는 것이라고 믿는다면, 변화는 일어나지 않을 것이다.

둘째, 『평화를 깨며(Breaching the Peace)』라는 소책자에서 저자들이 표현한 두려움과는 달리, 전쟁을 들여다보면, 여성들이 **자신들의 몸과 섹슈얼리티, 재생산력**을 통해 어떻게 억압받고 착취당하는가 하는 점을 면밀히 알 수 있다. 전쟁은 이미 분리된 성의 구분을 더 깊게 분리한다. 여성성과 남성성의 대비를 과장하며 남성 폭력을 정당화한다. 전쟁은 남성들의 권위를 비약적으로 높인다. 그래서 이러한 입장은 여성의 억압을 단지 착취적 경제체제나 불의한 정치제도의 부산물 정도로 보는 게 아니라 그 이상으로 본다는 의미에서 '급진적' 페미니즘이 되기도 한다.

그러나 군사주의와 전쟁을 반대하는 페미니즘은 말 그대로 다차원적이다. 그것은 단순히 '몸 정치학(body politics)'에 불과한 것이 아니라 더 넓은 관심을 포괄한다. 처음에는 **자본주의를 비평하고**, 새로운 형태를 취한 제국주의와 식민주의 그리고 계급 착취, 밀려오는 글로벌 시장들에 관해 관심을 가진다. 이들은 군사주의와 전쟁을 일으키는 원인들과 추진력 틈에서 가시적으로 얽혔기 때문이다. 다음으로, 여러 전쟁들은 국가 내에서 그리고 국가 간의 민족주의를 동반하므로, 이 페미니즘은 **인종/문화/종교/종족**이라는 범주를 염두에 둔다. 계급과 인종은 중요하게 관련된 분야인데, 이 페미니즘은 젠더 관계의 작동을 인지하면서, 어떻게 이 세 가지 분야가 서로 교차하는지 지켜본다.

게다가 '권리'라는 말이 창조되지 않았더라면 우리는 이를 창조할 필요가 분명 있었을 것이다. 이 페미니즘은 전쟁에서 인지되지 않았던 국제적 **인권과 여성의 권리**를 변호하고, 국제적 정의가 발전하도록 옹호한다. 우리가 유엔에서 발로 뛴 여성활동가들의 노고에서 보듯이, 이는 여성들의 주변화와 **정치제도에서 나타나는 과소 대표성**을 감지한다는 것을 뜻한다. 그런데 이것은 분명하게도 **포괄적인**(holistic) **페미니즘**이다. 반전활동을 하는 여성들의 사유는 '급진적,' '사회주의적' 또는 '자유주의적' 페미니즘이라는 용어로 표현된 한정된 범주로 축소될 수 없다. 지금까지 이 책에서 보았듯이, 여성들은 이 모든 통찰력을 사용하면서 조화를 이룬다.

더욱이 예시적 투쟁을 주장하는 여성들의 의지가 여성반전운동에 널리 퍼졌다는 것도 보았다. 이 개념은 우리의 방법들이 목적에 상응해야 하며, **권력이 의미하는 바와 권력 자체가 작동하는 방식을 비판**해야 한다는 점을 암시한다. 이제 권력이란 지배라는 의미에서 역량과 능력이라는 의미로 전환된다. 곧 '지배하는 권력(power over)' 대신에 '이전하는 권력(power to)'을 필요로 한다. 이러한 움직임은 또한 국경을 횡단하면서도, 주권 민족국가 체제를 부정하고 초월하려 한다는 이중적 의미에서 **초국가적**(transnational) **페미니즘**이라고 말할 수 있다. 이 운동을 지향하는 여성들은 페미니즘 리더십을 군사주의와 전쟁 발발의 주요한 출처인 서구 백인 세계의 여성들이 아닌, 전쟁 가운데에 사는 여성들, 더 넓게 말하면 식민 상황과 빈곤 속에 있는 여성들에게 돌리고자 한다.

마지막으로, 이러한 페미니즘은 두말 할 것도 없이, **젠더 권력관계**를 지엽적이거나 우연한 것이 아니라 **체계적인** 것으로 본다. 여성들이 분석한 전쟁 연구를 보면, 남성성들은 구조와 제도 속에 깊이 고착돼서 변화하지 않으려는 내성을 가졌다. R. W. 코넬(R. W. Connell)이 기술한 것처럼, "**남성성의 제도화**는 평화 전략을 위해 주요한 문제이다. 기업, 군대, 일터, 자원 활동, 조직들 그리고 국가는 주요한 활동 현장이다. 군대와 경찰 병력을 포함한 제도의 재구성과 집단 투쟁은 개인 생활을 재구성하는 만큼이나 필요하다."(Connell 2002a : 38, 볼드체 저자 강조) 그래서 **가부장제**는 여성들의 반전활동 과정에서 피할 수 없는 개념이 된다. 군사주의와 전쟁을 양산하고 유지시키면서도 역으로 군사주의와 전쟁 문화를 통해 지속되는 남성의 권력 구조가 지속적으로 적응하며 살아남고자 한다는 점을 여러 단체들은 지적하고 언급하려 한다. 그리고 이를 규명하려 한다.

그러나 문제는 남아 있다. **우리가 하는 운동이** 이러한 페미니즘 분석을 과연 얼마나 뚜렷하게 담보하는가? 페미니즘 성향을 대담하게 표현하는 사람들은 아마 놀랍게도 비모차나와 라루따빠시피카이다. 그들은 지역에서 가장 적나라한 방식으로 남성 우월주의와 민족주의, 군사주의와 폭력에 노출된 자들이다. 이와 대조적으로, 어떤 단체들은 페미니즘의 소신을 '드러내도록 강요당하는' 곤란함을 겪는다. 서구에서는 잠재적 적대감을 지닌, 추상적인 익명의 대중들을 다룰 때가 특별히 어려운 것 같다. 어느 정도 의사소통이 효과적인가 하는 문제이다. 샌프란시스코 위민인블랙에서 활동하는 제니퍼 비치(Jennifer Beach)는 자신들의 현수막과 소책자에 페미니즘적 문구를 왜 넣지 않았는가를 설명했다. "이를 분명하게 드러낸다고 해서 감당할 수 없는 건 아니에요. 그것은 단지 …… 미국 문화가 방송용으로 간단히 줄이는 것을 선호하기 때문이에요. 사람들은 우리가 무엇을 말하는지 알고자 우리를 쓱 쳐다봐요. 아주 짧은 시간의 눈 맞춤이죠! 전쟁, 당신은 찬성할 것인가 반대할 것인가? 이런 식이죠." 또리노에 있는 돈네인네로는 '가부장제'와 같은 개념은 사람들에게 낯설어서 장황하게 길게 설명해야 사람들이 이해할 수 있다고 했다. 그들조차도 추상적인 것보다는 사안들에 초점을 맞추려고 한다. 마르게리따 그라네로(Margherita Granero)는 "우리는 '~주의(이즘)'를 거부해요."라고 말했다. 그래서 나는 확인했다. "당신은 자본주의, 군사주의, 국가주의에 대해서 말하잖아요?" "말하죠." "그런데 사회주의나 페미니즘이라는 말은 사용하지 않나요?" "사용하지 않아요."

사용하지 않는다. 대세에 불리하기 때문이다. 이탈리아 여성들은 1970년대 좌파와 페미니즘 안에서 탄생했다. 그들은 계급 착취와 여성억압에 대해 깊이, 그리고 충분히 이해한다. 그러나 세계가 신자유주의로 전환되면서, 또 자본주의 체제에 대한 어떤 대안에도 신뢰가 가지 않기에, 그들이 발을 디뎠던 사회주의라는 멍석은 그들의 (또는 우리의) 입장에서 밀려났다. 그러나 이 지점에서 내가 그들에게 질문했던 것은 사회주의가 아닌 페미니즘에 관한 것이다. 그러한 점에서 서구에 사는 우리 가운데 많은 사람들이 그러하듯이, 그들은 오늘날 페미니즘에 대한 강력한 반발에 의해 방해 받음을 느낀다. 이는 런던이나 유럽과 미국의 여러 단체들이 군사주의와 전쟁 영속의 주요 요인으로 체계적 남성 지배인 가부장제를 말하나, 그것을 소책자나 현수막, 또는 공문서에 분명하게 나타내지 못하는 이유이다. 마찬가지로, M으로 시작되는 단어들, 남성(men), 남성성(masculinities), 남성폭력(male violence), 여성 혐오(misogyny)도 일상에서 우리끼리 대화를 나눌 때는 통용될지 모르나, 공개적으로 사용하는 것은 어렵다. 우리가 남성 권력을 노골적으로 비난하고, 여성을 이익집단으로 변론하는 데만 빠져 있고, 우리의 인간성과 인간됨을 구체적으로 나타내지 않으면, 세간의 여론은 우리가 모든 남성을 비난하고 모든 여성은 결백하다고 말하는 것으로 오인할 것이다. 우리는 이를 우려한다. 우리가 세력을 모아야 할 때, 당면한 문제('군비를 삭감하라', '무기 거래를 종식하라', '당장 전쟁을 멈추라')를 비껴가면서 주류 반전운동에 불화를 일으키는 것처럼 보일까 염려된다. 그래서 페미니즘 이야기들은 공문서보다는 우리끼리 서로 소통할 때, 페미니즘 분석이 드러나는 글쓰기에서나 나타난다.

9장

젠더, 폭력, 전쟁:
전쟁학에 말을 거는 페미니즘

†

적군의 남성이 소유한 재산이 몰수된다면, 영토 점령은 여성 몸의 식민화를 통해 이루어진다. ……

남성은 여성의 자궁에 있는 아이의 소유자이자, 영토/자궁의 소유자가 된다. '당신은 당신 자궁에 적군의 아이를 임신한다. 어느 날, 내 아기가 당신을 살해할 것이다.'

아이스킬로스는 우리에게 말했다. '그녀는 임신한 배아에 자양분을 준다. 이방인처럼 이제 막 시작된 어린 싹을 보호한다.' 그리고 아이스킬로스 시대에 모욕을 당한 그녀는 이제 같은 모욕을 겪는다. '나는 갈 곳이 없다. 그들은 지금 내가 이방인인 것처럼 나를 쳐다보고 있다. 난 돌아갈 곳이 없다. ……'

아이스킬로스, 아리스토텔레스 그리고 보스니아의 전사들, 이들 모두는 여성의 출산력을 전유하는 데 사로잡혔다. 그들 모두는 남성의 단성생식을 꿈꾼다. ……

그들 모두가 공통적으로 가진 한 가지는 여성을 혐오한다는 것이다. 이는 가장 오래된 혐오증이다.

유고슬라비아 전쟁에서 일어난 강간과 인종 공격에 대한
스타샤 자요비치(Staša Zajović)의 관찰에서(ŽuC 1994: 67)

페미니스트들이 전쟁과 관련해 젠더, 남성성, 가부장제를 언급할 때면, 종종 "큰 그림은 보지 않는다."는 지적을 받았다. 큰 그림이란 국가와 주권, 민족 경쟁, 글로벌한 자본주의를 말한다. 그러나 신시아 인로(Cynthia Enloe)는 "이것이 큰 그림*이라고* 생각하는가?"라고 용감하게 말하는 페미니스트 가운데 한 사람이다(Enloe 2005). 이 장에서 나는 젠더 관계야말로 실제로 군사주의와 전쟁이라는 큰 그림의 주요한 한 부분이라는 점을 논하려 한다. 그렇다고 젠더 관계가 전체를 이루는 이야기라고 말하는 것은 아니다. 전혀 그렇지 않다. 그러나 젠더 관계는 계급 관계들과 종족 민족적 관계들을 따라 분명히 거기에 있다. 젠더 관계는 계급과 민족 관계들과 교차하고 복잡하게 얽히며, 때로는 그러한 관계들을 압도하면서 전쟁이 시작되고, 발전하고, 지속하는 데 현존한다. 여기서 나는 앞 장에서 자세하게 기술한 다양한 반전운동에서 나타나는 페미니즘 입장론을 택한다. 활동가들 사이에서 물음은 계속된다. 전쟁을 어떻게 보는가? 왜 전쟁은 지속되는가? 인류 모두가 5000년 동안 전쟁을 겪으면서 많은 교훈도 얻었고, 사회적, 도덕적 자원이 있는데도, 왜 우리는 시대가 지날수록 끔찍한 시대로 향해 가는가? 왜 우리는 여전히 전쟁을 상상하는가?

전쟁과 안보

: 페미니스트 국제관계학

전쟁이라는 주제에 관해 논쟁하는 모든 이론가들은 아마도 전쟁에 대해 나름대로 정의를 내릴 것이다. 내가 읽은 글들은 대체적으로 전쟁에 대해 이렇게 말한다. 전쟁이란 갈등이 집단적으로 조직된 기획이어야 하고, 잠재적으로 살해할 수 있는 무기가 수반되며, 목적이나 이익을 위해 싸울 뿐 아니라, 가장 중요하게는 사회적으로 승인을 받아야 하는 것이다. 그러하기에 죽이는 행위는 살인으로 간주되지 않는다. 게다가 묘하게도 전쟁은 대적하는 집단끼리 특정한 이해관계를 공유하도록 한다. 그것은 사회적이고, **관계적이다**(참조: Mead 1965; Fogarty 2000). 이런 이유로, 우리는 전쟁이 사회과학에서, 특히 사회학에서 거론되는 주제들 가운데 핵심적인 위치에 있지 않을까 기대할 수 있다. 그러나 최근까지 사회학자들은 이 주제를 역사가들에게, 한편으로는 전쟁 문제가 실제 핵심인 국제관계학에 남겨 놓았다. 국제관계학에서 전쟁이 우연하게 학문적 위치를 잡은 것은 여성의 관점에서 보면 부정적 효과를 가져왔다. 국제 관계 분석자, 정치가, 외교관과 국가 안보 전문가들의 사고는 서로에게 영향을 미쳤다. 바로 그 정치적이고 군사적인 백인 남성 엘리트의 고상한 분위기에서, 젠더 이론은 좀처럼 번성할 것 같지 않았다.

국제관계학자와 실천가들 사이에서 오랫동안 사상을 주도하고 지배하는 학파는 경직된 마인드를 가진 '현실주의'이다. 현실주의가 무엇인가는 한스 모겐소(Hans Morgenthau)가 저술한,『현대국제정치론

(Politics Among Nations)』(1973)에 잘 나타난다. 고전적 현실주의 학파와 오늘날의 '신현실주의자들'은 자신들의 이론을 사회와 정치학에 관한 합리적 이론으로서 조성한다. 이 이론은 자연과학에 근거를 두고, '이해관계'와 '권력'을 핵심 개념으로 한다. 지배하기 위해 경쟁하는 것이 인류 사회에 계속되는 경향이라면, 우리는 각 국가가 그 자체의 생존에 집중할 것을 기대해야 한다. 그래서 신현실주의자들은 전쟁을 불가피한 것으로 제시하려 한다. 어떤 신현실주의자들은 전쟁에 가치를 부여하기까지 하는데, 국가가 자기 이해를 추구하는 것은 도덕적으로 지나치지 않고, 정치적으로 어리석지 않은 행위라고 믿는다.

유독 창조적 활동이 두드러졌던 1990년대 초, 페미니스트 정치학자들은 신현실주의적 세계관을 반박하는 논의에 불을 붙였다(참조: Grant and Newland 1991; Peterson 1992; Tickner 1992; Peterson and Runyan 1993; Whitworth 1994; 특히 내가 여기에 기술했던 모겐소에 대한 티크너의 비판은 Tickner 1991). 페미니스트 정치학자들이 말해왔듯이, 국제 체제에 대한 현실주의자들의 이해는 심하게 비관적이다. 현실주의자들이 가정하는 인간 본성은 부분적이고, 여성보다 남성의 경험에 근거해 서술하며, 공통적으로 전형화된 남성성을 그 특성으로 한다. 페미니스트 정치학자들은 10년 동안 여성주의자들이 수행해 온 작업을 토대로 자신들의 주장을 펼쳤다. 그들은 유일한 '객관성'을 주장하는 현실주의자들의 입장이 타당하지 않다는 논거를 제시하고자 에블린 폭스 켈러(E. F. Keller)와 산드라 하딩(S. Harding) 등 실증주의 과학을 비판했던 페미니스트들의 주장을 활용했다. 또한 페미니스트 정치학자들은 권력을 항상 그리고 유일하게 지배라는 의미로 해석할 필요는 없으며, 대안적으로 능력과 상호 역량이라는 형태로 취할 수 있다고 주장한 낸시 하트삭(N. Hartsock)의 논지를 가져왔다. 그들은 도덕성에 대한 현실주의자들의 개념이 남성적 특성에 근거한다는 점을 규명하고자 캐롤 길리건(C. Gilligan)이나 여타 페미니스트 연구자들의 심리학과 윤리학 이론을 도입했다. 페미니스트 정치학자들은 여성이 남성보다 더 관계적 사유 양식으로 사회화되는 점에 착안해, 이 양식이 평화로운 갈등 해결에 희망을 제공해주는 근거가 된다고 말한다. 관계적 사유 양식은 적대심을 창조적으로 다룰 수 있게 하는 공동체 건설 능력이 인간들 사이에 있다는 것을 시사하기 때문이다. 그러나 10년이 흐르면서 이 사유가 주류 국제관계학에서 열광적 지지를 거의 받지 못했다는 것은 그리 대단하게 떠들 일은 아니다. 길리안 영스(G. Youngs)는 유명한 저널인 『국제문제(International Affairs)』에서 "페미니스트 국제관계학은 용어상 모순인가?"라고 물으며, 국제관계학 설립에 대해 정면으로 도전했다(Youngs 2004).

시대는 변하고 있다. 그리고 "모겐소나 다른 현실주의자들에게 국제 체제를 이루는 중요한 요소인 민족국가는 경제적 상호 의존에서 환경 악화까지, 이 너무도 많은 문제의 증대를 더 이상 다루지 못한다."(Tickner 1991: 32) 또한 페미니스트들이 국제 관계를 처음으로 비판하기 시작한 지 10년이 지나서야, 페미니스트들의 논쟁은 빛을 발했다. 2001년 9월 11일, 쌍둥이 빌딩이 무너지면서 현실주의자의 견고한 사유 틀도 낙하하는지 모른다. 국가들은 '테러'를 국경 안에서만이 아니라 밖에서도 지속한다. '테러리스트'라고 불리는 자들도 어디에서든 존재하지만 어디에도 없다. 이처럼 서구가 말하는 '테러와의 전쟁'

은, 우리가 '국가 안보'라는 날조된 개념에서 대가를 치르는 일이 점점 증가하듯이 국외만큼이나 국내에서도 일어난다(Hardt and Negri 2005). 페미니스트들은 현실주의자들의 이론만이 아니라 주류 당대 비평가들의 이론 역시도 젠더 관계에 관한 암묵적인 가정을 담았다고 주장한다. 그들은 사실 남성 지배와 상응하는 관련성을 숨김으로써, 사실상, 남성 지배를 만들고, 유지하고, 합법화한다(Whitworth 1994; Peterson 1992).

국제관계학의 바로 그러한 학문적 경계 때문에, 이와 관련된 많은 현실들은 국제관계학의 범위에서 배제된다. 많은 것들은 당신이 이를 어떻게 정의하는가와 당신이 서 있는 입장에 따라 달라진다. 제2차 세계대전 바로 직전에, 프랑스의 철학자이자 평화주의자인 시몬느 베이유(Simone Weil)는 전쟁 연구의 가장 큰 과실은 "무엇보다 전쟁이 **국내 정책**의 현실을 구성할 때, 전쟁을 외교정책에서 일어나는 하나의 이야기로 간주하거나 모든 외교정책 가운데 가장 극악한 측면으로 사고하는 것"이라고 썼다(Oldfield 2000: 72, 볼드체 저자 강조). 베이유와 같은 당대 페미니스트들은 계속해서 국제관계학을 일상의 평범한 현실로 끌어내리고 있는데, 그렇게 하지 않으면, 여성들은 국제관계학 안에서 보이지 않기 때문이다. 스파이크 피터슨(Spike Peterson)과 앤 런얀(Anne Runyan)은 여성들이 국제정치에 결코 부재하지 않다는 것을 보여 주었는데, 이는 여성들이 주로 정치 지도자나 직업정치가와는 다른 유형의 행위자라는 것을 뜻한다. 소수의 여성들은 기존 정치집단에 입문하도록 허용을 받았지만, 여성들은 전형적으로 "비국가적, 반국가적, 초국가적 행위자"로 남아 있다(Peterson and Runyan

1993: 113). '국제관계학'이 값싼 소모적 노동에 대한 국제적 착취, 관광, 이주, 국경을 넘는 인신매매와 같은 문제들을 자신의 의제로 이해하고 포괄할 때, 여성들의 존재가 드러난다(Enloe 1989). 최근에 평화 이론가들은 신현실주의적 '안보' 개념에 대한 교정책으로서 '인간 안보'라는 개념을 발전시켰는데, 그것은 '기본 욕구(basic needs)'의 만족으로 정의된다(참조: Galtung 1996). 그들은 국가가 아닌 인간이 주요한 안보 행위자이자 대상이라는 것을 정책 생산자들이 인지하도록 압력을 가한다(UNDP 1994). 여기서 다시금 페미니스트들은 '여성 안보(women's security)'를 상세하게 말하고 전쟁과 군사화된 상황 그리고 실제 '평화' 문제를 다루는 데 남성과 다르게 여성에게 나타나는 위험성을 조명하면서, 안보 개념의 재해석을 젠더의 관점에서 접근한다(Tickner 1992).

그런데 이러한 작업은 국제관계학 내에서 여성과 여성의 다양한 욕구를 단순히 가시화하려는 데 있지 않다. 더 중요한 것은 항상 그랬듯이 젠더 자체를 국제관계학의 어젠다로 놓으려는 데 있다. 스파이크 피터슨은 "**젠더**는 세계 정치가 가진 **하나의 구조적 특징이다.** …… 널리 퍼진 질서 원리이다."고 강조한다(Peterson 1998: 42, 볼드체 저자 강조). 이 지점에서 우리는 사회학으로 되돌아갈 필요가 있다. '구조적 특징으로서 젠더'에 관한 이해가 가부장제나 체계적인 남성 우위성을 논하는 페미니스트 이론 안에서 발전한 것은 바로 이러한 맥락에서 이루어졌기 때문이다. 바로 여기서, 20년 넘게 전쟁 연구와 젠더 연구는 서서히 서로 영향을 미치기 시작했다.

전쟁과 군사주의의 사회학

: 젠더 수행하기

계몽주의에서부터 뒤르켐에 이르기까지 대부분의 주류 사회학자들이 전쟁을 다루는 데 실패한 까닭은 군사적 폭력이 주변에 만연했는데도 자본주의와 근대성이 봉건제도와 신정 체제를 일소하고 전쟁을 과거의 것으로만 보려고 했던 당시의 일반적인 신념에 빠졌었기 때문이다(Mann 1987). 두 번에 걸친 세계대전은 그러한 신념을 헛되게 만들었고, 결국 사회학은 현실적 상황에 눈을 떠야 했다. 1981년, '전쟁, 국가, 사회'를 주제로 한 토론회가 헐 대학교(University of Hull)에서 개최됐다. 토론회의 결과를 발행한 논집에서, 편집자는 급진적 사회 이론과 마르크스주의 사회 이론을 낳았던 1960년대와 1970년대의 지적 혁명이 어느 정도 "가장 근본적인 문제들을 회피했다."고 지적했다 (Shaw 1984: 2). 4년 뒤에 개최된 영국사회학회는 『전쟁과 평화의 사회학(The Sociology of War and Peace)』이라는 추가 논집을 발간했는데, 그 논집에서는 "전쟁 양식을 재생산하는데 작동하는 문화, 이데올로기, 정치적 힘"에 관해 연구했다(Creighton and Shaw 1987: 11). 그래서 편집자들은 전쟁과 평화를 학문 분과 내의 논제로 확고히 자리 잡게 하려 했다. 흥미롭게도 동일한 토론회 후속으로 나온 자매편은 페미니스트인 잘나 한머(Jalna Hanmer)와 메리 메이너드(Mary Maynard)가 편집했는데, 이 논집은 여성과 폭력을 분리해서 다루었다 (Hanmer and Maynard 1987). 이 두 관심사 사이를 이어 주며 서로 참조하는 일은 거의 없었다. 그러나 이는 잠재적으로 젠더 관점을 가진 전쟁 사회학이 출현할 수 있는 의미심장한 순간이었다. 편집자였던 크레이턴(Creighton)과 샤우(Shaw)는 실제로 젠더와 군사주의간의 관계에 대해 "더 근본적 작업을 할 여지가 있다"고 썼다(Creighton and Shaw 1987: 11). 새로운 연구 분야에서 진행 중인 지식 생산은 젠더라는 렌즈를 취하면서도 이러한 전망을 즉시 현실화하지는 않았다. 그렇지만 군사주의와 전쟁에 관한 흥미로운 연구는 새롭게 계속 이어졌다.

　전쟁이 오랫동안 지속되는 것과 연관해 주로 세 가지 요소가 부각됐다. 이는 바로 경제학, 정치학(특히 종족 민족적 관계), 군사 체제였다. 첫째, 새로운 전쟁 연구는 전쟁을 잠재적으로 추동하는 요소로서 경제 메커니즘을 지적했다. 19세기 서유럽에서 산업자본주의가 한참 강화될 때, 자유주의 기업 옹호자들은 국가가 방해받지 않을 자유무역 상태에서 누리는 자신들의 공동 이해를 평화라고 믿었다. 반대로 마르크스주의자들은 자본주의가 원료와 노동의 새로운 출처를 찾으면서 이들을 생산할 수 있는 새로운 시장을 지속적으로 필요로 하기에, 식민주의와 신식민주의 그리고 이로 인해 태동하는 전쟁을 어쩔 수 없는 것으로 만든다고 보았다. 브라이언 포가티(Brian Fogarty)는 말한다. "자본가들은 자기 소유의 사업을 가만히 내버려 둘 수 없다. 왜냐하면 자본주의 경제는 지속적으로 확장해야만 하기 때문이다." 게다가 국외 전쟁은 때로 국내 노동계급을 통제하려는 통치 계급의 책략이다(Fogarty 2000: 57). 좀더 일반적으로 말하면, 전쟁을 일으키는 주요한 요인으로 경제적 이익이 거론된다. 기업의 이익은 국가 '안보' 담론, 특히 미국의 '안보' 담론 아래서 움직인다(Blum 2003). 몇몇 분석가들은 전쟁이 자원 확보를 위한 투쟁일 뿐만 아니라 전쟁 그 자체가 지역과 국제사회의 부당 이득자들—이들이 가장 희망하지 않는 상태가 평화이다.—에게 부의 원천이라고 주장한다. 그들은 시민전쟁에서 국제적인 민영 부문, 특히 석유, 채광과 같은 채취 산업이 차지하는 역할을 강조한다(Berdal and Malone 2000). 이익만을 추구하는 무기 거래는 많은 아프리카 국가들에서 소형 무기와 경무기를 넘치게 했는데, 이러한 무기 거래는 대륙을 넘어선 무장 분쟁을 자극했다(Volman 1998). 또한 "경제적 교전국들은 …… 토지와 상업을 통제하고, 노동을 착취하며, 관대한 정부 기관을 쥐어짜고, 특정 집단에 자산과 특권을 계속 보장하기 위해 전쟁을 이용한다."는 더 일반적 주장도 있다(Reno 2000 : 64).

둘째, 연구자들은 정치적인 국가권력에 초점을 두면서, 제국의 팽창과 붕괴가 전쟁을 영속시키는 원인이라고 밝힌다. '사람들'은 타자를 확장하고 식민화하면서 그 과정에서 타자에 대해 인종차별을 한다. 식민화된 집단은 자신들의 종족 민족적 정체성에 반발하면서도 이를 주장한다. 16세기부터 유럽 팽창주의는 자신의 특정한 이익을 취하고자 세계 곳곳에 일어났는데, 전쟁으로 사망한 사람의 수가 그 시점에 급격히 증가했다(Eckhardt 1992). 18세기 후반부터 대륙의 인질을 전쟁에 참가하게 했던 유럽에서 경쟁적인 민족국가 체제가 창출되기 시작했다. 어찌됐든 국가는 합법적인 폭력을 휘두르는 유일한 존재이다. "국내외적으로, '방어'할 권리와 '법과 질서'는 살인에 대한 국가 독점권과 국가의 이름으로 타자를 살인하는 병역의무로 교환된다."(Young 1984 : 99) 민족국가 시대에 전쟁의 성격은 변화했다. 대략 1780년 이전의 유럽에서 전쟁 준비는 봉건 귀족의 영역이었다. 토지와 자산, 여성 상속인과 명예가 이해관계에 걸려 있었다(Mann 1987). 그러나 프랑스혁명, 미국독립혁명으로 인해 전쟁은 일반 대중을 포함하기 시작했다. 새로운 민족국가는 대규모의 상비군을 유지할 능력이 있었는데, 과세로 그 비용이 지불될 수 있었다. 대중들의 자발적 참여가 전쟁 역량을 유지하는 데 중요해졌다. 전쟁으로 인해 오스만제국과 서유럽 민족국가들이 붕괴됐다. 아시아와 아프리카 민족국가들이 제2차 세계대전 이후 식민국으로부터 독립을 쟁취하자, 많은 국가들은 내부적으로 종족 간의 이해를 둘러싸고 시민전쟁에 휩싸였다. 그러나 종족 민족운동을 무장 분쟁의 원인으로 진단하고, 현대사회를 분석하는 주요한 요소로 여길 수 있었던 것은 20세기의 마지막 10년 동안에 일어난 구소련의 정치 구조 해체를 목도하면서부터였다(Horowitz 1985; Gurr and Harff 1994; Hutchinson 2005).

사회학자들이 전쟁을 이해하려고 취한 세 번째 접근은 군사주의, 군사화, 군대, 무기 기술을 전쟁의 결과로서만 아니라 원인으로 고려하는 입장이다. 여기서 몇 가지 정의들을 정리해보자. '군사화'는 대개 전쟁을 준비하는 과정과 사회의 전쟁 대비 태세로 인해 나타나는 결과적 상태를 말한다(참조: Regan 1994). '군사주의'는 군사적 특성에 높은 가치를 부여하는 사고방식이나 이데올로기를 뜻한다(참조: Berghahn 1981). 그러나 오늘날 그 용어들 간에 상당한 차이가 존재하고 '군사주의'는 일련의 관념뿐 아니라 군사적 조직화와 군사적 가치가 사회구조와 국가 정책에 미치는 실질적인 영향을 기술하는 데 적용되곤 한다(Shaw 1991). 역사적 관점으로 군사화 문제를 들여다보는 찰스 틸리(Charles Tilly)는 '강압(coercion)'이라는 개념을 유용하게 끌어 왔다. 틸리에 따르면, 강압이란 "행동과 잠재적 손해를 다 인지하는 개인이나, 개인 또는 집단의 소유에 손실이나 손해를 야기하는 행위, 그것이 위협에 그치든 실제이든 그러한 행위를 모두 합의해서 적용하는 것"을 뜻한다. 그는 "자본이 착취의 영역을 설명한다면, 강압은 통치의 영역을 설명한다."고 말한다. 생산수단과 마찬가지로 강압 수단은 특정 집단의 수중에 집중될 수 있다. 틸리는 자본 축적과 강압 수단의 집중이 어떻게 함께 작동해 국가와 국가의 영향력이 있는 군사 기관들을 창출하는지 보여 준다(Tilly 1992: 19).

군대, 정치인과 산업, 특히 무기를 생산하는 산업부문, 이 세 가지의 관계를 논하는 글이 많이 등장했다. 미국에서 그리고 미국보다 정도는 덜한 다른 민주국가에서, 그 관계는 경제력과 정치적 영향력이 어우러진 하나의 체계로 이해된다. 그 체계는 '군산복합체(MIC)'라는 용어로 이해돼 왔는데, 이는 "고수준의 무기를 지속적으로 발전시키고 유지하고, 식민지 시장을 보존하며, 국제 문제를 군사 전략적으로 구상하는 것에 대해 심리적·도덕적·물질적 이해를 가진 비공식적 집단이자 유연한 동맹으로 이루어진 집단"을 뜻한다(Pursell 1972: ix).

1989년 이후, 군사화의 경향은 그 자체로 전쟁을 촉진시킨다는 주장이 있었다. 이제 '소비에트 제국'의 위협은 더 이상 정당화를 위한 구실이 되지 않으므로, 군산복합체가 생존하기 위해서는 새로운 적들을 찾아야 하는 상황이 됐다(Rogers 1994). 그러나 정치권력과 은밀히 연결된 군산복합체는 여전히 위험스러운 영향력을 행사할 수 있고, 시민사회도 군사 체제에 깊이 연루된 것으로 보일 수 있다. 실제로 군사화를 측정하는 척도 가운데 한 가지는 군사적 가치가 사람들의 일상 삶에 얼마나 대중화됐는지, 전쟁 수행을 위한 사회적 준비에 사람들이 어느 정도 편입되었는지를 가늠하는 것이다(Regan 1994).

페미니스트 사회과학자들은 주류 사회학의 전쟁 연구와 꽤 분리됐으나 동시에 협력하며, 군사주의와 전쟁이라는 주제에 대해 상당한 연구를 내놓았다. 그들은 전쟁을 영속시키는 요소로서 경제적 관계, 정치화된 종족 민족적 관계, 군사화를 부정하거나 무시하지 않지만, **젠더 관계 또한 여기서 작동한다**는, 전체적으로 신선하고 보완적인 분석을 제시했다. 우선, 몇몇 저자들은 젠더에 따라 전쟁의 경험이 다르기에 여성의 경험은 남성과 다르다는 경험적 증거를 다양한 전쟁 지역에서 발견하고 이를 제공했다. 그들은 여성들이 어떻게 다양한 삶을 살고, 다양한 유형의 고통을 겪으며, 다양한 죽음을 맞이하는지를 보여 주었다(예: Lentin 1997 ; Lorentzen and Turpin 1998 ; Jacobs 등 2000 ; Moser and Clark 2001 ; Giles and Hyndman 2004). 또한 아프리카와 같은 지역에 초점을 맞추거나(Turshen and Twagiramariya 1998), 스리랑카와 옛 유고슬라비아와 같은 다른 갈등 지역에서의 여성의 위치를 비교했다(Giles 등 2003). 어떤 저자들은 전쟁에서부터 간단치 않은 평화로의 이행 과정까지 여성들이 어떻게 지속적으로 폭력을 경험하는지 보여 주는 방식으로, 갈등의 연속선 속에서 특정한 시기를 고려했다(Meintjes et al. 2001 ; Cockburn and Zarkov 2002). 또한 인도의 분할(Butalia 2000)이나 냉전의 종식(Enloe 1993)과 같이 특정한 역사적 시기에 나타나는 젠더 관계를 분석하기도 했다. 어떤 이들은 여성의 입대(참조: De Groot and Peniston-Bird 2000), 평화에 대한 여성의 젠더 인지적 접근(참조: Ruddick 1989), 전쟁으로 인해 골이 깊

어진 차이들을 넘어 협상을 시도하는 몇몇 여성들의 실천(참조: Cock-
burn 1998)과 같은 주제들을 다루었다. 또 어떤 저자들은 남성들이 가
진 여성 혐오와 전쟁과 남성성과의 연관성을 설명하려고 심리학과 자
녀 양육을 끌어들였다(참조: Reardon 1996). 뿐만 아니라 어떤 페미니
스트 저자들에게는 군사화가 핵심적인 관심 분야이다. 신시아 인로는
일련의 정교한 연구들을 수행하면서, 평범한 사람들과 그들이 살아가
는 많은 일상들이 어떻게 군사화의 조직 체계 안에 엮어졌는지 그리고
여성들이 어머니, 아내, 여자 친구, 성 노동자, 직공으로서 하는 사유
와 행동이 군사 전략가들과 군 정책 생산자들에게 얼마나 중요한지를
보여 주었다(참조: Enloe 2000; 2004). 또한 군사주의와 전쟁과 연관된
남성성 연구의 하위 분야가 차츰 등장했는데, 이 분야에 관심을 갖고
연구하는 이들은 성별 구별 없이 여성과 남성 모두이다. 나는 이어서
그들이 제공하는 유익한 통찰을 살펴볼 것이다.

여성의 전쟁 경험에서

위에서 언급했던 페미니즘 연구가 대학교의 학과에서 환영을 받으
며 통합되기 어려운 이유는 페미니스트들이 노골적이든 암시적이든
권력에 대한 주류의 이해를 불편하게 반박하고 방해하며 곤란하게 만
드는 남성 지배 체제나 가부장제 이론을 설파하기 때문이다. 그렇다
면, 정확히 가부장제 이론이 말하고자 하는 것은 무엇인가? 1960년대
에 사회학자들은 '성차', '성 역할', '성 차별'에 관한 글을 썼다. 페미

니즘 제2의 물결이 번성한 1970년대에는 중점적인 관심사, 언어, 개념이 달라졌다. 중요하게도, 여성과 남성의 제도적인 권력 불균형에 관한 개념이 새롭게 정립됐다(참조: Rubin 1975). 페미니스트 사상가 가운데는 마르크스주의의 이론에서 자신의 논거를 찾은 여성들도 있었다. 이들은 모든 사회가 생산수단과 맺는 관계에 따라 사회집단을 위계화하는 계급 체계로 이루어졌듯이, 모든 사회는 섹스/젠더 체계로 이루어졌으며, 이 체계 내에서 사회적으로 구별되는 두 집단인 남성과 여성은 인간 재생산에서 그들이 하는 역할에 근거해 다른 위치를 가지게 된다고 주장했다(Kuhn and Wolpe 1978; Sargent 1981).[31]

생산양식과 이에 따른 계급 관계(노예제, 봉건제, 자본주의)가 연속적인 시점을 거쳐 발전했듯이, 섹스/젠더 관계의 형태 또한 역사적으로 변화했다. 그러나 지금까지 알려진 모든 사회에서, 그리고 우리가 알고 있는 한, 초기 사회에서도 남성은 섹스/젠더 체계에서 우위의 위치에 있었다. 후기 구석기시대와 초기 신석기시대 무렵, 동부 지중해에서는 여성들이 사회와 종교 영역에 주요한 위치에 있었다가, 후에 여성들의 권리가 박탈되었다는 증거가 있지만, 이는 여전히 고려할 여지가 있다(Eisler 1988). 꽤 분명한 것은 기원전 3000년이 시작되는 무렵부터 모든 사회가 가부장적 성격을 가졌다는 점이다(Lerner 1986). 가족 내에서, 그리고 더 넓게는 주요한 모든 사회제도에서 남성은 여성을 지배했다. 어떤 남성들은 다른 남성들도 지배했는데, 특히 남성 연장자는 젊은 남성들에게 영향력을 행사하는 지배권을 가졌다. 경제적인 부는 또 다른 불평등을 가져왔다. 우리는 역사의 매 단계마다 남성이 경제 권력을 장악하고, 토지와 다른 자산들을 소유하거나 통제하는 권한을 행사하는 식으로, 경제적 계급 체계가 섹스/젠더 권력과 상호 작용했음을 볼 수 있다. 불평등한 현실은 국가와 관료제, 영향력 있는 성직자들이 모인 제도화된 종교, 그리고 말할 것도 없이, 강제 수단을 휘두르는 군대와 같은 정치적 권력 체제 안에서 표현되고 제도화된다.

어떤 유형의 권력 체제든 살아남기 위해서는 그 시대에 적절히 부응하며 세대를 거쳐 재생산돼야 한다. 계급 체제와 종족 민족적 권력이 역사적으로 진화한 것처럼, 가부장제도 그랬다(Miller 1998). 유럽 사회가 봉건주의에서 자본주의로 이행할 때, 군주와 귀족 통치가 점차적으로 전복되고 자본주의적인 생산양식과 자본주의적 부르주아계급의 주도로 교체될 뿐만 아니라, 젠더 권력관계를 작동하는 추동력에도 주요한 변화가 일어났다. 이러한 사회변화는 계몽주의라는 자유주의 철학과 대의민주제라는 새로운 정치 구조로 나타났다. 젠더의 입장에서 볼 때, 이러한 변화가 남성 지배의 종식을 뜻하는 것은 아니었다. 또한 그 변화가 위계질서를 어느 정도 흩트려도, 남성들 간의 계층화된 지위를 무화시키는 것도 아니었다. 서구 문화에서, 이 변화는 말 그대로 '아버지의 통치'에서 더 단순하게 '남성의 통치'로 이행한 것이었다(Pateman 1998). 이러한 이유로 어떤 페미니스트들은 '남성 지배(andrarchy)'라는 용어로 대체하려 하지만, 대부분의 페미니스트들은 세계 곳곳의 정부와 교육 체제, 기업과 군대, 그리고 교회, 사원, 회당뿐 아니라 주택 단지에서 그리고 가정에서 구체적으로 나타나는 전반적인 젠더 질서와 지역 남성들이 지배하는 젠더 체계를 설명하기 위해 '가부장제(patriarchy)'라는 용어를 계속 사용한다.

이 책은 여성들이 가부장적 권력관계와 전쟁 모두를 적극적으로 반대하는 행위에 초점을 맞추고 있기에, 가부장제, 군사주의, 전쟁을 유지하고 재생산하는 데 기여하는 여성들의 적극적인 역할을 강조하지는 않았다. 다행스럽게 다른 페미니스트 연구자들이 이 점을 간과하지 않았는데, 이들은 많은 여성들이 가족이라는 사적 영역 내에서 아내, 어머니로서 여성에게 제공됐던 상대적인 지위와 존중을 만족스럽지는 않지만 왜, 어떻게 받아들였는지를 보여 주었다(Kandiyoti 1988; Yuval-Davis 1997). 앤 오클리(Ann Oakley)가 지적했듯이, "우리는 가족 없이 살기 힘들지만, 가족 안에서도 살기 힘들다."(Oakley 2002: 27) 그러나 나는 젠더 차가 사회적으로 구성된다는 점을 강조하면서, 여성은 '평화'적인 경향성을 자연스럽게 갖는 존재로서 재현되지 않는다는 점을 분명히 했는데, 이는 전쟁에 대한 가부장적 논리와 모순되는 논점이다. 우리가 잘 아는 것처럼, 종속을 거부하는 경향 또한 저절로 자연스럽게 생기는 것이 아니다.

여성이 가부장적 권력관계에 적극적으로 협력하도록 하는 한 가지 방식은 남성이 전쟁으로 이끌리는 방식과 매우 유사하다. 그 방식은 일종의 호소인데, 사랑과 충성과 같은, 인간이 가지는 최고의 정서적 감정으로 이루어진다. 가부장적 권력을 움직이는 사회적 삶의 영역이 무엇인지 규명하는 것에 대해 분석가들의 의견은 달랐다. 어떤 이들은 여성의 종속이 인간의 생물학적 재생산을 영위하는 데 필요한 역할에서 비롯된다고 강조했고, 어떤 이들은 가정 안팎에서 여성의 노동이 착취를 당하는 것에서 발생한다고 주장했다. 어떤 것도 단독으로 존재하지 않으며, 두 의견 모두 다 타당하다. 더욱이 8장에서 소개한 안나 호나스도띠르(Anna Jónasdóttir)는 "우리 안에 있는 최고의 것"에 호소한다는 것이 어떻게 이루어지는지 설득력 있게 제시한다. 호나스도띠르는 급진적 페미니즘의 통찰력과 마르크스주의의 영감에 찬 유물론적 접근을 결합하는데, 특히 '물질적인 것'을 경제적인 문제만이 아니라 섹스와 사랑을 포함하는 뜻으로 확대하면서, 참신한 논거를 제공한다(Jónasdóttir 1994).[32] 호나스도띠르는 생물학적 재생산과 여성의 노동에서 더 나아가, 섹스/젠더 체계의 핵심적인 동력을 섹슈얼리티로 공식화한다. 이는 사회적이고 정치적인 권력의 영역에서 폭넓게 상상되는 것이다. 그녀에게 섹슈얼리티란 보살핌과 사랑, 정서적인 것과 에로틱한 것 모두를 포함한다. 호나스도띠르 말에 따르면, '성적인 삶'은 창조와 재창조, 어린이와 성인을 다 포함한 모든 인간의 형성과 역량 강화를 아우르는 말이다(같은 책: 13). 그녀는 이러한 주장을 정교하게 이렇게 기술한다.

> 태어날 때부터, 그리고 지금도 우리 안에서, 또는 우리 주변에서 끊임없이 영향을 미치는 사회규범에 따르면, 남성은 여성의 사랑, 보살핌, 헌신에 대한 권리를 소유할 뿐 아니라 여성을 필요로 하다는 것을 표출할 권리와 여성을 스스로 선택할 자유를 가진다. 반면 여성은 자유롭게 자기 자신을 줄 권리는 있지만, 스스로 선택할 수 있는 자유는 매우 제한돼 있다. 따라서 남성이 여성에게 돌려주는 힘과 능력보다 여성의 삶을 더 많이 지속적으로 전유할 수 있다. ……
> **자본이 소외된 노동으로 축적된다면, 남성의 권위는 소외된 사랑으로 축적된다.**(같은 책: 26, 볼드체 저자 강조)

이러한 점에서, 호나스도띠르는 섹스/젠더 체계가 인간 사회를 구성하는, 비교적 독자적인 특징이라고 말한다. 물론 섹스/젠더 체계는 이성애, 결혼, 가족생활의 권력 구조 못지않게 다른 권력 구조를 통해서 그리고 그 안에서 작동한다. 섹스와 젠더의 사회적 관계는 불평등한 계급 관계와 인종/종족/민족 관계와 지속적으로 서로 영향을 주고받으며, 상호 교차한다. 그래서 남성의 우월성과 여성 종속은 소유권이나 정치적 대표성의 문제에서 불이익을 주는 형태로 확대된다. 그러나 호나스도띠르가 정곡을 찔렀듯이, 여성들이 사랑, 에로틱한 사랑, 헌신, 보살핌과 같은 위대한 창조력을 발휘하는 삶의 바로 그 순간에 여성들은 취약해지고, 억압받고 착취당한다는 지적은 놓칠 수 없는 부분이다. 가부장제에 대한 이러한 이해는 8장에서 기술했던 것처럼, 전쟁 속에서 제한된 삶을 사는 여성들에게서 내가 감지했었던 그런 페미니즘의 유형을 잘 보여 준다.

남성성에 근거한 후방 정책

가부장제는 체제이자 구조, 제도로서, 과정이자 실천인 젠더 관계와 순환적인 상호 작용을 계속 한다.(가부장제는 젠더 관계를 형성하기도 하고, 젠더 관계에 의해 형성되기도 한다.) 남성이 여성을 지배하는 역사가 최소한 5000년 동안 너무나도 잘 유지돼 왔던 것처럼, 사회집단으로서 남성이 여성에 대한 지배권을 계속 보유하기 위해서는 호나스도띠르가 설명한 방식대로 여성과 여성성이 구성되고, **남성과 남성성**

이 권력에 적합한 형태를 취해야 하는 것은 필수적이다. 미셸 푸코(Michel Foucault 1981)는 권력이란 단지 '소유'하는 것이 아니라 개인 간에 일어나는 많은 상호 작용을 통해서 관계적으로 실행되는 것이라는 점을 말했다. 권력의 이러한 관계적 특성은 어떤 다른 권력 구조보다 섹스/젠더 관계의 경우에 더 자명하다. 통치 계급은 물질적 부를 소유하고 더 많은 부를 창출하는 데 이용할 수단을 가졌으며 실제로 그러한 것들에 의해 정의된다. 통치하는 민족 집단의 문화가 제도화된 문화적 우위성을 가진다. 아놀드 토인비(Arnold Toynbee)는 멋진 은유를 구사하면서, 지배적인 문명을 가진 우월한 소수가 광선을 쏘는 사정거리에는 한계를 가지지 않으나 "수송력 자체의 내재적인 한계"를 가지면서, 그들이 지배하는 영토를 가로질러 국경을 넘어 광선을 쏘는 것을, 침투하는 "광선(beam of light)"이라는 개념으로 설명했다(Toynbee 1972: 234). 코카콜라, 나이키 운동화, 할리우드, 구글을 이렇게 장황한 용어로 이해하고 싶지 않을 것이다. 이러한 것들은 경제적 이익을 위해 추진되지만, 현상적으로는 문화적 지배로 나타난다. 기독교가 전파되는 현상이나 백인성의 가치가 세계적으로 퍼진 것처럼, 이들은 영향력 있는 행위자들과 함께 서구에서부터 가까운 종족 민족적 공간으로 이동하며 돌아다닌다.

경제적 통치 계급과는 다르게, 젠더의 측면에서 통치 계급인 남성 집단은 오히려 보잘 것 없는 자원만을 가졌다. 남성은 여성보다 더 크거나 더 복잡한 두뇌를 가지지 않았고, 더 훌륭한 손재주를 가진 것도 아니다. 남성은 근육에서 20~25퍼센트 정도의 이점을 가졌으며 약간 더 큰 신장, 그리고 특정한 성호르몬 에너지와 페니스를 가졌다.

그러나 페니스는 믿을 수 없는 자원으로 악명 높다. 남성이 사회집단으로서 우월성을 획득하기 위해서 페니스는 남근(phallus)으로 문화적 변형을 가져야 한다. 남근은 육체적인 힘이 (광선처럼) 사회적 영역으로 확장되는 상징적 권력이라고 말할 수 있는데, 이 남근을 강화하는 것은 남성성을 획득하는 사회적이고 문화적인 과정을 통해 성취된다. 남성성은 반드시 적절한 형태들로 생산돼야 하며, 경제 기업과 정치 구조와 같은 사회제도 안에서 활성화돼야 하는데, 이 같은 사회제도는 가부장제가 계급 체제와 인종적 우월성에서 파생하는 부와 권위의 어떤 부분과 공유할 수 있어야 한다. 가부장제가 이념과 하드웨어의 도움을 받아 성공적으로 남성의 우월성을 지속시키는 제도가 있다면, 교회와 군대이다.

남성이 되는 문화적 과정은 남성을 여성과 다른 존재로 만들 뿐 아니라 남성 내부에서도 서로 다른 남성들을 양산한다. 그 과정은 개별 남성에게 개별적으로 또는 집단적으로 여성을 지배할 기회뿐 아니라 통치 계급이 누리는 자원에 접근할 기회를 주며, 그 남성이 통치 계급에 속하는 경우라면, 통치하는 종족 민족적 집단의 권위를 자신과 자손의 이익을 위해 사용할 수 있는 권한을 가지게 할 수 있다. 남성성 가운데는 프롤레타리아 문화와 맥락에서 남성 지배를 수행하지만, 계급 통치를 하기에는 부적합한 형태도 있다. 그러한 남성성은 때로 프롤레타리아 남성들을 통치 계급의 남성과 맞서게 하며, 통치 계급의 법과 관습 제도에 저항하도록 한다. 또한 여성을 차지하기 위한 이성애적 경쟁은 개별 남성들을 서로 적대하게 만든다. 그래서 코넬(1987)이 지적했던 것처럼, 남성 우월성을 효과적으로 재생산하는 것, 곧 다중적이고 위계적이지만 기능적인 남성성의 형태로 남성들을 지속적으로 생산하는 일은 긴장과 모순으로 얽혀 있다. 어떤 남성은 다른 남성에게 굴욕을 당하고 전복적 파괴를 경험한다. 가부장적 남성 우월주의 안에 존재하는 이러한 모순은 군사주의와 전쟁이라는 맥락에서도 발생하기에, 우리의 저항운동은 이론상 그 모순들을 포착하여 이용할 만하다. 이러한 일은 드물게 일어나겠지만, 가부장제가 군사주의에 의해 강화되고, 군사주의는 가부장제를 필요로 한다는 인식이 있을 때, 일어날 수 있다. 따라서 가부장적 관계를 전복하는 일은 곧 반군사주의 전략이 될 수 있다. 우리는 양심적 병역거부를 하는 몇몇 게이들이 스스로 이러한 점들을 알아채는 것을 이미 보아 왔다.

전쟁 태세를 유지하려고 작동하는 남성성에 관해 여러 가지 현상을 볼 수 있는데, 그중 두 가지 점만 예로 들까 한다. 첫째는 전쟁에 우호적인 남성적 민족문화를 적절하게 만드는 일이다. 둘째는 실제 남성이 전쟁에서 싸울 수 있도록 문화적으로 준비시키는 것이다. '명예'라는 개념은 가족 내의 남성과 가부장제를 민족과 국가 내의 남성과 가부장제와 연결시킨다. 아주 군사화된 지역인 터키 남동부에는 가부장제의 명예를 배반한 것으로 보이는 행동을 한 여성에 대해 사형을 내리는 관행이 있는데, 나는 이 관행에 반대하는 여성들을 보았다. 국경을 향해 있는 산허리 근처에서 대량의 서신이 발견됐는데, 거기에는 "국경은 명예이다(The Border is Honour)."라는 말이 쓰여 있었다. 이 말은 단지 남성적으로/군사주의적으로 민족국가가 구성됐다고 잘 알려져 있는 어느 나라로부터 온 유별난 고어가 아니다(Altinay 2004). 미국도 남성과 민족국가의 발전 과정은 상호 협력적이라는 것을 안다. 만약 당신이

보스니아 무슬림에 대한 인종 공격을
반대하며(위의 사진, 1994).
맨해튼의 세계무역센터가 공격받은 후
(오른쪽 사진, 2001).
여성단체들은 남성적인, 또는 민족적 명
예를 위해 자행되는 보복을 반대하면서
죽음을 애도했다.

남성다움을 무시한다면, 당신은 민족국가를 위험에 빠뜨릴 것이고 민족의 패배는 남성다움에 재앙이 될 것이다. 이미 언급했던 것처럼, 최근 남성성에 대한 흥미로운 연구가 급증했다. 나는 미국 정치와 대중문화에 초점을 맞춘 몇 가지 연구들을 소개한다. 예를 들어, 수잔 클락(Suzanne Clark)은 40년이라는 냉전 시기에 여성 저술가들의 존재가 드러나지 않았고 전복이나 혼종성(hybridity)을 표현하는 어떤 범주의 남성이나 여성의 작품도 가시화되지 않은 것을 해명하려 했다. 그래서 그녀가 당시 미국의 정책에서 밝혀 낸 것은 "특출난 젠더의 모든 문제들을 고양시킨 남성의 젠더화", 말하자면 "남성다움, 현실주의, 개척자의 윤리를 결합한 초남성적 민족 신화"이다(Clark 2000: 3, 5).

로버트 딘(Robert Dean)은 냉전 시대의 미국 제도를 관찰하려고 젠더를 하나의 렌즈로 채택한 또 다른 연구자이다. 그는 미국의 베트남 개입을 결정한 정책 입안자들의 형제애를 젠더의 관점으로 면밀히 들여다보았다. 딘은 "빈틈없는 실용주의를 스스로 자부하는 고학력의 남성들이 …… 베트남과 동남아시아에서 일어난 무익하며 파괴적인 장기전에 어떻게 미국을 끌어들였는가?"라고 반문한다. 이 시기의 대외 정책은 국가이익을 남성 중심적 개념으로 다루기 때문이라는 게 그의 대답이다. 딘에 따르면, "형제애, 특권, 권력, '서비스'와 '희생'이라는 개념은 케네디의 외교정책 엘리트들의 정체성을 구성하는 핵심"적인 서사였다. 여기에는 냉혹한 국경 방어와 유화 정책의 철저한 거부가 요구됐다(Dean 2001: 1, 13). 우리가 5장에서 만난 캐롤 콘(Carol Cohn)은 방위산업체에서 "무미건조하게 핵무기, 핵전략, 핵전쟁을 논의하며 하루를 보내는" 남성 지식인들의 세계를 잠시 엿보았다. 콘은 이 남성 지식인들 간의 남성적 결속이 대량 살상을 묘사할 때 무덤덤하고, 심지어 농담을 섞으면서, '성적'이며, 기술-전략적인 언어를 어떻게 양산하는지 추적한다. 그래서 이 연구는 이미지와 현실 사이에 간격이 얼마나 큰 것인가를 결과적으로 보여 준다. 콘은 딘처럼, 고통, 평화 또는 협상과 같은 언어들이 발휘하는 효과를 탈남성화하고자 이 형제애를 예리한 감수성으로 분석한다(Cohn 1990: 33).

미국이 베트남에서 군사적으로 패배하고 미국인 5만 8000명을 상실한 일이 미국의 국가 자존감에 위기를 가져온, 특히 남성성의 명예 문제로 느끼게 만들었던 것은 널리 알려진 바이다. 수잔 제퍼드(Susan Jeffords)는 베트남 철수 후 이어서 나온 소설과 영화를 분석하면서, 젠더화된 베트남 전쟁의 양상을 분석하고("적은 여성성의 특성으로 묘사되고, 아내, 어머니, 여자 친구는 전쟁을 정당화하는 구실이 되며, 이와 관련해 사용된 어휘들은 성적으로 자극적이다."), '주로 남성성과 가부장제의 이해를 강화하기 위해 고안됐다'는 입장에서 전쟁이 논의된다는 점을 보여 준다. 이러한 중대한 시기에 미국의 재남성화를 위한 문화적 전략은 젠더 차이를 강조하고 여성을 주변화하면서 계급, 피부색을 넘어선 남성적 결속을 창출하는 것이었다(참조: Jeffords 1989: ix; Gibson 1994). 문화적으로 군사주의가 활개를 치는 것을 원하지 않는 나라에서 지역의 군사화와 거대한 군사 예산을 어떻게 지속할 것인가? 제임스 맥브라이드(James McBride)에 따르면, 이 물음은 미국의 정책 입안자들이 매일 씨름하는 문제이다. 제임스 맥브라이드는 『전쟁, 구타, 그 외 스포츠들(War, Battering and Other Sports)』이라는 쇼킹한 제목을 붙인 연구에서 그 답을 제시한다. 그것은 바로 여성에 대한 폭력을 묵인하고, 축구를 물신화하며, 침략적인(침투하는) 스포츠를 용감함과 의연함이라는 도덕적 미덕으로(미덕을 의미하는 virtue에서 vir는 남성이라는 의미이다) 양성해 남성 우월주의를 이롭게 하는 것이다. "축구 게임은 축구 광신자들의 정체성을 만드는 모형으로 전쟁과 전사로서 갖추어야할 가치를 되새긴다.—굉장히 많은 미국 남성들이 축구를 흠모하는 광신자들이다."(McBride 1995 : 86)

군대와 남성성
: 너무 지나치지 않을 만큼 적당한 공격성

이러한 신중한 연구들이 신뢰를 얻게 된다면, 남성성은 '광역 지배(full spectrum dominance)'라는 해외 전략을 받쳐 주는 미국의 국내 정책에서 매우 주요한 부분을 차지할 것이다. 다른 민족국가가 정책을 기획할 때도 남성성은 확실히 정책적 사고의 한 부분을 이룬다(일본 전후 대외 정책에서 젠더 관계의 조작을 다룬 책으로 다음을 참조: Joanna Liddle and Sachiko Nakajima 2000). 남성성은 또한 효과적인 군사력을 생산하고 관리하는 실행에서도 중요한 역할을 한다.

전투와 관련해서 남성성을 보는 두 가지 상반된 관점이 있는데, 이들은 분명히 서로 갈등한다. 한 가지는 전투가 일상에서 느끼는 공격적 충동을 만족시키고 합법화하기 때문에 남성들은 종종 병역과 전쟁으로 흥분된다는 관점이다. 이러한 관점은 일상적으로 많은 남성들이 피를 흘리는 것에서 쾌락을 느끼고 심지어 엑스터시에 이른다는 설명에 의해 지지를 받는다. 그 예로 퇴역 군인들이 전장에서 살인이 일어나는 동안 느꼈던 감정을 회고하는 내용을 다룬 조안나 버크(Joanna Bourke)의 연구(1999)와 전투하는 군인들 사이에서 일어나는 승리에 도취한 감정을 다룬 바바라 에렌라이히(Barbara Ehrenreich)의 역사적 논평(1997)이 있다. 이와 반대되는 또 다른 관점은 대부분의 남성들이 본성적으로 공격적이지 않다고 보는 견해이다. 만약 본성적 공격성을 인정한다면, 남성들이 자신을 유능한 군인으로 변화시키기 위해 받아야 하는 강도 높은 훈련은 쓸데없는 것이 될 것이다. 남성성의 실상은 두 관점이 제시하는 것보다 훨씬 더 복잡할지도 모른다. 어떤 것이든, 참모 의장과 전투 사령관들에게는 인력을 관리하는 차원에서 진지한 문제이다. 공격적이지 않거나 과잉 공격적인 남성은 모두 군 복무를 하는 데 적절한 남성들은 아니기 때문이다.

남성들은 지금까지 다양한 문화 안에서 형성돼 왔고, 그 누구도 전쟁에서 수행할 임무에 정확히 적합할 것이라고 가정될 수 없는데, 어떻게 수만 명의 개별 남성들로부터 기능적인 군대가 창출될 수 있는가? 남성성은 군대로 간 젊은 신병이 성인으로 성장해 온 시민사회에서 여러 형태를 취한다. 다양한 사회 계급과 인종 집단에는 서로 다른 모습들이 존재하고, 특히 십대 소년들은 음악, IT, 다양한 종류의 스포츠, 마약, 범행과 같은 하위문화 속에서 산다. 그러나 한편으로는 체제 자체가 남성 군인에 대한 요구와 기대를 분명히 가진다. 남성 군인은 각자 미래의 어느 순간에 기꺼이 죽이거나 죽임을 당해야 하지만, 규율화되고 승인된 방식으로만 그렇게 하도록 기대된다.

전쟁 역사가와 분석가들은 전쟁이 단지 공격적인 것만은 아니라고 지적한다. 콜린 크레이턴(Colin Creighton)과 마틴 샤우(Martin Shaw)는 『전쟁과 평화의 사회학(The Sociology of War and Peace)』 도입부에서 특색 있는 공식을 만든다. "공격성은 강압이 아니며, 강압은 폭력이 아니고, 폭력은 살인이 아니며, 살인은 전쟁이 아니다."라는 것이다(Creighton and Shaw 1987: 3). 종종 반복되는 이러한 언명은 어떤 의미에서 분명히 옳다. 전쟁은 하나의 제도이지 주먹 싸움이 아닌 것이다. 국가정책 생산자들과 군사 문제 입안자들은 좀처럼 전쟁을 분노로 만들지 않는다. 전쟁은 계산된다. 그러나 한편, 페미니스트로서 전쟁에 접근할 때, '일상적인' 공격/강압/폭력을 '전쟁이 아닌' 것으로 제쳐 놓기란 쉽지 않다. 왜냐하면 여성은 전쟁**과** 평화 **두 시기 모두** 비슷한 형태로 남성이 가하는 강압을 경험한다고 소리 높여 분명히 말하기 때문이다. 우리는 전쟁에서 용인될 수 있는 폭력을 다루는 신사협정이 계속 파기된다는 것을 신문과 TV 기사, 인권 보고서에서 확인한다. 1993년 소말리아에서 캐나다인이 저질렀던 것처럼 평화유지군은 사냥하듯이 완전히 흥분 상태에서 지역 남성을 기습하고 살해한다.(2003년 이라크 아부 그라이브 수용소에서의 미군 부대와 같이.) 침략 군대는 남성 희생자에게 굴욕적 고문, 가학적 판타지의 탐닉, 적의 남성적 자아 존중 파괴를 겪게 한다. 내가 이 책의 앞 장들에 기술했던 전쟁들에서 여성은 페니스, 주먹, 잡다한 무기로 강간을 당했고 그녀들의 가슴은 잘려 나갔으며 태아들은 칼에 베였다는 증거가 있다. 그들은 찔려 죽었다. 제도화된 전쟁은 이러한 것들을 설명할 만큼 충분히 합리적인가?

나는 전쟁과 오랜 역사적 시점을 거친 전쟁의 영속성을 이해하고자 군사적 전쟁 준비에서 발생하는 공격성/강압/폭력에 주목하고 그것들을 설명하는 것에 대한 학문적 터부를 깰 필요가 있다고 주장한다. 우리는 전쟁에 대한 냉정한 정책이 생산되는 표면 아래를 파내고 훈련과 전투의 고통스러운 **문화적** 현실을 보이게 함으로써 유용한 어떤 것을 알 수 있게 될 것이다. 개인적·집단적 감정과 반응은 전투에서 어떤 역할을 수행한다. 그 감정과 반응 가운데 일부는 공격적이고, 또한 공격적인 감정과 반응의 일부는 적극적으로 촉진된다. 제도로서 전쟁은 신병 훈련소와 전장의 일상에서 흔히 발생하는 행동인 폭력에 의해 구성되고 새로워지며 순응적으로 재생산된다. 다양한 문화적 형태를 가진 남성성은 그러한 순환을 구성하는 중요한 내용이다. 곧 남성성은 전쟁을 형성하고, 전쟁은 남성성을 형성하는 것이다. 존 호른(John Horne)은 1850년부터 100년 이상 전쟁과 정치에서 나타나는 남성성에 대한 연구를 수행했다. 그가 양차 세계대전을 면밀히 조사함으로써 알게 된 것은 클라우제비츠(Clauswitz)의 언명인 "전쟁은 다른 수단을 통한 정책의 연속이다."가 "전쟁은 다른 수단을 통한 남성성이다."(Horne 2004: 31)라고 이해될 수 있다는 것이었다.

우리는 전쟁을 이해하기 위해 호른이 지적한 것처럼 "남성들의 끈끈한 패거리 삶"을 탐색할 필요가 있다(같은 책: 27). 군 책임자들의 군대 창설은 남성들의 사회성을 형성하고 조작하는 힘든 문화적 **작업**을 거친다. 그리고 그들은 그렇게 할 때 많은 도전에 직면한다. 하나는 테스토스테론의 통제이다. 일상적 삶 속에서 개별 남성이 반드시 개별 여성보다 더 공격적인 것은 아니지만, 사회적**이고** 물리적인 요소들 모두 남성들을 공격적으로 만드는 경향이 있다. 태아에게 Y염색체의 존재는 남성호르몬의 증가를 촉진시킨다. 임신 기간에 4분의 1이 진행되고, 태어난 이후에 그리고 사춘기에 다시 한 번씩 증가한다. 이러한 과정이 일어나지 않는다면, 남성 성기는 발달하지 않는다. 사실상 그 일들이 남성을 만든다. 동시에, 어느 한 순간에 한 사람의 몸 안에 존재하는 테스토스테론 수준과 그 호르몬과 연관된 흥분과 공격성의 수준은 우연적으로 발생하거나 의도적으로 조작된 사회적 상황에 의해 자극되거나 축소될 수 있다(Jones 2002).

넓게 펴져 영향을 미치는 어떤 남성 하위문화에서는 공격적이고 폭력적인 남성성이 육성되고 장려된다. 우리는 컴퓨터게임, 어떤 유형의 음악, 대중 영화, 칼에 대한 매료, 총기 제작과 거래, 스포츠에서 이를 목격할 수 있다. 그러한 것들이 만드는 심적 경향은 군대를 위한 귀중한 자원이지만 조심스럽게 취급돼야 한다. 나는 전쟁에서 변화하는 남성성의 성격을 다룬 레오 브라우디(Leo Braudy)의 방대한 연구를 통해, 중세 전장에서, 그 행위가 극단적으로 폭력적이고 평범하게 통제되지 않아 자기편조차도 오싹하게 만든 전사 집단이 있었다는 것을 알았다. 이 남성들은 광포한 전사라 불렸다. 브라우디는 그들이 어떤 왕족 호위대였는지 아니면 단지 마약에 취해 있었던 것인지는 분명히 알지 못한다. 어느 쪽이든, "광포해지기"는 "극단적으로 막 가는, 곧 '정상적인' 전사라면 전시나 평화 시기에 가지 않을 경계를 넘어선" 군사적 남성성의 한 유형을 뜻하게 됐다(Braudy 2005: 42). 브라우디는 영화 람보의 성격이 가상적인 광포한 전사에 해당한다고 주장한다.

광포한 전사라는 인물은 군대에 도움이 될 만한 폭력적인 남성성의 형태가 아니라는 점을 일깨워 준다. 군 지휘관들은 충분히 공격적이지만 너무 공격적이지 않을 남성을 만들어내는 데에 엄청난 주의를 기울여야 하며 어떤 것도 운에 맡겨서는 안 된다. 산드라 휘트워스(Sandra Whitworth)가 지적했던 것처럼, "(필요할 때) 필수적으로 폭력을 갈망하기, 자기 자신을 위계와 권위에 기꺼이 종속시키고 이에 따르기와 같은 군대가 요구하는 특징은 반드시 자의식적으로 양성돼야만 한다."(Whitworth 2004: 155) 하사관은 남성들이 공격성을 갖도록 훈련시키면서, '우리가 아닌' 사람들을 열등하게 만들고, 성 차별적이고 동성애 혐오적이며 인종차별적인 언급을 통하여 남성 결속을 조장한다. 군 당국은 더 적극적으로 공동체라는 개념에 입각한 훈련을 시키는데, 개별 군인은 공동체의 명예를 방어해야만 한다. "남성성이라는 측면에서 볼 때, 가족과 부족, 민족과 연결해 개인적 명예를 발동시키는 것은 지금 막 일어나는 폭력 행위를 영원히 정당화한다."(Braudy 2005: 49) 바바라 에렌라이히(1997)는 전쟁을 역사적으로 고찰하면서, 모순적이게도 공동체·관대함·의로움·자긍심이라는 긍정적인 감정이 남성으로 하여금 공격적인 충동에 호소하는 방법보다 피를 보려는 욕망을 더 유발시킨다고 지적한다. 전사들은 살인을 하면서 자신의 자아를 더 큰 사회로 몰입시키는 엑스터시를 느낀다.

군사훈련과 군 사기에서 남성성이 차지하는 중요성을 감안한다면, 여성들을 군대로 통합하는 것은 군 책임자들에게 심각한 문제를 야기한다. 군 책임자들이 남성과 남성성을 필요로 하면서도 염려하는 것처럼, 여성을 향한 그들의 양가적인 감정 또한 여전히 클 것이다. 그들은 여성과 여성성을 필요로 하면서도 동시에 몹시 경멸한다. 남성적 군사 공동체가 존재하는 이유는 바로 '남성들의' 여성과 아이들을 보호하는 것이지만, 정의상 여성은 바로 그 남성적 군사 공동체라는 개념을 손상시킨다. 그러나 한편으로는 군사화된 남성이 일으킨 과도한 폭력 행위가 여론을 소란스럽게 할 때, 군 책임자들은 군복무에 '여성적 특성'을 도입하는 것이 이롭다는 것을 알 것이다.

몇 가지 요인에 의해 군인과 부대가 저지른 과잉 공격 행위가 한때 사령관들과 정치인들이 느꼈던 것보다 더 당황스럽게 되어버린 경우가 실제로 있다. 첫째는 대중적 관심과 군사적 권위, 정치적 평판을 둘러싼 긴장을 수시로 야기하는 언론 보도가 더 많이 있다. 둘째, 전쟁은 종종 '인도주의적'인 이유를 근거로 발생한다. 그래서 최소한의 강압은 개념상으로 바람직한 것이 된다. 셋째, 오늘날 군사적 개입은 중립적이라고 가정되는 국제군의 '평화 유지' 활동을 포함한다. 그래도 우리는 여전히 일정 정도의 공격성이 기본적으로 가정된다는 사실을 인정해야만 한다. 메이저 R. W. J. 웨네크(Major R. W. J. Weneck)는 캐나다 평화유지군이 소말리아 남성에게 가한 과도한 폭력을 조사할 것을 제안하는 의뢰서에서 다음과 같이 썼다. "군대의 결정적 역할은 폭력으로 폭력을 다루는 것이다. 그 결과 개인적인 공격성은 전투부대의 직업적성에 기본적 특성이거나 그러한 특성이어야만 한다." 그는 "적당히 공격적인 방식으로 행위할 것이라 기대할 만한 개인과 언젠가 부적절한 공격성을 드러낼 것으로 보이는 개인을 정확히 구분하는 것은 매우 어려울 것이다."라고 인정했다(Whitworth 2004: 16, 98).

전쟁 책임자들은 일반적으로 폭력이 남성에게 에로틱한 것으로 경험된다는 점을 고려해야만 한다. 리사 프리스(Lisa Price)의 연구는,

평화와 전쟁 시기에 남성성에 의해 일어나는 폭력의 연관을 이해할 수 있게 해주는 중요한 연구이다. 그녀는 섹슈얼리티 자체가 젠더화됐으며 이는 남성이 여성을 지배하는 권력관계라고 주장한다. 게다가 "젠더와 섹슈얼리티가 사회적으로 조직되고 조직하는 실행은 폭력이 섹스로 경험되고 또 종종 섹스가 폭력으로 경험되는 것과 같다." 여성은 남성들이 폭력을 자행해도 되는, 사회적으로 승인된 표적이다. 여성에 대한 남성의 폭력은 남성이 다른 남성에게 행하는 폭력과는 다르다. 이는 여성에 대한 폭력이 남성에게 '어떤 의미의 권리 부여', 곧 여성의 몸에 접근할 권리를 부여하는 남성 우월주의 이데올로기를 표현하는 것이기 때문이다. 남성은 에로틱한 동기가 없이도 여성을 구타하고 정복할 수 있으며, 폭행은 강간처럼 에로틱하게 이루어질 수 있다. 이 두 경우에 일어나는 행위는 일종의 공격이며, 지배라고 말할 수 있다(Price 2005: 110).[34]

전쟁에서 남성들이 여성들에게 폭력성을 표출하는 것은 군사화된 남성들 사이에 여성과 여성성에 대한 증오, 곧 깊은 여성 혐오가 있다는 것을 암시한다. 이 여성 혐오를 포착할 때만 이런 식의 성애화된 폭력을 설명할 수 있다. 성애화된 폭력 속에서 페니스와 주먹, 무기가 호환되고, 여성은 자신의 신체적 살상뿐 아니라 사회적 몰살 이를테면, '불명예'의 피해자가 되거나, 침략자의 씨를 수태하고, HIV/AIDS에 감염되는 일을 겪는다. 물론 여성 혐오는 증오일 뿐만 아니라 두려움이기도 하다. 클라우스 더웰레이트(Klaus Theweleit)는 1920년에 쓰인 어느 소설을 분석하면서 이러한 사실을 훌륭하게 논증했다. 이 소설은 최초의 파시스트 자유 군단이었고 제1차 세계대전 이후에 독일

공산주의의 패배와 파시즘의 출현에 기여한 자원단에 있으면서 탈군사화를 거부했던 남성들이 쓴 것이었다. 더웰레이트는 독특한 방식으로 이러한 남성 전사들에게 접근하는데, 그 남성들이 가진 전쟁에 대한 태도가 아니라 여성, 여성의 몸, 여성의 섹슈얼리티에 대한 그들의 태도를 다룬다. 그는 사관들이 가진 남성이라는 정체성이 여성에 대한 공포로 형성됐고, 이러한 공포는 극심한 인종차별주의와 반공주의와 연관됐다는 것을 보여 준다.(여기서 우리는 젠더, 인종, 계급의 상호 교차를 다시 한 번 발견하게 된다.) 자유 군단 남성들이 저술한 소설들에 등장하는 여성들은 두 가지 양식 가운데 하나로 나타난다. 아내나 어머니로서 선하고 순수한 여성이거나, 여성 공산주의자와 같이 살해돼도 좋을 뿐 아니라 살해돼야만 하는 적극적인 여성으로서 사악하고 무서운 여성, 이 둘 가운데 하나의 모습으로 등장한다. 남성성은 적극적인 여성성이 홍수처럼 위협적으로 넘쳐흐르는 것을 막고 제지해야 한다. 더웰레이트는 모든 남성들이 이러한 파시스트와 같다고 주장하지는 않는다. 그러나 그는 파시스트들은 빙산의 일각이며 "그 빙산은 표면 바로 아래에 놓여 있어 실제로 물을 차갑게 만든다."라고 말한다(Theweleit 1987: 171). 20년이 흐르고, 더웰레이트는 이슬람 극단주의자인 모하메드 아타(Mohammed Atta)가 2001년 9월 11일 공격에서 자살을 예견하며 쓴 유서에 어떤 여성도 그의 시체에 손을 대거나 그의 무덤에 가까이 다가가도록 허가 받아서는 안된다는 뜻을 상세히 기술했다는 소식에 다시금 소름이 끼쳤을 것이다(Ehrenreich 2003: 79).

이는 여성 혐오만으로 여성에 대한 남성의 폭력을 설명하는 것은 충분하지 않다는 점을 시사한다. 데보라 카메론(Deborah Cameron)

과 엘리자베스 프레이저(Elizabeth Frazer)는 성적 살인자들을 주의 깊게 연구하면서, 성애화된 살인은 남성에 의해서만 저질러진 범죄인 반면(경우에 따라 여성은 질투나 분노로 살인을 하지만 그 살인은 에로틱하게 여겨지지 않는다), 그 범죄의 희생자와 욕망의 대상에 여성뿐만 아니라 남성 동성애자도 포함된다는 점을 지적한다. 물론 남성 동성애자는 그들의 경멸받는 여성성 때문에 살해당할지도 모른다. 그러나 이 저자들은 다른 연관성을 발견한다. 이는 초월(transcendence), 말하자면 "통상적으로 인간의 운명을 결정하는 물질적 한계로부터 자의식적인 의지로 자신을 자유롭게 하려는 분투"를 열망하도록 남성을 사회화하는 것과 연관된다(Cameron and Frazer 1987: 168~169). 위반적 성적 행위는 남성에게 쾌락과 권력의 원천이 되는데, 남성적인 것을 독특하게 만드는 기획이자 남성성을 입증하는 초월로서 재정의될 수 있다. 이러한 남성들은 단독으로 행동할지라도 고립된 채 행동하지 않는다. 곧 그들이 극단주의자라 할지라도 남성이라는 젠더에 속해 있다. 시몬느 드 보부아르(Simone de Beauvoir)가 이해했던 것처럼, 사랑, 헌신과 같은 여성이 행하는 것들은 남성들이 빠질까 두려워하는 내재(immanence)라 할 수 있다. 이러한 두려움으로 인해 남성의 결속은 돈독해지며 남성들의 '문명화' 기획은 추진된다. 필요하다면 '그녀'를 파괴함으로써 "초월로, 어떤 목적을 향한 도피로, 자신을 완성하기 위해 개별 남성을 자신의 내재로부터 떼어 놓고, 남성이 그 존재의 진리를 이행할 수 있게 하는 것은 다른 남성의 존재이다."(de Beauvoir 1972: 171)

세 타자들

: 여성, 노동자, 이방인

"그래서 남성은 폭력의 스펙트럼을 가로질러 그 세력을 떨치기에 …… 탈군사화와 평화 전략은 남성성이 변화하는 전략을 포함해야 한다."(Connell 2002a : 34, 38)고 코넬(R. W. Connell)은 결론 맺는다. 지당한 말이다. 군사주의와 전쟁에 반대하는 페미니스트 운동은 그러한 전략에 전념한다. 그러나 거창한 역사 체계 안에는 이러한 변화에 반발할 것들이 축적돼 있다.

거다 러너(Gerda Lerner)는 가장 분명한 고고학적 증거와 문서자료들이 나온 고대 근동 지역에서 가부장제가 어떻게 형성됐는지 매우 훌륭하게 설명하면서, 역사적으로 여성이 종속되고 남성이 지배하는 섹스/젠더 체계의 확립을 설명하고자 많은 자료들을 검토한다. 신석기 농업혁명이 진행되면서 몇몇 과정들이 밀접하게 연관됐다. 하나는 가부장적 가족 체제에서 남성 권력에 대한 여성의 종속이었다. 그리고 여기서 우리는 역사의 무대로 걸음을 내딛는 첫 번째 타자를 발견한다. 그것은 바로 **여성**이다. 인간이 정착 생활을 하고 공동체가 확대되면서 인류 사회가 변형되는 가운데, 집단으로서 남성은 집단으로서 여성에게는 있으나 남성에게 없는 여성의 권리를 획득했다. 여성의 가치는 노동력과 재생산력, 섹슈얼리티에 존재하는데, 그 가치로 인해 여성은 재산이 됐다. 여성들은 신부 가격과 판매나 교환가격, 성매매, 그리고 여성들이 낳은 아이들의 가치로 상품화됐다. 초기의 모계 친족 배열은 그 지위를 잃었고, 상속재산은 남성 혈통을 통해 전달됐으며, 강력한 사회제도와 이데올로기, 문화는 남성 우월을 표현하고 구현했다. 이러한 변화는 강압 없이 이루어지지 않았다. 폭력과 폭력 위협은 항상 가부장제에 내재했다(참조: Lerner 1986 ; Engels 1972).[34]

후기 신석기 시절에 일어난 두 번째 변화 과정은 경제 문제였다. 거다가 지적했던 것처럼, 세계 각지에서 다른 시대에 형성된 고대 국가에는 어디든지 상품생산이 등장하고 유산계급이 상위를 차지하는 사회적 위계가 출현하는 것이 특징이다. 생산수단을 소유하며, 상대적으로 부유한 자아는 노동력을 필요로 한다. 여기서, 다른 존재, 곧 열등하며 착취 가능한 존재로 인식되는 두 번째 타자, **노동자**가 있다. 이러한 타자성(othering)도 역시 폭력적 성격을 띤다. 왜냐하면 어떠한 강압도 없이 도로를 만들거나 운하를 파거나, 땅을 채굴하거나 피라미드와 지구라트가 건설되지는 않았을 것이기 때문이다.(이러한 일은 사회가 오랫동안 자연 세계와 공생의 관계를 유지하다가, 지배와 착취의 관계로 들어선 인간 진화의 순간이었으며, 현재 환경 운동을 일으키는 중요한 전환점이다.)

사회에 유용한 노동력을 증가시키고 종속적인 생산관계에서 노동력을 가지려는 사람들은 노예를 필요로 했고, 그래서 인접에 거주하는 사람들을 침략했다. 이렇게 해 세 번째 타자가 역사의 매우 초기 단계에 발생한다. 이는 바로 **이방인**(stranger)인데, 그들은 다른 영토, 다른 문화에 속하며 인종화된 차이를 체현했다. 이방인은 종종 여성의 몸을 가진다. 인류학자들은 친족 내 근친상간으로 생기는 부정적 결과를 피하려는 방법으로, 족외혼, 말하자면 남성이 강압이나 협정을 통해 부족 공동체 밖에서 '아내'를 데려오는 관습이 옛날부터 널리

성행했다는 것을 밝혔다(Lévi-Strauss 1969). 그런데 거다 러너도 지적한 것처럼, 여성은 노예로서 매우 높은 가치를 가졌다. 노동력이라는 측면에서도 착취 가능한 존재이었고, 성적이고 재생산적인 측면에서도 그랬다. 여성 노예가 출산한 자식도 재산적 가치를 지니는 것에서 볼 수 있듯이, 여성 노예는 그 몸 자체가 자기 재생산이라는 성격을 가진다. 낸시 하트삭(Nancy Hartsock)은 고대 그리스 사회에서 "시민이 살아가는 자유와 여가의 영역은 여성과 노예, 노동자들이ㅡ이 세 집단은 모두 본질적으로 여성적 본성으로 정의된다.ㅡ거주하는 생존 필수품의 영역에 의존한다."라고 지적한다(Hartsock 1985: 204). 여기서 다시 초월과 내재의 문제를 본다. 세 타자의 성격이 삼중적으로 발휘되는 사회에서, 남성·남성적 원리는 권한을 부여받는 반면, 여성·여성적 원리는 권한을 잃는다. 그것은 역사가들이 '문명화'의 부흥이라고 부르고 싶어 하는 순간이다.ㅡ내가 여기서 인용 표시인 따옴표를 달면서 많은 대안적 문화들에 대한 찬사와 객관성을 유지하고 싶어도, 문명화는 그 자체가 파괴의 과정을 가져왔다는 것은 부인할 수 없다.

이 모든 것이 전쟁과 무슨 관련이 있는가? 전쟁이라는 제도가 국가 건설과 함께 처음 등장하는 시기는 인류 역사상, 계급 위계질서와 가부장적 섹스/젠더 체계가 출현하는 시기와 같다는 점은 놀라운 일이 아니다. 집단 내부 갈등이 일어난 첫 번째 증거는 후기 신석기시대의 넓은 마을을 둘러싸고 있는 요새에서 발굴됐는데, 여기에서 발견된 매장들은 폭력적 분투를 암시하는 집단 사망의 흔적을 보여 준다(Dawson 2001). 기록된 증거는 대략 기원전 3000년부터 존재했는데,

이 증거로 볼 때, 이미 그 시대에 계속된 전쟁은 상당량의 잉여 식량 생산, 더 현저한 노동 분화, 상당한 크기의 도시 성장, 더 복잡한 사회 구조, 위계적인 정치적 통제 체제를 따라 출현했음이 분명하다.[35] 윌리엄 에카르트(William Eckhardt)는 전쟁을 다룬 다른 역사가들의 연구를 검토하면서, 설득력 있는 '변증법적 진화 이론'을 발전시킨다. 이 이론에 따르면, 사람들은 '문명화'될수록, 더 호전적인 성격을 갖는다. 그는 이 상관관계가 역사의 모든 국면에서 지속적으로 나타난다고 말한다. 에카르트가 지적하는 것처럼, "문명화의 확장은 무장 폭력으로 야기된 불평등을 증대시켰는데, 불평등은 혁명을 일으킬 세력이나 경쟁 세력에 대항할 무장 폭력을 필요로 한다. …… 사람들은 문명화될수록 더 호전적이 됐다."(Eckhardt 1992: 4)[36]

여기서 '혁명을 일으킬 세력과 경쟁 세력'이라는 말이 암시하는 것처럼, 전쟁은 자원이 풍부한 땅을 차지하려고, '해외에서' 외국인을 대상으로 일어났을 뿐 아니라, 생산수단을 통제하고 정치권력을 잡기 위해 종속된 계급을 대상으로 '국내에서'도 일어났고 지금도 일어난다. 전쟁의 경제적 계급 차원을 잘 생각할 수 있게 해 준 사람은 아놀드 토인비이다. 토인비는 고대 그리스 문명이 쇠퇴한 파란만장한 이야기를 설명한다. 그는 통치 계급이 내부와 외부의 프롤레타리아와 피비린내 나는 전쟁을 치룬 역사에 관해 쓴다. 한편으로는 박탈당하고 멸시받은 사회 군중들의 봉기도 있었다. 이는 때로 지중해의 식민화된 지역에서 들여온 노예들과 합세해 일어난 것이었다. 외곽 지역에서는, 멀리 떨어진 농장에서 거의 죽을 정도로 일했던 '타자들'의 폭동이 있었다(Toynbee 1972).

젠더 관계는 이 모든 권력이 폭력적으로 움직이는 사회에서, 계급 관계와 인종화된 민족 관계와 분리될 수 없다. 이 세 관계는 서로의 관계 안에서, 그리고 서로를 통해 작동하고 작동될 수 있다. 그러나 이 세 유형의 권력관계를 그 자체로 직접 비교할 수는 없다. 그들이 전쟁과 연관될 때는 다른 방식으로 기능한다. 부는 강압할 수 있는 수단을 소유하게 하는 반면, 부의 축적은 전쟁을 하는 주요한 의도이자 전쟁을 통해 얻는 수확이다.(전쟁은 때로 벌어들이는 것보다 더 많은 지출을 수반한다 할지라도 말이다.) 문화적/'인종적' 정체성은 국가 내에서 정치적 배열을 하려는 원리이며, 대외적으로 '문명화된' 세력 대 '야만적인' 세력, '국민' 대 '외국인'과 같이 적대하는 실체가 누구인지 종종 확인시킨다. 이런 차원에서 차이는 증오를 유발하고, 그래서 전쟁을 합법화하는 데 수사적으로 이용되며, 또한 전쟁을 통해서 만들어지는 전쟁의 효과이다. 그런데 젠더는 또 다르다. 집단으로서 여성과 남성은 전쟁의 주역이 아니다. 여성들이 여성들의 집단적 이해를 지배하는 남성들에 대항해 무장투쟁을 일으킨 적은 결코 없었다. 이성애의 관계를 기반으로 하는 가족 구조 안에서 여성의 집단성은 분열됐고, 강제하는 수단을 남성들이 장악했기에 무장투쟁과 같은 일은 일어날 가망이 없었다.

젠더 권력관계가 전쟁에서 어떻게 나타나는가에 대해서는 앞 장에서 충분히 설명했기에 여기서는 반복할 필요가 거의 없을 것이다. 우리는 군사주의와 전쟁이 어떻게 젠더에 따라 다른 특정한 영향을 미치는지, 그리고 가부장제가 전쟁으로 몰고 가게 하는 경제적·종족 민족적 체제와 어떻게 서로 교차하는지, 젠더라는 요인이 어떻게 국제

관계와 전쟁 정책에 영향을 미치는지를 살펴보았다. 주로 남성들이 장악한, 강제를 위한 수단들은 남성 우월의 기술적 상상력에서 나온다. 군사주의는 남성 지배를 양성하고, 남성 문화에 내재한 폭력성은 사회의 호전성을 영속시킨다. 자기 '소유의' 여성이나 여성들을 보호한다는 담론은 남성들이 싸우는, 끊임없는 구실이 됐다. 덧붙여, 가부장적 야망은 종종 전쟁을 일으키는 동기가 됐고, 이런 점에서 지금 우리에게 일어나는 '테러와의 전쟁'을 숙고하는 것은 흥미롭다. 이슬람 근본주의는 가족 안에서 여성을 엄격하게 가부장적으로 통제하려고 종교적 이데올로기를 선별적으로 끌어들이는 반동적 정치 운동이다. 그런데 이는 이슬람 근본주의뿐만이 아니다. "섹슈얼리티에 대한 통제는 곳곳의 근본주의 운동으로 촉진된 사회 프로그램의 핵심적인 주제이다."(WLUML 2004: xii) 이슬람 근본주의자들이 서구 근대성을 비난하고 이에 도전하는 '자유'는 (종종 주장되는 것처럼) '서구 민주주의'가 개념화하는 자유가 아니라, 가부장적 가족 안에서 남성들의 감금과 통제로부터 벗어나려는 여성의 탈출을 뜻한다. 미국에 대항하는 지하드(jihad)는 3자의 깊은 모순 속에서 서구의 모든 사회를 파악한다. 여성의 자존감과 자율성은 보수적인 기독교 정치체제가 볼 때도 이슬람 체제가 느끼는 것만큼이나 혐오스럽고 두려운 것이다. 한편으로 여성의 몸과 섹슈얼리티를 상업적 이익의 목적으로 음란하고 외설적인 방식으로 착취하는 일은 현대 자본주의의 핵심적인 경제 이해관계이다. 사회가 경쟁적으로 가부장제를 표출하고, 이에 맞서 혼란스럽게 갈등을 빚는 이익집단들 사이에서 작지만, 집요한 페미니즘운동이 있는데, 이 운동은 이슬람과 서구 사회 모두에서 일어나는 여성에 대한 억압과 착취에 저항하고, 또한 이 두 세계 사이의 전쟁에도 반대한다.

　전쟁과 관련한 젠더 효과는 또한 한 사회 내에서도 감지된다.(인종 차별이 국가 내에 거주하는 '적'국 출신의 공동체를 대상으로 강화될 때, 민족 효과가 감지되는 것처럼.) 군 엘리트와 계급 엘리트는 전쟁을 통해 그들의 힘을 결합하고, 뜻을 같이한다. 이들은 남성이고, 그들이 휘두르는 권위는 가부장적 가족과 친족 체계에서 나오거나 이를 근거로 만들어지기에, 남성 우월은 전체 사회에서 강화되지만 여성적 원리는 한층 소멸된다. 우리는 자신의 칼로 5000년 전 도시국가와 제국을 만든 전사처럼, 현대 전쟁을 치를 군인으로 맞게 단련되고 길들여진 지배적인 남성 자아를 목격한다. 평화활동가들은 특히 전쟁 폭력을 파괴의 전형으로 생각한다. 그러나 전쟁 폭력을 생산적인 것으로 생각하는 사람들이 훨씬 더 많다. 그 생산이 우리에게 달갑지 않지만. 이는 새로운 계급 엘리트를 창출하거나 현존하는 어떤 계급을 강하게 만든다. '사람들'에 대한 차별을 심화시키면서 인종화된 정체성을 만든다. 또한 젠더를 생산한다. 그 생산은 남성과 남성성을 매우 효과적인 양식으로 지지한다. 여성을 전리품이나 소유물로, 수하물이나 노예로 만든다.

　내가 서론에서 정의했던 '교차성(intersectionality)'이라는 말은 이 책 전체에서 여기저기 등장한다. 이 용어는 내가 전쟁과 가장 연루된 것으로 밝힌 주요한 세 가지 권력 체제(계급, 인종, 젠더)와 관련해 어떻게 위치성(positioning)이 개인과 집단의 삶과 기회들을 형성하는지를 다시 생각하게 하는 데 주로 사용됐다. 그러나 교차성은 또한 제도적 차원에서 작동한다. 경제적 계급의 권력 체제는 생산수단의 소유권에 기반하고, 종족–민족주의(ethno-nationalism) 권력 체제는 공동체·국가·'문명화'에서 나타나며, 섹스/젠더 위계를 **함께** 구성하는 권력 체제는 인간의 사회구조, 제도, 관계 과정을 형성한다. 그들 모두는 다 **어우러져서** 관계적 권력의 '위치들'을 정함으로써, 그 속에 다양하게 거주하는 개인과 집단의 가능성과 개연성을 정한다. 그들 가운데 어떤 것도 다른 두 가지 없이는 효력을 발산하지 않는다. 이 세 권력 체제 모두는 줄곧 군사화와 전쟁을 일으키고, 형성하고, 달성하고, 재생산한다. 젠더 각본은 항상 어디든 있다. 그 각본은 바로 남성은 주체로, 여성은 이질적인 존재로, 이질적인 존재는 나약한 존재로 규정한다. 이것은 전쟁을 연구할 때, 젠더 분석이 결여되면 왜 오류가 되는가를 말해 준다.

§

나는 전쟁과 이에 대응한 여성들의 이야기를 끝맺으면서, 우리에게 계급·인종·젠더의 강제적 권력관계가 상호 교차해 어떻게 사람의 삶과 기회를 형성하는지를 폭로하고, 전쟁이 이와 어떤 관련이 있는지를 예증할 어떤 개인을 상상해 볼 것을 권한다. 그녀는 바로 여성 노예이다. 이러한 여성들은 지금 존재하지 않으며 그러한 노예는 과거에 있을 법한 일이라고 치부할 수 있다. 그러나 오늘날 전 세계에 2700만 명의 노예가 존재한다는 사실을 떠올려 보라(Bales 2005). 이러한 여성은 전쟁 가운데 노예가 됐다. 나는 가끔씩 수단 전쟁 가운데 아랍인에게 유괴된 아프리카 여성, 아마 딩카족일 그 여성을 상상한다. 나는 또한 코소보/바에서 매매되고, 지역 포주에게 팔려 국제적인 군인들에게 서비스를 제공하는 성 산업 지역에 감금된, 몰도바나 우크라이나 출신 여성을 유럽에서 본다. 그녀가 어디에 있든 간에, 그녀는 이방인이자 타자이다. 이 여인은 보수를 받지 못한 채 식량과 주거를 위해 일하는 노동자이다. 게다가 그녀는 성적으로 노예이고, 자신의 몸은 이 여인을 소유한 자의 처분에 달려있다. 이 여인의 삶은 교차성의 전형을 보여 준다.

이 서사를 보며 떠오르는 또 다른 용어는 '입장론(standpoint)'이다. 우리는 여성들이 서로 다른 위치에서 전쟁을 바라본다는 것을 살펴보았다. 이 책에서 내가 믿는 것은 설득력 있는 반전페미니즘이고, 나는 하나의 정치적 입장, 곧 페미니스트적인 입장으로서 '우리가 서 있는 곳에서부터' 재해석했다는 것이다. 이제 나는 이 이야기의 막을 내리면서 내 이야기가 횡단하며 움직이기를 원한다. 나는 확실한 권위를 가진, 전쟁에 관한 관점을 얻기 위해 최종적으로 내가 서 있고 싶은 곳이 어딘지 안다. 나는 전쟁 노예인 이 여성이 걸어온 발자취를 따라 걸어갈 것이다.

그녀가 서 있는 곳에서부터 나를 놀라게 할 어떤 것을 본다. 이제 투쟁은 더 이상 전쟁 자체를, 또는 전쟁 하나만을 반대하는 것 같지 않다. 전쟁은 타자화를 통해 가장 폭력적으로 강제되는 형태이며, 차별화가 죽음으로 이어지는 치명적인 공간이다. 전쟁의 수단, 곧 강제하려고 사용되는 수단은 극도로 끔찍하다. 그러나 문제가 되는 것은 바로 타자화이다. 타자를 대상화하고 배제하며, 타자의 권위를 손상시키고 감금하며 억압하고 착취함으로써 자아의 존재는 확인되고 보장받는다. 당신이 여성 노예에게 이러한 것들에 관해 가르칠 수 있는 것은 많지 않다. 따라서 그녀의 기획, 그건 아마 우리의 기획이기도 한데, 우리의 기획은 군사주의와 전쟁을 지속적으로 반대하며, 평화를 찾아 적극적으로 탐색하는 것조차 초월하는 것이다. 이는 해방의 기획이다. 무엇으로부터의 해방인가? 두려움으로부터의 해방이다. 왜 두려움과 해방을 말하는가? 노예는 자신의 지배자를 두려워하기 때문이다. 그러나 노예를 지배하는 자는 그보다 더 두려움을 느끼기 때문이다. 나는 내가 누군가를 내쫓고 멸시하는지 두렵다.

미주

1. 이 책에서, 나는 '주류(mainstream)'라는 말을 '여성들의' 또는 '페미니스트'라
   는 말에 대칭하는 용어로 사용한다. 이를테면, 주류 반전운동은 여성들이 하는
   반전운동보다 대규모이며 광범위한 운동으로 여성과 남성이 함께 하는 성격
   을 띤다. 국제 관계의 주류 사상이란 학술 사상에서 비판적인 페미니스트의 요
   소가 결여된 학문을 의미한다.

2. 내가 여기서 인종(race)이라는 말을 사용할 때는 인종차별이라는 개념을 내포
   한다. 자세한 내용은 이 책 7장을 참조하길 바란다. 나는 인종이라는 말에 의
   도적으로 인용 부호를 사용하지 않기로 했다.

3. 나는 앞으로 이 용어들을 특별하게 보기보다 통상적으로 계속 사용할 것이다.
   그래서 이 용어들에 인용 부호를 달지 않는다.

4. 여기서 '초국가적(transnational)'이라는 형용사는 둘 또는 그 이상의 국가에서
   활동하는 단체들이나 사람들이 모여서 조직한 네트워크를 말한다(Moghadam
   2005). 그리고 '국제적인(international)'이라는 말은 유엔처럼 각국 정부 중심
   의 조직이나 범위, 활동을 기술하는 데 주로 사용된다. 그러나 이 용어들은 때
   때로 엄격한 구분 없이 '세계적인(worldwide)' 그리고 '글로벌(global)'이라는
   말처럼 가볍게 사용된다.

5. 이러한 용어들은 이 책에서 종종 등장할 것이다. '주류'라는 말은 미주 1을 참조
   하라. 나에게 '평화운동'이란 기본적으로 군사주의, 전쟁, 평화 문제에 초점을
   두는 단체들과 네트워크 그리고 연대 활동을 말한다. '좌파'란 원칙적으로 반
   자본주의와 반제국주의에 중점을 두는 일련의 경향성, 운동 그리고 국회 밖에

서 주로 활동하는 정당들을 지칭한다. '반전운동'은 오늘날 평화운동과 좌파들이 공동으로 연합한 운동을 의미한다. 영국의 경우를 예로 든다면, 지난 2003년 2월 15일, 대규모 집회가 있었는데, 핵군축을 위한 캠페인과 영국 무슬림연방 그리고 사회주의 노동당, 노동 좌파 회원들, 몇몇 소규모 좌파 정당들로구성된 전쟁을 반대하는 연합이 함께 연대해 이 집회를 조직했다. 연합 조직은정당들, 노동조합, 개인 구독자들을 포함해 다른 많은 지부 연합들을 가졌다.

6. 내가 2004년 후반기에 시에라리온을 방문했을 당시 상황과 2005년 초기 상황에 관해서는 콜롬비아와 인도 관련된 부분에서 설명한다. 내가 만난 사람들과이 글의 자원을 제공해 준 분들에 대해서는 감사의 글을 참조하라.

7. 두 번째로 중요한 콜롬비아 여성들의 네트워크는 (the Alianza Iniciativa de Mujeres Colombianas por la Paz)로 이 책의 6장에서 언급된다.

8. 참여한 다른 단체는 (뭄바이에 있는) 스트리 쌍검(Stree Sangam), 델리에 터를 둔사헬리(Saheli), 자고리(Jagori), 사마(Sama)와 니란타(Nirantar) 네 조직, (아마다바드에 있는) 시민주도활동(the Citizens' Initiative), 시민자유를위한민중연합(the People's Union for Civil Liberties, PUCL), (바로다의) 샨띠 아비얀(Shanti Abhiyan), 『커뮤날리즘 컴배트(Communalism Combat)』 저널, 가시성과행동을위한레즈비언연대(the Organized Lesbian Alliance for Visibility and Action, OLAVA, Pune)가 있다. 구자라트의 무슬림 공동체에서 일하는 몇몇 여성조직들도 가담했으나 안전을 이유로 단체 이름이 공개되는 것을 원하지 않았다. 파라 나크비(Farah Naqvi)는 여성심의단과 IIJG, 두 조직에서 다 활동한다.

9. 심의 위원들은 스리랑카 콜롬보의 알림(Inform)의 대표, 수닐라 아비쎄카라(Sunila Abeysekara), 뉴욕 시립대학교의 법학 교수이자 여성의인권법센터의론다 코펠론(Rhonda Copelon), 무슬림법하에살고있는여성들이라는 국제여성활동가협회 대표 아니사 헬리(Anissa Helie), 독일미디카몬디아레의 공동 창립

자이자 역사가인 가브리엘라 미쉬코우스키(Gabriela Mischkowski), 영국 그린위치 대학교의 젠더와민족학 교수인 니라 유발-데이비스(Nira Yuval-Davis), 델리 대학교에서 온 페미니스트 역사가 움마 차카라바르띠(Uma Chakaravarti), 젠더와 국제법의 연구자이자 네덜란드 젠더정의를위한여성활동(Women's Initiatives for Gender Justice)의 대표, 미국긴급행동기금(the Urgent Action Fund)의 이사이자 뭄바이여성연구와행동그룹(Women's Research and Action Group)의 공동 설립자인 바히다 나이나르(Vahida Nainar), 인도 델리의 니란타(Nirantar)의 공동 창립자이고, 여성, 민주주의, 개발 문제에 관한 컨설턴트이자 독립 작가인 파라 나크비(Farah Naqvi), 코임바토레에 있는 환경과사회문제연구소(Institute for Environmental and Social Concerns)에서 일했던 미라 베라유던(Meera Velayudan)이 있었다. 심의단에 파키스탄 여성은 포함되지 않았다. 파키스탄인이 들어오면 인도의 대중 여론이 너무나 뜨거울 것이라고 느꼈기 때문이었다. 그리고 방글라데시에서 참석할 것이라고 기대했으나 그 여성은 자신의 나라에서 안전이 보장되지 않을 것을 두려워해 함께 하지 못했다.

10. 아프리카여성연대(Femmes Africa Solidarité)는 서아프리카국가들의 경제 공동체로부터 자금을 받아 시너지아프리카(Synergie Africa), 유엔여성발전기금(UNIFEM) 그리고 여타 미국의 기관들에 의해 1996년 6월 창립됐다. 활동가들은 다양한 국적과 직업을 대표하는 아프리카 여성 지도자들이었다. 이 조직은 아프리카의 사회구조가 폭력적인 분쟁으로 갈기 찢어진 것에서 촉발되어 만들어졌다. 제네바에 사무실을 두고 다카르에 지부가 있다.

11. 1973년 이미 마노강연합(Mano River Union)이 있었다. 세 국가는 원칙적으로 정치적·경제적 목적을 위해 공동 협력하기로 되어 있었다. 그러나 마노강여성평화네트워크는 수사적으로는 마노강연합과 관련되나 실제 구조적으로 무관하다.

12. 여기의 내용은 20개의 위민인블랙 단체들을 방문해 썼다. 미국에 있는 위민인 블랙 일곱 단체, 이탈리아 네 단체, 벨기에 세 단체, 스페인 두 단체, 콜롬비아, 인도, 이스라엘, 세르비아 각각 한 단체를 방문했다. 나는 연구자이기도 하지 만, 위민인블랙의 런던 철야 농성의 멤버이자, 국제 위민인블랙 커뮤니케이션 개발을 위한 하부 소집단에 소속된 내부인으로서 이 글을 썼다. 네트워크에 관 한 더 자세한 정보를 보려면 국제적인 웹사이트, ⟨www.womeninbalck.org⟩ 와 여러 지역 위브 단체들의 사이트를 보라.

13. 대규모나 일회적인 시위들은 아시아여성인권협의회(AWHRC)와 국제엘따 예(El Taller)가 세계 25개 지역에서 조직한, 일련의 '여성 법정'과 공동으로 협력해 개최했다. 이에 관한 서술은 6장을 참조하라.

14. 이 부분의 자세한 내용을 채워 준 네트워크 여성들과 조직의 이름은 감사의 말에 있으니 참조하라.

15. 내가 2004년 10월, 이 연구를 위해 베오그라드를 방문했던 당시에는 세르비 아와 몬테네그로로 불렸다. 그런데 2006년도에 몬테네그로는 독립을 선언하 고 분리됐다.

16. 지역의 정치지도자들과 '국제 공동체'가 갈등을 해결하겠다는 시도로 양산된 세르비아, 크로아티아, 보스니아 무슬림들의 압도적 정체성은 유고슬라비아 가 실제로 20개의 언어를 가진, 22개 종족 집단이라는 사실을 모호하게 한다.

17. 세르보-크로아트어로는 코소보이고, 알바니아어로 하면 코소바이다. 제네우 스르놈의 여성들은 정치적인 의미에서 보(vo)와 바(va)의 철자들을 혼합해서 사용한다.

18. 가장 구체적으로 가치를 발휘하는 국제 연대는 기금을 마련하는 일이다. 여기

서 언급된 모든 프로젝트가 지속적으로 이루어진 것은, 다른 나라에서 모금하고 기부된 돈이거나 (이탈리아 여성들은 특히 잘 베풀고, 신뢰성이 있는 인력이었다.) 또는 글로벌여성재단(Global fund for Women)과 긴급행동기금(Urgent Action Fund, UAF, 미국), 마마캐쉬(Mama Cash, 네덜란드), 크빈나틸크빈나(Kvinna til Kvinna, 스웨덴)와 같은 친페미니즘 재단에서 직접 지원하는 돈이기 때문에 가능했다. 다른 나라의 여성조직들은 유고슬라비아의 전쟁들을 겪는 여성들의 경험과 전쟁을 반대하는 페미니즘운동에 관해 유럽과 세계에 널리 알릴 수 있는 기회를 만들어 주었다. 또한 세르비아의 당국으로부터 추방될 때까지 베오그라드에서 자원 활동을 하러 외국에서 온 지원자들의 존재도 중요했다. 그들은 암담한 전쟁 시대에 여성들이 덜 고립되도록 도왔다.

19. 다음의 이야기들은 회의를 기획하는 사람들이 이 기간 동안 교환했던 편지와 엘리자베따 도니니(Elisabetta Donini)와의 인터뷰를 근거로 한다.

20. 평화여성연맹을 구성하는 나머지 회원단체들은 The Fifth Mother, Noga-a Feminist Journal, NELED(Women for Co-existence), 윌프(WILPF) 이스라엘 지부이다.

21. 이 장을 쓰는 데 도움을 주고 기초 자료를 제공해 준 사람들에 대해서는 감사의 글에 있다.

22. 아미라 겔붐(Amira Gelbum), 주디 블랑(Judy Blanc), 데비 레만(Debby Lerman)도 밧샬롬 이사회 위원이지만, 이들과의 인터뷰는 다른 맥락에서 이루어졌다.

23. 1996년에 나는 유대인과 팔레스타인 사이에 관한 연구를 한 바 있다. Cockburn(1998)을 참조하라.

24. 여성에 대한 차별과 폭력 관련 이슈들에 관심을 쏟는 이스라엘 페미니스트 단체들이 있다. 하나는 하이파(Haifa)에 있는 이샤이샤(Isha I'Isha) 이고, 또 다른 곳은 서예루살렘의 콜하이샤(Kol Ha-Isha)이다. 또한 팔레스타인 지역에도 여성들의 이슈를 다루는 여성단체들이 있다. 예를 들어, 알자라(Al Zahraa)는 사크닌(Sakhnin) 지역에 터를 두고 더 광범위하게는 팔레스타인령 북부 이스라엘에는 지역에서까지 활발한 활동을 벌이는데, 그들의 안내 책자에는 다음과 같이 적혀 있다. "아랍 여성들이야말로 전체 인구 가운데서 가장 불평등한 대접을 받는 집단이다. 유대 국가의 아랍인으로서, 그리고 남성이 지배하는 아랍 가부장제 사회의 여성으로서, 여성은 이중의 차별을 경험한다."

25. 이 장은 펠리시티 힐과 캐롤 콘과의 인터뷰를 기반으로 했다. 이들에 대한 세부 설명은 감사의 글에서 언급한다. 그들이 나에게 제공한, 임시로 쓴 수많은 단편적인 글에서 도움을 얻었다. 인용된 글은 주로 출판된 자료들이다.

26. 유엔 안보리 결의안 1325 원문은 ⟨www.un.org/Docs/scres/2000/sc2000.htm⟩에서 볼 수 있다. 유엔여성발전기금은 유용한 주석을 일일이 달았다. ⟨www.womenwarpeace.org/toolbox/annot1325.htm⟩에서 2006년 1월 23일자 '안보리 결의안 1325 주석과 해설'을 참조하라.

27. 나는 IMP에 대한 정보와 관련해 IMP 창립회원이자 핵심적인 활동가인 로씨오 삐네다(Rocío Pineda)로부터 도움을 받았다. 감사의 글을 참조하라.

28. 여성위원회(Women's Commission)에 관한 정보는 마하 아부-데이예 샤마스 (Maha Abu-Dayyeh Shamas)와 테리 그린블라트(Terry Greenblatt)와의 대화에서 얻었다. 상세한 내용은 감사의 글을 참조하라.

29. '입장(standpoint)'과 '위치성(positionality)'의 개념과 의미에 관해서는 서문을 참조하라.

30. 나는 여기서 리사 프리스(Lisa Price)의 공식을 빌린다. 리사는 여성에 대한 폭력을 분석할 때, 두 가지 면을 명료하게 고려할 필요가 있다고 제안한다. 1989년 몬트리올에서 공학을 전공하는 열네 살 여성이 마르크 레핀(Marc Lepin)에게 총격을 당한 사건이 있었다. 이 사례는 여성이라는 집단을 향한 사건이었고, 실제로 레핀의 경우는 페미니스트로 여겨졌다. 이는 여성(sex)에 대한 폭력이다. 또한 여성에 대한 어떤 폭력은 성애화를 동반한다. 이것은 강간에서 일어나는 것처럼 성적인 실행이다. 이것은 성(sexual)폭력이다. 두 가지는 구분되기도 하지만, 모두 다 여성을 통제하고 남성 우월성을 존속하려는 데 있다(Price 2005: 16).

31. 페미니즘이 '이중 체계'(가부장제 더하기 자본주의, 또는 섹스/젠더 체계 더하기 생산양식)라는 용어로 사고해야만 하는지, 또는 우리가 경험하는 것이 단일 체계, 곧 '가부장적 자본주의'인지에 관한 격렬한 논쟁이 1980년대에 발생했다(Sargent 1981). 과거와 마찬가지로, 오늘날 나는 여전히 두 개의 다른 권력 토대와 권력 과정을 묘사하기 위해 명확한 용어를 사용하는 것이 필수적이라고 생각한다. 사실, 나는 군사주의와 전쟁을 논할 때 꼭 이야기해야 할 세 번째인 권력관계, 종족성/인종/민족을 도입한다. 이러한 현상을 세밀하게 기술하기 위해 어휘들을 구별해 사용하면, '교차성(intersectionality)'이라는 귀중한 통찰력을 가질 수 있다.

32. 경제적으로 발전한 서구 사회 밖에서는 그녀의 이론이 알려지지 않았다. 그러나 나는 그녀의 연구를 콜롬비아 여성들을 통해 알게 됐고, 그녀의 생각은 다른 많은 문화에도 해당되는 면이 있다고 생각한다.

33. 섹스/성폭력에 관해서는 미주 30을 참조하라.

34. 사실 남성에 의한 여성의 종속과 통제는 신석기 시대의 경제적 혁명 훨씬 이전에 시작했는데, 그때 인류는 성교와 임신 사이의 관계를 처음 주목했다. 메

리 오브라이언(Mary O'Brien 1981)에 따르면, 남성은 생식에서 그들의 육체적 역할을 인지하게 되고 그들의 자손에 대한 생산 소유권을 되찾고자 여성을 감금하고 통제하고 매매함으로써 그들이 할 수 있는 유일한 방식으로 생산력을 성취했다. 그녀는 이러한 점에서 출산자로서 완전하지 못한 남성은 문명의 창조자로 자신을 만들어 가지 않았을까 추론한다.

35. 최초 수메르인의 기록은 전쟁이 기원전 3000년 초기까지 메소포타미아에서 인간이 실존하는 한 영역으로 용인된 것이라는 점을 보여 준다. 기원전 3000년부터 이집트, 기원전 2800년부터 에게해, 기원전 2600년부터 인더스문명이 일어났던 곳, 기원전 2400년부터 시리아와 팔레스타인은 모두 강력한 국가들이 있었던 장소인데, 이 국가들은 전쟁과 외부 타자라는 존재에 의해 건립되고 유지됐다. 가장 초기의 전쟁은 전형적으로 도시들을 포위하는 공격의 형태로 정적인 성격을 가졌다. 기원전 1700년 이후, 청동 야금술의 발명과 말이 끄는 이륜차의 도입과 함께, 전쟁은 좀더 동적인 성격으로 변화했다. 기원전 1000년 이후, 철기 시대의 시작과 함께 군사 정복을 위해 엄청난 거리를 행군하는 첫 번째 보병 대형이 나타났다. 그 체제는 기원전 500년에 페르시아 다리우스 1세 제국에서 본격화된 것으로 보인다(Humble 1980; Dawson 2001).

36. 전쟁은 경제적·문화적 발전이 비슷한 시기에 남북아메리카에서 독자적으로 출현했다는 사실이 이 이론을 뒷받침한다(Dawson 2001).

참고문헌

Abdullah, Ibrahim and Ishmail Rashid (2004) "Smallest Victims; Youngest Killers": Juvenile Combatants in Sierra Leone's Civil War", in Abdullah, Ibrahim (ed.), *Between Democracy and Terror: The Sierra Leone Civil War*, Council for Development of Social Science Research in Africa, distributed by African Books Collective, Oxford, pp. 238~253.

Abraham, Arthur (2004) "The Elusive Quest for Peace from Abidjan to Lomé", in Abdullah, Ibrahim (ed.), *Between Democracy and Terror: The Sierra Leone Civil War*, Council for Development of Social Science Research in Africa, distributed by African Books Collective, Oxford, pp. 199~219.

Africa Recovery (2003) 2003. 2, pp. 17~19.

Alonso, Harriet Hyman (1993) *Peace as a Women's Issue: A History of the US Movement for World Peace and Women's Rights*, Syracuse, NY.: Syracuse University Press.

Altinay, Ayse Gul (2004) *The Myth of the Military-Nation: Militarism, Gender, and Education in Turkey*, New York and London: Palgrave Macmillan.

Altinay, Ayse Gul (2006) "Feminism and Violence: Where Do We Stand?", paper to the Sixth European Feminist Research Conference, *Gender and Citizenship in a Multicultural Context*, University of Lodz, Poland, 2006. 8. 31~9. 3.

Amnesty International (1993) "Bosnia-Herzegovina: Rape and Sexual Abuse by Armed Forces", London: Amnesty International, 1993. 1.

Amnesty International (2005) "Israel and the Occupied Territories: Conflict, Occupation and Patriarchy. Women Carry the Burden". On line <web.amnesty.org/library/index/engmde150162005>, 2006. 4. 3.

Anderlini, Sanam Naraghi (2000) *Women at the Peace Table: Making a Difference*, New York: United Nations Development Fund for Women.

Anderson, Benedict (1983) *Imagined Communities*, London and New York: Verso. 〔윤형숙 옮김, 『상상의 공동체』(나남, 2002)〕

Anthias, Floya (2002) "Where Do I Belong? Narrating Collective Identity and Translocational Positionality", *Ethnicities*, 2(4), pp. 491~514.

Anthias, Floya and Nira Yuval-Davis (1989) "Introduction", in Anthias, Floya and Nira Yuval-Davis (eds.), *Woman-Nation-State*, Basingstoke: Macmillan, pp. 1~15.

Anthias, Floya and Nira Yuval-Davis (1992) *Racialized Boundaries: Race, Nation, Gender, Colour and Class and the Anti-racist Struggle*, London and New York: Routledge.

Bacchetta, Paola (1996) "Hindu Nationalist Women as Ideologues", in Jayawardena, Kumari and Malathi De Alwis (eds.), *Embodied Violence: Communalising Women's Sexuality in South Asia*, London and New Jersey: Zed Books, pp. 126~167.

Bales, Kevin (2005) *Understanding Global Slavery: A Reader*, Berkeley and London: University of California Press.

Balibar, Etienne (1991) "Is There a Neo-racism?", in Balibar, Etienne and Immanuel Wallerstein (eds.), *Race, Nation and Class*, London: Verso.

Bangura, Yusuf (2004) "The Political and Cultural Dynamics of the Sierra Leone War: A Critique of Paul Richards", in Abdullah, Ibrahim (ed.), *Between Democracy and Terror: The Sierra Leone Civil War*, Council for Development of Social Science Research in Africa, distributed by African Books Collective, Oxford, pp. 13~14.

Benjamin, Media and Jodie Evans (2005) *Stop the Next War Now: Effective Responses to Violence and Terrorism*, Makawao, Maui, HI.: Inner Ocean Publishing. [박현주 옮김, 『여기서 전쟁을 끝내라』(검둥소, 2006)]

Berdal, Mats and David M. Malone (2000) *Greed and Grievance: Economic Agendas in Civil Wars*, Boulder, CO. and London: Lynne Rienner.

Berghahn, Volker R. (1981) *Militarism: The History of an International Debate 1861~1979*, Leamington Spa: Berg.

Bergner, Daniel (2005) *Soldiers of Light*, London: Penguin Books.

Berkman, Joyce (1990) "Feminism, War and Peace Politics: The Case of World War I", in Elshtain, Jean Bethke and Sheila Tobias (eds.), *Women, Militarism and War: Essays in History, Politics and Social Theory*, Lanham, MD.: Rowman and Littlefield, pp. 141~160.

Bishop, Jacky, Frankie Green and Lynn Alderson (eds.) (1984) *Breaching the Peace: A Collection of Radical Feminist Papers*, London: Only Women Press.

Blackwell, Joyce (2004) *No Peace Without Freedom: Race and the*

Women's International League for Peace and Freedom 1915~1975, Carbondale: Southern Illinois University Press.

Blum, William (2003) *Killing Hope: US Military and CIA Interventions Since World War II*, London: Zed Books. 〔조용진 옮김, 『미군과 CIA의 잊혀진 역사』(녹두, 2003)〕

Bose, Sumantra (1999) "'Hindu Nationalism' and the Crisis of the Indian State: A Theoretical Perspective", in Bose, Sumantra and Ayesha Jalal (eds.), *Nationalism, Democracy and Development: State and Politics in India*, Oxford, New York, New Delhi: Oxford University Press, pp. 104~164.

Bourke, Joanna (1999) *An Intimate History of Killing: Face-to-Face Killing in Twentieth Century Warfare*, London: Granta Books.

Bracewell, Wendy (1996) "Women, Motherhood and Contemporary Serbian Nationalism", *Women's Studies International Forum*, 19(1/2), pp. 25~33.

Braudy, Leo (2005) *From Chivalry to Terrorism: War and the Changing Nature of Masculinity*, New York: Vintage Books, Random House Inc.. 〔김지선 옮김, 『기사도에서 테러리즘까지』(삼인, 출간 예정)〕

Burbach, Roger and Jim Tarbell (2004) *Imperial Overstretch: George W. Bush and the Hubris of Empire*, London and New York: Zed Books.

Bussey, Gertrude and Margaret Tims (1980) *Pioneers for Peace: Women's International League for Peace and Freedom 1915~1965*, London and Geneva: Women's International League for Peace and Freedom.

Butalia, Urvashi (2000) *The Other Side of Silence: Voices from the Parti-*

tion of India, London: Hurst and Co.. 〔이광수 옮김, 『침묵의 이면에 감추어진 역사』(산지니, 2009)〕

Butler, Judith (1992) *Gender Trouble: Feminism and the Subversion of Identity*, New York: Routledge. 〔조현준 옮김, 『젠더 트러블』(문학동네, 2008)〕

Cameron, Deborah and Elizabeth Frazer (1987) *The Lust to Kill*, Cambridge: Polity Press.

Centre for Women's Studies (1997) *Women and the Politics of Peace: Contributions to a Culture of Women's Resistance*, Zagreb: Centre for Women's Studies.

CFEN(Collectif Femmes en Noir) (2004) "Femmes en Noir Contre les Centres Fermés et Contre les Expulsions", booklet, Brussels: Collectif Femmes en Noir.

Chabal, Patrick and Jean-Pascal Daloz (1999) *Africa Works: Disorder as Political Instrument*, Oxford: International African Institute, James Currey and Indiana University Press.

Clark, Suzanne (2000) *Cold Warriors: Manliness on Trial in the Rhetoric of the West*, Carbondale and Edwardsville: Southern Illinois University Press.

Cockburn, Cynthia (1998) *The Space Between Us: Negotiating Gender and National Identities in Conflict*, London and New York: Zed Books.

Cockburn, Cynthia (2002) "Women's Organization in the Rebuilding of Postwar Bosnia-Herzegovina", in Cockburn, Cynthia and Dubravka ?

Žarkov (eds.), *The Postwar Moment: Militaries, Masculinities and International Peacekeeping*, London: Lawrence and Wishart.

Cockburn, Cynthia (2004a) *The Line: Women, Partition and the Gender Order in Cyprus*, London and New York: Zed Books.

Cockburn, Cynthia (2004b) "The Continuum of Violence: A Gender Perspective on War and Peace", in Giles, Wenona and Jennifer Hyndman (eds.), *Sites of Violence: Gender and Conflict Zones*, Berkeley and London: University of California Press, pp. 24~44.

Cockburn, Cynthia and Dubravka Žarkov (eds.) (2002) *The Postwar Moment: Militaries, Masculinities and International Peacekeeping*, London: Lawrence and Wishart.

Cockburn, Cynthia and Lynette Hunter (eds.) (1999) "Transversal Politics", thematic issue of *Soundings: A Journal of Politics and Culture*, 12, summer.

Cockburn, Cynthia, Rada Stakić-Domuz and Meliha Hubić (2001) *Živjeti Zajedno ili Živjeti Odvojeno*(To Live Together or to Live Apart), Zenica, Bosnia-Herzegovina: Medica Women's Association with the Open Society Institute.

Code Pink (2006) "Global Women Launch Campaign to End Iraq War", press release, 2006. 1. 5. On line <www.codepink4peace.org>, 2006. 1. 6.

Cohn, Carol (1987) "Sex and Death in the Rational World of Defense Intellectuals", *Signs: Journal of Women in Culture and Society*, 12(4), summer, pp. 687~718.

Cohn, Carol (1990) ""Clean Bombs" and Clean Language", in Elshtain, Jean Bethke and Sheila Tobias (eds.), *Women, Militarism and War: Essays in History, Politics and Social Theory*, Lanham MD.: Rowman and Littlefield, pp. 33~55.

Cohn, Carol (2008) "Mainstreaming Gender in UN Security Policy: A Path to Political Transformation?", in Rai, Shirin M. and Georgina Waylen (eds.), *Global Governance: Feminist Perspectives*, Cambridge: Cambridge University Press.

Cohn, Carol, Felicity Hill and Sara Ruddick (2005) "The Relevance of Gender for Eliminating Weapons of Mass Destruction", adaptation of a presentation to the Commission on 2005. 6. 12, paper no. 38, Stockholm: Commission on Weapons of Mass Destruction.

Cohn, Carol, Helen Kinsella and Sheri Gibbings (2004) "Women, Peace and Security", *International Feminist Journal of Politics*, 6(1), 2004. 3, pp. 130~140.

Communalism Combat (2002) "Genocide Gujarat 2002", *Communalism Combat Journal*, 77~78, Year 8, 2002. 3~2002. 4.

Connell, R. W. (1995) *Masculinities*, Cambridge: Polity Press.

Connell, R. W. (2002a) *Gender*, Cambridge: Polity Press.

Connell, R. W. (2002b) "Masculinities, the Reduction of Violence and the Pursuit of Peace", in Cockburn, Cynthia and Dubravka Žarkov (eds.), *The Postwar Moment: Militaries, Masculinities and International Peacekeeping - Bosnia and the Netherlands*, London: Lawrence and Wishart.

Connolly, William E. (1991) *Identity/Difference: Democratic Negotiations of Political Paradox*, Ithaca, NY. and London: Cornell University Press.

Creighton, Colin and Martin Shaw (eds.) (1987) *The Sociology of War and Peace*, London: Macmillan.

Davis, Uri (1987) *Israel: An Apartheid State*, London and New Jersey: Zed Books.

Dawson, Doyne (2001) *The First Armies*, London: Cassell.

Dean, Robert D. (2001) *Imperial Brotherhood: Gender and the Making of Cold War Foreign Policy*, Amherst: University of Massachusetts Press.

De Beauvoir, Simone (1972) *The Second Sex*, Harmondsworth: Penguin Books. 〔조홍식 옮김,『제2의 성』(을유문화사, 1993)〕

De Groot, Gerard J. and Corinna Peniston-Bird (eds.) (2000) *A Soldier and a Woman: Sexual Integration in the Military*, London: Longman/Pearson Education.

Diamond, Louise and John McDonald (1996) *Multi-Track Diplomacy: A Systems Approach to Peace*, West Hartford, CT.: Kumarian Press.

DiN(Donne in Nero) (1991) letter exchanged December between *Donne in Nero* women in Torino and Bologna planning the Conference of 1992, unpublished typescript.

DiN(Donne in Nero) (1992) "Gender and Nation: A Paradox", preparatory paper prior to Conference Bologna, unpublished typescript.

494

Drakulić, Slavenka (1993) "Women and the New Democracy in the For-
mer Yugoslavia", in Funk, Nanette and Magda Mueller (eds.), *Gender
Politics and Post-Communism*, New York and London: Routledge,
pp. 123~130.

Duhaček, Daša (1994) "Travel on, Europe", in Center for Women's
Studies, Research and Communication (eds.), *What Can We Do for
Ourselves?*, Belgrade: Center for Women's Studies, 1994. 6.

Eckhardt, William (1992) *Civilizations, Empires and Wars: A Quantita-
tive History of War*, Jefferson, NC. and London: MacFarland & Com-
pany Inc..

Ehrenreich, Barbara (1997) *Blood Rites: The Origins and History of the
Passions of War*, London: Virago Press.

Ehrenreich, Barbara (2003) "Veiled Threat", in Joseph, Ammu and
Kalpana Sharma (eds.), *Terror Counter-Terror: Women Speak Out*,
London and New York: Zed Books, pp. 77~80.

Eisler, Riane (1987) *The Chalice and the Blade*, San Francisco: Harper
Collins.〔김경식 옮김, 『성배와 칼』(비채, 2006)〕

El-Bushra, Judy (2003) *Women Building Peace: Sharing Know-how*,
London: International Alert.

Elshtain, Jean Bethke (1985) "Reflections on War and Political Discourse:
Realism, Just War and Feminism in a Nuclear Age", *Political Theory*,
13(1), pp. 39~57.

Elshtain, Jean Bethke (1990) "The Problem with Peace", in Elshtain,
Jean Bethke and Sheila Tobias (eds.), *Women, Militarism and War:*

Essays in History, Politics and Social Theory, Lanham, MD.: Rowman and Littlefield, pp. 255~266.

Engels, Frederick (1972) *The Origin of the Family, Private Property and the State*, New York: Pathfinder Press. 〔김경미 옮김, 『가족, 사적 소유, 국가의 기원』(책세상, 2007)〕

Enloe, Cynthia (1989) *Bananas, Beaches and Bases: Making Feminist Sense of International Politics*, London, Sydney and Wellington: Pandora.

Enloe, Cynthia (1993) *The Morning After: Sexual Politics at the End of the Cold War*, Berkeley and London: University of California Press.

Enloe, Cynthia (2000) *Maneuvers: The International Politics of Militarizing Women's Lives*, Berkeley and London: University of California Press.

Enloe, Cynthia (2004) *The Curious Feminist: Searching for Women in a New Age of Empire*, Berkeley and London: University of California Press.

Enloe, Cynthia (2005) "What if Patriarchy is "The Big Picture"? An Afterword", in Mazurana, Dyan, Angela Raven-Roberts and Jane Parpart (eds.), *Gender, Conflict and Peacekeeping*, Lanham, MD., Boulder, CO., New York, Toronto and Oxford: Rowman and Littlefield, pp. 280~284.

Equality Now (2002) "Israeli and Palestinian Women Call on the "Quartet" to Create an International Commission of Women Peace Activists", press release, 2002. 8. 22. On line <www.equalitynow.org /english/pressroom/press_releases>, 2002. 8. 27.

Feinman, Ilene Rose (2000) *Citizenship Rites: Feminist Soldiers and Feminist Antimilitarists*, New York and London: New York University Press.

Fine, Robert (1999) "Benign Nationalism? The Limits of the Civic Ideal", in Mortimer, Edward and Robert Fine (eds.), *People, Nation and State: The Meanings of Ethnicity and Nationalism*, London and New York: I.B. Tauris, pp. 149~161.

Fogarty, Brian E. (2000) *War, Peace and the Social Order*, Boulder, CO. and Oxford: Westview Press.

Foucault, Michel (1981) *The History of Sexuality, Volume. 1, an Introduction*, Harmondsworth: Pelican. [이규헌 옮김, 『성의 역사 1』(나남출판, 2004)]

Gallego Zapata, Esther Marina (2003) "Queremos los Barrios de Medellín Libres de Miedo, Guerra y Violencia", in La Ruta Pacífica (ed.), *La Ruta Pacífica de las Mujeres: No Parimos Hijos ni Hijas para la Guerra*, booklet of essays in English documenting the history and philosophy of La Ruta Pacífica, 2003. 6, Medellín: Colombia, pp. 107~115.

Galtung, Johann (1996) *Peace by Peaceful Means*, Oslo: International Peace Research Institute and London, Thousand Oaks, CA. and New Delhi: Sage Publications. [강종일 등 옮김, 『평화적 수단에 의한 평화』(들녘, 2000)]

Gareau, Frederick H. (2003) *State Terrorism and the United States: From Counterinsurgency to the War on Terrorism*, London: Zed Books and Atlanta: Clarity Press.

Gberie, Lansana (2004) "The 25 May Coup d'état in Sierra Leone: A

Lumpen Revolt?", in Abdullah, Ibrahim (ed.), *Between Democracy and Terror: The Sierra Leone Civil War*, Council for Development of Social Science Research in Africa, distributed by African Books Collective, Oxford, pp. 144~163.

Gellner, Ernest (1983) *Nations and Nationalism*, Oxford: Blackwell. [이 재석 옮김, 『민족과 민족주의』(예하, 1988)]

Gerson, Joseph (1991) "Introduction", in Gerson, Joseph and Bruce Birchard (eds.), *The Sun Never Sets: Confronting the Network of Foreign US Military Bases*, Boston: South End Press, pp. 3~28.

Gibbings, Sheri (2004) "Governing Women, Governing Security: Govern-mentality, Gender Mainstreaming and Women's Activism at the United Nations", masters thesis, 2004. 9, Toronto: York University.

Gibson, James William (1994) *Warrior Dreams: Paramilitary Culture in Post-Vietnam America*, New York: Hill and Wang.

Giles, Wenona and Jennifer Hyndman (eds.) (2004) *Sites of Violence: Gender and Conflict Zones*, Berkeley and London: University of California Press.

Giles, Wenona, Malathi de Alwis, Edith Klein and Neluka Silva (eds.) (2003) *Feminists Under Fire: Exchanges Across War Zones*, Toronto: Between the Lines.

González, Fernán E. (2004) "The Colombian Conflict in Historical Perspective", in García-Durán, Mauricio (ed.), *Alternatives to War: Colombia's Peace Processes*, no. 14 of *Accord: International Review of Peace Initiatives*, London: Conciliation Resources, pp. 10~17.

Grant, Rebecca and Kathleen Newland (eds.) (1991) *Gender and International Relations*, Milton Keynes: Open University Press.

Gurr, Ted Robert and Barbara Harff (1994) *Ethnic Conflict in World Politics*, Boulder, CO., San Francisco and Oxford: Westview Press.

Hacker, Barton (1998) "From Military Revolution to Industrial Revolution: Armies, Women and Political Economy in Early Modern Europe", in Isaksson, Eva (ed.), *Women and the Military System*, New York, London, Toronto, Sydney and Tokyo: Harvester, Wheatsheaf.

Hanmer, Jalna and Mary Maynard (eds.) (1987) *Women, Violence and Social Control*, Basingstoke: Macmillan.

Haraway, Donna J. (1991) *Simians, Cyborgs, and Women: The Reinvention of Nature*, London: Free Association Books. 〔민경숙 옮김, 『유인원, 사이보그, 그리고 여자』(동문선, 2002)〕

Harding, Sandra (1986) *The Science Question in Feminism*, Ithaca, NY.: Cornell University Press. 〔이재경 등 옮김, 『페미니즘과 과학』(이화여자대학교출판부, 2002)〕

Hardt, Michael and Antonio Negri (2005) *Multitude*, London: Penguin Books. 〔조정환 등 옮김, 『다중』(세종서적, 2008)〕

Harford, Barbara and Sarah Hopkins (eds.) (1984) *Greenham Common: Women at the Wire*, London: Women's Press.

Hartsock, Nancy C. M. (1985) *Money, Sex and Power: Toward a Feminist Historical Materialism*, Boston: Northeastern University Press.

Hartsock, Nancy C. M. (1998) *The Feminist Standpoint Revisited and Other Essays*, Boulder, CO.: Westview Press.

Hill, Felicity (2005) "*How* and *When* Has Security Council Resolution 1325 (2000) on Women, Peace and Security Impacted Negotiations Outside the Security Council?", masters thesis, Uppsala: Uppsala University.

Hill, Felicity, Mikele Aboitiz and Sara Poehlman-Doumbouya (2003) "'Non-governmental Organizations' Role in the Build-up and Implementation of Security Council Resolution 1325", *Signs: Journal of Women in Culture and Society*, 28, summer, pp. 1255~1269.

Hobsbawm, E. J. (1990) *Nations and Nationalism Since 1780: Programme, Myth, Reality*, Cambridge: Cambridge University Press. 〔강명세 옮김, 『1780년 이후의 민족과 민족주의』(창작과비평사, 1998)〕

Home Office (2006) *Crime Statistics for England and Wales*. On line <www.crimestatistics.org.uk>, 2006. 6. 1.

hooks, bell (2000) *Feminist Theory: From Margin to Center*, London: Pluto Press.

Horne, John (2004) "Masculinity in Politics and War in the Age of Nation-states and World Wars, 1850~1950", in Dudink, Stefan, Karen Hagemann and John Tosh (eds.), *Masculinities in Politics and War: Gender in Modern History*, Manchester and New York: Manchester University Press, pp. 22~40.

Horowitz, Donald L. (1985) *Ethnic Groups in Conflict*, Berkeley and London: University of California Press.

Human Rights Watch (2004a) "Colombia: Briefing to the Sixtieth Session of the UN Commission on Human Rights". On line <www.hrw.org>, 2004. 7. 28.

Human Rights Watch (2004b) "Colombia and the 'War' on Terror: Rhetoric and Reality". On line <www.hrw.org>, 2004. 7. 28.

Human Rights Watch (2006) "Displaced and Discarded: The Plight of Internally Displaced Persons in Bogotá and Cartagena". On line <www.hrw.org>, 2006. 1. 3.

Humble, Richard (1980) *Warfare in the Ancient World*, London: Cassell.

Hutchinson, John (2005) *Nations as Zones of Conflict*, London, Thousand Oaks, CA. and New Delhi: Sage Publications.

Ignatieff, Michael (1999) "Benign Nationalism? The Possibilities of the Civic Ideal", in Mortimer, Edward and Robert Fine (eds.), *People, Nation and State: The Meanings of Ethnicity and Nationalism*, London and New York: I.B. Tauris, pp. 141~148.

International Alert (2002) *Gender Mainstreaming in Peace Support Operations: Moving Beyond Rhetoric to Practice*(Mazurana, Dyan and Eugenia Piza Lopez), 2002. 7, London: International Alert.

International Initiative for Justice in Gujarat (2003) *Threatened Existence: A Feminist Analysis of the Genocide in Gujarat*, Mumbai: Forum Against Oppression of Women.

Iraq Coalition (2003) "Coalition Provisional Authority Order No. 39: Foreign Investment". On line <www.iraqcoalition.org/regulations>, 2006. 1. 13.

Isaksson, Eva (ed.) (1998) *Women and the Military System*, New York, London, Toronto, Sydney and Tokyo: Harvester, Wheatsheaf.

Jacobs, Susie, Ruth Jacobson and Jennifer Marchbank (eds.) (2000) *States of Conflict: Gender, Violence and Resistance*, London and New York: Zed Books.

Jarrett-Macauley, Delia (2005) *Moses, Citizen and Me*, London: Granta Books.

Jayawardena, Kumari (1986) *Feminism and Nationalism in the Third World*, London and New Jersey: Zed Books.

JCW(Jerusalem Center for Women) (2005) "The Jerusalem Link: A Women's Joint Venture for Peace". On line <www.j-c-w.org/principles .htm>, 2005. 11. 29.

Jeffords, Susan (1989) *The Remasculinization of America: Gender and the Vietnam War*, Bloomington and Indianapolis: Indiana University Press.

Johnson, Rebecca (2005) "Gender, Race, Class and Sexual Orientation: Theorizing the Intersections", in MacDonald, Gayle, Rachel L. Osborne and Charles C. Smith (eds.), *Feminism, Law and Inclusion: Intersectionality in Action*, Toronto: Sumach Press, pp. 21~37.

Jónasdóttir, Anna G. (1994) *Why Women are Oppressed*, Philadelphia: Temple University Press.

Jones, Steve (2002) *Y: The Descent of Man*, London: Abacus.

Kajahiro, Kyle (2003) "Aloha' Aina vs. Militarism", *The File: News Journal of the Native Hawai' ian Multi-media Network*, 1(6), pp. 1~2.

Kamester, Margaret and Jo Vellacott (eds.) (1987) *Militarism Versus Feminism: Writings on Women and War*, London: Virago Press.

Kandeh, Jimmy D. (2004a) "In Search of Legitimacy: The 1996 Elections", in Abdullah, Ibrahim (ed.), *Between Democracy and Terror: The Sierra Leone Civil War*, Council for Development of Social Science Research in Africa, distributed by African Books Collective, Oxford, pp. 123~143.

Kandeh, Jimmy D. (2004b) "Unmaking the Second Republic: Democracy on Trial", in Abdullah, Ibrahim (ed.), *Between Democracy and Terror: The Sierra Leone Civil War*, Council for Development of Social Science Research in Africa, distributed by African Books Collective, Oxford, pp. 164~179.

Kandiyoti, Deniz (1988) "Bargaining with Patriarchy", in *Gender and Society*, 2(3), pp. 274~290.

Kapuściński, Ryszard (2002) *The Shadow of The Sun: My African Life*, London: Penguin Books.

Keck, Margaret E. and Kathryn Sikkink (1998) *Activists Beyond Borders: Advocacy Networks in International Politics*, Ithaca, NY.: Cornell University Press.

Kidron, Peretz (ed.) (2004) *Refusenik! Israel's Soldiers of Conscience*, London and New York: Zed Books.

Kirk, Gwyn and Margo Okazawa-Rey (1998) "Making Connections: Building an East Asia-US Women's Network Against US Militarism", in Lorentzen, Lois Ann and Jennifer Turpin (eds.), *The Women and War Reader*, New York and London: New York University Press, pp. 308~322.

Koonz, Claudia (1987) *Mothers in the Fatherland: Women, the Family and Nazi Politics*, London: Methuen.

Korac, Maja (1998) *Linking Arms: Women and War in Post-Yugoslav States*, Uppsala: Life and Peace Institute.

Koroma, Abdul Karim (2004) *Crisis and Intervention in Sierra Leone 1997~2003*, Freetown and London: Andromeda Publications.

Kpundeh, Sahr (2004) "Corruption and Political Insurgency in Sierra Leone", in Abdullah, Ibrahim (ed.), *Between Democracy and Terror: The Sierra Leone Civil War*, Council for Development of Social Science Research in Africa, distributed by African Books Collective, Oxford, pp. 90~103.

Kuhn, Annette and AnnMarie Wolpe (eds.) (1978) *Feminism and Materialism: Women and Modes of Production*, London, Henley and Boston: Routledge and Kegan Paul.

La Ruta Pacífica (2003) *La Ruta Pacífica de las Mujeres: No Parimos Hijos ni Hijas para la Guerra*, Medellín: Colombia.

La Ruta Pacífica (undated) basic leaflet descriptive of the organization.

Lentin, Ronit (ed.) (1997) *Gender and Catastrophe*, London and New York: Zed Books.

Lerner, Gerda (1986) *The Creation of Patriarchy*, Oxford: Oxford University Press. 〔강세영 옮김, 『가부장제의 창조』(당대, 2004)〕

Lévi-Strauss, Claude (1969) *The Elementary Structures of Kinship*, Boston: Beacon Press.

Levy, Ariel (2005) *Female Chauvinist Pigs: Women and the Rise of Raunch Culture*, New York, London, Toronto and Sydney: Free Press.

Liddington, Jill (1989) *The Road to Greenham Common: Feminism and Anti-militarism in Britain Since 1820*, New York: Syracuse University Press and London: Virago Press.

Liddle, Joanna and Sachiko Nakajima (2000) *Rising Suns, Rising Daughters: Gender, Class and Power in Japan*, London: Zed Books.

Lorentzen, Lois Ann and Jennifer Turpin (eds.) (1998) *The Women and War Reader*, New York and London: New York University Press.

McBride, James (1995) *War, Battering and Other Sports: The Gulf Between American Men and Women*, New Jersey: Humanities Press.

McGreal, Chris (2005) "Israel Redraws the Roadmap, Building Quietly and Quickly", *Guardian*, 2005. 10. 18, p. 17.

Malcolm, Noel (1994) *Bosnia: A Short History*, London: Macmillan.

Manchanda, Rita, Bandita Sijapati and Rebecca Gang (2002) *Women Making Peace: Strengthening Women's Role in Peace Processes*, booklet, Kathmandu: South Asia Forum for Human Rights.

Mann, Michael (1984) "Capitalism and Militarism", in Shaw, Martin (ed.),

War, State and Society, London: Macmillan.

Mann, Michael (1987) 'War and Social Theory: Into Battle with Classes, Nations and States", in Creighton, Colin and Martin Shaw (eds.), *The Sociology of War and Peace*, London: Macmillan, pp. 54~72.

Manz, Beatriz (2004) *Paradise in Ashes: A Guatemalan Journey of Courage, Terror and Hope*, Berkeley and London: University of California Press.

Mazurana, Dyan, Angela Raven-Roberts and Jane Parpart (eds.) (2005) *Gender, Conflict and Peacekeeping*, Lanham, MD.: Rowman and Littlefield.

Mead, Margaret (1965) 'The Anthropology of Human Conflict", in McNeil, Elton B. (ed.), *The Nature of Human Conflict*, Englewood Cliffs, NJ.: Prentice-Hall, pp. 65~69.

Meertens, Donny (2001) 'The Nostalgic Future: Terror, Displacement and Gender in Colombia", in Moser, Caroline O. N. and Fiona C. Clark (eds.), *Victims, Perpetrators or Actors? Gender, Armed Conflict and Political Violence*, London and New York: Zed Books.

Meintjes, Sheila, Anu Pillay and Meredeth Turshen (eds.) (2001) *The Aftermath: Women in Post-conflict Transformation*, London and New York: Zed Books.

Miles, Robert (1989) *Racism*, London and New York: Routledge.

Miller, Pavla (1998) *Transformations of Patriarchy in the West, 1500~1900*, Bloomington: Indiana University Press.

Mladjenović, Lepa (1993) "Universal Soldier: Rape in War", *Peace News*, no. 2364, 1993. 3, p. 6.

Mladjenović, Lepa (2003) "Feminist Politics in the Anti-war Movement in Belgrade: To Shoot or not to Shoot?", in Giles, Wenona, Malathi de Alwis, Edith Klein and Neluka Silva (eds.), *Feminists under Fire: Exchanges across War Zones*, Toronto: Between the Lines, pp. 157 ~166.

Moghadam, Valentine M. (2005) *Globalizing Women: Transnational Feminist Networks*, Baltimore, MD. and London: Johns Hopkins University Press.

Moon, Seungsook (1998) "Gender, Militarization and Universal Male Conscription in South Korea", in Lorentzen, Lois Ann and Jennifer Turpin (eds.), *The Women and War Reader*, New York and London: New York University Press, pp. 90~100.

Morgenthau, Hans (1973) *Politics Among Nations: The Struggle for Power and Peace*(Fifth rev., edn.), New York: Alfred Knopf.

Morokvasić, Mirjana (1986) "Being a Woman in Yugoslavia: Past, Present and Institutional Equality", in Godantt, Monique (ed.), *Women of the Mediterranean*, London: Zed Books.

Moser, Caroline O. N. (2001) "The Gendered Continuum of Violence and Conflict: An Operational Framework", in Moser, Caroline O. N. and Fiona C. Clark (eds.), *Victims, Perpetrators or Actors? Gender, Armed Conflict and Political Violence*, London and New York: Zed Books, pp. 30~52.

Moser, Caroline O. N. and Fiona C. Clark (eds.) (2001) *Victims, Perpetra-*

tors or Actors? Gender, Armed Conflict and Political Violence, London and New York: Zed Books.

Mulheir, Georgette and Tracey O'Brien (2009) *Private Pain, Public Action: Violence Against Women in War and Peace*, Limerick: University of Limerick and Centre for Peace and Development Studies.

Nashashibi, Rana (2003) "Violence Against Women: The Analogy of Occupation and Rape. The Case of the Palestinian People", Palestinian Counseling Center. On line <www.pcc-jer.org/Articles>, 2006. 1. 5.

Network(East Asia-US-Puerto Rico Women against Militarism Network) (2002a) one-page descriptive leaflet.

Network(East Asia-US-Puerto Rico Women against Militarism Network) (2002b) Final statement, network Fourth International Meeting, Seoul.

Network(East Asia-US-Puerto Rico Women against Militarism Network) (2004) one-page descriptive leaflet.

New Profile (2005) "Request for General Support 2005~2006", unpublished paper, 2005. 10. 16.

Nikolić-Ristanović, Vesna (1998) "War, Nationalism, and Mothers in the Former Yugoslavia", in Lorentzen, Lois Ann and Jennifer Turpin (eds.), *The Women and War Reader*, New York and London: New York University Press, pp. 234~249.

Oakley, Ann (2002) *Gender on Planet Earth*, Cambridge: Polity Press.

O'Brien, Mary (1981) *The Politics of Reproduction*, Boston, London and

Henley: Routledge and Kegan Paul.

O' Hanlon, Michael E. (2005) *US Defense Strategy After Saddam*, monograph, the Letort papers, 2005. 7. On line <www.strategicstudiesinstitute.army.mil>, 2006. 1. 12.

Oldfield, Sybil (2000) *Alternatives to Militarism 1900~1989*, Wales: Edwin Mellen Press.

Pateman, Carole (1988) *The Sexual Contract*, Cambridge: Polity Press. 〔이충훈 등 옮김, 『남과 여, 은폐된 성적 계약』(이후, 2001)〕

Peterson, V. Spike (ed.) (1992) *Gendered States: Feminist (Re)visions of International Relations Theory*, Boulder, CO. and London: Lynne Rienner.

Peterson, V. Spike (1998) "Gendered Nationalism: Reproducing "Us" Versus "Them"", in Lorentzen, Lois Ann and Jennifer Turpin (eds.), *The Women and War Reader*, New York and London: New York University Press, pp. 41~49.

Peterson, V. Spike and Anna Sisson Runyan (1993) *Global Gender Issues*, Boulder, CO., San Francisco and Oxford: Westview Press.

Petrović, Ruza (1985) *Etnicki Mesoviti Brakovi u Jugoslaviji*(Ethnically Mixed Marriages in Yugoslavia), Belgrade: University of Belgrade, Institute for Sociological Research.

Pieterse, Jan Nederveen (1997) "Deconstructing/reconstructing Ethnicity", *Nations and Nationalism*, 3(3), 1997. 11, pp. 365~396.

Pineda, Rocío (2003) "Lisístratas Colombianas a las Puertas del Nuevo

Milenio", in La Ruta Pacífica (ed.), *La Ruta Pacífica de las Mujeres: No Parimos Hijos ni Hijas para la Guerra*, booklet of essays in English documenting the history and philosophy of La Ruta Pacífica, 2003. 6, Medellín: Colombia, pp. 64~72.

PNAC(Project for the New American Century) (1997) "Statement of Principles", 1997. 6. 3. On line <www.newamericancentury.org>, 2006. 1. 12.

PNAC(Project for the New American Century) (1998) "Letter to President Clinton on Iraq", 1998. 1. 26. On line <www.newamericancentury .org>, 2006. 1. 12.

Price, Lisa S. (2005) *Feminist Frameworks: Building Theory on Violence against Women*, Halifax, Canada: Fernwood Publishing.

Pursell, Carroll W. Jr (ed.) (1972) *The Military-Industrial Complex*, New York and London: Harper & Row.

Raging Womyn (1984) pamphlet in reply to Bishop, Jacky, Frankie Green and Lynn Alderson (eds.) (1984), no publisher.

Rashid, Ismail (2004) "Student Radicals, Lumpen Youth and the Origins of Revolutionary Groups in Sierra Leone", in Abdullah, Ibrahim (ed.), *Between Democracy and Terror: The Sierra Leone Civil War*, Council for Development of Social Science Research in Africa, distributed by African Books Collective, Oxford, pp. 66~89.

Reader, John (1998) *Africa: A Biography of the Continent*, London: Penguin Books.

Reardon, Betty (1996) *Sexism and the War System*, New York: Syracuse

University Press.

Regan, Patrick M. (1994) *Organising Societies for War: The Processes and Consequences of Societal Militarisation*, Westport, CT. and London: Praeger.

Rehn, Elisabeth and Ellen Johnson Sirleaf (2002) *Women, War, Peace: The Independent Experts' Assessment on the Impact of Armed Conflict on Women and Women's Role in Peace-building*, New York: United Nations Development Fund for Women.

Religious Society of Friends (2006) *Quaker Faith and Practice*. On line <http://quakersfp.live.poptech.coop/qfp>, 2006. 5. 15.

Reno, William (2000) "Shadow States and the Political Economy of Civil Wars", in Berdal, Mats and David M. Malone (eds.), *Greed and Grievance: Economic Agendas in Civil Wars*, Boulder, CO. and London: Lynne Rienner, pp. 43~68.

Rodriguez, Jorge Rojas (2004) "Political Peacebuilding: A Challenge for Civil Society", in García-Durán, Mauricio (ed.), *Alternatives to War: Colombia's Peace Processes*, no. 14 of *Accord: International Review of Peace Initiatives*, London: Conciliation Resources, pp. 34~37.

Rogers, Paul (1994) "A Jungle Full of Snakes? Power, Poverty and International Security", in Tansey, Geoff, Kath Tansey and Paul Rogers (eds.), *A World Divided: Militarism and Development After the Cold War*, London: Earthscan Publications, pp. 1~25.

Roseneil, Sasha (1995) *Disarming Patriarchy: Feminism and Political Action at Greenham*, Buckingham and Philadelphia: Open University Press.

Rubin, Gayle (1975) "The Traffic in Women", in Reiter, Rayna (ed.), *Towards an Anthropology of Women*, New York: Monthly Review Press.

Ruddick, Sara (1989) *Maternal Thinking: Towards a Politics of Peace*, London: Women's Press.

Sachar, Howard M. (1996) A *History of Israel: From the Rise of Zionism to Our Time*, New York: Alfred Knopf.

Said, Edward W. (1995) *The Politics of Dispossession: The Struggle for Palestinian Self-determination 1969~1994*, London: Vintage Books.

Sánchez, Gonzalo and Donny Meertens (2001) *Bandits, Peasants and Politics: The Case of 'La Violencia' in Colombia*, Austin: University of Texas Press.

Santos, Boaventura de Sousa (2004) "The World Social Forum: Towards a Counter-hegemonic Globalization", in Polet, François and CETRI (eds.), *Globalizing Resistance: The State of Struggle*, London and Ann Arbor, MI.: Pluto Press.

Sargent, Lydia (ed.) (1981) *The Unhappy Marriage of Marxism and Feminism: A Debate on Class and Patriarchy*, London: Pluto Press.

Seifert, Ruth (1995) "War and Rape: A Preliminary Analysis", in Stiglmayer, Alexandra (ed.), *Mass Rape: The War against Women in Bosnia-Herzegovina*, Lincoln and London: University of Nebraska Press, pp. 54~72.

Setalvad, Teesta (2002) "When Guardians Betray: The Role of Police", in Varadarajan, Siddarth (ed.), *Gujarat: The Making of a Tragedy*, New

Delhi: Penguin Books, pp. 177~211.

Shah, Anup (2005) "High Military Expenditure in Some Places", 2005. 6. 1. On line <www.globalissues.org>, 2006. 1. 12.

Shaw, Martin (1984) "Introduction", in Shaw, Martin (ed.), War, State and Society, London: Macmillan, pp. 1~22.

Shaw, Martin (1987) "The Rise and Fall of the Military-democratic State", in Creighton, Colin and Martin Shaw (eds.), *The Sociology of War and Peace*, London: Macmillan.

Shaw, Martin (1991) *Post-military Society: Militarism, Demilitarization and War at the End of the Twentieth Century*, Cambridge: Polity Press.

Shlaim, Avi (2005) "Sharon's Iron Wall", *New Statesman*, 2005. 10. 31.

Silber, Laura and Allan Little (1995) *The Death of Yugoslavia*, London: Penguin Books, BBC Books.

SIPRI(Stockholm International Peace Research Institute) (2006) *Yearbook 2006*. On line <http://www.sipri.org/contents/milap/milex/mex _trends.html>, 2006. 8. 18.

Smillie, Ian, Lansana Gberie and Ralph Hazleton (2000) *The Heart of the Matter: Sierra Leone, Diamonds and Human Security*, Ottawa: Partnership Africa Canada.

Smith, Anthony D. (1995) *Nations and Nationalism in a Global Era*, Cambridge: Polity Press. [이재석 옮김,『세계화 시대의 민족과 민족주의』 (남지, 1997)]

Smith, Dorothy E. (1988) *The Everyday World as Problematic: A Feminist Sociology*, Milton Keynes: Open University Press.

Stasiulis, Daiva, and Nira Yuval-Davis (eds.) (1995) *Unsettling Settler Societies: Articulations of Gender, Race, Ethnicity and Class*, London, Thousand Oaks, CA., New Delhi: Sage Publications.

Stiglmayer, Alexandra (ed.) (1995) *Mass Rape: The War against Women in Bosnia-Herzegovina*, Lincoln and London: University of Nebraska Press.

Stoetler, Marcel and Nira Yuval-Davis (2002) "Standpoint Theory, Situated Knowledge and the Situated Imagination", *Feminist Theory*, 3(3), pp. 315~333.

Swerdlow, Amy (1990) "Motherhood and the Subversion of the Military State: Women Strike for Peace Confronts the House Committee on Un-American Activities", in Elshtain, Jean Bethke and Sheila Tobias (eds.), *Women, Militarism and War: Essays in History, Politics and Social Theory*, MD.: Rowman and Littlefield, pp. 7~28.

Tate, Winifred (2004) "No Room for Peace? United States' Policy in Colombia", in García-Durán, Mauricio (ed.), *Alternatives to War: Colombia's Peace Processes*, no. 14 of *Accord: International Review of Peace Initiatives*, London: Conciliation Resources, pp. 70~73.

Taylor, Clark (1998) *Return of Guatemala's Refugees: Reweaving the Torn*, Philadelphia: Temple University Press.

Te šanović, Jasmina (1994) "Women's Writing in War", in Center for Women's Studies, Research and Communication (eds.), *What Can We Do for Ourselves?*, Belgrade, 1994. 6.

Theweleit, Klaus (1987) *Male Fantasies*, Cambridge: Polity Press.

Tickner, J. Ann (1991) "Hans Morgenthau's Principles of Political Realism: A Feminist Reformulation", in Grant, Rebecca and Kathleen Newland (eds.), *Gender and International Relations*, Milton Keynes: Open University Press, pp. 27~40.

Tickner, J. Ann (1992) *Gender in International Relations: Feminist Perspectives on Achieving Global Security*, New York and Oxford: Columbia University Press. 〔황영주 등 옮김,『여성과 국제정치』(부산외국어대학교출판부, 2001)〕

Tilly, Charles (1992) *Coercion, Capital and European States AD 990~1992*, Cambridge, MA. and Oxford: Blackwell.

Toynbee, Arnold (1972) *A Study of History*, Oxford and London: Oxford University Press. 〔원창화 옮김,『역사의 연구』(홍신문화사, 2007)〕

Trask, Haunani-Kay (1993) *From a Native Daughter: Colonialism and Sovereignty in Hawai'i*, Honolulu: University of Hawai'i Press.

Turshen, Meredeth and Clotilde Twagiramariya (eds.) (1998) *What Women Do in Wartime: Gender and Conflict in Africa*, London and New York: Zed Books.

UNDP(United Nations Development Programme) (1994) *New Dimensions of Human Security*, Human Development Report 1994. On line <http://hdr.undp.org/reports/global/1994/en/pdf/hdr_1994>, 2006. 4. 3.

UNDP(United Nations Development Programme) (2004) Human Development Index. On line <http://hdr.undp.org/reports/global/2004

/pdf/hdr04_HDI.pdf>, 2006. 4. 3.

United Nations (2002) *Women, Peace and Security: Study of the United Nations Secretary General as Pursuant Security Council Resolution 1325*, 2002. 10. 16, S/2002/1154, New York: United Nations.

US Federal Government (2002) "The National Security Strategy of the United States". On line <www.state.gov/documents>, 2006. 1. 13.

Vagts, Alfred (1959) *A History of Militarism*, Westport, CT.: Greenwood Press.

Varadarajan, Siddharth (ed.) (2002) *Gujerat: The Making of a Tragedy*, New Delhi: Penguin Books.

Volman, David (1998) "The Militarization of Africa", in Turshen, Meredeth and Clotilde Twagiramariya (eds.), *What Women Do in Wartime: Gender and Conflict in Africa*, London and New York: Zed Books, pp. 150~162.

Walzer, Michael (1977) *Just and Unjust Wars: A Moral Argument with Historical Illustrations*, New York: Harper Collins, Basic Books.

Werbner, Pnina and Nira Yuval-Davis (1999) "Women and the New Discourse of Citizenship", in Yuval-Davis, Nira and Pnina Werbner (eds.), *Women, Citizenship and Difference*, London and New York: Zed Books, pp. 1~38.

Whitworth, Sandra (1994) *Feminism and International Relations*, New York: St. Martin's Press.

Whitworth, Sandra (2004) *Men, Militarism and Peacekeeping: A Gen-*

dered Analysis, Boulder, CO. and London: Lynne Rienner.

Wieringa, Saskia (1995) "Introduction: Sub-versive Women and Their Movements", in Wieringa, Saskia (ed.), *Sub-Versive Women: Women's Movements in Africa, Asia, Latin America and the Caribbean*, London and New Jersey: Zed Books, pp. 1~22.

Williams, Kayla (2005) *Love My Rifle More Than You: Young and Female in the US Army*, London: Weidenfeld and Nicolson.

WILPF(Women's International League for Peace and Freedom) (2001a) On line <www.wilpf.int.ch/racialjustice/durban.htm>, 2006. 1. 17.

WILPF(Women's International League for Peace and Freedom) (2001b) On line <ww.wilpf.int.ch/programme/program01-04>, 2006. 1. 17.

WILPF(Women's International League for Peace and Freedom) (2006a) On line <www.wilpf.int.ch/unitednations>, 2006. 1. 18.

WILPF(Women's International League for Peace and Freedom) (2006b) On line <www.wilpf.org>, 2006. 1. 17.

WILPF(Women's International League for Peace and Freedom) (2006c) On line <www.wilpf.int.ch/programme>, 2006. 1. 17.

WIPSA(Women's Initiative for Peace in South Asia) (2000) "Journey for Peace: Women's Bus of Peace from Delhi to Lahore", booklet, New Delhi: WIPSA.

WIPSA(Women's Initiative for Peace in South Asia) and South Asian Network of Gender Activists and Trainers (2003) *Shanti Parasmoni: South Asian Women's Journey for Friendship and Peace*, New Delhi:

WIPSA and SANGAT.

WLUML(Women Living Under Muslim Laws) (2004) *Warning Signs of Fundamentalisms*, London: Women Living Under Muslim Laws.

Women's Panel (2002) *The Survivors Speak: How has the Gujarat Massacre Affected Minority Women?*(Syeda Hameed, Ruth Manorama, Malini Ghose, Sheba George, Farah Naqvi and Mari Thekaekara), sponsored by Citizens Initiative, Ahmedabad, 2002. 4. 16.

Woodward, Susan L. (1995) *Balkan Tragedy: Chaos and Dissolution After the Cold War*, Washington DC: The Brookings Institution.

Woolf, Virginia (1997) *Three Guineas*, Harmondsworth: Penguin Books. 〔태혜숙 옮김,『3기니』(중명, 2004)〕

Young, Iris Marion (1990) *Justice and the Politics of Difference*, Princeton, NJ.: Princeton University Press.

Young, Nigel (1984) "War Resistance, State and Society", in Shaw, Martin (ed.), *War, State and Society*, London: Macmillan, pp. 95~116.

Youngs, Gillian (2004) "Feminist International Relations: A Contradiction in Terms? Or: Why Women and Gender are Essential to Understanding the World "We" Live in", *International Affairs*, 80(1), pp. 75~87.

Yuval-Davis, Nira (1997) *Gender and Nation*, London, Thousand Oaks, CA. and New Delhi: Sage Publications.

Yuval-Davis, Nira (1999) "What is Transversal Politics?", in Cockburn, Cynthia and Lynette Hunter (eds.), "Transversal Politics", thematic issue of *Soundings: A Journal of Politics and Culture*, 12, summer, pp. 94~98.

Zajović, Staša (1994) "I am Disloyal: Nationalism, War, Personal Experience", in Center for Women's Studies, Research and Communication (eds.), *What Can We Do for Ourselves?*, Belgrade, 1994. 6.

ŽuC(Žene u Crnom) (1994, 1997, 1998, 1999, 2001, 2002 and 2005) successive issues of *Women and Peace*, Belgrade: Žene u Crnom, 11 Jug Bogdanova.